संक्षिप्त
रामायण

प्रेमपाल शर्मा

वी एण्ड एस पब्लिशर्स

प्रकाशक

वी एण्ड एस पब्लिशर्स

F-2/16, अंसारी रोड, दरियागंज, नई दिल्ली-110002

☎ 23240026, 23240027, 23240028

✉ info@vspublishers.com • 🌐 www.vspublishers.com

Online Brandstore: amazon.in/vspublishers

क्षेत्रीय कार्यालय : हैदराबाद

5-1-707/1, ब्रिज भवन (सेन्ट्रल बैंक ऑफ इण्डिया लेन के पास)

बैंक स्ट्रीट, कोटी, हैदराबाद-500 095

☎ 040-24737290

✉ vspublishershyd@gmail.com

फ़ॉलो करें:   

BUY OUR BOOKS FROM: AMAZON FLIPKART

ISBN 978-93-505719-0-3

नवीन संस्करण

मुद्रक : परम ऑफसेटर्स, ओखला, नई दिल्ली-110020

प्रकाशकीय

वी एण्ड एस पब्लिशर्स अनेक वर्षों से समाज के प्रत्येक वर्ग के लिए आत्मविकास एवं शिक्षा सम्बन्धी पुस्तकें प्रकाशित करते आ रहे हैं। पिछले वर्ष हमने बच्चों के लिये **'रामायण की कहानी'** पुस्तक प्रकाशित की थी। जिस पर हमें अपने सुधी पाठकों से भरपूर सराहना मिली है। पाठकों से मिलने वाले असीम प्यार से उत्साहित होकर इस बार हमने जगत् के उद्धारकर्ता मर्यादापुरुषोत्तम राम के जीवन पर आधारित पवित्र धार्मिक ग्रंथ **'संक्षिप्त रामायण'** आठों काण्ड सहित प्रस्तुत किया है।

रामायण एक आशीर्वादात्मक ग्रंथ है। श्रद्धालु इसके प्रत्येक पद्य को मन्त्रवत् आदर देते हैं। इसके पाठ से अनेक लौकिक और पारमार्थिक कार्य सिद्ध होते हैं। इसका श्रद्धापूर्वक पाठ करने, इसमें वर्णित उपदेशों का चिंतन-मनन करने से पाठक मोक्षरूपी परम पुरुषार्थ और भगवत्प्रेम की प्राप्ति आसानी से कर सकते हैं। रामायण का स्थान हिन्दी साहित्य में ही नहीं, जगत् के किसी भी साहित्य में निराला है। ऐसा सर्वांगसुंदर साहित्य सभी रसों का रसास्वादन करने वाला, आदर्श गार्हस्थ्य जीवन, आदर्श राजधर्म, आदर्श पारिवारिक जीवन, आदर्श पतिव्रत धर्म, आदर्श भातृधर्म के साथ सर्वोच्च भक्ति, ज्ञान, त्याग, वैराग्य तथा सदाचार की शिक्षा देने वाला, स्त्री-पुरुष, बाल-वृद्ध सबके लिए समान रूप से उपयोगी कोई दूसरा ग्रंथ संसार की किसी भी भाषा में नहीं लिखा गया है। सगुण, साकार, आदर्श मानवलीला, उसके गुण के प्रभाव तथा रहस्य एवं प्रेम के गहन तत्त्व को सरल और ओजस्वी शब्दों में व्यक्त करने वाले इस ग्रंथ को समाज के सभी श्रेणी के लोग जितने प्रेम और श्रद्धा के साथ पढ़ते हैं, उतना किसी और ग्रंथ को नहीं पढ़ते। वर्तमान समय में जब विश्व में सर्वत्र लूट-खसोट एवं हाहाकार मचा है। सारा संसार दुःख और अशान्ति की भीषण ज्वाला में धू-धू कर जल रहा है। प्रतिदिन हजारों मनुष्यों का संहार हो रहा है। करोड़ों-अरबों की सम्पत्ति एक-दूसरे के विनाश के लिए खर्च की जा रही है। विज्ञान की सारी शक्ति पृथ्वी को श्मशान बनाने पर तुली हुई है, ऐसी कठोर और विषम परिस्थिति में संसार में मानवता की शान्ति के लिये रामायण का पाठ और उसमें वर्णित उपदेशों का अनुकरण करना सभी के लिए परम आवश्यक है। जिस ग्रंथ को इतना मान, इतनी प्रसिद्धि प्राप्त हुई हो, उसके अनेक संस्करणों तथा उस पर अनेकों टीकाओं का लिखा जाना

स्वाभाविक ही है। अब तक इस पर सैकड़ों टीकाएँ लिखी जा चुकी हैं। आये दिन हमारे बीच इसका एक न एक नया संस्करण देखने को मिलता है, लेकिन यहाँ इस बात का उल्लेख करना महत्त्वपूर्ण है कि इसके प्रत्येक संस्करण में हमें कुछ न कुछ नवीन विशेषता भी अवश्य देखने को मिलती है। इसके पाठ के सम्बन्ध में रामायणी विद्वानों में यत्र-तत्र मतभेद भी देखे गये हैं। जितने पाठभेद इस ग्रंथ में देखे गये हैं, उतने कदाचित् किसी अन्य ग्रंथ में नहीं देखे गये हैं। इससे संसार में रामायण की सर्वोच्च लोकप्रियता ही सिद्ध होती है।

प्रस्तुत संक्षिप्त रामायण का मूलस्रोत वाल्मीकिकृत 'रामायण' तथा तुलसीदासकृत 'रामचरितमानस' ग्रंथ ही हैं, लेकिन जहाँ रामचरितमानस में सात काण्ड हैं, हमारे द्वारा प्रस्तुत **'संक्षिप्त रामायण'** में आठों काण्ड समाहित हैं। कथा में रामायण की मौलिकता बनी रहे, इसके लिये शुरू से अंत तक कथा के मुख्य प्रसंगों के श्लोकों का बीच-बीच में उल्लेख किया गया है। **'संक्षिप्त रामायण'** की अन्य विशेषताओं में इसके प्रत्येक काण्ड के मुख्य प्रसंगों से सम्बन्धित नयनाभिराम चित्र दिये गये हैं। ये चित्र पाठकों के लिए मुख्य आकर्षण हैं। संक्षिप्त रामायण की साज-सज्जा तथा आकार मूल रामायण से थोड़ा भिन्न इसलिए रखा गया है, ताकि हमारे पाठक इसे अपने साथ कहीं भी ले जाकर अपनी सुविधानुसार पाठ कर सकें। प्रस्तुत **संक्षिप्त रामायण** में कठिन शब्दों का प्रयोग नहीं किया गया है, ताकि हमारी नई पीढ़ी सरलतापूर्वक सम्पूर्ण कथा का रसास्वादन कर सके। हमारी नई पीढ़ी को प्रस्तुत संक्षिप्त रामायण के पठन-पाठन में कठिनाई नहीं हो, इसका ध्यान रखते हुए सम्पूर्ण पुस्तक की भाषा सरल-सहज व बोधगम्य रखी गयी है।

हमें विश्वास है कि सुधी पाठकगण हमारे यहाँ से प्रकाशित होने वाली अन्य पुस्तकों की भाँति **'संक्षिप्त रामायण'** को आदरभाव से ग्रहण करेंगे। पुस्तक में भूलवश कहीं कोई त्रुटि शेष रह गई हो तो पाठकों से अनुरोध है कि वे अपने पत्र या ई-मेल द्वारा हमें इसके बारे में अवश्य सूचित करें, ताकि भविष्य में भूलसुध ार किया जा सके।

पाठकों से अनुरोध

भारत की भाव-भूमि आध्यात्मिक कही गयी है। यहाँ की मिट्टी तथा आवोहवा अध्यात्ममय है। हिन्दू धर्म में अवतारों की महिमा बड़ी प्रमुखता से गायी गयी है। ऐसा विश्वास किया जाता है कि जब-जब धर्म की हानि होती है, सत्य और ईमानदारी खतरे में पड़ती हैं, तब-तब भगवान दुष्टों का संहार करने, धरती को पाप के भार से मुक्त करने तथा सत्य के मार्ग का अनुसरण करने वालों को संबल देने के लिए अवतार धारण कर मानव-रूप में पृथ्वी पर आते हैं।

हमारी इस कथा के नायक त्रेता युग के अवतार पुरुषोत्तम श्रीराम हैं। उनका दिव्य जीवन-चरित्र कभी पुराना नहीं पड़ता है, इसलिए रामकथा आज भी जन-जन की कंठहार बनी हुई है। हमारी इस रामकथा के स्रोत मूलतः वाल्मीकिकृत **'रामायण'** तथा गोस्वामी तुलसीदासकृत **'रामचरितमानस'** ग्रन्थ है। चूँकि हमारा ध्येय समाज में उच्चादर्शों की स्थापना, नई पीढ़ी को संस्कारित करना, अपनी पौराणिक परम्पराओं एवं मान्यताओं का संवर्द्धन करना है। अतः दोनों ग्रन्थों से प्रेरक प्रसंगों को चुन-चुनकर सिलसिलेवार रूप में इस ग्रन्थ में प्रस्तुत किया गया है। कथा को मात्र विस्तार देने वाले प्रसंगों को छोड़ दिया गया है। कहा जा सकता है कि रामकथा का मंथन कर मक्खन में से भी शुद्ध नवनीत निकालकर प्रस्तुत किया गया है।

इस पुस्तक का पारायण करने में आपको उतनी ही आनंदानुभूति होगी, जितनी कि मूल ग्रन्थों के पठन-पाठन में। इस रामकथा की एक अन्य विशेषता यह भी है कि व्यस्त से व्यस्त व्यक्ति भी इस पुस्तक को पढ़कर कम समय में ही कथा-रस का आनंद ले सकता है। रामकथा प्रेमी सज्जन पाठ रामायण के रूप में इसका पारायण कर सकते हैं। यह रामकथा नित्य-नूतन है, जितनी बार भी पढ़ी जाती है, हर बार नये रस की अनुभूति होती है। यह समाज में परिवार-भावना को पुष्ट करने वाली है, सब प्रकार से जन-कल्याण करने वाली है। अतः सब संकटों की संजीवनी इस रामकथा का आधिकारिक प्रचार-प्रसार होना चाहिए।

इति शुभम्

प्रेमपाल शर्मा

कथानुक्रमणिका

कल्याणकारी रामकथा 11

प्रथम सोपान : बालकाण्ड **15**

सती का भ्रम और रामचरित्र 16

सती का दक्ष-यज्ञ में जाना और अपने आप को भस्म करना 17

नारद को अहंकार और उनका उद्धार 18

राजा प्रतापभानु की कथा 19

रावण, कुंभकर्ण आदि का जन्म 22

रावण, कुंभकर्ण तथा विभीषण का तप करना 24

रावण के उत्पात 26

देवताओं आदि की करुण पुकार और आकाशवाणी 30

अयोध्या नगरी पर शनि का प्रकोप 31

राजा दशरथ का पुत्रेष्टि यज्ञ 32

राम सहित चारों भाइयों का जन्म 33

बाललीला एवं यज्ञोपवीत संस्कार 34

कैकेयी के दो वरदान की कथा 35

विश्वामित्र का राम-लक्ष्मण को माँगकर वन में ले जाना 36

अहल्या-उद्धार 38

जनकपुर की शोभा 39

सीता जी के जन्म की कथा 40

सीता स्वयंवर 42

धनुर्भंग 43

परशुराम-लक्ष्मण संवाद 44

श्रीराम-सीता विवाह 46

चारों भाइयों का विवाह 47

बारात की वापसी और अयोध्या में आनंद 48

राममहल की रीति-नीति 49

श्रीराम चरित्र की महिमा 50

द्वितीय सोपान : अयोध्याकाण्ड **51**

राम के राज्याभिषेक की तैयारी 51

मंथरा की कुबुद्धि 53

कैकेयी-मंथरा संवाद 54

कैकेयी ने माँगे दो वरदान 55

राजा दशरथ का शाप 57

राम-कैकेयी संवाद 58

दशरथ-राम संवाद 59

श्रीराम-सीता-लक्ष्मण वन गमन 60

अयोध्या के नगर निवासियों का हाल 64

तमसा के तीर पर पड़ाव 64

निषाद-राम संवाद 65

सुमंत्र की अयोध्या वापसी 66

केवट-राम संवाद 67

प्रयाग क्षेत्र की महिमा 68

भरद्वाज आश्रम में श्रीराम 69

यमुना को प्रणाम, वनवासियों का प्रेम 70

श्रीराम-वाल्मीकि संवाद 71

पावन चित्रकूट में निवास 71

सुमंत्र का लौटकर अयोध्या पहुँचना 73

राजा दशरथ का स्वर्गवास 74

भरत-शत्रुघ्न का अयोध्या लौटना 75

भरत-कैकेयी संवाद 76

कौसल्या-भरत संवाद 77

राजा दशरथ का अंतिम संस्कार 79

भरतजी का राम को लौटाने जाना 80

भरत-गुहा मिलन 81

इंद्र को सोच हुआ, देवगुरु का उपदेश 82

लक्ष्मण को भ्रम और कुपित होना 84

चित्रकूट की अनुपम शोभा 86

चित्रकूट पर राम-भरत मिलाप 87

श्रीरघुनाथजी को पितृ शोक 90

भरतजी का श्रीरामजी को अयोध्या चलने के लिए मनाना 90
श्रीराम का भरतजी को समझाना 91
जनकजी का चित्रकूट पहुँचना 92
श्रीराम की चरण-पादुका के साथ भरतजी का अयोध्या लौटना 93
भरतजी का नंदिग्राम में वास 96
तृतीय सोपान : अरण्यकाण्ड 99
इंद्र पुत्र जयंत (कौए) को दंड 100
ऋषि अत्रिजी से भेंट 101
सीता-अनसूया मिलन तथा आशीर्वाद 102
विराध-वध 104
मुनि शरभंग से भेंट 105
श्रीराम की राक्षस वध की प्रतिज्ञा 106
सुतीक्ष्ण का प्रेम 106
ऋषि अगस्त्य-राम संवाद 108
श्रीराम का पंचवटी पर निवास 109
प्रभु राम का लक्ष्मण को उपदेश 110
शूर्पणखा प्रसंग 111
खर-दूषण का वध 112
युद्ध की बीभत्सता 113
शूर्पणखा का रावण के दरबार में जाना 115
रावण की प्रतिक्रिया 115
मारीच प्रसंग 116
रावण-मारीच संवाद 117
मारीच का कपट-मृग बनना 118
सीता-हरण 120
सीताजी का विलाप और जटायु-युद्ध 122
श्रीराम जी का विलाप 124
जटायु को सद्‌गति 125
जटायु द्वारा स्तुति 126
कबंध का उद्धार 127
शबरी का उद्धार व नवधा भक्ति 128
वन की शोभा 129
पंपा सरोवर की सुंदरता 131
नारद-राम संवाद 132
संतों के लक्षण 134
चतुर्थ सोपान : किष्किन्धाकाण्ड 137
राम-हनुमान भेंट 138
अजर-अमर हनुमान 139
हनुमान को भूल जाने का श्राप 140
हनुमान की गुरु-दक्षिणा 142
श्रीराम-सुग्रीव मित्रता 143
मित्र के गुण 145
बाली का उद्धार 146
बाली को उपदेश 148
तारा का विलाप और प्रभु का उपदेश 149
सुग्रीव का राज्याभिषेक 150
ऋतुओं का मनोहारी वर्णन 151
वर्षा ऋतु 151
शरद् ऋतु 152
सुग्रीव को फटकार 153
वानरों का सीताजी की खोज में निकलना 154
गुफा में तपस्विनी के दर्शन 156
वानरों का विलाप 156
संपाती से भेंट 157
समुद्र लाँघने का परामर्श 158
हनुमान को उनका बल याद दिलाना 159
पंचम सोपान : सुन्दरकाण्ड 161
हनुमान का लंका को प्रस्थान 161
हनुमानजी की परीक्षा 162
छाया पकड़ने वाली राक्षसी का वध 163
लंका की सुंदरता 163
हनुमानजी का लंका में प्रवेश 163
हनुमान-विभीषण संवाद 164
जानकी-रावण संवाद 166
सीताजी-त्रिजटा संवाद 166
सीताजी की विरह-पीड़ा 167
हनुमान का मुद्रिका गिराना और सीताजी से संवाद 167
हनुमान का अशोक वाटिका को उजाड़ना 170
अक्षय कुमार का वध 171

हनुमानजी का नागपाश में फँसना
और रावण के दरबार में जाना 171
हनुमान-रावण संवाद 172
लंकादहन 173
सबका लौटकर श्रीरामजी के
पास आना 175
हनुमान-श्रीराम संवाद 176
वानर सेना का लंका की ओर प्रस्थान 177
मंदोदरी-रावण संवाद 178
विभीषण की सीख 179
विभीषण का अपमान 180
विभीषण का श्रीरामजी की
शरण में जाना 181
विभीषण को शरण-प्राप्ति 182
विभीषण का राजतिलक 184
सागर से विनय और रावण के दूत 184
दूत का रावण को सब हाल सुनाना
और समझाना 185
समुद्र पर रामजी का क्रोध 187
समुद्र की राम से विनती 188
षष्ठम सोपान : लंकाकाण्ड 191
नल-नील द्वारा पुल बाँधना 192
श्री रामेश्वरम की स्थापना 192
वानर सेना का पार उतरना 194
मंदोदरी का रावण को समझाना 194
रावण-प्रहस्त संवाद 195
सुबेल पर प्रभु का आसन और
चाँदनी वर्णन 196
रावण के छत्र-मुकुटादि गिरना 197
मंदोदरी का रावण को समझाना
तथा प्रभु की महिमा बताना 198
अंगद का लंका जाना 198
अंगद-रावण संवाद 199
अंगद का सभा में पैर जमाना 203
मंदोदरी की पुनः रावण को सीख 204
युद्ध की तैयारी और लंका पर वानरों
की चढ़ाई 205
युद्ध का आरंभ 206
माल्यवान का रावण को समझाना 207
मेघनाद का भयंकर युद्ध 207
लक्ष्मण जी को मूर्च्छा 208
हनुमानजी का बूटी लेने जाना
और कालनेमि की माया 208
हनुमान की भरत जी से भेंट 209
राम का करुण विलाप, रामदल में
शोक 210
कुंभकर्ण को जगाना और रणभूमि
में जाना 211
कुंभकर्ण-विभीषण संवाद 211
कुंभकर्ण का भीषण युद्ध और
उसकी परमगति 211
मेघनाद का युद्ध और नागपाश 212
मेघनाद के यज्ञ का विध्वंश 213
मेघनाद का उद्धार 213
रावण का युद्ध के लिए प्रस्थान 214
राम-रावण युद्ध 215
त्रिजटा-सीता संवाद 217
रावण का अंत 218
मंदोदरी का विलाप 218
विभीषण का राज्याभिषेक 218
हनुमानजी का सीताजी की
कुशल-क्षेम जानना 219
सीताजी का आगमन और
अग्नि-परीक्षा 219
देवताओं द्वारा स्तुति व इंद्र
की अमृत-वर्षा 220
विभीषण की प्रार्थना 221
पुष्पक विमान से अयोध्या लौटना 221
सप्तम सोपान : उत्तरकाण्ड 225
भरत-विरह तथा श्रीराम की वापसी 225
हनुमानजी का प्रभु का संदेश
लेकर आना 226
श्रीरामजी के स्वागत की तैयारियाँ 227

श्रीरामजी का स्वागत तथा भरत-मिलाप 228
राजतिलक की तैयारियाँ 229
श्रीरामजी का राजतिलक 230
रामकथा का महत्त्व 232
वानरों आदि की विदाई 232
रामराज्य का माहात्म्य 233
अयोध्या की रमणीयता 236
सनकादि मुनि का आना 238
भरत के प्रश्नों के उत्तर में उपदेश 239
संतों के लक्षण 239
असंतों के लक्षण 239
श्रीराम का नगरवासियों को उपदेश 241
श्रीराम-वसिष्ठ संवाद 242
नारद जी का प्रभु की स्तुति करना 242
पार्वती द्वारा रामकथा की प्रशंसा 243
काकभुशुंडि के जीवन की कथा 244
गरुड़ का काकभुशुंडि के पास जाना और रामकथा सुनना 245
गरुड़ को रघुनाथजी की प्रभुता का वर्णन 247
कलिकाल का वर्णन/लक्षण 248
रुद्राष्टक (शिव स्तुति) 251
गरुड़जी के सात प्रश्न 252
राम कथा का माहात्म्य 254
अष्टम सोपान : लवकुशकाण्ड 257
अयोध्या में रामराज्य 257
सीताजी का निष्कासन 258
लक्ष्मण का सीताजी को वन में छोड़ना 258
वाल्मीकि के आश्रम में लव-कुश का जन्म 259
लव-कुश की शिक्षा-दीक्षा 260
राम के दरबार में च्यवन आदि ऋषियों का आगमन 261
लवण-वध के लिए शत्रुघ्न को भेजना 261
राजा राम का अश्वमेध यज्ञ 262
यज्ञ में सोने की सीता 263
अश्वमेध यज्ञ में विपुल दान-मान 264
यज्ञ के अश्व का पृथ्वी का भ्रमण करना 264
महर्षि वाल्मीकि का लव-कुश के साथ यज्ञ में आना 264
लव-कुश द्वारा रामायण काव्य का गान 265
श्रीराम द्वारा पूछताछ करना 265
श्रीराम का सीता की शुद्धता की शपथ कराने का विचार 266
वाल्मीकि द्वारा सीताजी की शुद्धता का समर्थन 266
सीताजी की पवित्रता के लिए शपथ 266
श्रीराम द्वारा शोक और पश्चात्ताप 267
माताओं का परलोक गमन 267
भरत का गंधर्व देश पर आक्रमण 268
काल का आगमन और ब्रह्माजी का संदेश सुनाना 268
लक्ष्मण का त्याग और सशरीर स्वर्गगमन 268
कुश और लव का राज्याभिषेक 269
श्रीराम का परमधाम को गमन 269
श्रीराम का विष्णुस्वरूप में प्रवेश तथा लोगों को बैकुंठ प्राप्ति 269

कल्याणकारी रामकथा

रामायण भारतीय एवं हिन्दू वाङ्मय का सर्वाधिक पूज्य एवं समादृत ग्रन्थ है। रामचरित की पावन गंगा सदियों से हिन्दू समाज के जनमानस में कलकल प्रवाहित होती आई है। संसार के प्रत्येक भूभाग में रहने वाला व्यक्ति हिन्दू रामायण के प्रति अगाध श्रद्धा एवं भावनात्मक जुड़ाव रखता है। रामायण और इससे सम्बन्धित कथा-उपकथाओं की चर्चा तथा उनका श्रवण बड़े आदर और श्रद्धा के साथ किया जाता है। अनेक बार हम उस कथा को सुन या पढ़ चुके होते हैं, फिर भी इसे पढ़ने और सुनने की बार-बार इच्छा होती है।

आदिकाल से ही रामकथा का प्रभाव सर्वव्यापी रहा है। विभिन्न कथा-मर्मज्ञों ने रामायण कथा को नाना रूपों में लिखा है। इसी कारण आज कई रामायण समाज में प्रचलित हैं। महर्षि वाल्मीकि ने देवभाषा संस्कृत में रामायण का प्रणयन किया। गोस्वामी तुलसीदास ने इसे अवधी भाषा में लिखा। दक्षिण भारत में 'कंब रामायण' प्रचलित हुआ तो उत्तर भारत में राम की लीलाओं के प्रभावी मंचन के लिए आचार्य राधेश्यामजी ने 'राधेश्याम रामायण' लिखी। इसी प्रकार देश के विभिन्न भागों में कई रामायण लिखी गयीं और रामकथा का व्यापक प्रचार-प्रसार हुआ।

गोस्वामी तुलसीदास जी 'रामचरितमानस' में राम की कथा दो ज्ञानियों – याज्ञवल्क्य और भरद्वाज से शुरू करते हैं, दोनों ही ऋषि ज्ञान के सागर हैं। 'रामचरितमानस' की कथा का मूलाधार है– श्रद्धा और विश्वास का जागरण। इसी के माध्यम से मनुष्य को लौकिक और पारलौकिक दोनों सुख प्राप्त होते हैं। रामकथा के पात्र कठिन से कठिन परिस्थितियों में भी श्रद्धा और विश्वास नहीं खोते हैं। महानायक श्रीराम का संपूर्ण जीवन श्रद्धा और विश्वास पर ही आधारित है। सांसारिक, धार्मिक अथवा आध्यात्मिक, किसी भी क्षेत्र में श्रद्धा और विश्वास के बिना कुछ भी प्राप्त नहीं किया जा सकता। परिवार की तरह ही धर्म-अध्यात्म में भी श्रद्धा और विश्वास जरूरी है। सच कहा जाये तो श्रद्धा-विश्वास के पैरों से चलकर ही व्यक्ति की पहुँच परमात्मा तक होती है। शास्त्र कहते हैं कि परमात्मा सबके हृदय में रहता है, भाग्यशाली लोग ही उसे देख पाते हैं। श्रद्धा और विश्वास के अभाव में व्यक्ति कस्तूरी मृग की तरह यहाँ-वहाँ भटकता रहता है। श्रद्धा और विश्वास के साथ जीने वाला व्यक्ति ठगा भले-जाये, विक्षिप्त कभी नहीं होता। उसके जीवन में आनंद के पुष्प सदा ही खिलते रहते हैं।

गोस्वामी तुलसीदास जी ने राम के चरित्र के दो तत्त्वों को व्यापकता से उभारा है– उनका ब्रह्मरूप और मर्यादापालक का रूप। तुलसी जी की चिन्ता सबसे ज्यादा मर्यादा को लेकर रही है। वे चाहते हैं कि समाज को बाँधने वाले परिवार–भावना के कोमल तन्तु खंडित न हों। उनके आधार पर ही श्रेष्ठ समाज की नींव रखी जा सकती है। राम का दिव्य जीवन कभी बासी नहीं होने वाला है। इसलिए रामकथा पुरातन होते हुए भी नवीन और आत्मविभोर करने वाली है।

हिन्दू धर्म में अवतारों की बड़ी महिमा गायी गयी है। परमात्मा मनुष्य के दुःखों को दूर करने के लिए किस तरह से आकुल–व्याकुल होकर दौड़ पड़ता है, यह सत्य हम अवतार–कथाओं के माध्यम से ही जान पाते हैं। सर्वज्ञ भगवान शिव भी रामकथा को अपार, अगणित और असीम कहते हैं। यथा–

हरि गुन नाम अपार कथरूप अनगिन अमित।
मैं निज मति अनुसार कहऊँ उमा सादर सुनउ।।

चिंतन के क्षेत्र में लचीलापन हिन्दू मनीषा का प्राण रहा है। अच्छे विचारों को सभी ग्रहण करते हैं। इससे भारत की ज्ञान–गरिमा कभी धूमिल नहीं होगी।

श्रीराम का भक्त–वत्सल और जन–उद्धारक चरित्र सदैव भक्तों को आकर्षित करता है। मानवीय सम्बन्धों को जिस गरिमा के साथ राम ने अपने आचरण में साकार किया, वह प्रत्येक सुसंस्कृत मनुष्य का ललकपूर्ण प्राप्य है। इसीलिए राम कभी पुराने नहीं पड़ते। उनके नाम का स्मरण हमारे मन–प्राण को सदैव ताजगीपूर्ण सुवास से भर देता है। आखिर श्रीराम जन–जन को इतने प्रिय क्यों हैं? राम इतने विशिष्ट क्यों हैं? श्रीराम सब अवतारों में सर्वाधिक दुःख उठाने वाले हैं, इसीलिए सर्वाधिक सुख देने वाले भी हैं। भक्त–वत्सल राम भक्त के दुःख की पीड़ा के दंश को स्वयं भली–भाँति जानते हैं। अतः वे अपने भक्तों को कभी भी दुःख की आग में नहीं पड़ने देते। रामकथा भारत से बाहर विदेशों में भी उसी श्रद्धा और विश्वास के साथ सुनी जाती है, जितनी भारत के लोगों के बीच सुनी जाती है।

श्रीरामकथा का स्थान हिन्दी–साहित्य में ही नहीं, संसार के अन्य साहित्य में भी अनुपम है। इसके जोड़ की ऐसी ही सर्वांग सुन्दर साहित्य के सभी रसों का आस्वादन कराने वाली कथा हिन्दी भाषा में तो क्या, विश्व की किसी भी भाषा में आज तक नहीं लिखी गयी है। यही कारण है कि जितनी श्रद्धा से अमीर–गरीब, गृहस्थ–संन्यासी, आबालवृद्ध नारी–नर इस रामकथा को पढ़ते हैं, उतने श्रद्धाभाव से कदाचित् और किसी ग्रंथ को पढ़ते हों। भक्ति, ज्ञान नीति, सदाचार का जितना प्रचार–प्रसार समाज के बीच इस रामकथा से हुआ है, उतना शायद ही किसी और ग्रंथ से हुआ हो।

रामकथा की लोकप्रियता के कारण ही अब तक इस पर सैकड़ों टीकाएँ लिखी जा चुकी हैं। रामायण एक आशीर्वादात्मक ग्रंथ है। इसका श्रद्धापूर्वक पाठ कर, भगवान राम की सम्पूर्ण लीलाओं का चिंतन एवं कीर्तन करके मोक्षरूप परम

पुरुषार्थ की प्राप्ति आसानी से की जा सकती है। वर्तमान समय में, जब चहुँओर हाहाकार मचा हुआ है, समस्त संसार रोग, दुःख एवं अशान्ति की भीषण ज्वाला में जल रहा है, संसार के कोने-कोने में मार-काट मची हुई है, नित्यप्रति हजारों लोगों का संहार हो रहा है; भ्रष्टाचार, रिश्वतखोरी, अकर्मण्यता, लूट-खसोट, धोखाधड़ी सुरसा के मुँह की तरह बढ़ती ही जा रही हैं, मनुष्य एक-दूसरे का गला काटने में तत्पर हैं, ऐसी परिस्थिति में सुख-शांति और प्रेम का प्रसार करने वाली रामकथा ही सब व्याधियों की संजीवनी है और आज के तनाव भरे माहौल में रामकथा का गायन एवं श्रवण ज्यादा आवश्यक प्रतीत होता है।

रामकथा गंगा की तरह पवित्र पावन है। इसका जितना भी पाठ किया जाये, मन उतना ही निर्मल होता है। राम का चरित्र प्रेरणा का अजस्र स्रोत है। भगवान भक्तों का दुःख-दर्द दूर करने के लिए सचमुच धरती पर उतरते हैं। भक्त की चिन्ता भगवान को चुभती रहती है। इसी चिन्ता के बोध से सराबोर हो गोस्वामी तुलसीदास ने उन्हें घर-घर, जन-जन तक पहुँचा दिया। तुलसी जी ने रामकथा खुद नहीं कही, बल्कि भगवान शिव, ऋषि याज्ञवल्क्य और काकभुशुंडि को वक्ता बनाया। भोलेनाथ ने बड़े भक्तिभाव से यह कथा पार्वती को सुनाई, याज्ञवल्क्य ने ऋषि-मुनियों को तथा काकभुशुंडि ने भगवान विष्णु के वाहन गरुड़ को यह रामचरित्र सुनाया।

सुख और शांति देने वाली रामकथा को हम यहाँ संक्षिप्त रूप में प्रस्तुत करने का विनम्र प्रयास कर रहे हैं; क्योंकि कलियुग में न कर्म है, न भक्ति है और न ज्ञान ही है, केवल राम का नाम ही भक्ति का एक आधार है–

नहि कलि करम न भगति बिबेकू ।
राम नाम अवलंब एकू ॥

जिस प्रकार फल का नाम लेने से उसका स्वाद मन में उभर आता है, उसी तरह राम का नाम लेने से राम का गुण हमारे समक्ष उपस्थित हो जाता है। बार-बार रामनाम स्मरण करने, रामकथा का श्रवण करने से जीवन राममय हो जाता है।

कलियुग केवल नाम आधारा ।
सुमिर-सुमिर नर उतरहिं पारा॥

॥ जय श्रीराम ॥

– **प्रेमपाल शर्मा**
जी-326, अध्यापक नगर
नांगलोई, दिल्ली-110041
sharma42editor@gmail.com
मोबाइल नं. : 9868525741

॥ श्रीगणेशाय नमः ॥

प्रथम सोपान

बालकाण्ड

वर्णानामर्थसंघानां रसानां छन्दसामपि ।
मङ्गलानां च कर्त्तारौ वन्दे वाणीविनायकौ ॥

अक्षरों, अर्थ समूहों, रसों, छन्दों और मंगल करने वाली सरस्वतीजी तथा विघ्न विनाशक गणेशजी की मैं वंदना करता हूँ।

वागर्थाविव सम्प्रक्तौ वागर्थ प्रतिपत्तये ।
जगतः पितरौ वन्दे पार्वतीपरमेश्वरौ ॥

शब्द में अर्थ की तरह समाये हुए, शब्द और अर्थ की कामना से संसार के पालनकर्ता पार्वती और शिव की मैं वंदना करता हूँ।

राम का चरित्र परम पावन और पवित्र है। रामकथा को सुनते ही मन में बड़ी शांति मिलती है। यह कथा ऋषि-मुनियों तथा सात्त्विक जनों को अत्यंत प्रिय है। इस पवित्र कथा की रचना भगवान शिव ने की है। यह तीनों प्रकार के दोषों, दु:खों तथा दरिद्रता को मिटाने वाली है। यह पावन कथा कलियुग के समस्त पापों का शमन करने वाली है। भगवान भोलेनाथ की कृपा से संत तुलसीदास जी ने इसे रामचरितमानस के रूप में जन-जन तक पहुँचाया है।

इस परम पावन कथा को विचारकर अत्यंत सुन्दर संवाद काकभुशुंडि और गरुड़, शिव और पार्वती, याज्ञवल्क्य और भरद्वाज तथा तुलसीदास और संतों के बीच हुआ है। उन्हीं के माध्यम से यह पावन कथा हम सब तक पहुँची है। यहाँ हम इसे संक्षिप्त कथा के रूप में प्रस्तुत कर रहे हैं। तुलसीदास तथा ऋषि वाल्मीकिजी ने इसका विस्तृत वर्णन किया है। हम इस कथा को सतीजी के प्रसंग से प्रारंभ कर रहे हैं। श्रीहरि के मानवलीला करने पर सतीजी को भ्रम हो जाता है कि जगत के नियंता किस प्रकार एक साधारण मानस की तरह जंगल में विलाप कर रहे हैं। ये अवतार हैं भी कि नहीं? भगवान शिवजी जिनको दिन-रात भजते

हैं। उन आराध्य के प्रति सती का शंकित होना प्रभु शिवजी को अच्छा नहीं लगता है। वे सतीजी को हर प्रकार से समझाने की कोशिश करते हैं, लेकिन होता वही है, जो राम रचि राखा।

सती का भ्रम और रामचरित्र

एक बार त्रेता युग में भगवान भोलेनाथ जगज्जननी भवानी सती के साथ अगस्त्य ऋषि के पास गये। ऋषि ने उन्हें चराचर जगत् के स्वामी जानकर उनका पूजन-वंदन किया। इस अवसर पर मुनिवर अगस्त्य ने सविस्तार रामकथा उन्हें सुनाई और इस तरह श्रीरघुनाथ जी के गुणों की कथाएँ कहते-सुनते शिवजी कुछ दिनों तक वहाँ रहे। फिर मुनिवर से विदा लेकर उमापति दक्षकुमारी सती जी के साथ अपने निवास स्थान कैलास पर्वत पर लौट आए। उन्हीं दिनों श्रीहरि ने पृथ्वी का भार उतारने के लिए रघुवंश में अवतार ले लिया था और वे पिता के वचनों का पालन करने के लिए राज्य का त्याग करके तपस्वी वेश में दंडकवन में विचरण कर रहे थे।

ऐसे भगवान राम में अपने स्वामी की अगाध श्रद्धा देखकर सतीजी को शंका हुई और यह भ्रम दृढ़ हो गया कि एक साधारण मनुष्य की भाँति विरह-व्याकुल होकर वन-वन भटकते हुए श्रीरघुनाथ जी सीता जी की खोज कर रहे हैं। तब ये श्रीहरि कैसे हो सकते हैं? महेश्वर के बहुत प्रकार से समझाने पर भी सती का भ्रम दूर न हुआ। उन्होंने श्रीराम की परीक्षा लेने की बात अपने मन में ठान ली। महेश्वर कहते हैं कि श्रीरघुनाथजी का चरित्र बड़ा विचित्र है, जो मंदबुद्धि हैं, और जो मोह के वशीभूत हैं, वे उन्हें कुछ और ही समझ लेते हैं। तुलसीदास जी ने भी कहा है–

अति विचित्र रघुपति चरित जानहिं परम सुजान ।
जे मतिमंद बिमोह बस हृदयँ धरहिं कछु आन ॥

(अर्थात् श्रीरघुनाथजी का चरित्र बड़ा ही विचित्र है, उसको तो ज्ञानीजन ही जानते हैं, जो मतिमंद हैं, वे कुछ दूसरी बात ही समझ बैठते हैं।)

अपना भ्रम दूर करने के लिए सतीजी ने मन में बहुत प्रकार से विचार कर श्री सीताजी का रूप धारण किया और उस मार्ग की ओर बढ़ चलीं, जिस ओर से विरहदग्ध श्रीराम अनुज सहित चले जा रहे थे। बनावटी सीताजी को देखकर लक्ष्मण तो चकित रह गये, परन्तु श्रीराम सतीजी के कपट को तुरंत जान गये। प्रभु ने शीघ्र ही हाथ जोड़कर सती को प्रणाम किया और बोले, 'हे माते! भगवान, भोलेनाथ कहाँ हैं और आप यहाँ वन में अकेली क्यों विचरण कर रही हैं?' इतना सुनते ही सतीजी को बड़ा संकोच हुआ। किसी अशुभ की आशंका से डरी-सहमी वे शिवजी के पास लौट आयीं।

महेश्वर ने हँसकर कुशल-क्षेम पूछी और फिर बोले, 'बताओ, तुमने रामजी

की परीक्षा किस प्रकार ली। सारी बात सच-सच कहो।' सती सबकुछ छिपाते हुए बोलीं, 'स्वामी, मैंने कुछ भी परीक्षा नहीं ली। मैंने तो उन्हें आपकी तरह ही प्रणाम किया।' पर भोलेनाथ ने ध्यान लगाकर देखा तो सतीजी का सारा प्रपंच तुरंत जान गये। उन्होंने विचार किया कि यदि मैं अब सती से प्रीति करता हूँ तो भक्ति मार्ग लुप्त होता है और उधर सती परम पवित्र हैं, इसलिए उन्हें छोड़ते भी नहीं बनता है। प्रकट रूप में उन्होंने सती से कुछ नहीं कहा, पर हृदय में उनके बड़ा संताप है। अंततः महेश्वर ने अपने मन में एक दृढ़ प्रतिज्ञा कर ली। वहाँ से निकल महेश्वर कैलास पर पहुँचे, और वहीं पद्मासन लगाकर बैठ गये और उन्होंने अखंड समाधि लगा ली। सतीजी समझ गयीं कि भोलेनाथ सब कुछ जान गये हैं; उन्होंने मेरा त्याग कर दिया है। सतीजी को बार-बार पश्चात्ताप होने लगा, वे अपने आप को धिक्कारने लगीं। मैंने शिवजी से कपट किया; स्त्री स्वभाव से ही मूर्ख और नासमझ होती है।

सती का दक्ष-यज्ञ में जाना और अपने आप को भस्म करना

भगवान भोलेनाथ अखंड समाधि में लीन हैं। सतीजी कैलास पर रहने लगीं। उनका एक-एक दिन युग के समान बीत रहा था। वे बार-बार भगवान से विनती करतीं कि मेरी यह देह जल्दी छूट जाये। मेरा तो शिवजी के चरणों में अन्यन्य प्रेम है। इस तरह दारुण दुःख सहते हुए सत्तासी हजार वर्ष बीत जाने पर अविनाशी शिव ने समाधि खोली। उसी समय दक्ष प्रजापति हुए। ब्रह्माजी ने उन्हें प्रजापतियों का नायक बना दिया। इतना बड़ा सम्मान पाकर दक्ष के हृदय में अभिमान आ गया। इस पर तुलसीदासजी ने भी कहा है—

> **नहिं कोउ अस जनमा जग माहीं ।**
> **प्रभुता पाइ जाहि मद नाहीं ॥**

(अर्थात् संसार में ऐसा कोई पैदा नहीं हुआ, जिसको प्रभुता (अधिकार) पाकर अभिमान न हुआ हो, यानी पद-प्रतिष्ठा पाकर अभिमान हो ही जाता है।)

प्रजापति ने एक विशाल यज्ञ का आयोजन किया और आदर सहित सभी ऋषि-मुनियों, देवताओं, किन्नर, नाग, सिद्ध, गंधर्व आदि को सपरिवार निमंत्रित किया, पर भोले शंकर को नहीं बुलाया। अपने पिता के यज्ञ में सभी देवताओं को जाते हुए देखकर सती का मायके के लिए प्यार उमड़ने लगा। यह देख शिवजी ने उन्हें बहुत प्रकार से समझाया, 'हे सती! मित्र, स्वामी, पिता और गुरु के घर बिना बुलाए भी जाना चाहिए, परन्तु जहाँ कोई विरोध मानता हो, उसके घर जाने से कल्याण नहीं होता। तुम यदि बिना बुलाए वहाँ जाओगी तो तुम्हारा अपमान ही होगा।' जब लाख समझाने पर भी सती नहीं रुकीं तो महादेव ने अपने मुख्य गणों को उनके साथ भेज दिया। सती जब पिता के घर पहुँचीं तो किसी ने उनकी आवभगत नहीं की। माता तो बड़े आदर से मिलीं, पर बहनें सब खूब मुसकराती रहीं। यज्ञ-स्थान में

सब देवताओं के लिए स्थान नियत थे, पर शिवजी के लिए कोई स्थान निर्दिष्ट नहीं था। अपना अपमान तो सती ने सह लिया, लेकिन अपने पति भोलेनाथ का अपमान उन्हें असहनीय प्रतीत हुआ। पूरी सभा को ललकारते हुए वह क्रोध भरे स्वर में बोलीं, 'हे सभासदो और मुनीश्वरो, सुनो! यहाँ जिसने भी शिवजी की निंदा की या सुनी, उन सबको इस पाप का फल तुरंत ही मिलेगा और वे सब मेरे पिता दक्ष की भाँति पछताएँगे।' इतना कहकर सती ने योगाग्नि में अपना शरीर भस्म कर डाला। यह देखकर सारी यज्ञशाला में हाहाकार मच गया। सती का मरण सुनकर शिव गणों ने यज्ञ का विध्वंश कर डाला। शिवजी ने जब यह समाचार सुना तो उन्होंने क्रोधित होकर वीरभद्र को भेजा। उन्होंने वहाँ जाकर सब देवताओं को यथोचित दंड दिया। दक्ष का सिर काट डाला गया। मरते समय सती ने श्रीहरि से यह वर माँगा कि मेरा प्रत्येक जन्म में शिवजी के चरणों में अनुराग बना रहे। अगले जन्म में सती हिमाचल के घर जनमीं और पार्वती नाम से पुकारी गयीं।

नारद को अहंकार और उनका उद्धार

भगवान श्रीहरि बड़े दयालु हैं। अपने भक्तों को कभी दुःखी और पथ-भ्रष्ट होता नहीं देख सकते। नारद को इस बात का अहंकार हो गया कि मैंने कामदेव पर विजय प्राप्त कर ली है। यह सब पराक्रम वे भगवान भोलेनाथ को सुनाने लगे। भोले भंडारी ने उन्हें सलाह दी- 'हे मुनि श्रेष्ठ! मेरी आपसे प्रार्थना है कि जो यह कथा आपने मुझे सुनाई है, इस प्रकार से श्रीहरि को मत सुनाइएगा।' पर नारद मुनि कहाँ मानने वाले थे। वे सीधे श्रीहरि के पास गये, लक्ष्मीपति ने भी उन्हें खूब बढ़ा-चढ़ा दिया। अब तो वे और भी अभिमान से सीना ताने श्रीहरि को सिर नवाकर वहाँ से चले।

श्रीहरि ने अपनी माया से बैकुंठ से भी सुंदर एक नगर बसाया। उस नगर के नर-नारी कामदेव से भी ज्यादा सुंदर थे। वहाँ का राजा शीलनिधि अत्यंत वैभव संपन्न था। नारदजी नगर में प्रविष्ट हुए, तत्पश्चात् राजा के महल में पहुँचे। राजा ने सब प्रकार से उनकी आवभगत की और राजकुमारी को सामने बिठाकर उसके गुण-दोष बताने का आग्रह किया। उसके रूप को देखकर मुनि वैराग्य भूल गये। वह राजा को कुछ और बताकर वहाँ से चल दिये। मन में एक ही विचार बार-बार उमड़ने लगा है। विधाता! यह कन्या मुझे कैसे मिलेगी। उधर कन्या का स्वयंवर आयोजित था और नारदजी चिंतामग्न पथ पर चले जा रहे थे, तभी एकाएक श्रीहरि उनके सामने प्रकट हो गये। नारदजी ने सिर नवा उन्हें अपनी सब दुविधा कही। श्रीहरि बोले, जिसमें आपका कल्याण होगा, मैं वही करूँगा।

लक्ष्मीपति से हरि रूप लेकर नारद स्वयंवर सभा की ओर चले, उधर श्रीहरि ब्राह्मण रूप धर सारी व्यवस्था देख रहे थे। नारदजी जहाँ बैठे वहाँ श्रीहरि के दो गण भी बैठे नारदजी को सुना-सुनाकर व्यंग्य कर रहे थे- 'प्रभु ने आपको अनुपम सुंदरता दी है, राजकुमारी आप पर रीझ जायेंगी।' राजकुमारी वरमाला लेकर चली।

नारदजी प्रसन्नता से गद्‌गद। अब कृपालु भगवान राजा का रूप धारण कर वहाँ जा बैठे। राजकुमारी ने नारदजी की ओर देखा तक नहीं। वे बार-बार उचकते और छटपटाते रहे। सब उन पर हँस रहे थे। राजकुमारी ने हर्षित होकर वरमाला राजा (श्रीहरि) के गले में डाल दी। भगवान दुल्हनिया को लक्ष्मी निवास ले गये। सारी सभा मंडली निराश हो गयी। तत्पश्चात् शिव के गण नारद से बोले– आप अपना मुख जल में झाँककर तो देखिए। जब नारद ने जल में अपना रूप देखा तो श्रीहरि पर बड़े कुपित हुए और बोले, 'तुम कपटी हो विष्णु, तुम धोखेबाज और मतलबी हो, सदा कपट का व्यवहार करते हो। तुम अपने किए का फल अवश्य पाओगे। जिस रूप को देकर तुमने मुझे ठगा है, मेरा शाप है– एक दिन वही रूप विपत्ति में तुम्हारा सहायक होगा। मेरी तरह तुम भी स्त्री-वियोग में दुःखी होगे।' श्रीहरि बड़े दयालु हैं, उन्होंने अपनी माया समेट ली। इतना भारी शाप अपने सिर ले लिया, पर भक्त को कुपथ पर जाने से बचा लिया।

राजा प्रतापभानु की कथा

कैकय देश का राजा प्रतापभानु अत्यंत वीर, साहसी, धर्मपरायण, तेजस्वी और विद्वान् था। उसके शासन में प्रजा सुखपूर्वक जीवन व्यतीत कर रही थी। प्रतापभानु का 'अरिमर्दन' नामक एक भाई भी था, जो उसी के समान श्रेष्ठ गुणों से संपन्न था। दोनों भाइयों को नीतियुक्त मार्ग बताने तथा उसका अनुसरण करवाने का भार 'धर्मरुचि' नामक परम विद्वान मंत्री पर था। अपने नाम के अनुरूप धर्मरुचि की धर्म में अगाध श्रद्धा थी। वह भगवान विष्णु का अनन्य भक्त था और सदैव उन्हीं के ध्यान में मग्न रहता था। इस प्रकार तीन श्रेष्ठ पुरुषों की देखरेख में कैकय देश का शासन-कार्य नीति, धर्म और सदाचार के अनुसार चल रहा था।

कैकय देश के पड़ोसी देश में 'सोमदत्त' नामक राजा राज्य करता था। वह बड़ा क्रूर, मायावी, दुष्ट और पापी व्यक्ति था। भोग-विलास में डूबे रहना उसका नित्य का कार्य था। उसकी आँखों में आरंभ से ही कैकय देश का वैभव और संपन्नता खटक रही थी। वह किसी भी तरह से उसे जीत लेना चाहता था। किंतु बल और शक्ति में उसकी सेनाएँ कैकय देश की तुलना में कमजोर थीं। युद्ध में कैकय देश को जीतना असंभव था, इसलिए उसने माया का सहारा लिया।

एक दिन प्रतापभानु को समाचार मिला कि उसके राज्य में एक शक्तिशाली जंगली वराह (सूअर) ने आतंक मचा रखा है। वह प्रतिदिन किसी-न-किसी को मारकर जंगल में भाग जाता है। प्रजा को इस प्रकार आतंकित देख प्रतापभानु अत्यंत क्रोधित हो उठा। उसने उस वराह को मारने का निश्चय कर लिया। तदनंतर धनुष धारण करके वह उस स्थान गर जा पहुँचा, जहाँ से वराह वन की ओर भाग जाता था। दो दिन प्रतीक्षा करने के बाद प्रतापभानु को वह वराह दिखाई दिया। राजा ने अपना घोड़ा उसके पीछे लगा दिया। वराह जान बचाता हुआ घने वन में घुस गया। प्रतापभानु भी उसका पीछा करते हुए वन की ओर चल पड़ा।

आज वह किसी भी तरह वराह को मार डालना चाहता था। इसी बीच जंगल में वह अपने सैनिकों से बिछुड़ गया।

वन के बीचोबीच पहुँचकर वराह आँखों से ओझल गया और प्रतापभानु भूख-प्यास से व्यथित होकर इधर-उधर भटकने लगा। सहसा उसे एक कुटिया दिखाई दी। कुटिया के प्रांगण में एक साधु हवन कर रहा था। उसे देखकर जैसे प्रतापभानु की जान-में-जान आई। उसने साधु के पास जाकर अपना परिचय दिया।

साधु ने प्रतापभानु को खाने के लिए फल दिए। तदनंतर वन में आने का कारण पूछा। प्रतापभानु ने सारी घटना कह सुनाई। तब साधु उपदेश देते हुए बोला, 'राजन्, आपके प्रताप से कौन परिचित नहीं है। आपकी श्रेष्ठता का गुणगान तो देवलोक में भी किया जाता है। प्रजा की संतुष्टि से ही स्पष्ट हो जाता है कि आप एक कुशल शासक हैं। आपके नेतृत्व में ही कैकय देश महानता के शिखर पर विराजमान है। यह धरा भी आपको पाकर धन्य है। राजन्! अब वह भयंकर वराह आपके राज्य की ओर कभी नहीं आएगा। मैं अपने तपबल से उसे स्वयं ही मार डालूँगा। आप निश्चिंत रहें।'

साधु की बातें सुनकर प्रतापभानु गद्‌गद होते हुए बोला, 'मुनिवर! आप जैसे साधुजन की कृपा के कारण ही मैं राज्य की उचित और न्यायप्रिय व्यवस्था करने में सक्षम हूँ। राज्य के समस्त वैभव और संपन्नता के पीछे आपका ही आशीर्वाद है। हे मुनिवर! वराह को मारकर आप मेरी प्रजा पर उपकार करेंगे। यद्यपि मैं आपके इस उपकार का ऋण कभी नहीं चुका सकता, तथापि मैं आपकी सेवा करना चाहता हूँ।'

साधु हँसते हुए बोला, 'राजन्! हम साधुओं को सेवा से कोई सरोकार नहीं है। लेकिन यदि आप कुछ करना ही चाहते हैं तो अपने राज्य के समस्त ब्राह्मणों को सपरिवार भोजन करवा दें। उनके आशीर्वाद से आपके राज्य में सुख-समृद्धि का सदा वास रहेगा। आपका यह कार्य सभी को सुख देने वाला होगा।'

'जैसी आपकी आज्ञा, मुनिवर! अब आप पुरोहित बनकर मेरे साथ चलने का कष्ट करें, जिससे मैं अतिशीघ्र इस पुण्य कार्य को संपन्न कर सकूँ।' प्रतापभानु ने कृतज्ञ शब्दों में कहा।

राजा प्रतापभानु का आग्रह सुनकर साधु थोड़ा-सा बौखलाता हुआ बोला, 'नहीं, नहीं राजन्! सामाजिक बंधनों से विमुख हुए मुझे अनेक वर्ष हो गये हैं। अब मैं किसी भी समारोह में सम्मिलित नहीं होता हूँ। अतः मैं आपके पुण्यकार्य में पुरोहित नहीं बन सकता। परंतु आपकी इच्छा को देखते हुए मैं अपने एक योग्य शिष्य को आपका पुरोहित बनाकर अवश्य भेजूँगा। वह आपके समस्त कार्य कुशलतापूर्वक संपन्न करवाएगा। अब आप घर लौट जायँ। ठीक तीन दिन के बाद मेरा शिष्य आपके पास पहुँच जायेगा।' इसके बाद साधु को प्रणाम कर प्रतापभानु वापस लौट गया।

प्रतापभानु के वहाँ से जाते ही वह भयंकर वराह साधु के पास आ पहुँचा, जिसका पीछा प्रतापभानु कर रहा था। देखते ही देखते वराह ने एक विशालकाय राक्षस का रूप धारण कर लिया। यह 'कालकेतु' नामक राक्षस था, जिसके अत्याचारी पुत्रों को प्रजा की रक्षा हेतु राजा प्रतापभानु ने मार डाला था।

कालकेतु भयंकर अट्टहास करता हुआ बोला, 'तुमने आज अपनी बुद्धिमत्ता से श्रेष्ठ अभिनयकर्ता को भी मात कर दिया। जिस प्रकार प्रतापभानु को तुमने दिग्भ्रमित किया है, वह कभी नहीं जान सकेगा कि तुम कोई साधु नहीं, बल्कि साधु के वेश में उसके सबसे बड़े शत्रु सोमदत्त हो।'

साधु-वेशधारी सोमदत्त भी अपने वास्तविक रूप में आ गया और हँसते हुए बोला, 'कालकेतु! इस योजना के पूर्ण होने में तुम्हारा योगदान सराहनीय है। यदि तुम उसे यहाँ तक न लाते तो हमारा षड्यंत्र कभी सफल नहीं होता। अब केवल अंतिम कार्य रह गया है। कालकेतु! अब तुम शीघ्रता से ब्राह्मण बनकर प्रतापभानु के पास जाओ और योजना का अंतिम चरण भी पूर्ण कर दो।' इसके बाद कालकेतु और सोमदत्त अपने-अपने स्थानों की ओर चले गये।

उधर प्रतापभानु को ज्ञात नहीं था कि वह दो मायावी और पापी लोगों के बीच फँस चुका है। वह तो महल में पहुँचते ही ब्राह्मण-भोज की तैयारी में जुट गया। उसने सभी ब्राह्मणों को सपरिवार भोजन पर आमंत्रित भी कर दिया।

निश्चित दिन कालकेतु भी पुरोहित बनकर राजा प्रतापभानु के पास जा पहुँचा। प्रतापभानु ने उसका यथोचित आदर-सत्कार किया। भोजन से पूर्व कालकेतु भोजन के निरीक्षण का बहाना करके रसोईघर में पहुँचा और उसमें मांस मिला दिया। जैसे ही ब्राह्मण भोजन करने बैठे, अचानक एक आकाशवाणी हुई– 'ठहरो! यह भोजन आपके ग्रहण करने के योग्य नहीं है। इसमें मांस मिला हुआ है।'

आकाशवाणी सुनते ही चारों ओर हाहाकार मच गया। ब्राह्मण क्रोधित होकर अपने-अपने स्थानों से उठ खड़े हुए और प्रतापभानु को शाप देते हुए बोले, 'अधर्मी, पापी! तूने मांस परोसकर हमारे धर्म को भ्रष्ट करने का प्रयास किया है। तेरा यह कुकृत्य राक्षसों के समान है। अतएव हम तुझे शाप देते हैं कि तू परिवार सहित राक्षस-योनि में जन्म ले।' इसके बाद क्रोधित ब्राह्मण वहाँ से चले गये।

यह सब इतनी तेजी से हुआ कि प्रतापभानु को कुछ समझने का अवसर ही नहीं मिला। उसे जब होश आया तो उसने सर्वप्रथम पुरोहित बने कालकेतु को ढूँढ़ना आरंभ किया। लेकिन वह वहाँ से जा चुका था। ब्राह्मणों का शाप प्रतापभानु को व्याकुल करने लगा।

इधर जब सोमदत्त को शाप की बात पता चली तो उसने उसी समय सेना लेकर कैकय देश पर आक्रमण कर दिया। ब्राह्मणों के शाप ने प्रतापभानु को पहले ही निस्तेज कर दिया था। इसी के चलते युद्ध में उसका पक्ष कमजोर पड़ता चला गया। अंत में प्रतापभानु अपने भाई अरिमर्दन और मंत्री धर्मरुचि के साथ वीरगति को प्राप्त हुआ।

ब्राह्मणों के शाप के कारण अगले जन्म में प्रतापभानु ने विश्रवा ऋषि के घर जन्म लिया और रावण के नाम से विख्यात हुआ। उसकी माता राक्षस-कुल की थी। प्रतापभानु के भाई अरिमर्दन ने कुंभकर्ण और धर्मरुचि ने विभीषण के रूप में जन्म लिया। भगवान विष्णु का अनन्य भक्त होने के कारण धर्मरुचि राक्षस योनि में भी परम तपस्वी हुआ।

रावण, कुंभकर्ण आदि का जन्म

भगवान विष्णु से भयभीत होकर राक्षसराज माली और माल्यवान् पाताल में जा छिपे थे। यद्यपि वे प्राण बचाते फिर रहे थे, तथापि अभी भी अनके हृदय में देवताओं के प्रति विष भरा हुआ था। भगवान विष्णु द्वारा सुमाली के मारे जाने से वे अंदर-ही-अंदर प्रतिशोध की ज्वाला में जल रहे थे।

इधर सुमाली-वध से देवताओं में हर्ष की लहर दौड़ गयी। अब वे चुन-चुनकर दैत्यों को मारने लगे। जहाँ कहीं भी दैत्य दिखाई देता, देवता पल भर में ही उसका काम तमाम कर देते। इस प्रकार पृथ्वी पर दैत्यों की संख्या बड़ी तेजी से कम होने लगी। दैत्य-कुल का संहार होते देख माली और माल्यवान् अत्यंत व्यथित थे, परन्तु शक्तिहीन होने के कारण असहाय थे। इस विपदा की घड़ी में कोई भी उनका सहायक न था। ऐसी दुःखद स्थिति में माल्यवान् को दैत्यगुरु शुक्राचार्य का ध्यान आया, जो उस समय हिमालय पर भगवान शिव की आराधना कर रहे थे। केवल वे ही एक ऐसे परम तेजस्वी ऋषि थे, जिनसे भगवान विष्णु भी भयभीत रहते थे। अंततः माल्यवान् सहायता हेतु उस स्थान पर जा पहुँचा, जहाँ दैत्यगुरु शुक्राचार्य ध्यानमग्न होकर तपस्या कर रहे थे।

शुक्राचार्य ने माल्यवान् से वहाँ आने का कारण पूछा। माल्यवान् व्यथित स्वर में बोला, 'हे गुरुवर! जब से आप लंका को छोड़कर आये हैं, तभी से हमें निस्सहाय पाकर देवताओं ने हम पर अत्याचार करने आरंभ कर दिए। विष्णु ने मेरे भाई सुमाली का वध कर हमें पताल जाने के लिए विवश कर दिया। अब वे एक-एक कर हमारे सभी बंधु-बांधवों का संहार कर रहे हैं। गुरुवर, इस समय हम भारी विपदा में फँसे हुए हैं। अब आप ही मार्गदर्शन करके हमारा उद्धार करें।'

घोर तप में लीन होने के कारण शुक्राचार्य देव-दैत्य युद्ध के सम्बन्ध में पूर्णतः अनभिज्ञ थे। इसलिए जब उन्हें माल्यवान् द्वारा दैत्यों के पतन का समाचार मिला तो वे पल भर के लिए विस्मित रह गये। फिर क्रोध में भरकर उग्र स्वर में बोले, 'माल्यवान्! तुमने मुझे पहले सूचना क्यों नहीं दी? यदि समय रहते तुम मेरी शरण में आ जाते तो देवताओं का इतना दुस्साहस कभी न होता। लेकिन अभी भी देर नहीं हुई है। यदि कोई शक्तिशाली और परम तपस्वी दैत्य तुम्हारे कुल का प्रतिनिधित्व करे तो तुम अपना खोया हुआ ऐश्वर्य, बल और राज्य पुनः प्राप्त कर सकते हो। माल्यवान्! यदि तुम महर्षि 'पुलस्तय' के परम तपस्वी पुत्र 'विश्रवा' से अपनी पुत्री 'कैकसी' का विवाह कर दो तो उनके दिव्य अंश से उत्पन्न राक्षस तुम्हारे कुल का उद्धारक और देवताओं के लिए साक्षात् काल होगा।'

माल्यवान् ने विश्रवा ऋषि के तप और विद्वत्ता के विषय में बहुत कुछ सुन रखा था। 'यदि ऐसा योग्य और तेजस्वी वर कैकसी को सहर्ष स्वीकार कर ले तो राक्षस-कुल का उद्धार हो जायेगा'- यह सोचकर दैत्य माल्यवान् प्रसन्नता से भर उठा। तदनंतर शुक्राचार्य को प्रणाम कर वह वापस लौट आया।

अब माल्यवान् का प्रमुख उद्देश्य अपनी पुत्री कैकसी का विवाह विश्रवा ऋषि के साथ करवाना था। साथ ही वह जानता था कि ब्राह्मण कुल में जन्मे विश्रवा दैत्य कुल की कन्या से कदापि विवाह नहीं करेंगे। अत: उसने युक्ति से काम लिया। उन दिनों विश्रवा ऋषि वन में घोर तप कर रहे थे। माल्यवान् ने उचित अवसर जानकर अपनी पुत्री कैकसी को उनकी सेवा के लिए भेज दिया। कैकसी जानती थी कि विश्रवा के अंश से उत्पन्न संतान ही राक्षस-कुल का उद्धार करेगी। इसलिए वह भी पूरी निष्ठा के साथ उनकी सेवा में संलग्न हो गयी।

कैकसी तप में लीन विश्रवा ऋषि के शरीर को प्रतिदिन स्वच्छ जल से साफ करती। तदनंतर पूजन-अर्चन की सामग्री एकत्र कर उनके समक्ष रख देती। संध्या समय अपने कोमल हाथों से उनके चरण दबाती। इस प्रकार सेवा करते हुए बहुत लंबा समय बीत गया।

एक दिन तप-ध्यान पूर्ण होने पर विश्रवा ऋषि ने सहसा नेत्र खोल दिए। उन्हें अपने समक्ष ही कैकसी बैठी दिखाई दी। उस समय वह ऋषि के चरण दबा रही थी। विश्रवा समझ गये कि ध्यान के समय इसी युवती ने मेरी सेवा की है। उनका मन प्रसन्नता से भर उठा और उन्होंने युवती से इच्छित वर माँगने को कहा।

कैकसी इसी समय की प्रतीक्षा कर रही थी। वह हाथ जोड़कर विनम्र स्वर में बोली, 'ऋषिवर! मैं दैत्यराज माल्यवान् की पुत्री कैकसी हूँ। एक दिन यहाँ से निकलते हुए मेरी दृष्टि आप पर पड़ी और मैं आपके वशीभूत हो गयी। तभी से पत्नी की भाँति मैं निरंतर आपकी सेवा कर रही हूँ। मुनिवर, अब मैं आपको छोड़कर नहीं जा सकती। इसलिए आप मुझे स्वीकार कर मेरी इच्छा पूर्ण करें।'

कैकसी की सेवा और भक्ति से विश्रवा ऋषि पहले ही अत्यंत प्रसन्न थे, उस पर इन प्रिय वचनों को सुनकर उनका मन गद्‌गद हो उठा। उन्होंने उसी समय माल्यवान् के पास जाकर कैकसी से विवाह की इच्छा जताई।

माल्यवान् भी इसी समय की प्रतीक्षा कर रहा था। उसने बिना विलंब किए विश्रवा ऋषि और कैकसी का विवाह करा दिया। नवविवाहित दंपती वैवाहिक सुख में निमग्न हो गये।

उचित समय पर कैकसी ने एक सुंदर और शक्तिशाली पुत्र को जन्म दिया, जिसका शरीर जन्म लेते ही आठ वर्ष का हो गया। यह चमत्कार देख कैकसी आश्चर्यचकित रह गयी। उसने जब पति से इस विषय में पूछा तो वे मुसकराते हुए बोले, 'प्रिये! तुम्हारा यह पुत्र दिव्य शक्तियों से परिपूर्ण होकर परम तपस्वी

और वेदों का प्रकांड पंडित होगा। संसार इसे 'रावण' के नाम से जानेगा। देवता, दैत्य, राक्षस, मनुष्य–सभी इसके नाम से भयभीत रहेंगे। तीनों लोकों को जीतने वाला यह बालक सृष्टि के अंत तक जाना जायेगा।'

पुत्र के विषय में जानकर कैकसी प्रसन्नता से भर उठी। आखिरकार उस शक्तिशाली राक्षस का जन्म हो गया था, जिसकी प्रतीक्षा अनेक वर्षों से की जा रही थी।

जब यह समाचार माल्यवान् को मिला तो वह उसी समय कैकसी से मिलने आ पहुँचा। एकांत पाकर उसने कैकसी को समझाया, 'पुत्री! अभी इतना प्रसन्न होने की आवश्यकता नहीं है। देवगण बहुत कपटी और छली हैं। उन्हें जब इस बात का पता चलेगा तो वे एकजुट होकर इसके विरुद्ध षड्यंत्र रच डालेंगे। उस स्थिति में यह बिल्कुल अकेला पड़ जायेगा। इसलिए तुम इसी के समान कुछ और शक्तिशाली पुत्रों के लिए प्रयासरत रहो, जिससे इसकी शक्ति में अमोघ वृद्धि हो।'

कैकसी पिता के संकेत को समझ गयी। इसी परामर्श के फलस्वरूप कुछ वर्ष उपरांत उसने दो और शक्तिशाली पुत्रों को जन्म दिया। उनमें से एक बालक 'कुंभकर्ण' और दूसरा 'विभीषण' के नाम से प्रसिद्ध हुआ। इसके अतिरिक्त कैकसी ने एक पुत्री को भी जन्म दिया, जिसका नाम 'शूर्पणखा' रखा गया।

इस प्रकार विश्रवा ऋषि और कैकसी के अंश से माल्यवान् के राक्षस-कुल की रक्षा हेतु तीन परमवीर योद्धा प्राप्त हुए। राजा प्रतापभानु को ब्राह्मणों द्वारा परिवार सहित राक्षस के रूप में जन्म लेने का शाप इस जन्म में फलीभूत हुआ। पूर्वजन्म का राजा प्रतापभानु ही इस जन्म में रावण के नाम से विख्यात हुआ। प्रतापभानु के भाई अरिमर्दन ने बलशाली कुंभकर्ण के रूप में जन्म लिया और साधु स्वभाव का धर्मरुचि इस जन्म में विभीषण के नाम से जाना गया। धर्म-कर्म और पूजा-पाठ में उसकी रुचि इस जन्म में भी बनी रही।

रावण, कुंभकर्ण तथा विभीषण का तप करना

यद्यपि रावण और उसके भाइयों का जन्म विश्रवा ऋषि के अंश से हुआ था, तथापि उनकी माता राक्षस-कुल की थी। अतएव उनमें धार्मिक प्रवृत्ति की अपेक्षा राक्षसी प्रवृत्ति का अंश अधिक था। माल्यवान् अपनी देख-रेख में उनका लालन-पालन कर रहा था। वह अपनी कुटिल बातों से बालकों का मन राक्षस-कुल की ओर खींच रहा था। देवताओं के अत्याचारों की अनेक मनगढ़ंत कहानियाँ सुना-सुनाकर उसने उनके बाल-मन में यह बात बैठा दी थी कि देवगण सदा से उनके शत्रु रहे हैं। उनका एकमात्र उद्देश्य राक्षस-कुल का सर्वनाश है। धीरे-धीरे रावण और कुंभकर्ण को यह विश्वास होने लगा कि वे राक्षस-कुल से सम्बन्धित हैं और देवगण कभी भी उनका अहित कर सकते हैं।

एक दिन जब माल्यवान् अपनी पुत्री कैकसी और नातियों से मिलने आया तब सहसा रावण ने उससे पूछा, 'नानाश्री! देवता सदा से हमारे कुल का विनाश करते आए हैं। उनके भय से ही आप पाताल लोक में निवास कर रहे हैं। क्या कोई ऐसा साधन नहीं है, जिसके द्वारा हम देवताओं को परास्त कर अपना खोया सम्मान पुनः प्राप्त कर सकें? क्या हम देवताओं को कभी पराजित नहीं कर सकते? क्या हमारा बल, हमारा शौर्य किसी काम का नहीं है?'

'रावण! हमारा बल और शौर्य देवताओं से कई गुना अधिक है। परन्तु उनके पास बहुत सारी दिव्य शक्तियाँ और अस्त्र हैं, जिनके द्वारा वे निर्बल होकर भी हमें परास्त करने की क्षमता रखते हैं। हाँ, यदि कोई राक्षस कठोर तपस्या द्वारा ब्रह्माजी को प्रसन्न कर उनसे वर प्राप्त कर ले तो देवगण उसे पराजित नहीं कर सकते। परन्तु इस समय हमारे कुल में कोई भी ऐसा तपस्वी राक्षस नहीं है, जो कठोर तप कर सके।'

'ठीक है, नानाश्री! मैं भी राक्षस-कुल का हूँ, इसलिए मैं स्वयं कठोर तपस्या करके ब्रह्माजी को प्रसन्न करूँगा और वरदान में उनसे दिव्य शक्तियाँ प्राप्त करूँगा।'

इस प्रकार प्रण करने के पश्चात् रावण अपने भाइयों सहित वन में जाकर कठोर तपस्या करने लगा। विश्रवा को जब इस बात का पता चला तो उन्होंने उसे बहुत समझाया, लेकिन सब व्यर्थ गया। रावण अपना हठ छोड़ने को तैयार नहीं हुआ। अंत में थक-हारकर विश्रवा आश्रम लौट आये।

माल्यवान् तप की महिमा को जानता था। उसने और उसके भाइयों ने तप द्वारा ही अनेक दिव्य शक्तियाँ प्राप्त की थीं। रावण को तप के लिए उद्यत देख उसे अत्यंत प्रसन्नता हुई। लंका पर पुनः शासन और देवताओं की पराजय उसे स्पष्ट दिखाई देने लगी। वह जान चुका था कि शीघ्र ही रावण को तीनों लोकों पर विजय के लिए एक विशाल दैत्य सेना की आवश्यकता होगी। रावण के तप में लीन होते ही उसने पृथ्वी के सभी दैत्यों को एकत्र कर एक शक्तिशाली सेना गठित करना आरंभ कर दिया।

इधर रावण, कुंभकर्ण और विभीषण ने अपने कठोर तप से देवताओं को व्यथित कर डाला। उनके शरीर से निकलने वाले तेज से तीनों लोक जलने लगे। उनके तप का तेज जब ब्रह्माजी के लिए भी असहनीय हो गया, तब वे साक्षात् प्रकट हुए और उन्हें इच्छित वर माँगने के लिए कहा। रावण ने उनसे 'अमरता' का वरदान माँग लिया।

ब्रह्माजी जानते थे कि यदि रावण अमर हो गया तो सृष्टि का विनाश हो जायेगा। अतः उसे समझाते हुए उन्होंने कहा, 'वत्स, तुमने वर में ऐसी वस्तु माँग ली है, जो देवताओं के लिए भी दुर्लभ है। कालचक्र के अनुसार सृष्टि में जन्म लेने वाले प्रत्येक प्राणी को एक-न-एक दिन काल का ग्रास बनना ही पड़ता है। इसलिए तुम अमरता के अतिरिक्त कुछ और माँग लो।'

तब रावण ने बहुत सोच-विचारकर कहा, 'हे परमपिता! मुझे वर दीजिए कि मेरी मृत्यु मनुष्य के हाथों हो।' ब्रह्माजी ने रावण को मनोवांछित वर दे दिया।

'जब शक्तिशाली देवगण मेरा अहित नहीं कर पाएँगे तो भला कोई साधारण मनुष्य मेरा अंत कैसे कर सकेगा! आखिरकार मैंने ब्रह्माजी से अमरता का वरदान प्राप्त कर ही लिया।' यह सोचकर रावण मन-ही-मन अति प्रसन्न था।

कुंभकर्ण रावण से भी अधिक विशालकाय और शक्तिशाली था। उसे देखकर ब्रह्माजी सोचने लगे कि यदि इसने भी रावण के समान कोई शक्तिशाली वर माँग लिया तो संपूर्ण मानवता का अस्तित्व ही समाप्त हो जायेगा। अतएव उन्होंने माया का सहारा लिया। उनकी इच्छा के अनुसार सरस्वती कुंभकर्ण की जिह्वा पर विराजमान हो गयीं। इसके फलस्वरूप ब्रह्माजी ने जब कुंभकर्ण से वर माँगने के लिए कहा तो सरस्वती की माया से भ्रमित होकर उसने वर में छह महीने की नींद और एक दिन की जाग्रतावस्था माँग ली। ब्रह्माजी ने 'तथास्तु' कहकर उसे वरदान दे दिया। तदनंतर वे विभीषण के पास पहुँचे और उससे इच्छित वर माँगने के लिए कहा।

रावण और कुंभकर्ण की अपेक्षा विभीषण धर्म की ओर अधिक प्रवृत्त था। परोपकार, दया और सहिष्णुता उसके गुणों को और भी वैभव प्रदान करते थे। श्रीविष्णु में उसकी अगाध श्रद्धा थी, इसलिए उसने वर में भगवान विष्णु की अनन्य भक्ति और उनके दर्शन की इच्छा प्रकट की।

ब्रह्माजी उसे वर देते हुए बोले, 'हे विभीषण! तुम्हारे भाइयों ने कठोर तप के बाद भी केवल सांसारिक वस्तुओं को ही माँगा, लेकिन तप का वास्तविक फल तुम ही जानते हो। मैं तुम्हें श्रीविष्णु की अनन्य भक्ति प्रदान करता हूँ। इस जन्म में तुम्हें भगवान विष्णु के दर्शन के साथ उनका सान्निध्य प्राप्त करने का सौभाग्य प्राप्त होगा।'

रावण के उत्पात

'मनोवांछित वरदान पाकर रावण अत्यंत शक्तिशाली हो गया है' – यह समाचार सुनकर माल्यवान् की खुशी का ठिकाना न रहा। अनेक वर्षों से वह उस दिन की प्रतीक्षा कर रहा था, जब वह देवताओं को पराजित कर तीनों लोकों पर राक्षसों का साम्राज्य स्थापित करता। रावण के रूप में उसे एक ऐसा वीर राक्षस-योद्धा मिल चुका था, जो बहुत शीघ्र उसके इस स्वप्न को पूरा कर सकता था। इस बीच उसने राक्षसों को एकत्र कर एक विशाल सेना तैयार कर ली थी। रावण के घर लौटते ही माल्यवान् ने उसे राक्षसों का राजा घोषित कर दिया। यद्यपि विश्रवा ऋषि ने राजा बनने पर रावण को शांतिपूर्वक और न्यायपूर्वक शासन करने का परामर्श दिया, तथापि देवताओं के प्रति मन में क्रोध रखने वाले रावण ने अब तीनों लोकों पर अधिकार करने का निश्चय कर लिया था।

अभिषेक के बाद माल्यवान् राक्षसराज रावण को समझाते हुए बोला, 'रावण, तुम महापराक्रमी, तेजस्वी और देवताओं से भी अधिक बलशाली हो। राक्षसराज के पद पर आसीन होकर तुम्हारा कार्य राक्षसों का कल्याण और बल-वृद्धि करना है। परन्तु इससे पूर्व तुम्हें एक ऐसे स्थान की आवश्यकता है, जहाँ से तुम कुशलतापूर्वक राक्षसों का नेतृत्व कर सको। रावण, पूर्व में स्वर्ण-निर्मित लंका राक्षसों का आश्रय-स्थल थी, परंतु कपटी देवताओं ने इसे छीन लिया। इस समय वहाँ कुबेर का निवास है। हे राक्षसराज रावण! सर्वप्रथम तुम कुबेर को परास्त कर लंका को पुनः अपनी राजधानी बनाओ। जिस प्रकार अमरावती नगरी में इंद्र विराजमान है, उसी प्रकार लंका में तुम विराजमान होकर अपने ऐश्वर्य, वैभव और यश में खूब वृद्धि करो।'

रावण को माल्यवान् का परामर्श उचित लगा और उसने उसी समय अपना एक दूत कुबेर के पास भेजकर उसे लंका छोड़ने अथवा युद्ध करने के लिए ललकारा।

कुबेर विश्रवा ऋषि का प्रथम पुत्र था, जो उनकी पत्नी इड़बिड़ा के गर्भ से उत्पन्न हुआ था। इस प्रकार वह रावण, कुंभकर्ण और विभीषण का सौतेला भाई था, बचपन से ही कुबेर धार्मिक प्रवृत्ति का था। इसलिए पिता द्वारा दीक्षित होने के बाद उसने कठोर तपस्या आरंभ कर दिया। अनेक वर्षों तक तप करके उसने ब्रह्माजी को प्रसन्न किया और उनसे वरदान-स्वरूप देवपद प्राप्त कर लिया। साथ-ही-साथ ब्रह्माजी ने कुबेर को लंका का राज्य सौंप दिया। तभी से कुबेर समस्त ऐश्वर्यों से युक्त होकर लंका में निवास कर रहा था।

रावण का संदेश पाकर कुबेर चिंता में पड़ गया। चुपचाप लंका छोड़ने का अर्थ था– राक्षसों के समक्ष पराजय स्वीकार कर लेना। लेकिन लंका के लिए वह अपने भाई से युद्ध भी नहीं करना चाहता था। इस दुविधा भरी स्थिति में कुबेर को पिता का स्मरण हो आया। वह उसी समय पुष्पक विमान में बैठकर विश्रवा ऋषि के पास पहुँचा और उन्हें सारी बात बताई।

विश्रवा उसे समझाते हुए बोले, 'पुत्र! रावण तुम्हारा भाई होने पर भी तुमसे युद्ध के लिए तैयार है। इसलिए तुम भी सभी सम्बन्धों से ऊपर उठकर अपने युद्ध धर्म का निष्ठापूर्वक पालन करो।'

कुबेर अब दुविधा से उबर चुका था। उसने लंका छोड़ने से इनकार कर दिया। उसका यह दुःसाहस देख रावण क्रोध से भर उठा और उसने विशाल सेना लेकर लंका पर आक्रमण कर दिया। बहुत दिनों तक घमासान युद्ध होता रहा। अंत में शक्तिशाली रावण के समक्ष कुबेर पराजित हो गया और प्राण बचाकर वहाँ से भाग खड़ा हुआ।

इस प्रकार कालांतर में जिस लंका पर राक्षसों का अधिकार था और बाद में जिसे ब्रह्माजी ने कुबेर को दे दिया था, उस पर पुनः राक्षसों का अधिकार हो

गया। इसके अतिरिक्त कुबेर का पुष्पक विमान भी रावण ने छीन लिया। अब रावण लंका के सिंहासन पर आसीन होकर वहीं से राक्षसों का नेतृत्व करने लगा।

माता पार्वती (उमा) की लंकापुरी के बारे में और अधिक जानने की उत्कंठा को देखते हुए भगवान शंकर बोले कि इस लंकापुरी (स्वर्णपुरी) की कथा भी अपने आप में बड़ी अद्भुत और विलक्षण है। लंकापुरी का निर्माण कैसे हुआ? और देवताओं के आधिपत्य से राक्षसों के अधिकार में कैसे आ गयी– यह सब हे उमा! मैं विस्तार से कहता हूँ। एक बार पवनदेव अप्सराओं के साथ भ्रमण पर निकले थे। उनके प्रचण्ड वेग के समक्ष सबकुछ तिनके के समान उड़कर उन्हें मार्ग दे रहा था। उनका मार्ग रोकने की हिम्मत किसी में न थी। परन्तु सहसा सुमेरु पर्वत उनके मार्ग में आ गया। पवनदेव ने उसे मार्ग से हटने या झुककर राह देने का ओदश दिया, पर सुमेरु ने उनकी आज्ञा को अनसुना कर दिया। पवनदेव ने शक्ति के अहंकार में भरकर प्रचंड रूप धारण कर लिया; परतु वे किसी भी तरह सुमेरु को उसके स्थान से डिगा न सके। अंत में पराजित होकर वे वहाँ से प्रस्थान कर गये। तथापि उन्होंने मन-ही-मन निश्चय कर लिया कि उचित अवसर आने पर वे सुमेरु से अपने इस अपमान का प्रतिशोध अवश्य लेंगे।

कुछ दिनों के बाद वसंतगिरि ने एक सभा का आयोजन कर सभी पर्वतों को आमंत्रित किया। इस अवसर पर सभी की सहमति से सुमेरु को सभापति चुना गया। इस उपलक्ष्य में स्वर्ण-निर्मित एक विशाल मुकुट सुमेरु के सिर पर सुशोभित कर उसका सम्मान किया गया। एक कोने में छिपकर पवनदेव ने भी सुमेरु का यह सम्मान देखा। उन्हें उस दिन की याद हो आई, जब सुमेरु के कारण उन्हें अपमानित होना पड़ा था। आज अपमान के प्रतिशोध का उपयुक्त अवसर था।

देखते ही देखते पवनदेव ने प्रचंड आँधी का रूप धारण कर लिया। चारों ओर घना अंधकार छा गया। सभा का मंडप उखड़ गया। सभी सुरक्षित स्थानों की ओर दौड़ पड़े। इसी भाग-दौड़ में अवसर पाकर पवनदेव ने सुमेरु का मुकुट चुरा लिया और उसे लेकर तेजी से दक्षिण दिशा की ओर चल पड़े।

दक्षिण दिशा के अंतिम छोर पर विशाल समुद्र के मध्य एक छोटा सा टापू था। वहाँ पहुँचकर पवनदेव ने देवशिल्पी विश्वकर्मा का आह्वान किया और उस मुकुट के स्वर्ण से वहाँ एक विशाल नगरी बनाने का आदेश दिया। कुछ ही दिनों में विश्वकर्मा ने उस टापू पर स्वर्ण से निर्मित एक विशाल नगरी का निर्माण-कार्य पूरा कर दिया। इस स्वर्णनगरी का प्रत्येक महल देवराज इंद्र के महल से भी अधिक सुंदर और विशाल था। चूँकि यह नगरी पूरी तरह से स्वर्ण-निर्मित थी, इसलिए इसका नाम 'स्वर्णपुरी' रखा गया। बाद में यही नगरी 'लंका' के नाम से विख्यात हुई।

एक दिन माली, सुमाली और माल्यवान् नामक तीन दैत्य भ्रमण करते हुए दक्षिण दिशा की ओर आ निकले। उन्होंने जब स्वर्णपुरी को देखा तो उनका मन उसे पाने के लिए मचल उठा। तीनों दैत्यों ने कठोर तप द्वारा ब्रह्माजी को प्रसन्न

कर उनसे लंकापुरी माँग ली। अब तीनों दैत्य अपने परिवार और सेवक-सेविकाओं के साथ लंका में रहने लगे। इस प्रकार लंका देवताओं द्वारा निर्मित होने के बाद भी राक्षसों का गढ़ बन गयी।

बाद में जब दैत्यों के अत्याचार बढ़ने लगे, तब संसार के कल्याण के लिए भगवान विष्णु ने सुमाली का वध कर दिया। सुमाली-वध से भयभीत होकर माली और माल्यवान् सपरिवार पाताल में जा छिपे। उनके बाद लंका पुनः खाली हो गयी। तब ब्रह्माजी ने महर्षि विश्रवा के पुत्र कुबेर को लंका नगरी सौंप दी। कुबेर ने लंका को अपनी राजधानी बनाया और यक्ष-सेवकों के साथ वहीं निवास करने लगा। बाद में राक्षसराज रावण ने कुबेर को पराजित कर लंका को पुनः राक्षसों के आधिपत्य में कर लिया। इस प्रकार यह स्वर्णपुरी पुनः राक्षसों के अधिकार में आ गयी। लंकापुरी पाकर ही रावण संतुष्ट न हुआ। धीरे-धीरे उसने पूरे दक्षिणी भाग पर अपना प्रभुत्व स्थापित कर लिया। अनेक मायावी राक्षस उसके साथ आ मिले।

परंतु माल्यवान् रावण को और अधिक शक्तिशाली बनाना चाहता था। इसलिए जब एक दिन रावण ने नाना माल्यवान् से स्वर्ग पर आक्रमण करने की आज्ञा माँगी, तो वह बोला, 'लंकेश्वर! यद्यपि ब्रह्माजी से वरदान पाकर आप परम शक्तिशाली हो गये हैं, तथापि पूर्णरूप से अपराजित होने के लिए आपको भगवान शिव की आराधना करनी चाहिए। भगवान शिव राक्षस जाति के लिए कुल-देवता के समान हैं। दैत्यगुरु शुक्राचार्य के आराध्यदेव होने के कारण उनका राक्षसों और दैत्यों पर विशेष स्नेह है। देवताओं में केवल वे ही एक परम शक्तिशाली देवता हैं। यदि उनकी कृपा प्राप्त हो जाये तो फिर कोई भी तुम्हें पराजित नहीं कर सकेगा।' रावण को यह परामर्श उचित लगा और वह उसी दिन कैलास पर्वत पर जाकर शिवजी की आराधना करने लगा। वह धुन का पक्का तो था ही, अतएव वह शिवजी को प्रसन्न करने के लिए घोर तप करने लगा।

देवताओं को रावण के तप के विषय में पता चला तो वे चिंतित हो उठे। 'भक्त की स्तुति से प्रसन्न होकर ही भोलेनाथ उसे असीमित वरदान प्रदान कर देते हैं' यह सोचकर इंद्र को अपना देवपद संकट में दिखाई देने लगा। उसने पवनदेव और अग्निदेव को भेजकर रावण की तपस्या खंडित करने का प्रयास किया, परन्तु वे दोनों ही असफल रहे।

रावण को तपस्या करते हुए अनेक वर्ष बीत गये, परन्तु भगवान शिव प्रसन्न नहीं हुए। अंत में रावण विचलित हो उठा और 'ॐ नमः शिवाय' का जाप करते हुए अपने सिर काट-काटकर यज्ञ-अग्नि में अर्पित करने लगा। रावण का सिर जैसे ही यज्ञ-अग्नि में गिरता, संपूर्ण ब्रह्मांड हिल उठता। इस प्रकार रावण ने अपने नौ सिर अर्पित कर दिये।

जब वह अपना अंतिम सिर काटने को उद्धत हुआ, तभी भगवान शिव साक्षात प्रकट हो गये। उन्होंने रावण के सभी सिरों को पूर्ववत् कर दिया और स्नेहपूर्वक बोले, 'वत्स, मैं तुम्हारी भक्ति से अत्यंत प्रसन्न हूँ। तुम निर्भय होकर अपना मनोवांछित वर माँग लो।'

रावण ने वर में अतुल्य बल और दिव्यास्त्र माँगे। 'तथास्तु' कहकर भगवान शिव वहाँ से अंतर्धान हो गये।

वरदान पाकर रावण अहंकार से भर गया। 'मेरे समान शक्तिशाली इस संसार में दूसरा कोई नहीं है', यह सोचकर वह अपने अतुल्य बल को आजमाने के लिए लालायित हो उठा। उस समय कैलास से अधिक शक्तिशाली पर्वत कोई दूसरा नहीं था, अतएव शक्ति-प्रदर्शन के लिए वह कैलास पर्वत को ही उठाने लगा।

कैलास पर्वत को डाँवाँडोल होते देख शिवजी समझ गये कि रावण को अपनी शक्ति का अहंकार हो गया है। उन्होंने उसे दंडित करने का निश्चय कर अपने पैर के अँगूठे से कैलास को थोड़ा सा दबा दिया। रावण के दोनों हाथ कैलास पर्वत के नीचे दब गये और वह पीड़ा से तड़पने लगा। उसका अहंकार चूर-चूर हो गया; वह भगवान शिव की स्तुति करने लगा। तब शिवजी ने रावण को मुक्त कर दिया और उसे शाप दिया कि 'शीघ्र ही एक साधारण मनुष्य द्वारा उसके अतुल्य बल का नाश हो जायेगा।'

देवताओं आदि की करुण पुकार और आकाशवाणी

रावण और राक्षसों के अत्याचार निर्बाध गति से बढ़ने लगे। रावण के अत्याचारों से धरती डगमगाने लगी और उसकी गर्जना से देव-रमणियाँ थर-थर काँपने लगीं। रावण को क्रोध से तमतमाता आता देखकर देवताओं ने सुमेरु पर्वत की गुफाओं में आश्रय लिया। रण के मद में मतवाला होकर वह अपनी जोड़ी का दूसरा योद्धा खोजता हुआ संसार भर में दौड़ने लगा। ब्रह्माजी की सृष्टि में जहाँ तक शरीरधारी स्त्री-पुरुष थे, सभी रावण के अधीन हो गये, डरकर सभी उसकी आज्ञा का पालन करते थे और नित्य प्रति आकर उसके पैरों में सिर नवाते थे। यहाँ तक कि जप, योग, तप, वैराग्य तथा यज्ञ की बात सुनते ही रावण सबका विध्वंस कर डालता। उस काल में वेद और पुराण तो स्वप्न में भी सुनने को नहीं मिलते थे।

पाप और अत्याचार के भार से दबी पृथ्वी ने गौ का रूप धारण कर जहाँ-तहाँ छिपे देवताओं को अपनी व्यथा-कथा सुनाई। तब देवता, मुनि और गंधर्व सब मिलकर ब्रह्मा की शरण में गये। बेचारी गौमाता भी उनके साथ गयी। ब्रह्माजी सब कुछ समझ गये, लेकिन कुछ कर पाने में असमर्थ थे। तब वे बोले, 'हे धरती और देव-मुनियो! मन में धैर्य धारण करो और श्रीहरि के चरणों का ध्यान करो। दयालु प्रभु दासों की पीड़ा को जानते हैं। वे ही हम सबके कष्टों का निवारण करेंगे।' श्रीहरि कहाँ हैं, सब अपने-अपने तर्क प्रस्तुत करने लगे। महेश्वर बोले कि हे पार्वती! उस संकटकाल में उस साधु समाज में मैं भी था। अवसर पाकर मैंने कहा–

> ***हरि ब्यापक सर्बत्र समाना। प्रेम तें प्रकट होहिं मैं जाना ॥***
> ***देश काल दिसि बिदिसिहु माहीं। कहहु सो कहाँ जहाँ प्रभु नाहीं ॥***

(अर्थात् मैं तो यही कहता हूँ कि भगवान सब जगह समान रूप से व्याप्त हैं। प्रेम के वशीभूत हो वे कहीं भी प्रकट हो जाते हैं। इस भू पर ऐसी जगह कौन है, जहाँ पर प्रभु न हों, वे तो कण-कण में निवास करते हैं।)

इस तरह सब जन श्रीहरि की स्तुति करने लगे। देव, मुनि और पृथ्वी को भयभीत जानकर तथा उनकी स्नेह भरी करुण पुकार सुनकर एक गंभीर आकाशवाणी हुई– 'हे मुनि, देव, सिद्ध और देवताओं के स्वामियो। घबराओ नहीं, मैं तुम सबके कल्याण के लिए मनुष्य का रूप धारण करूँगा और सूर्यवंश में अपने अंशों के साथ अवतार लूँगा। पूर्व में कश्यप और अदिति ने भारी तप किया था, मैंने उनके पुत्र रूप में जन्म लेने का वचन दिया था। अब वे दोनों राजा दशरथ और रानी कौसल्या के रूप में अयोध्यापुरी में प्रकट हुए हैं। मैं उन्हीं के घर श्रेष्ठ चार भाइयों के रूप में अवतार लूँगा। मैं पृथ्वी का सब भार हर लूँगा। आप सब निर्भय हो जाओ।' यह सब सुनकर देवता अपने-अपने लोकों को लौट आये। पृथ्वी सहित सबके मन को शांति मिली।

अयोध्या नगरी पर शनि का प्रकोप

अवधपुरी में रघुकुल शिरोमणि दशरथ राजा हुए, जिनका नाम वेदों में विख्यात है। वे धर्म धुरंधर, गुणों के भंडार और परम ज्ञानी थे। उनके मन में भगवान के प्रति अपार भक्ति थी। वे बड़े प्रजापालक और धर्मपरायण थे। अयोध्यापुरी में वैभव, समृद्धि तथा चहुँओर सुख-शांति का वास था। प्रजा बड़ी सुखी थी।

एक बार शनिदेव के आग्रह पर इंद्र ने अयोध्या में वर्षा नहीं की। यह क्रम निरंतर चौदह वर्षों तक चलता रहा। इसके फलस्वरूप अयोध्या का सारा ऐश्वर्य, वैभव और समृद्धि शनैः-शनैः कम होने लगी। चारों ओर अकाल का-सा दृश्य उपस्थित हो गया। लोग अन्न और जल के अभाव में काल का ग्रास बनने लगे।

प्रजा की संकटपूर्ण स्थिति देखकर राजा दशरथ चिंतित हो उठे। उन्होंने इस विषय पर विद्वानों से परामर्श किया और कोई उपाय करने के लिए कहा। सभी ने एकमत होकर कहा, 'राजन्! देवराज इंद्र मेघों को नियंत्रित करते हैं। वे उनकी आज्ञा से ही पृथ्वी पर जल बरसाते हैं। अतः इस विषय में आप उनसे पूछें। अवश्य ही इसके पीछे कोई गूढ़ भेद छिपा हुआ है।'

महाराज दशरथ ने कुछ देर तक विचार किया और फिर रथ पर बैठकर इंद्र से मिलने चल पड़े।

राजा दशरथ को आया देख इंद्र स्वयं उनके स्वागत के लिए आगे आए। अतिथि-सत्कार के बाद इंद्र ने राजा दशरथ से वहाँ आने का कारण पूछा। दशरथ थोड़ा-सा क्रोधित होकर बोले, 'देवराज! आपने पिछले चौदह वर्षों तक अयोध्या में वर्षा नहीं की। लोग अन्न-जल के अभाव में प्राण त्याग रहे हैं। इसके बाद भी आप मेरे यहाँ आने का कारण पूछ रहे हैं? क्या मेघों ने अयोध्या का मार्ग भुला दिया? क्या अब मुझे अपने बाणों द्वारा उनका मार्गदर्शन करना पड़ेगा?'

इंद्र विनम्र स्वर में बोले, 'राजन्! आपका क्रोध उचित है, परन्तु इसके पीछे शनिदेव की इच्छा है। उन्हीं की आज्ञा के कारण मैं विवश हूँ। आप उनके पास जाकर इस विषय में पूछ सकते हैं। मुझे विश्वास है कि वे आपकी इस समस्या का समाधान अवश्य करेंगे।'

तदनंतर दशरथ शनिदेव से मिलने चल दिए। जैसे-जैसे दशरथ आगे बढ़े वैसे-वैसे उनके कवच, अस्त्र, शस्त्र और रथ एक-एक कर नीचे गिरते गये। अंत में वे स्वयं रथविहीन होकर आकाश से गिर पड़े। तेजी से पृथ्वी पर गिरते दशरथ को अपना अंत निकट प्रतीत हो रहा था। अभी वे पृथ्वी से टकराने ही वाले थे कि तभी विशालकाय पंजों ने उन्हें दबोच लिया और सुरक्षित स्थान पर उतार दिया। दशरथ के लिए यह किसी चमत्कार से कम नहीं था। उन्होंने जैसे ही अपने रक्षक को देखा, वे आश्चर्य से भर उठे। इतना विशालकाय पक्षी उन्होंने आज तक नहीं देखा था। उन्होंने उसका परिचय पूछा।

पक्षी विनम्र स्वर में बोला, 'राजन्! मैं पक्षिराज गरुड़ का पुत्र जटायु हूँ। आपको आकाश से गिरता देखा तो सहायता हेतु दौड़ा आया, परन्तु आप गिरे कैसे? आप कहाँ जा रहे थे?'

दशरथ ने सारी बात बताई। तत्पश्चात् जटायु स्वयं उन्हें साथ लेकर शनिदेव के पास गया। दशरथ ने शनिदेव से अयोध्या में वर्षा न करने का कारण पूछा। तब शनिदेव बोले, 'राजन्! विधि के विधान के अनुसार मनुष्य को जीवन में एक बार शनि की ढैया का सामना अवश्य करना पड़ता है। मेरी छाया के कारण आपको ये कष्ट भोगने थे, इसलिए आपके साथ यह घटित हुआ, परंतु अब मेरा प्रभाव समाप्त हो रहा है। अब आप अयोध्या लौट जायें। शीघ्र ही अयोध्या में वर्षा होगी और पुनः वहाँ वैभव, ऐश्वर्य एवं समृद्धि का वास हो जायेगा।'

शनिदेव से आश्वासन पाकर राजा दशरथ जटायु के साथ पृथ्वी पर लौट आए। फिर दोनों एक-दूसरे को मित्रता का वचन देकर अपनी-अपनी राह चले गये।

राजा दशरथ का पुत्रेष्टि यज्ञ

रघुकुल नंदन को अयोध्या का राज-काज करते हुए लम्बा समय व्यतीत हो गया। एक बार राजा के मन में बड़ी ग्लानि हुई कि मेरे कोई संतान नहीं है। राजा ने गुरु वसिष्ठ के घर जाकर उनके चरणों में सिर रखकर विनम्रतापूर्वक अपने मन की पीड़ा कहनी शुरू की, 'गुरुवर, मुझे बड़ी चिंता हो रही है, मैं अभी तक निःसंतान हूँ। अब मेरे सिर के बाल भी पकने लगे हैं। आप ही कोई उपाय बताइए, जिससे मेरे मन का क्लेश मिटे।'

गुरु वसिष्ठ ने राजा को बहुत प्रकार से समझाया– 'हे राजन्! धीरज धरो। तुम्हें संतान-सुख मिलेगा, तुम्हारे चार पुत्र होंगे, जो तीनों लोकों में प्रसिद्ध और दीन-दुखियों तथा भक्तों के दुःख को हरने वाले होंगे। तुम पवित्र मन से पुत्रेष्टि

यज्ञ का आयोजन करो।' राजा ने तुरंत गुरु की आज्ञा शिरोधार्य की और जोर-शोर से पुत्रेष्टि यज्ञ की तैयारियाँ होने लगीं।

ऋषि वसिष्ठ ने श्रृंगी ऋषि को बुलाया और उनसे शुभकारी पुत्र कामेष्टि यज्ञ संपन्न कराने की विनती की। यज्ञ प्रारंभ हुआ। सब देवों का आह्वान किया गया। मुनि के भक्ति सहित आहुतियाँ देने पर अग्निदेव हाथ में चरु लेकर प्रकट हुए और राजा से बोले, 'हे राजन्! इस हविष्यान्न को अपनी रानियों को खिला दो।'

राजा ने उसी समय अपनी तीनों रानियों को बुलाया। कौसल्या को चरु का आधा भाग दिया। बचे आधे चरु के दो भाग किए और एक कैकेयी रानी को दिया। शेष बचे एक भाग के फिर दो भाग किए और दोनों का हाथ लगवाकर सुमित्रा को दे दिए। इस प्रकार तीनों रानियाँ गर्भवती हुईं। बच्चों के जन्म से राजमहल में उत्सव का सा माहौल उपस्थित हो गया।

राम सहित चारों भाइयों का जन्म

चैत्र का पवित्र महीना था, नवमी तिथि थी। शुक्ल पक्ष तथा भगवान का प्रिय अभिजित मुहूर्त था। लगभग दोपहर का समय था। न सर्दी थी, न धूप थी। शीतल मंद-सुगंधित पवन बह रही थी। वन फूले हुए थे। वृक्ष-लताओं पर नव पल्लव और कोपलें प्रस्फुटित हो रही थीं। देवता हर्षित थे। संतों के मन में हर्ष की हिलोरें उठ रही थीं। निर्मल आकाश में देवताओं के समूह आ जुटे। गंधर्वों के दल नाच-गान करने लगे। आकाश से पुष्प वर्षा होने लगी। इस अवसर का तुलसीदास जी ने कितना सुंदर वर्णन किया है–

भए प्रकट कृपाला दीनदयाला कौसल्या हितकारी ।
हरषित महतारी मुनि मन हारी अद्भुत रूप बिचारी ॥
लोचन अभिरामा तनु घनस्यामा निज आयुध भुज चारी ।
भूषन बनमाला नयन बिसाला सोभा सिंधु खरारी ॥

(अर्थात् दीनों पर दया करने वाले, कौसल्या के हितकारी कृपालु प्रभु प्रकट हुए (जन्म लिया)। मुनियों के मन को हरने वाले उनके अद्भुत रूप का विचार करके माता हर्ष से भर गयीं। उनका मेघ के समान श्याम शरीर नेत्रों को आनंद देने वाला था। चारों भुजाओं में अपने आयुध धारण किए हुए थे। दिव्य आभूषण और वनमाला पहने हुए थे, उनके बड़े-बड़े नेत्र थे। इस प्रकार से शोभा के समुद्र तथा खर राक्षस को मारने वाले भगवान प्रकट हुए।)

रानी कैकेयी ने एक सुंदर पुत्र तथा सुमित्रा ने दो सुंदर पुत्रों को जन्म दिया। अयोध्या के घर-घर में मंगलमय बधाइयाँ बजने लगीं। स्त्रियों के झुंड के झुंड जहाँ-तहाँ आनंद में मगन हो रहे थे। दिन महीने भर का हो गया। पर इस रहस्य को कोई नहीं जान पाया। सूर्यदेव अपने रथ के साथ वहीं रुक गये, फिर रात किस तरह होती। इस अवसर पर राजा दशरथ ने खूब दान-पुण्य किया। जिसके

मन को जो अच्छा लगा, उसे दान स्वरूप वही प्रदान किया गया। हाथी, रथ, घोड़े, सोना, गायें, हीरे और तरह-तरह के वस्त्र दान में दिए। इस प्रकार हर्ष-उल्लास के वातावरण में कुछ दिन व्यतीत हो गये। तब नामकरण संस्कार का समय जानकर राजा ने गुरु वसिष्ठ को राजमहल में बुलाया और बड़े विनीत स्वर में जातकों के नाम रखने के लिए आग्रह किया।

सब प्रकार से शुभ अवसर जानकर गुरु वसिष्ठ बोले, 'हे राजन्! ये जो सुख की खान हैं और जिनसे कण-कण सुखी होता है, उनका नाम 'राम' है। जो संसार का भरण-पोषण करने वाले हैं, उनका नाम 'भरत' है। जिनके स्मरण मात्र से शत्रु का नाश होता है, उनका नाम 'शत्रुघ्न' है और जो शुभ लक्षणों के धाम हैं, श्रीराम के प्रिय हैं तथा जगत के आधार हैं, उनका नाम मैं 'लक्ष्मण' रखता हूँ।' फिर गुरु वसिष्ठ बोले, 'हे राजन्! आपके चारों पुत्र वेद के तत्त्व हैं। आपस में इनका घनिष्ठ प्रेम सबके लिए अनुकरणीय रहेगा।'

बाललीला एवं यज्ञोपवीत संस्कार

अयोध्या में चहुँओर आनंद की वर्षा हो रही है। बालरूप चारों भाई अयोध्या के महल में नाना प्रकार की बाललीलाएँ करते हैं। अपने बाल-सखाओं के साथ प्रभु खेल में इतने मगन रहते हैं कि राजा दशरथ के द्वारा दुग्धपान या भोजन के लिए बुलाये जाने पर भी खेल छोड़कर आने को तैयार नहीं होते हैं। राजा बार-बार आग्रह करते हैं, फिर मन पसंद चीजें देने का लालच देते हैं। कौसल्या सहित सभी रानियाँ इन बच्चों के अजब-गजब कौतुक देख-देखकर निहाल हुई जाती हैं। पुरवासी भी नित्य सुबह-शाम बालकों की एक झलक पाने के लिए राजप्रासाद के द्वारों पर खड़े टकटकी लगाये रहते हैं। बाल सखाओं के साथ प्रभु राम का रूठना-मनाना चलता है, तीन लोक के स्वामी खेल-खेल में सखाओं की सवारी बनते हैं। माताएँ उन्हें पकड़ने के लिए आगे बढ़ती हैं, तो वे बल खाकर दूसरी ओर दौड़ जाते हैं और माताओं को खूब छकाते हैं, माताएँ हार-थककर झूठा गुस्सा दिखाती हैं, लेकिन राजा तो धूल-धूसरित बच्चों को गोद में उठाकर खूब ठठाकर हँसते हैं, जैसे तीन लोक का खजाना हाथ लग गया हो। राजा अपने साथ खाने पर बिठाते हैं, पर बालक मुँह पर दही-भात लिपटाये तथा मुँह में रोटी का टुकड़ा दबाये इधर-उधर भागते फिरते हैं। अयोध्यावासी ही नहीं, आकाश से देवता भी प्रभु की बाल-लीलाओं को देखते हुए दिन बिताते हैं।

इस तरह चन्द्रराशि की तरह बढ़ते हुए चारों भाई कुमारावस्था में प्रवेश कर गये हैं। शिशु अवस्था अब समाप्त हो गयी है। गुरु वसिष्ठ ने राजा को सुझाव दिया कि अब चारों कुमारों का यज्ञोपवीत संस्कार हो जाना चाहिए, तब राजा बोले कि शुभ काम में देरी क्यों? शीघ्र सब कुटुंबी और नगरजनों की उपस्थिति में चारों भाइयों का उपनयन संस्कार हुआ। चारों कुमार वटुक रूप में और भी सुंदर लग रहे हैं। जनेऊ कराने के बाद प्रभु राम अपने भाइयों सहित गुरु के

घर में विद्याध्ययन के लिए जाने लगे। चारों बालक जिन-जिन गलियों से होकर गुजरते हैं, वहाँ के नर-नारियों के मन उनकी शोभा देखकर अघाते नहीं हैं। स्नेह से उनके अंग शिथिल पड़ जाते हैं।

अब राजा दशरथ से ज्यादा सुखी संसार में कोई नहीं था। अवधपुरी के स्त्री-पुरुष, बूढ़े और बालक सभी को कृपालु श्रीरामजी प्राणों से भी बढ़कर प्रिय थे। रघुनाथ जी प्रातःकाल उठकर अपने माता-पिता के चरणों में सिर नवाते थे तथा गुरु को दंडवत् करते थे।

कैकेयी के दो वरदान की कथा

कौसल्या राजा दशरथ की पटरानी थीं। सौमित्र की राजकुमारी सुमित्रा तथा कैकेय देश की राजकुमारी कैकेयी से भी उनका विवाह हुआ। यद्यपि राजा तीनों से अगाध प्रेम करते थे, परन्तु छोटी रानी कैकेयी से उन्हें कुछ ज्यादा ही अनुराग था। कैकेयी की प्रीति भी बड़ी अटूट थी, वह राजा को पलभर के लिए भी अकेला नहीं छोड़ती थी। इसी तरह सुखपूर्वक दिन व्यतीत हो रहे थे।

एक बार राक्षसों ने एकत्र होकर देवताओं पर आक्रमण कर दिया। इस देवासुर संग्राम में शक्तिशाली और मायावी राक्षसों के समक्ष इंद्र आदि देवताओं का प्रभाव क्षीण पड़ गया। देवताओं को अपनी पराजय का आभास होने लगा था। ऐसी विषम परिस्थिति में देवराज इंद्र अन्य देवताओं के साथ ब्रह्माजी की शरण में गये और उनसे सहायता की प्रार्थना की।

तब ब्रह्माजी बोले, 'देवेंद्र! आपको इस स्थिति से केवल परमवीर और प्रतापी राजा दशरथ ही बचा सकते हैं। उनके कुशल नेतृत्व में देवता अवश्य ही असुरों को पराजित कर देंगे।' इंद्र उसी समय राजा दशरथ के समक्ष उपस्थित हुए और प्रार्थना करते हुए बोले, 'हे राजन्! सृष्टि पर आज घोर संकट घिर आया है। राक्षसों ने स्वर्ग पर आक्रमण कर यहाँ की संपूर्ण व्यवस्थाओं को नष्ट-भ्रष्ट कर दिया है। देवताओं की शक्ति भी उनके समक्ष क्षीण पड़ रही है। आपके अतिरिक्त कोई भी उनका संहार करने में समर्थ नहीं है। इसलिए हे रघुकुलनंदन! सृष्टि के कल्याण हेतु आप युद्ध में हमें अपना नेतृत्व प्रदान करें।' दशरथ ने इंद्र की प्रार्थना स्वीकार कर ली और चतुरंगिणी सेना लेकर देवताओं की ओर से युद्ध करने लगे। इस युद्ध में कैकेयी भी उनके साथ थीं।

परम पराक्रमी दशरथ ने युद्ध में राक्षसों के दाँत खट्टे कर दिए। उनके बाणों से राक्षस वृक्ष की भाँति कट-कटकर रणभूमि में गिरने लगे। तभी सहसा दशरथ के रथ की धुरी पर एक बाण आकर लगा और धुरी टूट गयी। रथ लहराने लगा; उसका पहिया किसी भी समय बाहर निकल सकता था। ऐसे समय में दशरथ के साथ बैठी रानी कैकेयी ने अपनी उँगली धुरी के स्थान पर फँसा दी; पहिया अपने स्थान पर जाकर पुनः स्थिर हो गया। इस प्रकार कैकेयी ने राजा दशरथ की रक्षा की।

दूसरे दिन राक्षसों ने पुनः पूरे वेग से दशरथ पर आक्रमण किया। दशरथ ने उनके प्रत्येक वार का प्रत्युत्तर दिया। लेकिन राक्षसों ने उनके सारथी को मार डाला। दशरथ का रथ राक्षसों की सेना के बीच घिर गया। ऐसे विकट समय में कैकेयी रथ में सारथी के स्थान पर आ बैठीं और कुशलतापूर्वक रथ चलाते हुए दशरथ को राक्षसों के घेरे से बाहर निकाल लाईं। तदनंतर दशरथ ने दिव्यास्त्रों का प्रयोग किया। राक्षसों की सेना में हाहाकार मच गया। राक्षस प्राण बचाकर भागने लगे। राजा ने उन्हें किसी प्रकार से सँभलने तथा अपनी शक्ति को बटोरने का मौका नहीं दिया। बड़ी संख्या में राक्षस मारे गये और जो जीवित बचे, वे मैदान छोड़कर भागते बने।

देवासुर संग्राम में अंततः देवताओं की विजय हुई। देवताओं ने राजा दशरथ को अमूल्य उपहार देकर बड़े मान-सम्मान के साथ विदा किया। साहसी रानी कैकेयी ने अपनी जान जोखिम में डालकर राजा के प्राणों की रक्षा की थी, इसलिए उन्होंने इस विजय का सारा श्रेय कैकेयी को दिया और खुश होकर रानी से दो वरदान माँगने को कहा। इस पर रानी कैकेयी ने कहा, 'महाराज, इसमें मेरा कोई पराक्रम नहीं है। मैंने तो अपना कर्तव्य पूरा किया है। रही वरदान की बात, तो जब मुझे जरूरत होगी तब माँग लूँगी। अभी मुझे आपके सिवा कुछ नहीं चाहिए। मैं तो आपका स्नेह भर चाहती हूँ।'

विश्वामित्र का राम-लक्ष्मण को माँगकर वन में ले जाना

राक्षसों के अत्याचार इतने बढ़ गये थे कि वे कहीं भी जप-तप, यज्ञ होते देखते तो तुरंत उन्हें विध्वंस कर देते थे। मारीच और सुबाहु से सब डरते थे। गाधि-पुत्र ऋषि विश्वामित्र के मन में चिंता समा गयी कि ये राक्षस भगवान के बिना नहीं मरेंगे। वे जानते थे कि पृथ्वी का भार हरने के लिए श्रीहरि ने रघुवंश में जन्म लिया है। एक दिन ऋषि राजा दशरथ के दरबार में जा पहुँचे। राजा ने सब प्रकार से विश्वामित्र का आदर-सत्कार किया और आने का प्रयोजन पूछा। ऋषि विश्वामित्र बोले, 'राजन! राक्षसों के समूह हमें बहुत सताते हैं। यज्ञ-तप नहीं करने देते। इसीलिए मैं तुम से कुछ माँगने आया हूँ। श्रीराम को लक्ष्मण के सहित मेरे साथ भेज दो।' यह सुनकर राजा दशरथ का हृदय काँप उठा, बोले, 'हे ब्राह्मण देवता! मैंने चौथेपन में चार पुत्र पाये हैं। ये मुझे प्राणों से भी अधिक प्रिय हैं।' तुलसीदास जी ने यहाँ संतान-प्रेम की कितनी सुंदर झाँकी प्रस्तुत की है–

> ***मागहु भूमि धेनु धन कोसा। सर्बस देउँ आजु सहरोसा ॥***
> ***देह प्रान तें प्रिय कछु नाहीं। सोउ मुनि देउँ निमिष एक माहीं ॥***

(अर्थात् हे मुनि! इनके बदले में आप पृथ्वी, गौ, धन और खजाना माँग लीजिए। मैं बड़े हर्ष के साथ अपना सर्वस्व दे दूँगा। देह और प्राण से प्यारा कुछ भी नहीं होता, मैं अपने प्राण भी एक पल में दे दूँगा।)

अंततः राजा को बहुत प्रकार से समझा-बुझाकर विश्वामित्र राम-लक्ष्मण को अपने साथ ले गये। मार्ग में जाते समय ही भगवान राम ने ताड़का राक्षसी का वध कर दिया। मुनि के यज्ञ की रक्षा करते हुए दोनों कुमारों ने राक्षस मारीच को बिना फल वाले बाण से सौ योजन दूर फेंक दिया। इसके साथ दूसरे अनेक राक्षस मारे गये। श्रीरघुनाथजी ने कुछ दिन वहाँ रहकर ब्राह्मणों तथा संतों पर दया की और उन्हें निर्भय कर दिया। वन में राक्षसों का आतंक समाप्त हो गया। मुनि जन यज्ञ-तप आदि करने लगे।

अहल्या-उद्धार

यज्ञ निर्विघ्न सम्पन्न होने पर मुनि विश्वामित्र ने राम को बताया कि जनकपुर में धनुर्यज्ञ का आयोजन हो रहा है। श्रीराम धनुष यज्ञ की बात सुन मुनिश्रेष्ठ विश्वामित्र के साथ प्रसन्न होकर चले। मार्ग में एक आश्रम दिखाई पड़ा, वहाँ पशु-पक्षी, कोई जीव नहीं था। नितांत नीरवता व्याप्त थी। पत्थर की एक शिला देखकर प्रभु श्रीराम ने बड़ी उत्सुकता से इसके बारे में पूछा, मुनि विश्वामित्र सब जानते ही थे। अहल्या की करुण कथा विस्तार से बताने लगे– अहल्या ब्रह्माजी की अत्यंत सुंदर तथा गुणवती कन्या थी। उसका रूप-लावण्य स्वर्ग की अप्सराओं को भी लजा देता था। उस काल के सभी श्रेष्ठ पुरुष उस कन्या से विवाह करना चाहते थे, यहाँ तक कि देवराज इंद्र भी उसे पत्नी रूप में पाना चाहते थे। इस सम्बन्ध में उन्होंने अपनी इच्छा ब्रह्माजी को भी बताई, नाना उपाय भी किए, पर ब्रह्माजी अपनी पुत्री का विवाह किसी ऐसे व्यक्ति के साथ करना चाहते थे, जो परम तपस्वी और धर्म-कर्म में लीन रहने वाला हो। उन्होंने जब वर की खोज की तो उन्हें गौतम ऋषि के अतिरिक्त कोई दूसरा योग्य वर न मिला। तब उन्होंने अहल्या का विवाह गौतम ऋषि के साथ कर दिया। पति-पत्नी सुखपूर्वक जीवन व्यतीत करने लगे, परन्तु इंद्र से उनका वैवाहिक सुख देखा नहीं गया। वे पहले से ही अहल्या को प्राप्त करना चाहते थे। उन्हें जब से अहल्या और गौतम ऋषि के विवाह का समाचार मिला था, तभी से वे ईर्ष्या की आग में जल रहे थे। वे किसी भी तरह से उसे प्राप्त कर लेना चाहते थे। अहल्या को पाने के लिए इंद्र ने एक योजना बनाई। इस योजना में उन्होंने चंद्रमा को भी सम्मिलित कर लिया।

एक बार आधी रात के समय चंद्रमा मुरगा बनकर बाँग देने लगा। गौतम ऋषि ने समझा कि भोर होने वाली है, अतएव वे उसी समय स्नान के लिए चल पड़े। उनके जाने के बाद इंद्र ने गौतम ऋषि का वेश धारण किया और अहल्या के पास आकर सो गये। जल्दी ही गौतम ऋषि स्नान करके वापस लौट आये। उन्होंने जब इंद्र को अपने वेश में देखा तो पल भर में सारी बात समझ गये। वे क्रोध से भर उठे, शाप देते हुए बोले, 'पापी! तूने मेरी पत्नी से छल किया है। तेरा यह पाप कदापि क्षमा योग्य नहीं है। जा, मैं तुझे शाप देता हूँ कि तू इसी समय नपुंसक हो जाये।'

अब तक इंद्र के शरीर से काम का आवेग समाप्त हो चुका था। उन्हें अपराध-बोध सताने लगा। उन्होंने गौतम ऋषि से क्षमा-याचना की, परन्तु उन्होंने इंद्र को कठोरतापूर्वक वहाँ से चले जाने को कहा। इंद्र अपराध का बोझ लिये स्वर्ग लौट गये। तदनंतर गौतम ऋषि अहल्या को संबोधित करते हुए बोले, 'दुष्टे! इस नीच कर्म में जितना इंद्र दोषी है, उतनी ही तुम भी दोषी हो, इसलिए मैं तुम्हें शिलारूपा होने का शाप देता हूँ!'

शाप से भयभीत अहल्या करुण स्वर में बोली, 'ऋषिवर! मुझसे यह पाप अनजाने में हुआ है। मैं आपके वेश में आये इंद्र को पहचान न सकी। मुझे इतना बड़ा दंड मत दीजिए।' तब गौतम ऋषि अहल्या को सांत्वना देते हुए बोले, 'मेरा शाप लौट नहीं सकता; परन्तु मैं तुम्हें वरदान देता हूँ कि त्रेतायुग में जब भगवान श्रीराम इस आश्रम में पधारेंगे, तब उनके स्पर्श मात्र से तुम अपनी पूर्व अवस्था को प्राप्त कर लोगी।'

हे प्रभु! इसके बाद अहल्या वहीं पर शिला हो गयी और तब से अपने उद्धार के लिए आपकी बाट जोह रही हैं। हे राम! ये आपके चरण-कमलों की धूल चाहती हैं, इन पर कृपा कीजिए। श्रीराम के चरण के स्पर्श मात्र से तपोमूर्ति अहल्या प्रकट हो गयी। आनंद और भावातिरेक में प्रभु के चरणों से लिपट गयी। उनके दोनों नेत्रों से अश्रुधारा बहने लगी। फिर उन्होंने रघुनाथ जी की कृपा से भक्ति प्राप्त की। अहल्या बार-बार पुलकित होते हुए रुँधे कंठ से बोली, 'मुनि ने मुझे शाप देकर अच्छा ही किया। उन्हीं के कारण मैं भगवान के दर्शन पा सकी।' बार-बार भगवान के चरणों की वंदना करती हुई अहल्या पतिलोक को चली गयी।

जनकपुर की शोभा

अब श्रीरामजी और लक्ष्मण मुनि के साथ आगे बढ़े। थोड़ी दूरी पर ही जगत को पवित्र करने वाली गंगाजी प्रवाहित हो रही थीं। प्रभु ने ऋषि के साथ गंगा में स्नान किया। मुनि-ऋषियों के साथ अनेक प्रकार से सत्संग हुआ। बातों ही बातों में रास्ते का पता ही नहीं चला और वे जनकपुर के निकट पहुँच गये। श्रीराम जी ने छोटे भाई लक्ष्मण के साथ जनकपुर की शोभा देखी तो वहाँ के मनोरम दृश्य देखकर दोनों भाई बड़े हर्षित हुए। उन्होंने देखा, वहाँ अनेकों सुंदर-सुंदर कुएँ, बावलियाँ और सरोवर हैं, जिनमें अमृत के समान स्वच्छ जल है, कमल-दल खिले हुए हैं और जिनकी सीढ़ियाँ मणियों से सजी हुई हैं। बाग-बगीचों में बहार छाई हुई है, नाना प्रकार के पक्षी जिन पर बसेरा किए हुए हैं।

जनकपुर के बाजारों में कुबेर के समान सेठ लोग अनेक प्रकार की वस्तुएँ लेकर बैठे हुए हैं। नगर के चौराहे और गलियाँ स्वच्छ और सुवासित हैं। सबके घरों पर बड़े सुन्दर-सुन्दर मंगलकारी चित्र अंकित हैं। नगर के सभी स्त्री-पुरुष सुन्दर, पवित्र, साधु स्वभाव वाले, ज्ञानी और गुणवान हैं। तुलसीदास ने जनकपुर का बड़ा मनोहारी वर्णन किया है–

> ***बनइ न बरनत नगर निकाई। जहाँ जाइ मन तहँइँ लोभाई ॥***
> ***चारु बजारु बिचित्र अँबारी। मनिमय बिधि जनु स्वकर सँवारी ॥***

(अर्थात् नगर की सुन्दरता का वर्णन करते नहीं बनता है। मन जहाँ जाता है, वहीं रम जाता है। सुन्दर-सुन्दर बाजार हैं। मणियों से बने विचित्र छज्जे हैं, मानो ब्रह्मा ने इसे अपने हाथों से बनाया है।)

राजा जनक का नगर धन-धान्य तथा सब प्रकार के वैभव से परिपूर्ण है, जिसे देखकर देवताओं का मन भी डोलने लगता है।

मिथिलापति जनक ने यह समाचार सुना कि मुनि विश्वामित्र पधारे हैं तो वे अपने गुरु शतानंद और संत समाज के सहित उनसे मिलने चले। राजा ने मुनि विश्वामित्र के चरणों में मस्तक रखकर प्रणाम किया। मुनि ने प्रसन्न होकर उन्हें आशीर्वाद दिया। श्याम और गौर वर्ण के दोनों कुमारों को देखकर सब प्रसन्न हो गये। मुनि विश्वामित्र ने दोनों कुमारों का परिचय कराया– 'हे राजन्! ये दोनों रघुकुल मणि महाराज दशरथ के पुत्र हैं। राम और लक्ष्मण, ये दोनों भाई शील और बल के धाम हैं। इन्होंने युद्ध में असुरों को जीतकर मेरे यज्ञ की भलीभाँति रक्षा की है।'

और सुनिए– 'इन की आपस की प्रीति बड़ी पवित्र और सुहानी है, वह मन को बहुत भाती है। ये दोनों भाई आनंद को भी आनंद देने वाले हैं।' यह सुनकर राजा जनक ठगे से रह जाते हैं। वे बार-बार प्रभु को निहारते हैं। शरीर पुलकित हो रहा है। हृदय में उत्साह उमड़ रहा है। मुनि की प्रशंसा करके और उनके चरणों में सिर नवाकर राजा ने नगर में उनकी आगवानी की। अत्यंत सुन्दर महल में जाकर राजा ने उन्हें ठहराया। मुनि विश्वामित्र की आज्ञा पाकर दोनों भाई नगर-दर्शन के लिए निकल गये।

नगरवासी दोनों भाइयों को देखकर बड़े प्रसन्न हो रहे हैं। युवती स्त्रियाँ घर के झरोखों से लगी हुई प्रेम सहित श्रीराम के रूप को आँखों से पी रही हैं। सखियाँ आपस में उनकी रूपराशि की चर्चा करती हैं। लगता है, दोनों कुमार बाल राजहंसों का सुन्दर जोड़ा हैं। कितने कोमल और सुंदर काले बाल हैं, इन्होंने ही मुनि विश्वामित्र के यज्ञ की रक्षा की है, इन्हीं नन्हे-नन्हे हाथो से राक्षसों को मारा है।

जहाँ-जहाँ दोनों भाई जाते हैं, वहाँ परम आनंद छा जाता है। श्रीराम की मनोहर छवि देखकर एक सखी कहती है– 'अरी सखियो! मेरी सम्मति में तो यह वर जानकी के सर्वथा योग्य है। हमारे राजा कहीं इन्हें देख लें तो धनुष यज्ञ का हठ छोड़कर इन्हीं से जानकी का विवाह कर देंगे।'

दूसरी सखी बोली, 'सखी, मैं तो इतना जानती हूँ, यदि विधाता सबको उचित फल देते हैं, तो हमारी जानकी जी को यही वर मिलेगा। हे सखी! मुझे तो इसमें जरा भी सन्देह नहीं है। विधाता ने हमारी जानकी के लिए ही इन्हें यहाँ भेजा है। यदि यह संयोग बन जाये तो हम सब कृतार्थ हो जायें।'

दोनों भाइयों ने पूरे नगर को घूम-घूमकर देखा। संध्या हो चली तब दोनों कुमार गुरु के पास लौट आए। मुनि की आज्ञा पाकर सब ने संध्या वंदन किया। गुरु दोनों को सुन्दर कथाएँ सुनाने लगे। मुनि के शयन करने पर दोनों भाई उनके चरण दबाने लगे। मुनि के बार-बार कहने पर ही दोनों भाई शयन करने गये।

सीता जी के जन्म की कथा

परम तपस्वी, दयालु और प्रजापालक राजा जनक मिथिला में सुखपूर्वक राज कर रहे थे। उनके राज्य में धन-धान्य और वैभव भरपूर था। लक्ष्मी और धर्म

का निवास था। प्रजा को किसी प्रकार का कष्ट न था। आपस में बड़ा प्रेमभाव और सद्भाव था। यहाँ की स्त्रियाँ पतिव्रता, शीलवती तथा सद्गुणों की खान थीं।

एक बार मिथिला में अनेक वर्षों तक मेघों ने जल नहीं बरसाया। इसके फलस्वरूप मिथिला की प्रजा को भयंकर अकाल का सामना करना पड़ा। अकाल ने अनेक लोगों के प्राण हर लिये। चारों ओर अन्न-जल की कमी हो गयी। ऐसी विकट स्थिति से निपटने के लिए राजा जनक ने मंत्रियों से परामर्श किया।

मंत्रियों ने कहा, 'राजन्! लगता है, हमारे किसी कार्य से देवराज इंद्र रुष्ट हो गये हैं। इसलिए हमें उनके कोप का सामना करना पड़ रहा है। अतएव हे राजन्! आप यज्ञ करके इंद्र को प्रसन्न करें। उनकी प्रसन्नता राज्य पर वैभव और समृद्धि के रूप में बरसेगी।'

राजा जनक ने अनेक ऋषि-मुनियों को आमंत्रित कर एक विशाल यज्ञ का आयोजन किया। वेद-मंत्रों के उच्चारण के साथ यज्ञाग्नि में आहुतियाँ पड़ने लगीं। पूजा-अर्चना से दसों दिशाएँ गुंजायमान होने लगीं।

यज्ञ के अंतिम दिन देवराज इंद्र स्वयं यज्ञाग्नि में से प्रकट हुए और जनक को संबोधित करते हुए बोले, 'राजन्! तुम्हारे यज्ञ से मैं पूर्णतः संतुष्ट हूँ। कल प्रातः काल तुम खेत में स्वयं हल चलाकर मेरा स्वागत करना। मैं भरपूर वर्षा द्वारा मिथिला के अकाल को समाप्त कर दूँगा।' यह कहकर इंद्र अंतर्धान हो गये।

दूसरे दिन प्रातःकाल महाराज जनक खेत में हल चलाने लगे। तभी उनका हल पृथ्वी में दबी किसी कठोर वस्तु से टकराया। जब उस स्थान को खोदा गया तो वहाँ से एक घड़ा निकला। घड़े में एक नवजात कन्या को देखकर सभी विस्मित रह गये। राजा जनक ने जैसे ही उस कन्या को गोद में लिया, भयंकर गर्जन करते हुए मेघ उमड़ आए और मूसलधार वर्षा होने लगी। देखते-ही-देखते मिथिला पुनः हरी-भरी हो गयी।

उसी समय एक आकाशवाणी हुई– 'राजा जनक! पृथ्वी के गर्भ से उत्पन्न यह कन्या संसार में 'सीता' के नाम से प्रसिद्ध होगी। तुम इसे अपनी पुत्री के रूप में स्वीकार करो।'

तदनंतर सीता को लेकर राजा जनक अपने महल में लौट आए और रानी सुनयना के साथ मिलकर उनका लालन-पालन करने लगे। निःसन्तान राजा के लिए यह किसी वरदान से कम न था। इतना ही नहीं, सीता के जन्म के साथ ही मिथिलापुरी का वैभव पुनः लौट आया। राजा और प्रजा का मन खुशियों से भर गया। जनक के सूने महल में भी किलकारियाँ गूँजने लगीं। राजा-रानी अपने आपको परम सुखी और सौभाग्यशाली मानने लगे। माता-पिता का भरपूर प्यार-दुलार पाकर कन्या बढ़ने लगी। बाल सुलभ क्रीड़ाएँ करते-करते सीता अब युवती नजर आने लगी थीं।

सीता स्वयंवर

सीताजी अत्यंत रूपवती तथ समस्त गुणों से संपन्न कन्या थीं। हर पिता की तरह राजा जनक को भी सीताजी के विवाह की चिंता सताने लगी। राजा की सबसे बड़ी चिन्ता यही थी कि जिस प्रकार सीता सर्वगुण-संपन्न है, वैसा योग्य वर खोजना आसान काम नहीं है। उन्होंने शतानंद गुरु से राय-मशविरा करके एक बहुत बड़े स्वयंवर का आयोजन किया। प्राचीन संस्कृति में कन्या को अपनी इच्छा से योग्य वर चुनने की स्वतंत्रता थी। वह अपने होने वाले वर की किसी परीक्षा द्वारा उसके बल-पौरुष का आकलन कर लेती थी अथवा अपने द्वारा निश्चित की गयी किसी कसौटी पर परखकर देखती थी। कसौटी पर खरा उतरने वाले को ही पूरे समाज और भाई बंधुओं के समक्ष वर स्वीकार कर पाणिग्रहण संस्कार कराया जाता था तथा धन-धान्य, उपहार देकर वर-कन्या को सम्मान से विदा किया जाता था।

उसी परम्परा में राजा जनक ने सीता के लिए योग्य वर खोजने हेतु एक विशाल स्वयंवर का आयोजन किया और उसमें घोषणा करवाई– 'जो भी वीर योद्धा महर्षि परशुराम द्वारा प्रदत्त भगवान शिव के धनुष को तोड़ देगा, वही सीता का वरण करेगा।' अलग-अलग देशों के राजकुमार और राजा इस स्वयंवर में आ जुटे। यहाँ तक लंका का राजा रावण भी इस स्वयंवर में आया हुआ था। सीताजी की सुंदरता की चर्चा दूर-दूर तक फैली हुई थी। एक से एक बड़े योद्धा सभा मंडप में अपने-अपने स्थानों पर आ विराजे। बाणासुर भी सभा मंडप में बैठा था।

स्वयंवर शुरू होने वाला था। एक विशेष दूत भेजकर राजा जनक ऋषि विश्वामित्र को अपने शिष्यों राम-लक्ष्मण सहित अतिथिशाला से बुलवा भेजा और तीनों को उचित आसन देकर सम्मान सहित बैठाया। उधर जब से जनकपुरवासियों ने श्रीराम के दर्शन किए, तब से वे ईश्वर से यही प्रार्थना कर रहे थे कि सीताजी को वर के रूप में श्यामल शरीर वाले रामजी ही मिलें। वाटिका भ्रमण करते समय राम भी सीताजी को निहार चुके थे, जब वे गिरजा पूजा के लिए पुष्प वाटिका में आई थीं। सीताजी के मन में भी राम के प्रति अनुराग पैदा हो गया था। गिरजा पूजा में वे रामजी को पति रूप में माँग चुकी थीं। चहुँओर वातावरण ऐसा बन गया था कि हर कोई श्रीरामजी को जानकी के वर के रूप में देख रहा था और सीता-राम की भावी जोड़ी की मन-ही-मन सराहना कर रहा था।

अब स्वयंवर का कार्यक्रम शुरू हुआ। बंदीजनों ने आगे बढ़कर राजा जनक की विरुदावली गायी और पुनः राजा के प्रण की घोषणा की। प्रण सुनकर वहाँ उपस्थित सब राजा ललचा उठे। जो वीरता के अभिमानी थे, वे मन ही मन बड़े तमतमाए और कमर कसकर अकुलाने लगे। बारी-बारी से एक-एक कर राजा उठकर अपने बल को आजमाने लगे। वे बड़े ही ताव में शिवधनुष की ओर देखते और दृष्टि जमाकर उसे पकड़ते। नाना प्रकार से पैंतरे बदल-बदलकर जोर लगाते। धनुष उठाना तो दूर, वे उसे हिला भी नहीं पाये। जब यह नजारा सबने

देखा तो जो राजा विवेकवान् थे, वे धनुष उठाने ही नहीं गये, इस तरह उन्होंने अपने आपको हँसी का पात्र बनने से बचा लिया। लेकिन मूर्ख और घमंडी राजा कहाँ मानने वाले थे। वे तमककर उठते, किटकिटाकर धनुष को पकड़ते, परन्तु जब धनुष नहीं उठता, तो लजाकर चलते बनते। उन्हें तो ऐसा मालूम देता था, जैसे छूते ही धनुष उनकी सारी शक्ति को खींच लेता हो।

धनुर्भंग

इस प्रकार स्वयंवर में आए सभी राजा-राजकुमारों ने अपने बल को परखा, पर कोई उसे हिला भी नहीं पाया। तब निराश होकर राजा जनक बोले, 'मैंने जो प्रतिज्ञा की, उसे सुनकर दूर देशों के राजा-राजकुमार आए, यहाँ तक कि देवता और दैत्य भी मनुष्य रूप धारण कर यहाँ आये। इनमें से कोई भी शिवजी के धनुष पर प्रत्यंचा नहीं चढ़ा सका। अरे! चढ़ाना-तोड़ना तो दूर, कोई इसे तिल भर हिला भी नहीं पाया। हे विधाता! मेरी कन्या के भाग्य में क्या लिखा है? कोई वीरता का अभिमानी नाराज न हो, मैं समझ गया हूँ कि अब पृथ्वी वीरों से खाली हो गयी है। अब सभी लोग आशा त्यागकर अपने-अपने घर जाओ, शायद ब्रह्मा ने सीता का विवाह लिखा ही नहीं। यदि मैं ऐसा जानता कि पृथ्वी वीरों से शून्य है, तो प्रण करके मैं कभी उपहास का पात्र न बनता।'

राजा जनक के ऐसे निरुत्साही वचन सुनकर सभी स्त्री-पुरुष जानकीजी की ओर देखकर बड़े दुःखी हुए; परन्तु लक्ष्मण जी तमतमा उठे, भुजाएँ फड़कने लगीं और नेत्र क्रोध से लाल हो उठे। तब अपने आपको असमर्थ पाकर वह श्रीराम के चरणों में सिर झुकाकर बोले, 'हे राजन! आप क्षत्रियों का अपमान कर रहे हैं। अगर प्रभु राम की आज्ञा मिल जाये तो मैं इस ब्रह्मांड को भी गेंद की तरह उठा लूँ और उसे कच्चे घड़े की तरह फोड़ दूँ। मैं सुमेरु पर्वत को मूली की तरह तोड़ सकता हूँ। यह धनुष तो बेचारा ठहरता की कहाँ है।' ज्यों ही लक्ष्मण जी ने क्रोध भरे वचन बोले कि पृथ्वी डगमगा उठी, दिशाएँ काँप उठीं। उपस्थित सभी लोग और राजा डर गये, पर सीताजी के मन में हर्ष हुआ और जनक जी सकुचा गये। मुनि समुदाय प्रसन्न हुआ। तब श्रीरामचन्द्र जी ने इशारे से लक्ष्मण को मना किया और प्यार से अपने पास बैठा लिया।

ऋषि विश्वामित्र शुभ समय जानकर बोले, 'हे राम! उठो, और शिवजी का धनुष तोड़कर राजा जनक का संताप मिटाओ। अब देर न करो और यह शुभ कार्य शीघ्र पूरा करो।' गुरु की आज्ञा पाकर श्रीराम ने उनके चरणों में सिर नवाया और आगे बढ़े। उन्होंने मन ही मन पितर और देवताओं की वंदना कर धनुष की ओर देखा। राम ने एक नजर उपस्थित पूरे समाज पर दौड़ाई। उन्होंने जानकी जी को बहुत ही विकल देखा, उनका एक-एक क्षण एक कल्प के समान बीत रहा था। मन-ही-मन श्रीराम ने गुरु का स्मरण किया और फुरती से वहाँ रखा विशालकाय धनुष उठा लिया। एक भयंकर गर्जना हुई और प्रभु ने धनुष के दो टुकड़े कर

पृथ्वी पर डाल दिया। यह देखकर सभी लोग सुखी हुए। आकाश में मंगलवाद्य बजने लगे। देवांगनाएँ नृत्य-गान करने लगीं। देवता पुष्प वर्षा करने लगे।

धनुष भंग हो जाने पर सब राजा ऐसे श्रीहीन हो गये, जैसे दिन में दीपक की शोभा जाती रहती है। परंतु सीताजी की प्रसन्नता किन शब्दों में वर्णित की जाये, वे तो ऐसी मालूम देती हैं जैसे चातकी स्वाति का जल पा गयी हो। सखियों के साथ आगे बढ़कर सीताजी ने जयमाल श्रीराम के गले में डाल दी। यह देख दुष्ट लोग उदास हो गये, सज्जन लोग प्रसन्न। किन्नर, देवता, नाग और मुनीश्वर जय-जयकार करके आशीर्वाद देने लगे।

परशुराम-लक्ष्मण संवाद

महर्षि जमदग्नि के पुत्र परशुराम को विष्णु का अंश-अवतार कहा गया है। जन्म से ही वे परम तपस्वी, तेजस्वी और पराक्रमी थे। उनका जन्म तो ब्राह्मण कुल में हुआ था, पर उनमें क्षत्रियोचित गुणों का आधिक्य था। हैहय वंशी राजकुमारों ने जब उनके पिता महर्षि जमदग्नि की हत्या कर दी तो उन्होंने क्रोधित होकर पृथ्वी को इक्कीस बार क्षत्रिय विहीन कर डाला था। उनके साहस, पराक्रम और क्रोध से देवता भी भयभीत रहते थे। परशुराम भगवान शिव की आराधना करते थे और उनके अनन्य भक्त थे। एक बार वे शिवजी के दर्शनों के लिए कैलास पर्वत पर गये। वहाँ द्वार पर तैनात गणेश जी ने उनका मार्ग रोक लिया। इससे क्रोधित होकर उन्होंने फरसे से गणेशजी का एक दाँत तोड़ डाला था, तभी से गणेशजी को एकदंता भी कहा जाने लगा। परशुरामजी ने और तपस्या करके भगवान शिव को प्रसन्न किया, तब वरदान के रूप में भगवान शिव ने उन्हें अपना दिव्य धनुष दिया था; इस धनुष को बाद में उन्होंने राजा जनक को सौंप दिया था। राजा जनक ने उसी दिव्य धनुष को स्वयंवर में रखा था। श्रीराम ने जब यह धनुष तोड़ा तो उसकी भयंकर गर्जना से तीनों लोक काँप उठे। उसी गर्जना को परशुरामजी ने भी सुना। वे समझ गये, किसी ने शिव के दिव्य धनुष को तोड़ दिया है।

भारी क्रोध में भरकर वह सीता के स्वयंवर सभा में आ डटे। उनके नेत्र लाल और भौंहें टेढ़ी हो गयीं। क्रोध से तमतमाकर वे स्वयंवर में उपस्थित राजाओं की ओर देखने लगे। राजा जनक ने भी आकर सिर नवाया और सीताजी को बुलाकर प्रणाम करवाया। परशुराम ने सीताजी को आशीर्वाद दिया। फिर विश्वामित्र जी ने आकर दोनों राजकुमारों को उनके चरणों में सिर झुकाकर उनका आशीर्वाद लिया। फिर परशुरामजी दृष्टि सब ओर दौड़ाकर जनक से पूछने लगे– 'कहो राजन्! यह भीड़-भाड़ कैसी है?' जनकजी ने सारी बात विस्तार से कही, तब परशुराम अत्यंत क्रोध में भरकर कठोर वचन बोले, 'रे मूर्ख जनक! बता, यह शिव धनुष किसने तोड़ा है। उसे शीघ्र मेरे सामने ला, नहीं तो जहाँ तक तेरा राज-पाट है, सब को मैं उलट-पुलट के रख दूँगा।'

सबको भयभीत और सीताजी को डरी हुई जानकर श्रीराम मृदु वाणी में बोले, 'हे नाथ! शिव के धनुष को तोड़ने वाला आपका कोई दास ही होगा, क्या आज्ञा

है मुनिवर!' तब परशुराम रिसियाकर बोले, 'सेवक तो वह होता है, जो सेवा करे। हे राम! सुनो, जिसने शिवधनुष को तोड़ा है, वह सहस्रबाहु के समान मेरा शत्रु है।' इस पर लक्ष्मणजी मुसकराए और परशुरामजी का अपमान करते हुए बोले, 'हे मुनि! बालकपन में हमने बहुत सी धनुहियाँ तोड़ डालीं, तब तो आप ने क्रोध नहीं किया? इस पुराने जीर्ण-शीर्ण धनुष पर इतनी ममता क्यों है?'

इस पर परशुराम जी कुपित होकर बोले, 'अरे बालक! तू काल के वश में है, इसलिए नहीं समझ रहा कि तू क्या बोल रहा है। शिवधनुष और दूसरे धनुष में अन्तर नहीं समझता।' तब लक्ष्मणजी अकड़कर बोले, 'सुनिए देव! हमारे लिए तो सब धनुष एक जैसे हैं। इस पुराने धनुष के टूटने से कौन-सी बड़ी हानि हो गयी? और फिर रामजी ने तो इसे छूआ भर था कि यह टूट गया, इसमें रघुनाथजी का क्या दोष, आप तो बिना कारण के ही क्रोध किए जा रहे हैं।'

परशुराम जी अपने फरसे की ओर देखकर बोले, 'अरे दुष्ट बालक! शायद तूने मेरे स्वभाव के बारे में नहीं सुना है। मैं बालक जानकर तुझे मार नहीं रहा हूँ। मैं निरा मुनि ही नहीं हूँ। मैं बाल-ब्रह्मचारी और अत्यंत क्रोधी हूँ। अपनी ताकत से मैंने इस धरती को कई बार राजाओं से विहीन कर दिया और बहुत बार उसे ब्राह्मणों को दान में दे डाला। जिसने सहस्रबाहु की भुजाएँ काट-काट कर फेंकी हैं, इस फरसे की ओर देख जरा, यह फरसा बड़ा भयानक है।'

लक्ष्मणजी हँसकर बोले, 'अहो! मुनीश्वर, अपने आपको बड़ा योद्धा मानते हो। बार-बार मुझे यह कुल्हाड़ी दिखाते हो, लगता है फूँक मारकर पहाड़ उड़ाना चाहते हो। यहाँ कोई कुम्हड़े का फूल नहीं, जो तर्जनी देखकर ही मुरझा जाता है। ब्राह्मण समझकर मैं अपने क्रोध पर नियंत्रण कर पा रहा हूँ। देवता, ब्राह्मण, भगवान के भक्त और गौ– उन पर हमारे कुल में वीरता नहीं दिखाई जाती, क्योंकि इनको मारने से पाप लगता है। आपका तो एक-एक बोल ही करोड़ों वज्रों के समान है। धनुष-बाण और फरसा तो आप बेकार ही धारण करते हैं।'

लक्ष्मण का व्यंग्य सुनकर परशुराम तिलमिलाकर बोले, 'हे विश्वामित्र! सुनो, यह बालक बड़ा कुबुद्धि और कुटिल है। यह तो सूर्यवंश का कलंक है। यह अभी क्षण भर में काल का ग्रास बन जायेगा। यदि इसकी जिंदगी चाहते हो तो इसको समझाओ।'

इस तरह दोनों ओर से वाक्‌बाण छोड़े जा रहे हैं। कोई भी हार मानने को तैयार नहीं था– न ऋषि परशुराम और न लक्ष्मण। अंततः लक्ष्मण जी के कड़वे वचन सुनकर परशुराम जी ने अपना कुठार सँभाला, जिसे देखकर सारी सभा हाय-हाय करने लगी। पर लक्ष्मण जी चुप न रहे, मुसकराकर बोले, 'हे भृगुश्रेष्ठ, यह कुठार बार-बार मुझे मत दिखाइए। लगता है, आपको अभी तक किसी बलवान से पाला नहीं पड़ा। अपने घर में ही धुरंधर बनते फिर रहे हैं।' पूरी सभा के त्राहि-त्राहि करने पर श्रीराम ने लक्ष्मण जी को रोक लिया। फिर बड़े विनीत स्वर में बोले, 'हे नाथ! इस बालक पर कृपा कीजिए। यह मूर्ख है, आपका प्रभाव

जानता तो क्या ऐसी बातें करता? बालक की चपलता पर तो बड़े आंनद से भर जाते हैं। अत: इसे छोटा बच्चा और अपना सेवक जानकर कृपा कर दीजिए। आप तो स्वभाव से ही सुशील और धीर-ज्ञानी मुनि हैं।'

परशुराम जी अब श्रीरामचन्द्रजी के स्वरूप को समझ गये, क्योंकि उन्होंने लक्ष्मीपति विष्णु के धनुष को धारण करके दिखाया। उनका शरीर पुलकित और प्रफुल्लित हो गया, फिर वे हर्षित होकर बोले, 'हे रघुकुल नंदन! आपकी जय हो, जय हो, जय हो' और फिर शांत होकर तप के लिए वन में चले गये।

श्रीराम-सीता विवाह

जनकपुर के स्त्री-पुरुष हर्षित होकर खुशियाँ मनाने लगे। सुंदर स्त्रियाँ मंगल गान-नृत्य करने लगीं। खूब जोर-जोर से मंगल वाद्य बजने लगे। जनकजी का सुख अवर्णनीय है। सीता का भय-संताप भी जाता रहा। उन्होंने मुनि विश्वामित्र को प्रणाम कर कहा, 'हे स्वामी! अब जो उचित हो, कहिए।' विश्वामित्र बोले, 'राजन्! अपने कुल पुरोहित, गुरुजन, वृद्धों से पूछकर और जो वेदों के अनुसार उचित हो, विवाह संस्कार की तैयारी कीजिए और कोई दूत अयोध्या के लिए

रवाना कर दो, जो राजा दशरथ को लिवा लाये।' राजा जनक ने उसी समय दूतों को पत्र देकर अयोध्या के लिए रवाना कर दिया।

इधर राजा जनक ने अनुचरों को बुलाकर अतिसुंदर मंडप सजाकर तैयार करने को कहा। बाँके और अनुभवी कारीगारों ने मंडप बनाना शुरू किया। सोने के केले से बने खंभे खड़े किए गये। जिस मंडप में गुणों के समुद्र और त्रिलोक के स्वामी का विवाह सम्पन्न होना है, वह कैसा बना और सजाया गया है, इसका बड़ा ही सुन्दर चित्रण तुलसीदास जी ने किया है–

जेहिं तेरहुति तेहि समय निहारी। तेहि लघु लहिं भुवन दस चारी।।
जो संपदा नीच गृह सोहा। सो बिलोकि सुरनायक मोहा।।

(अर्थात् उस समय जिसने भी तिरहुत (जनकपुर) को देखा, उसे चौदह भुवन तुच्छ जान पड़े। जनकपुर में नीच के घर भी उस समय जो संपदा सुशोभित थी, उसे देखकर देवताओं के राजा इंद्र भी मोहित हो जाते।)

उधर जनक राजा के दूत पत्र लेकर अयोध्या पहुँचे और राजा दशरथ को सब वृत्तांत सुनाकर पत्र उन्हें सौंप दिया। पत्र पढ़ते हुए राजा के नेत्रों से आनंदाश्रु छलक पड़े। शरीर पुलकित हो गया, खुशी के मारे गला भर आया। फिर थोड़ा धीरज धरकर उन्होंने पत्रिका पढ़ी और पूरी सभा को सुनाई। जिसे सुनकर दोनों भाई (भरत–शत्रुघ्न) पुलकित हो गये। राजा ने दूतों को ढेरों उपहार और नेग देकर विदा किया। राजा ने यह पत्रिका गुरु वसिष्ठ को दी और सारी कथा प्रेमपूर्वक उन्हें सुना दी। फिर रनिवास में ले जाकर पाती सब रानियों को सुनाई। समाचार सुनकर रानियाँ हर्ष से भर गयीं। फिर राजा ने भरत जी को अपने निकट बुलाया और कहा कि जाकर घोड़े, हाथी, रथ और पालकियाँ सजवाओ और जल्दी रामचन्द्र जी की बारात में चलो।

पूरे गाजे–बाजे के साथ रामचन्द्रजी की बारात अयोध्या से निकली। बारात देखकर देवता भी हर्षित होकर पुष्प वर्षा करने लगे। सब प्रकार के अच्छे शकुन हो रहे थे। बड़े ही हर्षोल्लास के साथ बारात जनकपुर पहुँची। राजा जनक ने अपने बंधु–बांधवों सहित बारात की अगवानी की। जनवासे में बारातियों ने अपने ठहरने के स्थान देखे तो वहाँ का वैभव देखकर दंग रह गये। दशरथजी मुनि विश्वामित्र के चरणों में दंडवत् हो गये, फिर राम–लक्ष्मण, दोनों पुत्रों ने पिता को दंडवत् प्रणाम किया। राजा ने उन्हें उठाकर हृदय से लगा लिया। चारों भाई आपस में गले मिलकर आनंद से गद्गद हो उठे।

चारों भाइयों का विवाह

उधर मंगल विवाह की विधियाँ शुरू हो गयीं। जनकजी ने भगवान राम के चरण धोए। दोनों कुलों से गुरु और पुरोहित वर व कन्या की हथेलियों को मिलाकर शंखोच्चार करने लगे। पाणिग्रहण हुआ देखकर ब्रह्मादि देवता, मनुष्य और मुनि

समाज आनंदमग्न हो गया। विधिपूर्वक हवन करके गठजोड़ किया गया और भाँवरें पड़ने लगीं। श्रीरामजी ने सीताजी की माँग में सिंदूर दिया। इस समय चौदह भुवनों में उत्साह भर गया। मुनि समाज ने कहा कि रामचन्द्र और सीताजी का विवाह संपन्न हो गया। देवताओं ने आकाश से पुष्पवर्षा की और मंगल वाद्यों पर नाच-गान होने लगे। उधर बाराती जनमासे में अपनी-अपनी इच्छानुसार स्वादिष्ट व्यंजनों और मिष्ठान्नों का आनंद ले रहे थे।

श्रीराम-सीताजी का विवाह संपन्न हो जाने के बाद गुरु वसिष्ठ की आज्ञा पाकर जनकजी ने अपने छोटे भाई कुशध्वज की तीनों राजकुमारियों को बुला लिया। फिर से विवाह का सामान सजाकर कुशध्वज की बड़ी कन्या, जो गुण, शील, शोभा और सुख की साक्षात् रूप थी, राजा जनक ने प्रेमपूर्वक सब रीतियों के साथ उसका पाणिग्रहण भरतजी के साथ करा दिया। श्री सीताजी की छोटी बहन, सुंदरियों में शिरोमणि उर्मिलाजी का विवाह लक्ष्मणजी के साथ कर दिया। सुंदर नेत्रों वाली, सुंदर मुखवाली, सब गुणों की खान, रूप और शील में अग्रणी तीसरी कन्या श्रुतकीर्ति का विवाह राजा ने शत्रुघ्नजी के साथ संपन्न करा दिया।

अब तो दूल्हे और दुल्हिनें परस्पर अपने-अपने अनुरूप एक-दूसरे को पाकर सकुचाते और लजाते हुए हृदय में बड़े हर्षित हो रहे हैं। वहाँ उपस्थित सब लोग प्रसन्न होकर उनकी सुदंरता की सराहना कर रहे हैं और देवगण फूलों की वर्षा कर रहे थे। गुरु और मुनि गण आशीषों की झड़ी लगा रहे थे। एक ही मंडप में सब दुल्हिनें सुंदर दूल्हों के साथ ऐसी शोभा पा रही हैं, मानो जीव के हृदय में चारों अवस्थाएँ (जाग्रत्, स्वप्न, सुषुप्ति और तुरीय) अपने चारों स्वामियों (विश्व, तेजस, प्राज्ञ और ब्रह्म) सहित विराजमान हों।

सब पुत्रों-वधुओं को देखकर राजा दशरथ की खुशी का कोई पारावार नहीं था। जनकजी ने दहेज में अनेक कीमती कपड़े, हाथी, घोड़े, रथ, गहनों से सजी गायें, मणियाँ और दास-दासियाँ दिये। फिर जनकजी ने अनेक प्रकार की अनुनय-विनय कर बारात सहित राजा दशरथ को विदा किया। चलने से पूर्व सीताजी की माताजी ने कन्याओं को समझाते हुए कहा, 'पुत्रियों! सदा सास, ससुर और गुरु की सेवा करना। पति का रुख देखकर उनकी आज्ञा का पालन करना। अपने कुल की रीति का सदा मान रखना।' राजा जनक ने भी पुत्रियों को समझाया, ऊँच-नीच और स्त्री धर्म की अनेक बातें बताईं। अंततः जनकजी ने मुनि मंडली को सिर नवाया और सभी से आशीर्वाद पाया।

बारात की वापसी और अयोध्या में आनंद

बारात के आने का समाचार सुनकर अयोध्यावासी प्रसन्न हो गये। सब के शरीरों पर पुलकावलि छा गयी। सब ने अपने-अपने घरों, गलियों, चौराहों, बाजारों और नगर के द्वारों को सजाया, जहाँ-तहाँ सुन्दर चौक पुराए गये। तोरणों, ध्वजा-पताकाओं और मंडपों से बाजार ऐसा सजा, जिसका वर्णन करते नहीं बनता है। घर-घर में अनेक

प्रकार के मंगल-कलश सजाये गये। पुरजनों ने अयोध्या नगरी को ऐसा सजाया है कि जिसे देखकर ब्रह्मादि देवता भी इस अनुपम दृश्य को सराहते नहीं अघाते हैं।

अयोध्या का राजमहल तो ऐसा शोभित हो रहा था कि उसकी रचना देखकर कामदेव का मन भी मोहित हो गया। सुहागिन स्त्रियाँ झुंड के झुंड मिलकर मंगल द्रव्य एवं आरती सजाये मंगलगान करने लगीं। इन्हें देखकर तो ऐसा लग रहा था, मानो स्वयं सरस्वती जी ही बहुत से रूप-वेष धारण किए गा रही हों। सुख और असीम आनंद से विवश होने के कारण उनके शरीर शिथिल हो गये हैं। श्रीरामचन्द्रजी के दर्शनों के लिए वे अत्यंत अनुराग में भरकर परछन का सब सामान सजाने लगीं।

शुभ मुहूर्त होने पर गुरु वसिष्ठ जी ने बारात को नगर में प्रवेश करने की आज्ञा दी। तब रघुकुल मणि महाराज दशरथ ने शिवजी, पार्वती जी और गणेशजी का स्मरण करके समाज-सहित आनंदित होकर नगर में प्रवेश किया। सभी प्रकार के शुभ शकुन हो रहे हैं, देवता दुंदुभी बजा रहे हैं। देवांगनाएँ पुष्प वर्षा कर मंगल गीत गा रही हैं। रामचन्द्रजी को देखकर सब नगरवासी सुखी हो गये। नगर की स्त्रियाँ आनंदित होकर आरती गाने लगीं। पालकियों के परदे हटा-हटाकर वे दुल्हिनों को देखकर सुखी हो रही हैं।

तीनों माताएँ आनंदित होकर बहुओं सहित कुमारों का परछन करने लगीं। बार-बार आरती कर अनेकों प्रकार के आभूषण, रत्न और वस्त्र तथा नाना प्रकार की वस्तुएँ उनपर निछावर कर रही हैं। माताएँ नाना लोकरीति कर रही हैं और दूल्हा-दुल्हिनें सकुचा रहे हैं। उस महान् आनंद और विनोद को देखकर श्री रामचन्द्रजी मन-ही-मन मुसकरा रहे हैं। इस पावन अवसर पर याचक लोग राजा से जो-जो माँगते, राजा खूब प्रसन्न होकर उन्हें वही देते जाते हैं। सभी सेवकों और बाजे वालों को राजा ने नाना प्रकार के दान तथा सम्मान देकर संतुष्ट किया। राजा ने मुनीश्वर विश्वामित्र की तरह-तरह से पूजा की और बोले, 'हे नाथ! इस संसार में मेरे समान भाग्यशाली कोई नहीं है। आप अकेले राम-लक्ष्मण को लेकर गये थे प्रभु, अब आपने सूद सहित मुझे लौटा दिया है। आप अत्यंत कृपालु हैं। आपकी कृपा से ही मुझे यह शुभ दिन देखने को मिला है।' फिर राजा ने गुरु वसिष्ठजी के चरण-कमलों की पूजा की। मुनियों ने उन्हें आशीर्वाद दिए।

राममहल की रीति-नीति

श्रीरामचन्द्रजी से आज्ञा पाकर सब पुरवासी सिर नवाकर अपने-अपने घरों को चले गये। राजा जनक की आवभगत के बारे में सुनकर सब रानियाँ बहुत खुश हुईं। पुत्रों सहित स्नान करके राजा ने ब्राह्मण, गुरु और कुटुंबियों को बुलाकर भोजन किया। फिर राजा ने सब का सभी प्रकार से सम्मान करके, अत्यंत कोमल वचन कहकर रानियों को निकट बुलाया और बोले, 'हमारी बहुएँ अभी बच्ची हैं, पराए घर से आई हैं, इनको इस तरह से रखना, जैसे नेत्रों को पलकें रखती हैं। इनकी माता बनकर हर प्रकार के सुख देना। लड़के थके हुए नींद के वश हो रहे हैं, इन्हें ले जाकर शयन कराओ।'

यह सब कहकर राजा दशरथ अपने शयनकक्ष में चले गये। माताएँ राम को उनके विश्राम कक्ष में ले गयीं। श्रीरामजी के बार-बार कहने पर सब भाई सिर नवाकर अपने-अपने पलंग पर चले गये। सासुएँ सुंदर बहुओं को लेकर सो गयीं, मानो सर्पों ने अपने सिर की मणियों को अपने हृदय में छिपा लिया हो। अगले दिन शुभ मुहूर्त में सुंदर कंकण खोले गये। अब नित्य मंगल, आंनद और उत्सव होने लगे। अंत में जब विश्वामित्र ने विदा माँगी तो राजा प्रेममग्न हो गये और पुत्रों सहित उनके आगे खड़े होकर विनम्र स्वर में बोले, 'हे नाथ! यह सारी संपदा आपकी ही है। मैं तो अपनी रानियों और पुत्रों सहित आपका सेवक हूँ। हे मुनि! इन लड़कों पर सदा स्नेह करते रहना और मुझे भी दर्शन देते रहना।' ऐसा कहकर राजा पुत्रों सहित विश्वामित्र के चरणों में गिर पड़े। प्रेम के वशीभूत हो उनके मुख से कोई बात नहीं निकलती। विश्वामित्र अनेक प्रकार से उन्हें आशीष देकर वहाँ से चले गये।

श्रीराम चरित्र की महिमा

जब से श्रीरामचन्द्र जी विवाह करके घर आये, तब से सब प्रकार का आनंद अयोध्या में आकर बस गया है। प्रभु श्रीराम के विवाह में जैसा आनंद-उत्साह का संचार हुआ, उसे स्वयं सरस्वती तथा सर्पों के राजा शेषनागजी भी नहीं कह सकते हैं। श्रीराम चरित का गान करने से वाणी पवित्र होती है, उनके घरों में सब तरह का मंगल तथा सुख का वास होता है। बुद्धि सात्त्विक बनी रहती है। व्यक्ति कुमार्ग का अनुगमन नहीं करता, मन निर्मल तथा प्रसन्न रहता है।

तुलसीदास जी ने भी रामचरित्र महिमा का बड़ा ही सुंदर वर्णन किया है–

निज गिरा पावनि करन कारन राम जसु तुलसी कह्यो ।
रघुवीर चरित अपार बारिधि पारु कबि कौनें लह्यो ॥
उपबीत ब्याह उछाह मंगल सुनि जे आदर गावहीं ।
बैदेहि राम प्रसाद ते जन सर्बदा सुखु पावहीं ॥

(अर्थात् तुलसी जी ने अपनी वाणी को पवित्र करने के लिए राम का यश गाया है। श्रीराम का चरित्र अपार समुद्र है, किस कवि ने उसका पार पाया है। जो लोग यज्ञोपवीत और विवाह के मंगलमय उत्सव का वर्णन आदर के साथ सुनकर गायेंगे, वे सब लोग श्रीजानकी जी और श्रीराम जी की कृपा से सदा सुख पायेंगे।)

श्रीसीता जी और श्रीरघुनाथ जी के विवाह-प्रसंग को जो लोग प्रेमपूर्वक गायेंगे-सुनेंगे, उनके लिए सदा आनंद ही आनंद रहेगा, क्योंकि श्रीरामचन्द्रजी का यश सर्वमंगल का धाम है।

॥ श्रीसीतारामाय नमः ॥

द्वितीय सोपान

अयोध्याकाण्ड

श्रीगुरु चरन सरोज रज निज मन मुकुरु सुधारि ।
बरनउँ रघुबर बिमल जसु जो दायकु फल चारि ॥

श्रीगुरु जी के चरणकमलों के रज से अपने मन-रूपी दर्पण को साफ करके मैं श्रीरघुनाथ जी के उस निर्मल यश का वर्णन करता हूँ, जो चारों फलों (धर्म, अर्थ, काम और मोक्ष) को देने वाला है।

श्रीरामचन्द्र जी के विवाह के बाद से अयोध्या में आनंद की बधाइयाँ बजने लगीं। ऋषि-सिद्धि और संपत्ति रूपी सुहावनी नदियाँ उमड़-उमड़कर अयोध्या रूपी समुद्र में आ मिलीं। नगर के स्त्री-पुरुष अच्छी जाति के मणियों के समूह हैं, जो सब प्रकार से पवित्र, अमूल्य और सुंदर हैं। नगर का ऐश्वर्य कुछ कहा नहीं जाता। सब नगर निवासी श्रीरामचन्द्र जी के उज्ज्वल मुख-चंद्र को देखकर सब प्रकार से सुखी हैं। श्रीरामचन्द्र जी के रूप, गुण, शील और स्वभाव को देख-सुनकर राजा दशरथ बहुत ही आनंदित होते हैं।

राम के राज्याभिषेक की तैयारी

एक बार राजा दशरथ अपने सारे समाज सहित राजसभा में विराजमान थे। महाराज समस्त पुण्यों की मूर्ति हैं, उन्हें श्रीरामचन्द्र जी का सुंदर यश सुनकर अत्यंत आनंद हो रहा है। अनायास ही राजा ने अपने हाथ में दर्पण लिया और उसमें अपना मुख देखकर मुकुट सीधा किया। इसी समय उन्होंने देखा कि कानों के पास बाल सफेद हो गये हैं। मानो बुढ़ापा ऐसा उपदेश कर रहा है कि हे राजन्! श्रीरामचन्द्रजी को युवराज पद देकर अपने जीवन और जन्म का लाभ क्यों नहीं उठाते?

राजा दशरथ ने हृदय में यह विचार लाकर स्थिर कर लिया और उसी दिन को शुभ और सुंदर पाकर मन पुलकित हो गया। फिर वह आनंदमग्न होकर गुरु वसिष्ठ के पास गये और बोले, 'हे मुनिराज! मैं आपसे कुछ निवेदन करना चाहता हूँ। श्रीरामचन्द्र जी अब सब प्रकार से योग्य हो गये हैं। सेवक, मंत्री,

सब नगरवासी, इतना ही नहीं, जो हमारे शत्रु, मित्र या उदासीन हैं, सबको राम मेरी तरह ही प्रिय हैं। हे स्वामी! सारे ब्राह्मण परिवार उन पर स्नेह करते हैं। यदि आपका आशीर्वाद हो तो राम को युवराज बना दिया जाये, ऐसी मेरी इच्छा है।'

गुरु वसिष्ठ सब प्रकार से विचारते हुए बोले, 'राजन्! यह विचार तो अत्युत्तम है और शुभ कार्य में देरी नहीं करनी चाहिए।'

सभी प्रकार से उपयुक्त जानकर एक दिन उन्होंने मंत्री सुमंत्र को बुलाया और अपने हृदय की बात बताते हुए बोले, 'सुमंत्र! अनेक दिनों से मेरे मन में एक बात उठ रही है। मैं चाहता हूँ कि राम का राज्याभिषेक करके उसके कंधों पर राज्य के कार्यभार का दायित्व डाल दूँ और मैं शेष जीवन ईश्वर-भक्ति में लगाकर अपना परलोक सुधार लूँ।'

महाराज दशरथ की बात सुनकर सुमंत्र प्रसन्न होकर बोले, 'महाराज! आपका विचार अत्यंत उत्तम है। प्रजा भी श्रीराम को अपने भावी राजा के रूप में देखती है। श्रीराम उनके लिए एक योग्य राजा सिद्ध होंगे। इस शुभ कार्य में तनिक भी विलंब मत कीजिए। अयोध्या के लिए इससे अधिक प्रसन्नता की बात और क्या होगी! संपूर्ण मंत्रिमंडल और स्वयं कुलगुरु वसिष्ठ भी आपके इस निर्णय से सहमत होंगे।'

सुमंत्र का समर्थन और प्रजा की इच्छा जानकर राजा दशरथ ने अगले ही दिन राम के राज्याभिषेक की घोषणा कर दी। राम के राजा बनने की बात सुनकर प्रजा में खुशी की लहर दौड़ गयी। महल में उत्सव मनाए जाने लगे। कौसल्या, सुमित्रा और कैकेयी राम के राज्याभिषेक की तैयारियों में जुट गयीं। ध्वजा, पताका, तोरण और कलश से पूरे अयोध्या नगर को सजा दिया गया। घोड़े, हाथी, रथ सबको अच्छी तरह सजाया गया। मुनिश्रेष्ठ वसिष्ठ जी के वचनों को शिरोधार्य करके सब लोग अपने-अपने काम में लग गये। मुनीश्वर ने जिसको जो काम दिया या जिस काम की आज्ञा दी, उसने वह काम शीघ्रता से पूरा किया। उधर ननिहाल में भरत और शत्रुघ्न को शुभ शकुन होने लगे।

राजा दशरथ ने वसिष्ठ जी को बुलाया और समयोचित उपदेश देने के लिए रामचन्द्रजी के महल में भेजा। गुरु का आगमन सुनकर श्रीरघुनाथ जी ने द्वार पर आकर उनके चरणों में मस्तक नवाया। फिर आदरपूर्वक अर्घ्य देकर उन्हें घर के अन्दर लाए और सीताजी सहित उनके चरण-स्पर्श कर बड़े विनीत वचन बोले, 'हे गुरुवर! यद्यपि सेवक के घर स्वामी का पधारना अमंगल का नाश करने वाला तथा सभी मंगलों का मूल होता है। परन्तु उचित तो यही रहता कि मुझे बुला भेजा होता। आपके आगमन से यह महल पवित्र हो गया है, अब आपकी जो आज्ञा हो, वैसा मैं करूँ।'

श्रीरामचन्द्र जी के अत्यंत मीठे वचन सुनकर गुरु वसिष्ठ जी बोले, 'हे रामचन्द्रजी! राजा ने आपके राज्याभिषेक की तैयारी की है। वे आपको युवराज

पद देना चाहते हैं; इसलिए आप सब संयम रखें, जिससे विधाता कुशलतापूर्वक इस कार्य को संपन्न करा दे।' शिक्षा देकर गुरुवर राजा दशरथ के पास चले गये।

मंथरा की कुबुद्धि

राज्याभिषेक की बात सुनकर श्रीरामचन्द्र जी को बड़ा खेद हुआ। फिर सोचने लगे कि हम सब भाइयों का साथ-साथ जन्म हुआ; खाना, सोना लड़कपन के खेलकूद, कनछेद, यज्ञोपवीत और विवाह आदि सारे कार्य साथ-साथ ही हुए, फिर अकेले मेरा राज्याभिषेक ही क्यों? पर इस निर्मल वंश की यही परंपरा है कि ज्येष्ठ पुत्र का ही राज्याभिषेक होता है। उसी समय प्रसन्न मन लक्ष्मण जी भी वहाँ आ पहुँचे। अनेक प्रकार के बाजे बज रहे हैं और सब लोग भरतजी के आगमन के लिए मना रहे थे कि वे भी जल्दी लौट आवें। सब नगरवासी श्रीरामचन्द्रजी को युवराज के रूप में देखने के लिए इतने उतावली में हैं और बार-बार सोचते हैं कि यह कल कब होगा? परन्तु उधर देवतागण व्याकुल होकर कुचक्र रच रहे हैं कि हमारा अभी कार्य कैसे सिद्ध होगा, पृथ्वी का भार कैसे कम होगा? श्रीराम के राज्याभिषेक की बात उन्हें पच नहीं रही है। अवध के बधावे उन्हें रास नहीं आ रहे हैं। व्याकुल होकर अंततः सरस्वतीजी को बुलाकर देवगण बार-बार विनय कर रहे हैं, 'हे माता! हम बड़ी मुसीबत में हैं। कोई ऐसा उपाय कीजिए कि श्रीरामचन्द्र जी राज्य त्यागकर वन को चले जायें और देवताओं के सब मनोरथ सिद्ध करें।'

देवताओं की विनती सुनकर सरस्वती जी बड़ी पछताने लगीं। उन्हें विचलित देखकर सब देव पुनः विनती करने लगे– 'हे माता! इसमें आपको कोई दोष नहीं लगेगा। आपकी महानता बिल्कुल कम न होगी, बल्कि बढ़ेगी ही, क्योंकि आपकी कृपा से ही देवताओं और सब साधुजनों का उद्धार होगा, पृथ्वी पाप से मुक्त होगी। राम वन में जायेंगे, तब ही राक्षसों का नाश हो सकेगा। हे माता! यह बड़ा भलाई का काम है।'

सब कुछ विचारकर आखिर सरस्वती जी दशरथजी की पुरी अयोध्या में आयीं। कैकेयी रानी की एक मुँहलगी और मंदबुद्धि दासी थी मंथरा। उसे अपयश की पिटारी बना उसकी बुद्धि फेरकर सरस्वती जी आपने धाम को चलती बनीं। मंथरा ने देखा कि नगर सजाया हुआ है। सुंदर मंगलमय बधावे बज रहे हैं। वह हकबकाई-सी चारों ओर देखने लगी। उसने खुशी में मग्न लोगों से पूछा, 'अरे, यह कैसा उत्सव है, यह हो क्या रहा है?' लोगों ने बताया कि तुम्हें मालूम नहीं, श्रीरामचन्द्रजी का राज्याभिषेक हो रहा है। राम युवराज होंगे। इतना सुनते ही उसका दिल बैठ गया। वह दुर्बुद्धि सोचने लगी कि रात-ही-रात में, यह काम कैसे बिगड़ जाये। मैं यह सब नहीं होने दूँगी। नीच लोग अपनी जान की बाजी लगाकर भी दूसरों के काम बिगाड़ने पर उतारू हो जाते हैं। आज उसकी सब इंद्रियों से कुटिलता बाहर आ रही थी। जैसे-जैसे समय बीतता जा रहा था, उसके कलेजे पर साँप लोटता जा रहा था। आखिर में मंथरा बड़ी ही उदास होकर भरतजी की माता कैकेयी के पास गयी।

कैकेयी-मंथरा संवाद

कैकेयी रानी तो राम के राज्याभिषेक की सब तैयारियाँ करा रही थीं। उनकी खुशी का पारावार न था। वह तो रामजी से अपने पुत्र भरत से भी ज्यादा स्नेह करती थीं। चारों ओर खुशी का वातावरण था। ऐसे में मंथरा बड़ी दुखी मन और मुँह लटकाकर रानी के सम्मुख पहुँची तो उसे देख कैकेयी रानी ने हँसकर कहा, 'अरी ओ मंथरा, तू इतनी उदास क्यों है? अयोध्या के सब नर-नारी तो खुशी सँभाल नहीं पा रहे हैं।' पर कैकेयी की बात सुनकर मंथरा कुछ नहीं बोली। लंबी उसाँसें भरकर त्रियाचरित्र दिखाती हुई आँसू ढरकाने लगी।

रानी हँसकर कहने लगीं– 'तेरी बड़ी लंबी जुबान है; लगता है, तुझे आज लक्ष्मण ने कुछ सीख दी है, तभी तू ऐसी लंबी साँस छोड़ रही है। अरी! कुछ बोलती क्यों नहीं? अरे! श्रीराम, राजा, लक्ष्मण, भरत और शत्रुघ्न सब कुशल तो हैं।' इतना सुनते ही वह तो जोर-जोर से विलाप करने लगी। कैकेयी ने उससे विलाप का कारण पूछा।

मंथरा कटु स्वर में बोली, 'रानी! मेरी आँखें आने वाले दुर्दिनों को देख रही हैं, इसलिए मैं आँसू बहा रही हूँ। वह दिन दूर नहीं जब तुम स्वयं एक दासी की भाँति महल के एक कोने में बैठकर आँसू बहाती नजर आओगी। राम के राजा बनते ही तुम्हारा संपूर्ण वैभव और प्रभुत्व कौसल्या द्वारा धूमिल हो जायेगा। अभी भी समय है, संभल जाओ अन्यथा कुछ शेष नहीं बचेगा।'

'नहीं, नहीं। ऐसा कदापि नहीं होगा। मेरा राम मुझे बहुत प्रेम करता है। तुम व्यर्थ में ही राम पर दोषारोपण कर रही हो। उसने कौसल्या और मुझमें कभी कोई अंतर नहीं समझा। भरत को तो वह अपने से भी अधिक प्रेम करता है। तुम विष-वमन करके मुझे भ्रमित मत करो।' कैकेयी ने कठोरता के साथ प्रतिरोध किया।

मंथरा पुनः विलाप करते हुए बोली, 'रानी! तुम्हारी तो मति मारी गयी है। जिस कौसल्या को तुमने अनेक बार नीचा दिखाया, क्या वह तुम्हें इसी प्रकार छोड़ देगी? नहीं, तुम देखना, राम के राजा बनते ही वह तुमसे गिन-गिनकर बदला लेगी। कौसल्या के कहने पर ही राजा दशरथ राम का राज्याभिषेक उस समय कर रहे हैं, जब भरत और शत्रुघ्न अपने ननिहाल गये हुए हैं?'

आखिरकार मंथरा के बार-बार कहने पर कैकेयी का मन विचलित हो गया। वह भयभीत होकर बोली, 'मंथरा, तुम ठीक कहती हो। परन्तु अब क्या हो सकता है? कल राम का राज्याभिषेक हो जायेगा। मुझे इससे निपटने का कोई मार्ग नहीं सूझ रहा। अब तुम ही कोई उपाय बताओ?'

फिर उपाय पूछते और मंथरा को विश्वास दिलाती हुई कैकेयी बोली, 'आज मैंने जाना कि तू मेरा कितना भला सोचती है। मैं तेरे कहने से कुएँ में गिर सकती हूँ; पुत्र और पति को भी छोड़ सकती हूँ। भला जब तू मेरी इतनी चिंता करती

है, मेरे दुःख नहीं देख सकती, तो मैं भी अपने हित के बारे में क्यों न सोचूँ?'

रानी को पूरी तरह अपने वश में जानकर कुबुद्धि मंथरा कहने लगी– 'हे स्वामिन्! आपने एक बार मुझे एक कथा सुनाई थी। आपको याद है कि नहीं? अरे वही, तुम्हारे दो वरदान अभी तक राजा के पास धरोहर हैं। आप उन्हीं वरदानों को माँगकर अपनी छाती ठंडी करो। पुत्र भरत को राज्य और राम को वनवास देकर अपनी सौत कौसल्या का सारा सुख अपनी झोली में भर लो और सुनो, जब राजा दशरथ राम की कसम खा लें, तब वर माँगना, जिससे राजा अपने वचन से मुकरें नहीं, समझी।'

फिर मंथरा ने बड़ी चालाकी से कहा, 'हे स्वामिन्! राजा आपको बहुत प्रकार से फुसलाने की कोशिश करेंगे; आपको अपने प्यार का वास्ता देंगे। अब तुम कोपभवन में जाओ और सब काम बड़ी होशियारी से करना। राजा पर सहज ही विश्वास न कर लेना।'

कैकेयी ने माँगे दो वरदान

अपनी दासी की सराहना करती हुई रानी कोपभवन में जाकर लेट गयी। उसने सब अलंकार और आभूषण उतारकर फेंक दिए, सारे सौभाग्य सूचक पोंछ डाले। उधर राजमहल और नगर में खुशियों की धूम मच रही है। इस कुचाल के बारे में राजमहल में किसी को कोई जानकारी नहीं थी। सच ही कहा गया है– कुसंगति पाकर कोई भी नष्ट हो सकता है। कुसंगति होती ही ऐसी है। नीच के मत के अनुसार चलने से अच्छे-भले मनुष्य की बुद्धि को भी काठ मार जाता है।

संध्या समय राजा दशरथ बड़े ही प्रसन्न मन और आनंद के साथ कैकेयी के महल में गये तो कैकेयी के कोपभवन में होने की बात सुनकर राजा सहम गये। अनिष्ट की आशंका से उनके पैर आगे की ओर नहीं बढ़ते हैं। राक्षसों से भी भय नहीं खाने वाले राजा दशरथ स्त्री का क्रोध सुनकर जड़वत् हो गये। फिर डरते-डरते राजा अपनी प्यारी कैकेयी के पास गये। कैकेयी की वह अवस्था देखकर राजा को बड़ा दुःख हुआ। कुछ साहस कर राजा अत्यंत कोमल वाणी में बोले, 'हे प्राणप्रिये! तुम किसलिए रूठी हो?' राजा उसे स्पर्श करते हैं तो वह उनका हाथ झटक देती है और क्रोध में क्रूर नागिन-सी देखती है। राजा बार-बार उनकी उदासी का कारण पूछते हुए कहते हैं– 'हे प्रिये! तुम मुझे बताओ, किसने तुम्हारा अपमान करने की हिम्मत की? किसने तुम्हारा अनिष्ट किया है? मैं राम की सौगंध खाकर कहता हूँ कि मेरा तुम से कोई छिपाव नहीं है। मैं तुम्हारी हर बात मानने को तैयार हूँ। तुम यह वेष त्यागो और आभूषण धारण करो।' यह सुनकर कैकेयी हँसती हुई उठ बैठी। अपने गहने पहनने लगी, मानो कोई भीलिनी मृग को देखकर फंदा तैयार कर रही हो।

अपने मन में कैकेयी को सुहृद् जानकर राजा दशरथ प्रेम से बड़ी कोमल वाणी में बोले, 'हे भामिनी! मुझे तसल्ली हो गयी। तुम तो जानती ही हो, नगर

में घर-घर आनंद के बधावे बज रहे हैं। मैं कल ही राम को युवराज पद दे रहा हूँ। इसलिए तुम प्रसन्न हो जाओ।' यह सुनते ही रानी का हृदय दहक उठा, मानो पका हुआ फोड़ा फूट पड़ा हो। परंतु कैकेयी ने अपने क्रोध को दबा लिया। भले ही राजा नीति-निपुण हैं, पर त्रियाचरित्र भी तो अथाह समुद्र है।

फिर रानी कपटपूर्ण प्रेम बढ़ाकर, नेत्र और मुँह मोड़कर हँसती हुई बोली, 'हे प्रियतम! आप बहुत भुलक्कड़ हैं। हमेशा माँग-माँग तो कहते हैं, पर देते कभी कुछ नहीं। याद हो तो आपने कभी मुझे दो वरदान देने को कहा था, लेकिन आज तक नहीं दिया।'

राजा हँसकर बोले, 'मैं तुम्हारा इशारा समझ गया। भले ही दो के बदले चार वर माँग लो। रघुकुल में तो यह रीति सदा से चली आयी है कि हमारे प्राण भले ही चले जायें, पर वचन देकर नहीं मुकरते।'

रानी ने अच्छा अवसर देख तुरंत कहा, 'ऐसी बात है तो स्वामी! सुनो, एक वर में तो मेरे भरत को राजतिलक दीजिए और दूसरे वर में राम को चौदह वर्ष का वनवास दीजिए।' यह सुनते ही राजा सहम गये। उनसे कुछ कहते नहीं बना। राजा के चेहरे पर हवाइयाँ उड़ने लगीं, चेहरे का रंग उड़ गया, मानो ताड़ के पेड़ पर बिजली गिर पड़ी हो। अपने माथे पर हाथ रखकर राजा ऐसे सोच करने लगे, मानो क्या सोचा था और क्या हो गया!

राजा का ऐसा बुरा हाल देखकर दुर्बुद्धि कैकेयी क्रोधित होकर बोली, 'किस बात का शोक है आपको? क्या भरत आपका पुत्र नहीं है? क्या मैं आपकी अर्धांगिनी नहीं हूँ, जो मेरी बात सुनते ही तुम्हें आघात लगा? अरे, देना है तो दीजिए, नहीं तो मना कर दीजिए।' फिर कुछ पल के इंतजार के बाद वह बोली, 'वर कोई मैंने नहीं माँगे थे, आप ही ने हठ करके देने को कहा था, अब मन नहीं है तो भले ही मत दीजिए।'

कुछ देर बाद राजा दशरथ ने अपने नेत्र खोले और दुःखी स्वर में कहना शुरू किया, 'भरत और श्रीराम तो मेरी दो आँखें हैं। मैं सबके सामने भरत को राज्य अवश्य दे दूँगा। राम को राज्य का कोई लोभ-लालच नहीं है। भरत युवराज हो जायेगा। अब गुस्सा त्याग दो और दूसरे वर के बदले तुम कोई और वर माँग लो।'

राजा दशदथ की बात सुनकर रानी कैकेयी निराश होकर बोली,– 'ऐसा ही करना था तो तोड़ दीजिए अपनी प्रतिज्ञा। मैं कुछ नहीं कहूँगी।' कैकेयी के मर्म भेदी वचन सुनकर राजा ने कहा, 'इसमें तेरा कोई दोष नहीं, मेरा ही दुर्भाग्य है। आज तेरी बुद्धि पर पत्थर पड़े हैं, जो तू ऐसा बोल रही है। अरे! भरत तो भूलकर भी राजपद नहीं चाहते। यह सब मेरे पापों का परिणाम है, जो विधाता सब प्रकार से विपरीत हो गये हैं।'

राजा दशरथ का शाप

क्रोध और पीड़ा से छटपटाते हुए राजा दशरथ ने कैकेयी के लिए शाप स्वरूप जो वचन कहे, उनका तुलसीदासजी ने बड़ा मार्मिक वर्णन किया है–

सुबस बसिहि फिर अवध सुहाई। सब गुन धाम राम प्रभुताई ॥
करिहहिं भाइ सकल सेवकाई। होइहि तिहुँ पुर राम बड़ाई ॥
तोर कलंकु मोर पछिताऊ। मुएहुँ न मिटिहि न जाइहि काऊ ॥
अब तोहि नीक लाग करि सोई। लोचन ओट बैठु मुहु गोई ॥
जब लागि जिऔं कहउँ कर जोरी। तब लगि जनि कछु कहसि बहोरी ॥
फिरि पछितैहसि अंत अभागी। मारसि गाइ नहारू लागी ॥

(अर्थात् तेरे द्वारा उजाड़ी हुई यह सुंदर अयोध्या फिर से भलीभाँति बसेगी और समस्त गुणों के धाम श्रीरामजी की प्रभुता होगी। सब भाई उनकी सेवा करेंगे और तीनों लोकों में श्रीराम का यश फैलेगा। केवल तेरा कलंक और मेरा पछतावा मरने पर भी नहीं मिटेगा, यह किसी तरह नहीं जायेगा। अब तुझे जो अच्छा लगे, वही कर। मुझे अपना मुँह मत दिखा, मेरे सामने से हट जा। मैं हाथ जोड़कर कहता हूँ कि जब तक मैं जिंदा हूँ, मुझसे न बोलना। अरी अभागिन! अंत में तू पछताएगी, जो ताँत के लिए गाय को मार रही है।)

राजा ने नाना प्रकार से रानी को समझाया कि तू क्यों सर्वनाश कर रही है? रानी कुछ बोल ही नहीं रही है। मगर अपनी जिद पर डटी रही। दशरथ एक पल के लिए भी नहीं सोये, विलाप करते-करते राजा को सवेरा हो गया। बाहर द्वार पर भाट लोग विरुदावली बखान रहे हैं, गवैये गुणों का गान कर रहे हैं, पर राजा के कानों में वे स्वर बाण जैसे लगते हैं।

राम-कैकेयी संवाद

श्रीरामचन्द्रजी के दर्शन की लालसा में तमाम नगरवासी रात्रि में सो नहीं सके। प्रातः ही द्वार पर मंत्रियों और सेवकों की भीड़ लग गई है। राजा तो हमेशा प्रातः ही जाग जाया करते हैं, आज क्या हुआ? तब सुमंत्र उन्हें जगाने के लिए महल में जाते हैं। महल में भयानक सन्नाटा देखकर वह डर गये। फिर वह राजा की तलाश करते हुए वहाँ गये, जहाँ राजा और रानी कैकेयी थे। रानी को प्रणाम कर उन्होंने राजा का हाल जानना चाहा, तब कैकेयी बोली, 'इन्होंने राम-राम रटकर सवेरा कर दिया, परन्तु इसका कोई भेद बताते ही नहीं हैं, इनकी माया जगदीश्वर ही जानें।' फिर बोली, 'तुम जल्दी से राम को बुला लाओ, शायद उन्हें कुछ बता सकें।' सुमंत्र समझ गये कि रानी ने कुछ अवश्य गड़बड़ की है। वे तुरंत राम को बुलाने चले गये।

राजा का सब हाल कहकर सुमंत्र श्रीराम को तुरंत बुला लाए। श्रीराम का स्वभाव बड़ा कोमल और करुणामय है। उन्होंने जीवन में पहली बार दुःख देखा, फिर भी हृदय में धैर्य धारण करके बड़े मीठे वचनों से माता कैकेयी से पूछा, 'हे माता! पिताजी के दुःख का कारण तो बताओ, जिससे उसका निवारण किया जा सके।' कुछ इधर-उधर देखकर कैकेयी बोली, 'हे राम! सुनो, सारे दुःख का कारण यही है कि राजा तुम पर अत्यधिक स्नेह करते हैं। बात कुछ खास नहीं हैं, इन्होंने मुझे दो वरदान देने को कहा था। मुझे जो अच्छा लगा, वही मैंने माँग लिया। इससे ये गहरे सोच में डूबे हैं। इधर तो पुत्र का स्नेह है और उधर वचन जाने का गम। यदि तुम कर सकते हो तो राजा की आज्ञा का पालन करो और इनके संताप को मिटाओ।'

सूर्यकुल के सूर्य श्रीरामचन्द्रजी मन में मुसकराकर बोले, 'हे माता! वह पुत्र तो बड़ा भाग्यशाली होता है, जो माता-पिता के वचनों का पालन करने वाला हो। हे जननी! माता-पिता को संतुष्ट करने वाला पुत्र सारे संसार में दुर्लभ है। हे माता! वन में तो मुनियों के साथ सत्संग होगा, जिसमें मेरा कल्याण-ही-कल्याण है। और फिर इस कार्य में आपकी सम्मति और पिता जी की आज्ञा है तो कहने ही क्या! मेरे प्राणप्रिय भरत राज्य पायेंगे, मेरे लिए तो सब प्रकार से सुख ही सुख है। दुःख है तो बस पिताजी की व्याकुलता का।'

श्रीरामचन्द्रजी का रुख देखकर रानी हर्षित हो गयी। फिर कपटपूर्ण स्नेह दिखाकर बोली, ''मैं तुम्हारी और भरत की सौगंध खाकर कहती हूँ कि राजा का

दुःख का और क्या कारण है, मैं नहीं जानती। हे तात! तुम्हारा कोई अपराध नहीं है। तुम तो सब को सुख देने वाले हो। तुम तो वही करो, जिससे इनके चौथेपन में अपयश न हो।'

दशरथ-राम संवाद

इतने में राजा की मूर्च्छा दूर हुई, उन्होंने 'राम-राम' कहते हुए फिर करवट ले ली। मंत्री ने रामचन्द्रजी के आगमन की बात राजा से कही, जब राजा के कान में ये शब्द पड़े कि राम पधारे हैं तो उन्होंने धीरज धरकर नेत्र खोले। मंत्री ने सँभालकर राजा को बैठाया। श्रीराम ने राजा के चरणों में प्रणाम किया। स्नेह विकल राजा ने श्रीराम को अपने हृदय से लगा लिया। उनके नेत्रों से अश्रुधारा बहने लगी। शोक में डूबे होने के कारण कुछ कहते नहीं बनता है। वे बार-बार श्रीराम को हृदय से लगाते हैं। फिर मन में महादेव का स्मरण कर बोले, 'हे सदाशिव! आप श्रीरामचन्द्रजी को ऐसी बुद्धि दीजिए, जिससे वे मेरे वचन को त्यागकर घर में ही रहें। संसार में चाहे मुझे कितना ही अपयश मिले, भले ही मैं नरक में गिरूँ या मेरे प्राण चले जायें। मैं सब प्रकार के दुःख सहने को तैयार हूँ, पर श्रीरामचन्द्र मेरी आँखों के सामने रहें।'

देश, काल और अवसर के अनुकूल विचार कर श्रीराम अत्यंत विनीत वचन बोले, 'हे तात! हे पिताश्री! इस मंगलकारी मौके पर आप शोक को त्याग दीजिए। हृदय में प्रसन्न होकर मुझे वन में जाने की आज्ञा दीजिए। आपकी आज्ञा का पालन करके मैं शीघ्र ही लौट आऊँगा। तब तक मैं माताश्री से भी विदा माँगकर आता हूँ। फिर आपके चरण-स्पर्श करके ही वन को जाऊँगा।' ऐसा कहकर श्रीरामचन्द्रजी वहाँ से चले गये। इस बात को सुनकर सब स्त्री-पुरुष व्याकुल हो गये। सबके मुख मलिन हो गये और आँखों से आँसुओं की धारा बहने लगी।

जहाँ-तहाँ समूहों में खड़े लोग कैकेयी को गाली दे रहे हैं, भर्त्सना कर रहे हैं। इस कुलटा ने तो पत्ते पर बैठकर पेड़ को ही काट डाला। सच ही कहा गया है– स्त्री का स्वभाव बड़ा कपटी होता है, उसके हृदय की थाह पाना कठिन है। इनकी चाल को कोई नहीं समझ पाया है। विधाता ने क्या सुनाकर क्या सुना दिया और न जाने अब क्या दिखाना चाहता है। जितने मुँह थे, उतनी बातें! पर सब पुरवासी दुःखी और व्याकुल थे। ब्राह्मण स्त्रियाँ तरह-तरह से कैकेयी को समझा रही हैं, जिसका तुलसीदासजी ने बड़ा अवसरानुकूल वर्णन किया है–

सीय कि पिय सँगु परिहरिहि लखनु कि रहहहिं धाम ।
राजु कि भूँजब भरत पुर नृपु कि जिइहि बिनु राम ॥

(अर्थात् अरी! ऐसा करने से क्या सीताजी अपने पति श्रीराम का साथ छोड़ देंगी? क्या लक्ष्मणजी श्रीराम के बिना घर पर रह पाएँगे? क्या भरत जी श्रीराम के बिना अयोध्यापुरी राज्य भोग सकेंगे? और क्या राजा दशरथ श्रीराम के बिना जीवित रह पायेंगे? अर्थात् कोई नहीं रहेगा, सब उजड़ जायेगा।)

श्रीराम-सीता-लक्ष्मण वन गमन

प्रसन्न मुख श्रीरामचन्द्रजी माता कौसल्या के पास गये और अत्यंत कोमल वाणी में बोले, 'हे माता! पिताजी ने मुझको वन का राज्य दिया है। वहाँ सब प्रकार से मेरा मनोरथ पूरा होने वाला है। हे माता! तू प्रसन्न मन से मुझे जाने की आज्ञा दे, जिससे मेरी वन यात्रा मंगलमय हो, तेरी कृपा से सब ठीक ही होगा। चौदह वर्ष वन में रहने के बाद मैं वहाँ से तेरे चरणों का दर्शन करूँगा, पर तू मन में बिल्कुल दुःखी मत होना।'

राम की बात सुनकर माता कौसल्या के हृदय का विषाद कुछ कहा नहीं जाता। फिर वह धीरज धरकर बोलीं, 'हे तात! तुम तो पिता को प्राणों से भी प्रिय हो, फिर उन्होंने तुम्हें वन जाने को क्यों कहा? मुझे सब कुछ सच-सच बताओ।' श्रीरामजी का इशारा पाकर सुमंत्रजी ने सब हाल कह सुनाया। सब सुनकर कौसल्या किंकर्तव्यविमूढ़ हो गयीं। न तो राम को जाने के लिए कह सकती हैं और न अपने पास ही रख सकती हैं। सब तरह से पाप-पुण्य और यश-अपयश का विचार करके सरल स्वभाव वाली कौसल्या धीरज धरकर बोलीं, 'हे तात! मुझे तुम पर गर्व है। तुमने ठीक ही सोचा है, क्योंकि पिता की आज्ञा का पालन करना ही सब धर्मों में सर्वोपरि है। वन में जाने का मुझे बिल्कुल दुःख नहीं,

दु:ख तो इस बात का है कि तुम्हारे बिना भरत, महाराज और यहाँ की समस्त प्रजा को भारी क्लेश होगा। वे इस दु:ख को सह नहीं पायेंगे।' फिर कुछ क्षण रुककर बोलीं, 'हे पुत्र, जाओ! वहाँ वन के देवता को पिता और वनदेवियों को माता के समान समझना। वहाँ के पशु-पक्षी तुम्हारे चरण-कमलों के सेवक होंगे।'

उसी समय यह समाचार सीताजी ने सुना तो वे व्याकुल हो उठीं। सासू माँ कौसल्या के पास जाकर उनके चरणों की वंदना कर बैठ गयीं। सीता जी के सुन्दर नेत्रों से अश्रु बहने लगे। वह मन में विचार करने लगीं कि देखूँ, मेरे प्राण स्वामी के साथ जायेंगे या शरीर और प्राण दोनों ही इनके साथ जायेंगे। श्रीरामचन्द्रजी वन के गुण-दोष प्रकट करके जानकीजी को समझाने लगे। पर माता के सामने सीताजी से कुछ भी कहने में सकुचा रहे हैं, फिर भी वह बोले, 'हे राजकुमारी! मेरी बातों का कोई दूसरा मतलब मत निकाल लेना। अगर तुम अपना और मेरा भला चाहती हो तो घर पर रहो। इससे एक तो मेरी आज्ञा का पालन होगा और दूसरे घर के बड़े-बुजुर्गों की सेवा भी कर पाओगी। घर में रहने में ही सब प्रकार से भलाई है। स्त्री के लिए आदरपूर्वक सास-ससुर के चरणों की सेवा करने से कोई बड़ा धर्म नहीं है। तुम्हारे रहने से इनका हौसला भी बना रहेगा। देखो, हठ करने का परिणाम कष्टकारी ही होता है, दिन जाते देर नहीं लगती। चौदह वर्ष यों ही बीत जायेंगे। और फिर वन में धूप, जाड़ा, वर्षा और हवा सब बड़े कष्टदायी हैं।'

इतने पर भी जानकी कुछ न बोलीं तो श्रीरामचन्द्रजी समझाते हुए बड़े स्नेह से बोले, 'हे वामा! इतना ही नहीं, वन के रास्ते दु:ख, काँटे और कंकड़ों से भरे पड़े हैं। उन पर पैदल चलना तुम्हारे वश का नहीं। रास्ते में बड़े-बड़े दुर्गम पर्वत हैं, नदी-नाले हैं। वनों में बाघ, रीछ, सिंह, भेड़िए और हाथी ऐसे भयानक शब्द करते हैं, जिसे सुनकर अच्छे-अच्छे बलशाली का भी धीरज डोल जाता है। यहाँ महलों में इतनी सुख-सुविधा में रहना और वहाँ पर कठोर जमीन पर सोना, पेड़ों की छाल के वस्त्र पहनना और कंद-मूल-फल का भोजन करना होगा। वहाँ मनुष्यों को खाने वाले निशाचर नाना प्रकार के कपट वेष-धारण करके चारों ओर विचरण करते हैं। घर से निकलने के बाद कष्ट-ही-कष्ट हैं। हे जनक नंदिनी! तुम वन के योग्य नहीं हो। तुम्हारे वन जाने की बात सुनकर सब लोग मुझे ही दोष देंगे।'

प्रियतम के कोमल वचन सुनकर जानकीजी से कुछ उत्तर देते नहीं बना है। लेकिन उनके नेत्रों में जल भर आये। वे यह सोचकर व्याकुल हो उठीं कि स्वामी मुझे यहीं छोड़ जाना चाहते हैं। फिर मन में धैर्य धारण कर बोलीं, 'हे नाथ! पति के बिना स्त्री के लिए सुखों का भोग रोग के समान हैं, गहने मात्र भार बढ़ाने वाले और संसार नरक की पीड़ा के समान है। स्त्री का स्वर्ग तो स्वामी के चरणों में ही है।' तुलसीदास जी ने कितनी प्रमुखता से सीताजी की बात का समर्थन किया है—

जिय बिनु देह नदी बिनु बारी । तैसिअ नाथ पुरुष बिनु नारी ॥
नाथ सकल सुख साथ तुम्हारें । सरद बिमल बिधु बदनु निहारें ॥

(अर्थात् हे नाथ! जैसे बिना जीवात्मा के शरीर, और बिना जल के नदी का अस्तित्व होता है, वैसे ही बिना पुरुष के स्त्री का कोई अस्तित्व नहीं है, हे स्वामी! आपके साथ में ही मेरे सारे सुख निहित हैं। आपके मुख-दर्शन से मुझे सब सुखों की प्राप्ति हो जायेगी।)

जानकीजी बिलखकर बोलीं, 'हे सुजान शिरोमणि! मैं वन के सारे कष्ट सह लूँगी। आप मुझे साथ ले लीजिए। यहाँ न छोड़िए। मैं अधिक क्या विनती करूँ। यदि मुझे चौदह वर्ष तक अयोध्या में रखते हैं तो जान लीजिए, मेरे प्राण नहीं रहेंगे। मुझे जीवित न पाओगे। हे स्वामी! मैं सब प्रकार से आपकी सेवा करूँगी। मार्ग में होने वाली सारी थकावट दूर कर दूँगी। आपके दर्शन में मुझे सबकुछ मिल जायेगा।' जानकीजी की ऐसी दशा देखकर श्रीरघुनाथजी ने समझ लिया कि इन्हें हठपूर्वक यहाँ छोड़कर जाना ठीक नहीं। तब श्रीरामचन्द्रजी मीठी वाणी में बोले, 'अच्छा, अब सब शोक-रंज त्यागकर मेरे साथ तुरंत वन गमन की तैयारी करो और माँ से आशीर्वाद ले लो।'

तब जानकीजी ने सास के पैर छुए और बोलीं, 'हे माता! मैं बड़ी अभागिन हूँ। आपकी सेवा करने के समय विधाता ने वनवास दे दिया। मेरा मनोरथ सफल न किया।' सीताजी के वचन सुनकर सास कौसल्या व्याकुल हो गयीं। उन्होंने सीताजी को गले से लगाया और आशीर्वाद दिया कि जब तक गंगा-जमुना की जलधारा बहे, तब तक तुम्हारा सुहाग अटल रहे। काकभुशुंडि बोले कि हे गरुड़राज, सुनो, जगत का पालन करने वाले श्रीहरि की पत्नी श्रीसीताजी अनेक प्रकार से माताओं के आशीर्वाद ले और बड़े ही प्रेम से बार-बार उनके चरणकमलों में सिर नवाकर वन को चलीं।

जब लक्ष्मणजी ने यह समाचार सुना तो वह व्याकुल होकर बड़े उदास मन से श्रीरामचन्द्र की ओर दौड़ पड़े। उनका सम्पूर्ण शरीर काँप रहा था, नेत्र आँसुओं से भरे थे। प्रेम से विह्वल होकर उन्होंने श्रीरामजी के चरण पकड़ लिये। मुख से कुछ कहते नहीं बना, बस दीन की तरह टकटकी लगाये उन्हें देखने लगे। श्रीरामचन्द्रजी ने देखा कि भाई लक्ष्मण तो सब परिवार वालों से नाता तोड़कर हाथ बाँधे खड़े हैं। भाई को समझाने के विचार से श्रीराम ने मृदुवाणी में कहना शुरू किया, 'हे भाई! मेरी बात मानो तो घर पर रहकर माता-पिता के चरणों की सेवा करो, और भरत-शत्रुघ्न भी घर पर नहीं हैं, पिताश्री वृद्ध हो चले हैं, मेरे वन जाने से वे बहुत दुःखी हैं। ऐसी विकट स्थिति में आप उनका सहारा बनो। अगर मैं तुम्हें अपने साथ लेकर गया तो अयोध्या सब प्रकार से अनाथ हो जायेगी।'

लक्ष्मणजी के कुछ न बोलने पर वे फिर उन्हें समझाते हुए बोले, 'हे लक्ष्मण, तुम यहीं रहकर सबका ध्यान रखो। जिस राज्य में प्यारी प्रजा दुःखी रहती है, वह राजा अवश्य ही नरक का अधिकारी होता है। राज्य में अराजकता फैल जाती है और वहाँ बड़े-बड़े अनर्थ हो जाया करते हैं। इसलिए सब प्रकार से विचारकर मेरे भाई, तुम यहीं रह जाओ।'

श्रीरामचन्द्रजी के ऐसे वचन सुनकर लक्ष्मणजी इस प्रकार व्याकुल हो गये, जैसे पाला पड़ने से कमल सूख जाता है। लक्ष्मणजी को और तो कुछ सूझा नहीं, प्रेम-विह्वल होकर भ्राता के चरण पकड़ लिए और फिर बोले– हे नाथ! मैं दास हूँ और आप स्वामी हैं, मुझे त्याग भी दोगे तो मेरा कौन वश चलेगा। प्रभु आपकी सीख तो सब बहुत अच्छी-अच्छी हैं, पर मेरी समझ इतनी नहीं है, जो उन्हें समझ पाऊँ। मैं तो आपके स्नेह में पला-बढ़ा छोटा बच्चा ही हूँ। आप विश्वास करें या न करें, मैं आपके सिवाय न गुरु को जानता हूँ और न ही माता-पिता को। आप ही मेरे सबकुछ हैं। आप तो सबके हृदय की बात को जानने वाले हैं, फिर मेरे हृदय की बात को क्यों नहीं समझ पा रहे हैं। ये उपदेश तो उसी को प्रिय और अच्छे लगते हैं, जिसे कीर्ति पसंद हो, जो ऐश्वर्य या सद्गति चाहता हो। मैं तो मन, वचन और कर्म से आपके ही चरणों में श्रद्धा-प्रेम रखता हूँ। क्या वह भी त्यागने के योग्य है? बताओ नाथ! क्या सेवक को अपने से दूर करना उचित है?'

दया के सागर श्रीरामचन्द्रजी लक्ष्मण की विह्वलता और भातृप्रेम से डर से गये, फिर उन्हें हृदय से लगाकर समझाते हुए बोले, 'हे लक्ष्मण! तुम तो सदा से ही जिद्दी हो, अब मैं तुम्हें कैसे समझाऊँ, अब जाकर माता से आज्ञा ले आओ और शीघ्र ही वन को निकलते हैं।' श्रीराम की वाणी सुनकर लक्ष्मण आनंदित हो गये। जैसे मुरझाया कमल खिल गया। बस दौड़े-दौड़े माता सुमित्राजी के पास गये और माता के चरणों में सिर नवाया। माता ने उदास जानकर उनसे कारण पूछा तो लक्ष्मणजी ने सारी कथा कह सुनाई। लक्ष्मण जी के विचार सुनते ही रानी सुमित्रा वैसे ही सहम गयीं, जैसे हिरणी वन में चारों ओर आग लगी देखकर सहम जाती है। उन्होंने दुःखी मन से कैकेयी को बुरा-भला कहा।

संकट का समय जानकर और हृदय में धैर्य धारण कर सुमित्रा कोमल वाणी में बोलीं, 'हे पुत्र! जानकीजी तुम्हारी माता और श्रीरामचन्द्रजी पिता के समान हैं। श्रीरामचन्द्रजी का जहाँ निवास है, वहीं अयोध्या है। यदि सीता-राम वन को जाते हैं तो अयोध्या में तुम्हारा कोई काम नहीं है। हे तात! सुनो, गुरु, पिता, माता, भाई, देवता और स्वामी, इन सबकी सेवा अपने प्राणों के समान करनी चाहिए, और फिर श्रीरामचन्द्रजी तो प्राणों के भी प्रिय हैं।' एक माता को अपने पुत्र को क्या सीख देनी चाहिए, इसका कितना सुंदर वर्णन तुलसीदासजी ने किया है–

> ***गुरु पितु मातु बंधु सुर साईं। सेइअहिं सकल प्रान की नाईं ॥***
> ***रामु प्रानप्रिय जीवन जी के । स्वारथ रहित सखा सबही के ॥***

(अर्थात् हे पुत्र! गुरु, पिता, माता, भाई, देवता और स्वामी की सेवा प्राणों के समान करनी चाहिए। फिर राम तो प्राणों के भी प्रिय हैं, सब के स्वार्थ रहित सखा हैं।)

सुमित्रा रानी प्रसन्न मन से बोलीं, 'हे पुत्र, मैं तो बड़ी सौभाग्यशाली हूँ कि तुम्हारे चित्त ने बिना किसी छल के श्रीराम के साथ जाना तय किया है। मैं तुम पर बलिहारी जाती हूँ। संसार में वही स्त्री पुत्रवती है, जिसका पुत्र श्रीरघुनाथजी का भक्त हो। जिसका पुत्र राम के विमुख है, वह तो बाँझ ही भली। तुम्हारे संपूर्ण पुण्यों का फल यही है कि श्रीसीतारामजी के चरणों में तुम्हारा स्वाभाविक प्रेम हो। सब प्रकार से सीता और रामजी की सेवा करना।' फिर आज्ञा देकर आशीर्वाद दिया कि सीता-राम के चरणों में तुम्हारा प्रेम नित-नित बढ़ता जाये।

लक्ष्मणजी सीधे श्रीजानकीनाथ के पास आ गये और फिर तीनों राजभवन में उपस्थित हुए। सीता सहित दोनों पुत्रों को देखकर राजा दशरथ बड़े व्याकुल हो उठे, वह बार-बार उन्हें हृदय से लगाते हैं। राजा हर प्रकार से उन्हें रोकने की कोशिश करते हैं। तीनों जन राजा के चरण-स्पर्श कर वन को निकलते हैं। श्रीराम के वहाँ से प्रस्थान करते ही सभी अयोध्यावासी व्याकुल और राजा मूर्च्छित हो जाते हैं। पुरवासी सब व्याकुल हैं।

अयोध्या के नगर निवासियों का हाल

चलते ही श्रीरामजी को बड़ा भारी विषाद हो गया। नगर का हाहाकार सुना नहीं जाता। पूरी अयोध्या में अत्यंत शोक छा गया, पर देवलोक में आनंद छा रहा है। देवता लोग खुश हैं कि अब राक्षसों का अवश्य नाश हो जायेगा। जब राजा की मूर्च्छा कुछ दूर हुई तो सुमंत्र को पास बुलाकर कहने लगे– 'श्रीराम तो वन को चल दिये, पर मेरे प्राण नहीं जा रहे हैं, न जाने क्यों शरीर में टिके हुए हैं? हे सखा! तुम रथ लेकर राम के साथ जाओ और इन सुकुमार बालकों को रथ में चढ़ाकर वन में घुमा लाओ। यदि प्रण के पक्के ये दोनों भाई न लौटें तो इनकी अनुनय-विनय करके जनकनंदिनी सीताजी को जरूर लौटा लाना। यदि सीताजी लौट आईं तो मेरे प्राणों को कुछ सहारा मिल जायेगा, नहीं तो मेरे प्राण तो जायेंगे ही।' ऐसा कहकर राजा मूर्च्छित होकर पृथ्वी पर गिर पड़े।

सुमंत्रजी रथ लेकर नगर के बाहर पहुँचे और राजा की आज्ञा सुनाकर तीनों को रथ पर चढ़ा लिया। पर अयोध्यावासी श्रीरामचन्द्रजी को जाते देखकर उनके साथ हो लिए। कृपासिंधु राम ने हर प्रकार से उन्हें समझाया तो वे अयोध्या की ओर लौटे, परन्तु प्रेमवश फिर से श्रीरामचन्द्र जी के निकट लौट आते हैं। अयोध्या नगरी बड़ी डरावनी लग रही है। नगर के नर-नारी भयानक जन्तुओं के समान एक-दूसरे को देखकर डर रहे हैं। श्रीरामजी के वियोग में सभी व्याकुल हुए जहाँ-तहाँ खड़े हैं। सब ने मिलकर विचार किया कि जहाँ राम रहेंगे, वहीं सारा समाज रहेगा। श्रीराम के बिना हम सब अयोध्या में नहीं रह सकते। बच्चों और बड़े-बूढ़ों को घरों में छोड़कर सब लोग उनके साथ हो लिये।

तमसा के तीर पर पड़ाव

अयोध्यावासियों के प्रेम के आगे श्रीरघुनाथ जी भी विवश हैं। क्या करें, कोई

उपाय काम नहीं आया है। सब श्रीरघुनाथजी का गुणगान करते चले जा रहे हैं। पहले दिन श्रीरघुनाथ जी ने तमसा नदी के तट पर निवास किया। सुन्दर वचन कहकर श्रीराम जी ने धर्म सम्बन्धी उपदेश दिए। परन्तु कोई भी प्राणी लौटाए नहीं लौटा। अब श्रीरामजी बड़े असमंजस में हैं। शोक और थकावट के मारे सब लोग सो गये। और कुछ देवताओं ने भी उनकी बुद्धि को फेर दिया। जब आधी रात हो गयी तो रामचन्द्रजी ने सुमंत्र से कहा कि हे तात! अब रथ को इस प्रकार हाँकिए कि इसके पहियों के निशान न पहचाने जायें और न ही लोगों को हमारे जाने की दिशा का पता चले। अब और कोई उपाय नहीं है। सुमंत्रजी ने वैसा ही किया। जब सबेरा होते ही लोग जागे तो शोर मच गया कि श्रीरघुनाथ जी चले गये। अब तो सब 'हा राम! हा राम!' कहते चारों और दौड़ रहे हैं। थक-हारकर एक-दूसरे को समझाने लगे कि हम लोगों को कष्ट होगा, शायद इसलिए हमें छोड़कर चले गये हैं।

अब अयोध्यावासी नर-नारी रोते-पछताते अपने घरों को लौट आये, उधर सीताजी और सुमंत्र के सहित दोनों भाई श्रृंगवेरपुर जा पहुँचे। वहाँ गंगाजी को देखकर श्रीराम रथ से उतर पड़े और बड़े हर्ष के साथ उन्होंने दंडवत् प्रणाम किया। लक्ष्मण, सीताजी और सुमंत्र ने भी प्रणाम किया। गंगाजी सब आनंद-मंगलों की मूल हैं। सब सुखों को देने वाली तथा सब पीड़ाओं को हरने वाली हैं। उन्होंने लक्ष्मण, सीताजी सहित सभी को गंगाजी की महिमा सुनाई। इसके बाद सब ने स्नान किया, जिससे मार्ग की सारी थकावट दूर हो गयी और शीतल जल पीते ही मन प्रसन्न हो गया।

निषाद-राम संवाद

जब निषादराज गुह ने प्रभु के आने की खबर पाई तो आनंदित होकर उसके अपने सब प्रियजनों और भाई-बंधुओं को बुला लिया। भेंट देने के लिए फल-फूल भरकर ले चला। आज उसके हृदय में खुशी का कोई ठिकाना नहीं है। दंडवत् करके और भेंट सामने रखकर वह प्रेमपूर्वक प्रभु को देखने लगा। श्रीरघुनाथजी ने उसे अपने पास बिठाकर बड़े ही प्रेम भाव से उसकी कुशल-क्षेम पूछी।

बड़े विनीत भाव से निषादराज बोला, 'हे नाथ! आपके दर्शन पा गया तो सब कुशल-ही-कुशल है। आज मैं भी भाग्यवानों की गिनती में आ गया। यह धरा, धन तो सब कुछ आपका ही है, मैं तो परिवार सहित आपका सेवक मात्र हूँ। अब कृपा करके श्रृंगवेरपुर में पधारिए और प्रभु, इस दास की प्रतिष्ठा बढ़ाइए, जिससे लोग मेरे भाग्य को सराहें।'

श्रीरामचन्द्र जी ने कहा, 'हे सखा! मैं तुम्हारी यह इच्छा पूरी नहीं कर सकता; क्योंकि मुझे तो चौदह वर्षों तक ऋषि-मुनियों का सा आहार करते हुए वन में ही रहना है। गाँव के भीतर या नगर में मुझे जाने की आज्ञा नहीं है। मेरे पिता का ऐसा ही आदेश है।' यह सुनकर गुह को बड़ा दुःख हुआ। गाँव के स्त्री-पुरुषों में चर्चा

चल पड़ी है। एक स्त्री बोली, 'हे सखी! सुनो तो, इनके माता-पिता कितने निष्ठुर हैं, जो इतने सुकुमार बालकों को वन में भेज दिया।' तभी कोई दूसरी बोली, 'मेरी समझ से तो राजा ने अच्छा ही किया, इसी बहाने हमें इनके दर्शन का लाभ तो मिला।' निषाद ने सब प्रकार से विचार करके अशोक के वृक्ष के नीचे प्रभु को ठहराया। कुशा और कोमल पत्तों से सुंदर बिछावन बना दी। ताजे-मीठे फल लाकर रख दिए। सीताजी, सुमंत्र और भाई लक्ष्मण सहित कंदमूल-फल खाकर रघुकुलमणि लेट गये। भाई लक्ष्मण उनके पैर दबाने लगे। श्रीरामजी के सो जाने पर लक्ष्मण वहाँ से कुछ दूर हटकर धनुष-बाण हाथ में ले सजग होकर पहरा देने लगे। गुह खुद भी जागकर लक्ष्मणजी के साथ पहरा देने लगा। प्रभु को भूमि पर सोते देखकर निषाद को भारी विषाद हुआ। शरीर पुलकित हो गया। नेत्रों से जल-धारा बहने लगी। कहाँ अयोध्या में ये सुख-सुविधा में, ऊँचे-ऊँचे गद्‌दे-तकियों पर सोने वाले प्रभु सीता सहित घास की शैया पर सो रहे हैं। वह मन-ही-मन रानी कैकेयी को नाना प्रकार से धिक्कारने लगा। बुरा-भला कहने लगा।

सुमंत्र की अयोध्या वापसी

शृंगवेरपुर में प्रातः स्नान-ध्यान कर प्रभु ने अपनी जटाएँ बनाईं। सुमंत्र अत्यंत दुःखी मन से हिम्मत जुटाकर बोले, 'हे नाथ! कोसलेस दशरथ ने मुझे आज्ञा दी थी कि आप सब को गंगा स्नान कराकर तथा दो-चार दिन वन में घुमाकर वापस अयोध्या ले आऊँ। अब आपकी जैसी आज्ञा हो, वही करूँ।' इतना कहकर वे श्रीरामचन्द्र जी के चरणों में गिर पड़े।

श्रीरामचन्द्रजी सुमंत्र को उठाकर धैर्य बँधाते हुए समझाने लग– 'हे तात! आप तो धर्म के सब सिद्धांतों को जानने वाले हैं। वेद, शास्त्र और पुराणों में कहा गया है कि सत्य के समान कोई दूसरा धर्म नहीं है। धर्म का त्याग करने से तीनों लोकों में अपयश छा जायेगा। प्रतिष्ठित लोगों के लिए तो अपयश करोड़ों मौत के समान होता है। हे तात! आप से और अधिक क्या कहूँ। आप तो सब कुछ जानते हैं।'

प्रेम में विह्वल सुमंत्र जब कुछ नहीं बोले तो श्रीरामचन्द्रजी बड़े विनीत स्वर में बोले, 'आप तो मेरे पिता के समान ही परम हितैषी हैं। पिताजी के चरण पकड़कर करोड़ों विनती के साथ कहिएगा कि मैं यहाँ सब प्रकार से कुशल हूँ। आप वही सब कीजिएगा जो परिवार के लिए उत्तम समझते हैं।' प्राणपति रघुनाथ की ओर निहारकर सीता जी बोलीं, 'हे तात! श्रीरघुनाथजी के साथ मैं परम सुखी हूँ। अतः मेरे सास और ससुरजी के पाँव पड़कर मेरी तरफ से विनती कीजिएगा कि वे मेरे लिए तनिक भी चिंता न करें। मुझे यहाँ किसी प्रकार का कष्ट नहीं होगा।'

श्रीराम को लौटा ले चलने के सुमंत्र जी के सारे प्रयास बेकार हो गये। सोचने लगे– कर्म की गति टारे नहीं टरती है। अब श्रीराम, लक्ष्मण और सीताजी के चरणों में सिर नवाकर सुमंत्र इस तरह लौटे, जैसे कोई व्यापारी अपनी सारी जमा पूँजी गँवाकर लौटा हो। सुमंत्रजी ने रथ हाँका, पर घोड़े श्रीरामजी की ओर

देख-देखकर हिनहिनाते हैं। यह देखकर निषाद लोग अपने सिर धुनने लगे। जिनके वियोग में पशु भी इस प्रकार व्याकुल हैं, उनके वियोग में प्रजा, माता और पिता का क्या हाल हो रहा होगा! वे कैसे जीते होंगे!

केवट-राम संवाद

श्रीरामचन्द्र जी एक प्रकार से जबरन सुमंत्र को विदा करके अपने रास्ते में आगे बढ़े और गंगाजी के तट पर आए। श्रीराम ने केवट से नाव लाने और सरयू के पार उतारने के लिए कहा। श्रीराम की बात सुनकर वह नाव को किनारे पर नहीं ला रहा है। वह कहने लगा– 'मैं तुम्हारे बारे में बहुत कुछ जानता हूँ। तुम्हारे चरण कमलों की रज में बड़ा चमत्कार है, जिसके छूने से ही पत्थर की शिला सुंदरी स्त्री बन गयी, और नाव तो नाजुक काठ की बनी है। इस प्रकार यदि मेरी नाव स्त्री बन गयी तो मैं तो बरबाद ही हो जाऊँगा। मेरा रोजगार उजड़ जायेगा। मैं तो कमाने-खाने के लायक भी नहीं रह जाऊँगा। इसी नाव से तो मेरे परिवार का पालन-पोषण होता है, और मैं तो कोई दूसरा काम भी नहीं जानता। अगर आपको पार ही जाना है तो मेरी एक शर्त है, कि मुझे अपने चरण-कमल पखार लेने दो। बिना पैर धोए मैं आपको अपनी नाव में नहीं चढ़ाऊँगा। मुझे उतराई लेने का लालच नहीं है। मेरी धृष्टता के लिए लक्ष्मण जी बेशक मुझे बाण से मार डालें, पर मैं जब तक आपके पैर नहीं पखार लूँगा, तब तक आपको पार नहीं उतारूँगा।'

केवट के प्रेम में पगे वचन सुनकर श्रीरामचन्द्रजी जानकीजी और लक्ष्मणजी की ओर देखकर हँसे। फिर मुसकराकर बोले, 'अरे भाई! तुम्हारी नाव की जिस तरह भी सुरक्षा हो, तुम वही करो। लो, जल्दी से पानी ले आओ और पैर धो लो।' इस अवसर का तुलसी ने कितना सुन्दर वर्णन किया है–

जासु नाम सुमिरत एक बारा । उतरहिं नर भवसिंधु अपारा ॥
सोइ कृपालु केवटहि निहोरा । जेहिं जगु किय तिहु पगहु ते थोरा ॥

(काकभुशुंडि बोले, हे गरुड़राज सुनो– जिन का नाम एक बार स्मरण करने भर से मनुष्य अपार भवसागर के पार उतर जाते हैं और जिन्होंने वामनावतार में जगत् को दो पग में नाप दिया था, वही कृपालु प्रभु श्रीरामचन्द्रजी गंगा नदी को पार उतारने के लिए केवट के निहोरे कर रहे हैं, बार-बार उसकी खुशामद कर रहे हैं।)

कैसी विचित्र लीला है प्रभु की। श्रीरामचन्द्रजी की आज्ञा पाकर केवट कठौते में जल भरकर ले आया। अत्यंत आनंद और उमंग में प्रभु श्रीराम के चरण कमल धोने लगा। देवता भी देखकर हर्षित होने लगे कि इस केवट से बढ़कर भाग्यशाली इस संसार में कोई नहीं है। केवट ने अपने पूरे परिवार को पास बुला लिया। सबको चरणोदक पिलाया, खुद पिया। चरणोदक अपने सिर पर चढ़ाकर अपने पितरों को भवसागर पार करा कर श्रीराम-सीता-लक्ष्मण को प्रेमपूर्वक नाव में बिठाकर उस पार ले गया। अब प्रभु सीता और लक्ष्मण सहित नाव से उतरकर

किनारे बालू में खड़े हो गये। केवट ने नाव से उतरकर दंडवत् किया। दंडवत् करते देखकर प्रभु को संकोच हुआ कि इसको उतराई तो दी ही नहीं।

तब पति के हृदय की बात जानने वाली सीताजी ने प्रसन्न मन से अपनी रत्न जटित अँगूठी उँगली से उतारी। प्रभु रामचन्द्रजी ने केवट से कहा कि यह लो नाव की उतराई। पर वह क्या? केवट ने व्याकुल होकर प्रभु के पैर पकड़ लिये। वह विह्वल होकर बोला, 'हे नाथ! आज मैंने तो सब कुछ पा लिया है। मेरे दोष, दुःख और दरिद्रता सब मिट गये हैं। मैंने आज खूब मेहनत की, विधाता ने आज मुझे भरपूर मजदूरी दे दी है। हे दीनदयाल! आपकी कृपा से अब मुझे कुछ नहीं चाहिए। हाँ, लौटती बार आप मुझे जो कुछ भी देंगे, वह मैं प्रसाद समझकर और सिर नवाकर रख लूँगा।' तीनों ने केवट से बहुत आग्रह किया, पर केवट ने कुछ भी लेने से मना कर दिया। तब प्रभु श्रीराम ने उसे निर्मल भक्ति का वरदान देकर विदा किया।

रघुकुलमणि श्रीरामचन्द्रजी ने स्नान करके पार्थिव पूजा की और भगवान शिव को सिर नवाया। सीताजी ने हाथ जोड़कर गंगा मैया से कहा, 'हे माता! मेरा मनोरथ कीजिएगा, जिससे मैं अपने पति और देवर के साथ सकुशल लौटकर तुम्हारी पूजा करूँ।' गंगाजी ने सीताजी की विनती को अपना अहोभाग्य माना। प्रभु श्रीरामचन्द्रजी ने निषादराज से कहा कि भैया, अब तुम अपने घर को लौट जाओ। यह सुनते ही उसका मुँह सूख गया। वह हाथ जोड़कर बड़े ही दीन वचन बोला, 'हे प्रभु, मुझे कुछ दिन अपने साथ रहने दीजिए। जिस वन में आप जाकर रहेंगे, वहाँ मैं आपके लिए सुंदर पर्णकुटी बना दूँगा। तब आप मुझे जैसी आज्ञा देंगे, मैं फिर वैसा ही करूँगा। मैं सत्य कहता हूँ, तब मैं कुछ न बोलूँगा।'

प्रयाग क्षेत्र की महिमा

तब प्रभु रघुनाथ गणेश और शिवजी की वंदना करके, गंगाजी को मस्तक नवाकर निषाद, लक्ष्मण और सीताजी को साथ लेकर वन को चले। उस दिन वृक्ष के नीचे ही निवास किया। प्रातःकाल की सब क्रियाएँ निपटाकर आगे बढ़े और तीर्थराज प्रयाग के दर्शन किए। प्रयागराज– जहाँ गंगा, यमुना सरस्वती का पावन संगम है। अक्षय-वट है, जो मुनियों के मन को भी मोह लेता है, जिसके दर्शन मात्र से दुःख और दरिद्रता नष्ट हो जाती है। पुण्यात्मा, पवित्र साधु जिसकी सेवा कर अपना मनोरथ पूर्ण करते हैं। वेद और पुराण जिसके निर्मल गुणों का बखान करते हैं। ऐसे सुहावने तीर्थराज का दर्शन कर सुख के धाम श्रीरामचन्द्रजी ने भी सुख पाया। उन्होंने स्वयं गुह, लक्ष्मण और सीताजी को प्रयाग की महिमा सुनाई।

इस प्रकार श्रीराम ने त्रिवेणी का दर्शन कर स्नान किया, फिर आनंदपूर्वक शिवजी की पूजा की और विधिपूर्वक तीर्थ देवताओं का पूजन किया।

भरद्वाज आश्रम में श्रीराम

अब श्रीरामजी भरद्वाज ऋषि के आश्रम में गये। ऋषि को दंडवत् करते हुए चरण

स्पर्श किया। ऋषि ने उन्हें हृदय से लगा लिया। ऋषि को अपार आनंद हुआ। मानो उन्हें ब्रह्मानंद की राशि मिल गयी हो, प्रेम की विह्वलता में उनसे कुछ कहते नहीं बन रहा है।

मुनीश्वर भरद्वाज ने उन्हें आशीर्वाद दिए। कुशल-क्षेम पूछकर ऋषि ने उनको आसन दिए और प्रेम सहित उनका पूजन करके प्रभु को संतुष्ट किया। फिर अच्छे-अच्छे मधुर कंद-मूल-फल खाने को दिए। सीताजी सहित सभी ने उन्हें रुचि के साथ खाया। सारी थकावट दूर हो गयी। तब भरद्वाज मुनीश्वर ने बड़े ही कोमल वचन कहे– 'हे राम! आपका दर्शन करके आज मेरे तप-यज्ञ सब सफल हो गये। आज मेरे सम्पूर्ण सुफल फलीभूत हो गये हैं। आपके दर्शनमात्र से मेरी सब आशाएँ पूर्ण हो गयी हैं। अब तो प्रभु यही वरदान दीजिए कि आपके श्रीचरणों में मेरा प्रेम नित बना रहे। जब तक मनुष्य कर्म, वचन और मन से आपका दास नहीं बन जाता, तब तक करोड़ों उपाय करके वह स्वप्न में भी सुख नहीं पा सकता।'

श्रीरामचन्द्रजी बड़े संकोच के साथ बोले, 'हे मुनीश्वर! जिसको आप आदर दें, वही बड़ा और वही सब गुणों की खान है।' दोनों में वार्त्तालाप चल ही रहा था कि प्रभु आए हैं, यह खबर पाकर प्रयागवासी ब्रह्मचारी, तपस्वी, मुनि, सिद्ध और सभी जन दशरथजी के सुंदर पुत्रों को देखने के लिए भरद्वाजजी के आश्रम की ओर दौड़ पड़े। श्रीरामचन्द्रजी ने उन सभी को प्रणाम किया। दर्शन का परम आनंद पाकर सब प्रभु को आशीर्वाद देने लगे, फिर उनके सौंदर्य की सराहना करते हुए लौट गये। श्रीराम ने सीताजी और लक्ष्मण जी के साथ वहीं विश्राम किया। प्रातः स्नान-ध्यान करके प्रसन्नता के साथ मुनि को सिर नवाकर वहाँ से आगे के लिए चले।

चलते-चलते प्रभु ने बड़े प्रेम से कहा, 'हे मुनीश्वर! बताइए कि हम किस मार्ग से जाएँ।' मुनि मन में हँसकर बोले कि आपके लिए तो सभी मार्ग सुगम हैं, फिर मुनि ने चार युवा ब्रह्मचारियों को उनके साथ कर दिया। जब वे किसी गाँव के पास से होकर निकलते हैं तो वहाँ के स्त्री-पुरुष दौड़कर उनके रूप को देखने लगते हैं। काफी दूर निकल आने के बाद श्रीरामजी ने विनती करके चारों ब्रह्मचारियों को विदा किया। वे प्रभु की अनन्य भक्ति पाकर लौट गये। आगे यमुनाजी के पार उतरकर सबने यमुना के पवित्र जल में स्नान किया।

यमुना के किनारे पर रहनेवाले स्त्री-पुरुष को पता चला कि गुह के साथ कोई आ रहे हैं तो सब लोग अपना काम-धाम छोड़कर दौड़ पड़े और लक्ष्मणजी, श्रीसीताजी और श्रीराम का सौंदर्य देखकर अपने-अपने भाग्य को सराहने लगे। गुह से जब उन्होंने सारी कथा सुनी तो सब लोग बड़े पछताने लगे, कि उन्हें वन भेजकर राजा-रानी ने अच्छा काम नहीं किया। इधर गाँव की स्त्रियाँ अपना अलग ही राग आलापने लगीं– 'हे सखी! कहो तो, इनके माँ-बाप कैसे निष्ठुर हैं, जो इन फूल जैसे सुकुमार बालकों को बीहड़ वन में भेज दिया।' स्त्री-पुरुष स्नेह से

व्याकुल हो रहे हैं। अब श्रीरामचन्द्रजी ने सखा गुह को अनेक प्रकार से समझाया, तब जाकर वह श्रीरामजी की आज्ञा शिरोधार्य कर अपने घर को लौट चला।

यमुना को प्रणाम, वनवासियों का प्रेम

फिर सीताजी, श्रीरामजी और लक्ष्मणजी ने हाथ जोड़कर यमुना को प्रणाम किया और फिर सूर्यकन्या यमुना की बड़ाई करते हुए रास्ते पर आगे बढ़ चले। रास्ते में अनेक यात्री मिलते हैं और उन्हें देखकर विस्मय में पड़ जाते हैं। जो गाँव व पुरवे रास्ते में बसे हैं, उनके सब वासियों को प्रभु अपने सान्निध्य से धन्य कर रहे हैं। जिस वृक्ष के नीचे प्रभु श्रीराम जा बैठते हैं, वह वृक्ष धन्य हो जाता है। गाँव के स्त्री-पुरुष, बाल-वृद्ध सब अपने घरों से उनके दर्शन कर प्रेमानंद में मग्न हो गये। कोई तो अपनी सुध-बुध खोकर अनके साथ ही चलने लगता है, तो कोई उनसे आग्रह करता है कि क्षण भर बैठकर अपनी थकावट मिटा लीजिए, बेशक फिर चले जाइए।

इतना ही नहीं, कोई गाँव वाला प्रेम में मगन घड़ा भरकर पानी ले आया और कहने लगा, हे नाथ! आचमन तो कर लीजिए। उनका अत्यंत प्रेम देखकर दयालु राम ने सीताजी को थकी हुई जानकर घड़ी भर विश्राम किया। सब लोगों को उनके रूप ने लुभा लिया है। गाँव की स्त्रियाँ सीताजी के पास जाती हैं और बार-बार उनके पाँव लगती हैं, पर कुछ भी पूछने में संकोच करती हैं। परन्तु इशारों से उन दोनों कुमारों के बारे में जानना चाहती हैं। एक सुशील लज्जाशील और आदर्श गृहणी का तुलसीदास ने कितना सुंदर वर्णन किया है। सारी मर्यादाओं का पालन करते हुए सीताजी किस प्रकार उन्हें बताती हैं, परिचय देती हैं–

सहज सुभाय सुभग तन गोरे । नामु लखनु लघु देवर मोरे ॥
बहुरि बदनु बिधु अंचल ढाँकी । पिय तन चितइ भौंह करि बाँकी ।
खंजन मंजु तिरीछे नयननि । निज पति कहेउ तिन्हहि सियँ सयननि ॥

(अर्थात् ये जो सहज स्वभाव, सुंदर और गोरे शरीर के हैं, उनका नाम लक्ष्मण है, ये मेरे देवर हैं। फिर सीताजी ने लज्जावश अपने चंद्रमुख को आँचल से ढककर और प्रियतम श्रीराम की ओर निहारकर, भौंहें टेढ़ी करके और सुंदर नेत्रों को तिरछा करके इशारे से कहा कि ये मेरे पति हैं।) यह सुनकर सारी स्त्रियाँ बड़ी प्रसन्न हुईं और सीताजी को आशीर्वाद दिया कि सदा सुहागन रहो और पार्वती के समान सदा अपने पति की प्यारी बनो। हे देवि! हमारी आपसे विनती है कि वापसी में आप इसी रास्ते से लौटना। उसी समय श्रीरामचन्द्रजी का रुख जानकर लक्ष्मणजी ने लोगों से रास्ता पूछा। यह सुनते ही स्त्री-पुरुष दुःखी हो गये, नेत्रों में जल भर आया। प्रिय वचन कहकर श्रीरामचन्द्रजी ने सब लोगों को वापस लौटाया और फिर अपने रास्ते आगे बढ़े। रास्ते में सीताजी को थकी हुई जानकर श्रीरामचन्द्रजी वहाँ एक वटवृक्ष के नीचे ही ठहर गये और उस रात वहीं विश्राम किया।

श्रीराम-वाल्मीकि संवाद

प्रातःकाल स्नान करके रघुनाथजी आगे चले। सुंदर वन, तालाब और पर्वत आदि देखते हुए प्रभु श्रीराम वाल्मीकि जी के आश्रम के समीप पहुँचे। वहाँ पवित्र और मनोरम आश्रम देखकर प्रभु बड़े हर्षित हुए। श्रीरामचन्द्रजी का आगमन सुनकर मुनि वाल्मीकि उन्हें लेने के लिए आश्रम के द्वार पर आए। श्रीरघुनाथ जी ने मुनि को दंडवत् प्रणाम किया। मुनि ने उन्हें आशीर्वाद दिया। मुनि सम्मानपूर्वक उन्हें आश्रम में ले गये। प्राणप्रिय अतिथियों के लिए मुनि ने मधुर कंद-मूल, फल मँगाए। श्रीसीताजी, लक्ष्मण और श्रीराम ने रुचि के साथ फलों को खाया। विश्राम करने के लिए मुनि ने उन्हें सुंदर स्थान बतला दिए। मुनि प्रभु के निकट बैठे। मुनि के पूछने पर प्रभु ने सारी घटना, मुनि को कह सुनाई। फिर प्रभु बोले, 'हे मुनिश्रेष्ठ। आपके चरणों के दर्शन करने से आज हमारे सब पुण्य सफल हो गये।'

मुनि का स्नेह पाकर प्रभु श्रीराम आगे बोले, 'मुनीश्वर मुझे कोई ऐसा स्थान बतलाइए, जहाँ मैं लक्ष्मण और सीताजी के साथ घास-फूस की कुटिया बनाकर कुछ समय निवास करूँ।' श्रीराम की सहज-सरल वाणी सुनकर ज्ञानी मुनि बोले, 'धन्य हैं आप रघुकुल नंदन! आप ऐसा क्यों न कहेंगे? आप तो सदैव वेद की मर्यादा का पालन करने वाले हैं। हे राम! जगत तो दृश्य है, आप उसको देखने वाले हैं। आप ब्रह्मा, विष्णु और शंकर को भी नचाने वाले हैं। जब वे भी आपके मर्म को नहीं जानते, तब और कौन आपको जान सकता है? आपको तो वही जानता है, जिस पर आपकी कृपा होती है। आप भक्तों के हृदय को शीतल करने वाले चंदन हैं। आपकी ही कृपा से भक्त आपको जान पाते हैं। आपने तो देवता और संतों के कार्य के लिए ही नर-शरीर धारण किया है। हे पुरुषोत्तम! आपके चरित्रों को देखकर और सुनकर मूर्ख लोग तो मोह को प्राप्त होते हैं और ज्ञानी-जन परम सुखी रहते हैं। आपने मुझसे पूछा कि मैं कहाँ रहूँ? परन्तु मैं यह कहते संकोच कर रहा हूँ कि जहाँ आप न हों, ऐसा वह स्थान बता दीजिए।' मुनि के प्रेमरस में पगे वचन सुनकर प्रभु श्रीराम मन में मुसकराए।

पावन चित्रकूट में निवास

तब भरद्वाज मुनि कुछ मान पाकर बोले, 'हे श्रीरामजी! फिर भी मैं एक ऐसा स्थान बतलाता हूँ, जो सर्वथा आपके रहने के उपयुक्त है। जिनके कान हमेशा आपकी सुंदर कथा सुनने तथा आपका ही दर्शन करने को लालायित रहते हैं, उन लोगों के हृदय रूपी भवनों में आप निवास कीजिए। जो सबके प्रिय और सबका हित करने वाले हैं, जिन्हें दुःख-सुख और प्रशंसा-गाली समान मालूम देते हैं, जो विचारकर सत्य और प्रिय वचन बोलते हैं और जो जागते-सोते आपकी ही शरण में हैं, प्रभु आप उनमें निवास कीजिए। जिनको कभी कुछ और नहीं चाहिए और जिनका आपके प्रति स्वाभाविक प्रेम है, आप उनके मन में निरंतर निवास कीजिए। हे रामजी! आप उनके हृदयों में डेरा जमा दीजिए।' इस तरह मुनि ने प्रभु

के रहने लायक अनेक उपयुक्त स्थान बताये। फिर बोले, 'हे सूर्यकुल के स्वामी! सुनिए, अब मैं इस समय के लिए आपको सुखदायक निवास स्थान बतलाता हूँ। आप चित्रकूट पर्वत पर निवास कीजिए। वहाँ आपके लिए सब प्रकार की सुविधा है। पर्वत सुहावना है और वन सुंदर हैं; वहाँ हाथी, सिंह, हिरण और पक्षियों के विहार-स्थल हैं, वहाँ पवित्र नदी है, जिसकी पुराणों ने प्रशंसा की है और जिसको अत्रि मुनि की पत्नी अनसूया अपने तपोबल से लाई थीं, वह गंगा की धारा है, उसका नाम मंदाकिनी है और वह सब पापों का नाश करने वाली है।'

महामुनि ने चित्रकूट की महिमा बखान की। तब सीता सहित दोनों भाइयों ने वहाँ आकर पवित्र मंदाकिनी में स्नान किया। फिर श्रीरामचन्द्रजी जी बोले, 'भाई लक्ष्मण, यह तो बड़ा सुंदर घाट है, अब यहीं-कहीं ठहरने की व्यवस्था करो।' तब लक्ष्मणजी ने नदी के उत्तर के ऊँचे किनारे को देखा। उसके चारों ओर धनुष के जैसा एक नाला बह रहा था। लक्ष्मणजी ने वह स्थान भ्राता को दिखाया। प्रभु को स्थान पसंद आया। जब देवताओं ने जान लिया कि वह स्थान प्रभु को पसंद आ गया है तो वे विश्वकर्मा को साथ लेकर उधर चले। सब देवता कोल-भीलों के रूप में वहाँ आये और उन सबने मिलकर पत्तों और घास से सुंदर घर बना दिये। उन्होंने दो सुंदर कुटिया बनाईं, जिनमें एक आकार में बड़ी तथा अतिसुंदर थी तथा दूसरी पहली से थोड़ी कुछ छोटी थी। अब लक्ष्मण और जानकीजी सहित श्रीरामचन्द्रजी उन सुंदर घास के घरों में शोभायमान हैं। उस समय चित्रकूट में आए सभी को श्रीरामचन्द्रजी ने प्रणाम किया। देवता उनके दर्शन का लाभ पाकर आनंदित हुए और हर्षित होकर अपने-अपने स्थानों को चले गये।

श्रीरघुनाथजी चित्रकूट में आ बसे हैं, यह समाचार सुन-सुनकर वहाँ रहने वाले बहुत से ऋषि-मुनि वहाँ आये, श्रीरामचन्द्रजी ने उन्हें देखते ही दंडवत् प्रणाम किया। मुनियों ने प्रभु श्रीरामचन्द्रजी को गले से लगाकर उन्हें अपने उद्देश्य में सफल होने का आशीर्वाद दिया। अब श्रीरामचन्द्रजी के वहाँ आ जाने से सब अपने-अपने आश्रमों में स्वतंत्रता के साथ योग, जप-तप करने लगे। श्रीरामजी के आने का समाचार जब कोल-भीलों ने पाया तो वे सब ऐसे हर्षित हुए, मानो नव निधियाँ पा गये हों। अपनी-अपनी लाई भेंट आगे रखकर वे लोग जोहार करते हैं और टकटकी लगाकर प्रभु को निहारने लगते हैं, उनके शरीर पुलकित हैं और नेत्रों से प्रेमाश्रु झर रहे हैं। श्रीरामजी ने प्रिय वचन कहकर सबका सम्मान किया। वे सब जोहार करते हुए बोले, 'प्रभु! आपके दर्शन पाकर हम और हमारे परिवार धन्य हो गये हैं। आपने बड़ी अच्छी जगह देखकर निवास किया है। यहाँ सभी ऋतुओं में आप सुखी रहेंगे, यहाँ आपको कोई कष्ट न होगा। हम हिंसक पशुओं से आपकी रक्षा करेंगे। यहाँ के तालाब, झरने आदि सब दिखायेंगे। हम कुटुंब सहित आपके सेवक हैं, इसलिए हे नाथ! हमें आज्ञा देने में संकोच मत कीजिएगा।'

करुणा के धाम, वेदों के वचन और मुनियों के मन को भी जो अगम हैं, वे श्रीरामचन्द्रजी भीलों के वचन इस प्रकार सुन रहे थे, जैसे पिता बालकों के वचन सुनता है। श्रीराम ने मीठे वचनों से उन सब को संतुष्ट कर वहाँ विदा किया। वे सब सिर नवाकर चले और प्रभु के गुण गाते हुए अपने-अपने घरों को लौट आये। इस प्रकार देवता और मुनियों को सुख देने वाले दोनों भाई जब से प्रभु वन में आकर रहने लगे हैं तब से वन मंगलदायक हो गया है। अनेकों प्रकार के वृक्ष फल-फूल रहे हैं। भौंरों के झुंड के झुंड गुंजार करते फिरते हैं। शीतल, मंद, सुगंधित हवा बह रही है।

चित्रकूट की शोभा सब प्रकार से निराली है। सब नदियाँ मंदाकिनी के भाग्य को सराह रही हैं। सारे पर्वत चित्रकूट का यशगान कर रहे हैं। चित्रकूट के पशु-पक्षी, वृक्ष, लताएँ सब आनंद में मग्न हैं और हों भी क्यों न, क्षीर सागर को त्यागकर और अयोध्या को छोड़कर जहाँ श्रीरामजी, सीता और लक्ष्मण सहित आकर रह रहे हैं, उस वन की शोभा के क्या कहने! क्षण-क्षण पर सीताजी के चरणों को देखकर और अपने ऊपर उनका स्नेह पाकर लक्ष्मणजी को स्वप्न में भी अपने भाइयों, माता-पिता और घर की याद नहीं आती है। श्रीरामचन्द्रजी के साथ सीता जी परम सुख का अनुभव करती हैं, उन्हें सगे-सम्बन्धियों और घर की याद बिल्कुल नहीं आती है। स्वामी का प्रेम अपने प्रति नित्य बढ़ता हुआ देखकर सीताजी को राजमहल के सुखों की याद भी नहीं आती। स्वामी का प्रेम अपने प्रति नित्य बढ़ता देखकर सीताजी ऐसे हर्षित होती हैं, जैसे चाँद को देखकर चकवी खुश होता है, पर जब-जब रामचन्द्रजी अयोध्या की याद करते हैं, तब-तब उनके नेत्र सजल हो जाते हैं। माता-पिता, कुटुंबियों और भाइयों तथा भरत के प्रेम, शील व सेवाभाव को याद करके प्रभु दुःखी हो जाते हैं। तब श्रीरामचन्द्रजी की अवस्था को देखकर सीताजी और लक्ष्मणजी भी व्याकुल हो उठते हैं।

सुमंत्र का लौटकर अयोध्या पहुँचना

प्रभु श्रीरामचन्द्रजी को पहुँचाकर जब निषादराज लौटा तो उसने रथ के साथ सुमंत्रजी को देखा। सुमंत्र को व्याकुल देखकर निषाद को बड़ा दुःख हुआ। घोड़ों की हालत ऐसी थी कि न तो वे घास चरते हैं, न पानी पीते थे, केवल आँखों से जल बहा रहे हैं। श्रीरामचन्द्रजी के घोड़ों को देखकर निषादराज व्याकुल हो गये, फिर धीरज धरकर कहने लगे– 'हे सुमंत्रजी! अब विषाद छोड़िए, आप तो ज्ञानी और समझदार हैं, विधाता को विपरीत जानकर धैर्य धारण कीजिए।' फिर उसने जबरदस्ती सुमंत्र को रथ पर बिठाया। शोक के कारण उनके हाथ-पैर इतने शिथिल हो गये कि वे रथ को हाँक नहीं पा रहे थे। घोड़े रास्ते पर वेग से नहीं चलते। घोड़ों की विरह दशा देखी नहीं जाती। निषादराज अब मंत्री को अयोध्या की ओर विदा करके लौटा। उसके द्वारा लाये चार निषाद रथ लेकर अवध की ओर चले। सुमंत्र हाथ मल-मलकर और सिर पीट-पीटकर पछताते हैं। मन में बार-बार सोचते हैं कि जब सब लोग

मुझसे प्रभु के बारे में पूछेंगे तो मैं कौन सा मुँह लेकर उन्हें उत्तर दूँगा कि मैं राजकुमारों को कुशलतापूर्वक वन में छोड़ आया हूँ। इसी तरह सोचते-चलते रथ तमसा नदी के किनारे आ पहुँचा। सुमंत्रजी ने चारों निषाद को विनम्रतापूर्वक विदा कर दिया। नगर में प्रवेश करते सुमंत्र ऐसे सकुचाते हैं, मानो गुरु, ब्राह्मण या गौ की हत्या करके आए हों। सारा दिन एक पेड़ के नीचे बैठकर बिताया। संध्या में अँधेरा होने पर अयोध्या में प्रवेश किया।

मंत्री सुमंत्र का आना सुनकर सारा रनिवास व्याकुल हो गया। अत्यंत आर्त होकर रानियाँ पूछती हैं, पर सुमंत्र उन्हें कोई उत्तर नहीं देते। दासियाँ उनको कौसल्याजी के महल में लिवा ले गयीं। राजा दशरथ पृथ्वी पर मलिन मुख पड़े हुए थे। वे लंबी-लंबी साँसें लेकर धीमे-धीमे कुछ बड़बड़ा रहे थे। मंत्री ने समीप जाकर राजा को प्रणाम किया। मंत्री को पास बैठाकर राजा नेत्रों में जल भरकर पूछने लगे– 'हे मेरे प्रेमी सखा! श्रीरामजी की कुशल कहो। उन्हें लौटा लाए हो कि वे वन को चले गये?'

सुमंत्र धीरज धरकर कोमल वाणी में बोले, 'महाराज! आप पंडित और ज्ञानी हैं। उत्तम शूरवीर और धैर्यवान् हैं, आपने तो सदा साधु समाज का साथ किया है।' सुमंत्र जी ने नीति, धर्म तथा व्यवहार की अनेक बातें बताकर राजा को हिम्मत बँधाने की कोशिश की। इसका वर्णन तुलसीदास ने बड़े सुंदर शब्दों में किया है–

जनम-मरन सब दुःख सुख भोगा । हानि लाभु प्रिय मिलन बियोगा ॥
काल करम बस होहिं गोसाईं। बरबस राति दिवस की नाईं ॥

(अर्थात् हे महाराज! जन्म-मरण, दुःख-सुख के भोग, हानि-लाभ, अपने प्रियों का मिलना-बिछुड़ना– ये सब तो काल और कर्म के अधीन रात और दिन की तरह बरबस होते रहते हैं।) हे स्वामी! आप विवेक से विचारकर धीरज धरिए और शोक को त्याग दीजिए। फिर मंत्री ने रास्ते की सारी बातें बतायीं। अंत में आपसे विनती करने को कहा कि पिताजी किसी प्रकार का शोक न करें। वे नाव से गंगा पार चले गये और मैं खड़ा-खड़ा देखता रहा। सुमंत्र के वचन सुनकर राजा पृथ्वी पर गिर पड़े। उनके हृदय में भयानक पीड़ा होने लगी और वे तड़पने लगे।

राजा दशरथ का स्वर्गवास

राजा दशरथ राम के वियोग में रनिवास के फर्श पर मूर्च्छित पड़े हैं। रानी कौसल्या उनके निकट बैठी हैं। बीच-बीच में राजा की मूर्च्छा टूटती है, तो 'हा राम!' कहकर फिर मूर्च्छित हो जाते हैं। अयोध्या में चहुँ ओर शोक-घटाएँ घिर आयी हैं, लगता है, अब रघुवंश का सूर्य डूबने वाला है। राजा को अपना अंत निकट जान पड़ता है। उन्हें श्रवण कुमार के अंधे माता-पिता का शाप रह-रहकर याद आ रही है और मूर्च्छावस्था में अस्पुट शब्द बाहर आ रहे हैं–

एक बार मैं सरयू की ओर शिकार खेलने निकला; काफी देर तक कोई शिकार हाथ न लगा। कुछ देर में मुझे किसी पशु के पानी पीने की आवाज सुनाई दी। मैंने आवाज की दिशा में शब्दभेदी बाण चला दिया और मैं तेजी से अपने लक्ष्य की ओर गया। सरयू तट पर पहुँचा तो मैं आसमान से जमीन पर आ गिरा। मेरा बाण श्रवण कुमार के सीने को भेद गया था, जो अपने अंधे माता-पिता को तीर्थयात्रा पर लेकर निकला था और यहाँ अपने प्यासे माता-पिता के लिए जल लेने आया था। उसके घड़े की आवाज को मैंने भ्रमवश पशु की आवाज समझा था। उसने मरते-मरते आग्रह किया कि उसके माता-पिता को जल पिला दूँ। मैं दु:खी मन से पश्चात्ताप करता हुआ, अपने आपको कोसता हुआ श्रवण के अंधे माता-पिता के पास पहुँचा और पानी पीने का आग्रह किया। पुत्र की जगह किसी अजनबी के पानी लाने का कारण पूछा। मेरे अत्यंत अनुनय-विनय करने पर भी उन्होंने जल नहीं पिया। मैंने अपने अपराध के लिए उनसे क्षमा माँगी। उन दोनों ने पुत्र-वियोग से तड़पते हुए मुझे शाप दिया– 'अरे दुष्ट! तूने हमारा सब कुछ छीन लिया। हमारा अपना कोई इस दु:ख की घड़ी में हमारे पास नहीं है। जिस तरह से मैं अपने पुत्र के वियोग में तड़प-तड़पकर प्राण त्याग रहा हूँ, उसी तरह तुम भी अपने पुत्र के वियोग में तड़प-तड़पकर प्राण त्याग करोगे। अंत समय में तुम्हारा भी कोई प्रिय तुम्हारे पास नहीं होगा।' श्रवण के माता-पिता का शाप सच हो रहा है, मैं इस संसार से जा रहा हूँ। 'हे राम! हे सीता!' कहकर राजा दशरथ ने अपने प्राण त्याग दिये। रानियाँ विलाप करने लगीं। उस समय के विलाप को सुनकर दु:ख हुआ और स्वयं धीरज का धैर्य भी जवाब दे गया। रनिवास से विलाप सुनकर पूरी अयोध्या में शोक छा गया।

जीने और मरने का फल तो दशरथजी ने ही पाया, जिनका निर्मल यश ब्रह्माण्ड में छा गया। जीते जी श्रीराम का दर्शन किया और वियोग में उन्हीं के लिए शरीर त्याग दिया। सब रानियाँ शोक से व्याकुल होकर विलाप करने लगीं। तीनों रानी राजा के शील, बल और तेज का बखान कर अनेक प्रकार से विलाप करते-करते बार-बार धरती पर गिर-गिर पड़ती हैं। दास-दासी सब विलाप करने लगे और नगरवासी अपने घरों में रो रहे हैं। इस प्रकार विलाप करते-करते रात बीत गयी। प्रात: बड़े-बड़े ज्ञानी-मुनि आये। वसिष्ठ जी ने सान्त्वना देकर सबका शोक दूर किया; और भी तरह-तरह की धर्म-नीति की बातें कहकर सबको समझा दिया।

भरत-शत्रुघ्न का अयोध्या लौटना

गुरु वसिष्ठजी ने एक नाव में तेल भरवाकर राजा के पार्थिव शरीर को उसमें रखवा दिया। फिर दूतों को बुलवाकर उनसे कहा कि जाओ, शीघ्र ही भरत-शत्रुघ्न को बुला लाओ। पर राजा की मृत्यु का समाचार कहीं किसी से न कहना। जाकर भरत से बस इतना ही कहना कि दोनों भाइयों को शीघ्र ही गुरुजी ने बुलाया है। गुरु वसिष्ठ की आज्ञा पाकर दूत अपने घोड़ों पर सवार होकर भरत के ननिहाल की ओर प्रस्थान कर गये।

जब से अयोध्या में अनर्थ हो रहे थे। उधर तभी से भरतजी को अपशकुन हो रहे थे। रात को डरावने स्वप्न आते थे। वे महादेव का मन ही मन स्मरण कर रहे थे कि अयोध्या में सब ठीक हो। यह सब सोच ही रहे थे कि दूत जा पहुँचे। गुरु की आज्ञा कानों से सुनते ही वे गणेशजी को हृदय में धारण कर तुरंत चल पड़े। हृदय में बड़ा सोच था, कुछ भी सुहा नहीं रहा था। मन में लग रहा था कि उड़कर तुरंत पहुँच जाऊँ। हवा से बात करने वाले घोड़ों पर वे नदी-नाले, पहाड़-जंगलों को पार करते हुए भरतजी नगर के निकट पहुँचे। नगर में प्रवेश करते ही अपशकुन होने लगे। कौवे बुरी तरह काँव-काँव करने लगे और नगर बड़ा भयानक प्रतीत हो रहा था।

नगर के लोग मिलते हैं, पर भरत जी को कोई कुछ कहता नहीं है, बस जोहार करके चले जाते हैं। भरतजी भी भय और विषाद के कारण किसी से हाल-चाल नहीं पूछ पा रहे हैं। नगर के बाजार भी शोभा-हीन लग रहे हैं। चारों ओर शोक और मातम छाया हुआ है।

भरत-कैकेयी संवाद

अपने पुत्र भरत का आगमन सुनकर कैकेयी रानी बड़ी हर्षित हुई। वह आनंद में भरकर और आरती सजाकर दरवाजे पर मिलकर भरत-शत्रुघ्न को महल में ले आई। भरत जी ने सारे परिवार को दु:खी देखा, मानो कमलों के वन को पाला मार गया हो। एक कैकेयी ही ऐसी हर्षित है, जैसे कोई भीलनी जंगल में आग लगाकर आनंद में भर रही हो। पुत्र को उदास और थका-हारा सा देखकर रानी पूछने लगी– 'पुत्र! हमारे नैहर में सब कुशल तो हैं?' भरत जी ने सब कुशल कह सुनाई। फिर वह अपने कुल की कुशल-क्षेम पूछने लगे– 'कहो, पिताजी कहाँ हैं? मेरी सब माताएँ कहाँ हैं? मेरी प्यारी भाभी सीता और प्यारे भाई राम-लक्ष्मण कहाँ हैं?'

पुत्र के स्नेह भरे वचन सुन नेत्रों में कपट के आँसू भरकर पापिनी कैकेयी भरत के कानों में शूल के समान चुभने वाले वचन बोली, 'हे पुत्र! मैंने सब ठीक कर लिया है। बेचारी मंथरा ने बड़ी सहायता पहुँचाई। विधाता ने बीच में जरा-सा काम बिगाड़ दिया, वे तुम्हारे राजा बनने से पहले ही देवलोक को पधार गये। तुम्हारी खुशियाँ देख नहीं पाये।'

यह सुनते ही भरतजी विषाद के मारे बेहाल हो गये। मानो सिंह की गर्जना सुनकर हाथी सहम गया हो। वे 'तात-तात, हा तात!' पुकारते हुए व्याकुल होकर जमीन पर गिर पड़े और विलाप करने लगे– 'हे तात! मैं आपको चलते समय देख भी न सका। आपका दर्शन भी न कर पाया। आप मुझे श्रीरामचन्द्रजी को सौंपकर भी नहीं गये। मैं अनाथ क्या करूँ, कैसे रहूँगा?' फिर थोड़ा धीरज धरकर उठे और बोले, 'पर माता! पिताजी की मृत्यु का कारण तो बताओ?'

पुत्र का वचन सुनकर कैकेयी कहने लगी- मानो मर्मस्थल को चीरकर उसमें जहर भर रही हो। कुटिल और कठोर कैकेयी ने अब तक का सारा प्रकरण अक्षरशः भरत को सुना दिया। श्रीरामजी के वन जाने की बात सुनकर भरत जी पिता का मरण भूल गये और अपने आपको ही इस सारे अनर्थ का कारण जानकर स्तंभित रह गये। उनकी बोलती ही बंद हो गयी।

पुत्र को इस तरह व्याकुल और दुःखी देखकर कैकेयी उन्हें समझाने लगी, मानो जले पर नमक छिड़क रही हो, वह बड़े अपनेपन से बोली, 'अरे पुत्र! राजा के बारे में ज्यादा मत सोचो, उन्होंने जी भरकर राज भोग किया, और फिर एक दिन तो उन्हें जाना ही था। अब तो सब प्रकार से परिपूर्ण होकर ही वे इंद्रलोक को गये हैं। यह रोना-धोना छोड़कर राज्य के हित के लिए नगर का राजकाज सँभालो।'

माता की वाणी सुनकर भरतजी सहम गये, मानो घाव वाला पैर एकाएक अंगार पर पड़ गया हो। उन्होंने संयत होकर लंबी साँस लेते हुए कहा, 'पापिनी, तूने सब प्रकार से कुल का नाश कर डाला। हाय! तेरी ऐसी ही छिछोरी सोच थी, तो मुझे जन्म लेते ही क्यों नहीं मार डाला? तूने मेरा भला करने की जगह बुरा ही किया है। मुझे दशरथ जैसे पिता मिले, राम-लक्ष्मण जैसे भाई मिले, वह तो ठीक है, पर मुझे जन्म देने वाली तू क्यों हुई? विधाता! तूने ऐसा क्यों किया? अरी दुष्टा! जब तेरे हृदय में यह नीच विचार आया, तब तेरे हृदय के टुकड़े-टुकड़े क्यों न हो गये? वरदान माँगते समय तेरे मन में तनिक भी पीड़ा न हुई? जिस जीभ से तूने सारा अनर्थ किया, वह जीभ क्यों न गल गयी? तेरे मुँह में कीड़े क्यों नहीं पड़ गये। राजा ने तेरी बातों पर विश्वास ही कैसे कर लिया? जान पड़ता है, अंत समय विधाता ने उनकी बुद्धि हर ली थी। सच में, स्त्रियों के हृदय की चाल को विधाता भी नहीं जान पाता। तू कितनी कपटपूर्ण, पापिन और अवगुणों की खान है?

'राजा तो सीधे, सुशील तथा धर्मपरायण थे, वे भला तुम्हारे कुटिल मन को कैसे जान पाते। अरे, इस संसार में आदमी तो छोड़, जीव-जंतुओं में ऐसा कौन है, जिसे रघुनाथजी प्राणों से प्रिय नहीं हैं। वे श्रीराम भी तेरे वैरी हो गये। तू है क्या? मुझे सच-सच बता। अब यहाँ से उठ जा और अपना मुँह काला करके मेरी आँखों से दूर चली जा। मुझे तो लगता है, सारे झगड़े की जड़ मैं ही हूँ। मेरे ही कारण इतना सब अनर्थ हुआ है।'

कौसल्या-भरत संवाद

माता की कुटिलता सुनकर शत्रुघ्नजी के सब अंग क्रोध से जल रहे हैं, पर कुछ वश नहीं चलता। उसी समय गहनों और नए-नए कपड़ों से सजी कूबड़ी मंथरा वहाँ आई। शत्रुघ्न ने क्रोध में भरकर उसके कूबड़ पर कसकर एक लात मारी। वह रोती-चिल्लाती हुई मुँह के बल जमीन पर जा गिरी। उसका कूबड़ टूट गया,

कपाल फूट गया, सारे दाँत टूट गये और मुँह से खून बहने लगा। वह कराहती हुई बोली, 'हाय विधाता! मैंने किसी का क्या बिगाड़ा, जो अच्छे किए का यह फल मिल रहा है?' उसकी बात सुनकर शत्रुघ्न ने उसे झोंटा पकड़कर घसीट डाला। तब दयालु भरतजी ने उसको छुड़ा दिया और दोनों भाई माता कौसल्या के पास गये।

भरत को देखते ही माता कौसल्या उठ दौड़ीं, पर चक्कर आ जाने से मूर्च्छित होकर जमीन पर गिर पड़ीं। भरत जी अपनी सुधबुध भुलाकर उनके चरणों में गिर पड़े और बोले, 'माता! पिताजी कहाँ हैं? सीताजी तथा मेरे दोनों भ्राता कहाँ हैं? मुझे उनके दर्शन करवा दो। अरे कैकेयी! तू जग में क्यों जनमी, अगर जनमी ही तो बाँझ क्यों न हुई? पिताजी स्वर्ग में हैं और श्रीराम वन में। इन सब अनर्थों का कारण मैं हूँ, मुझे धिक्कार है।'

भरतजी के कोमल वचन सुनकर माता कौसल्या सँभलकर उठ बैठीं। उन्होंने भरत को उठाकर अपनी छाती से लगा लिया और नेत्रों से आँसू बहाने लगीं। सरल स्वभाव वाली माता ने बड़े प्रेम से भरत पर स्नेह लुटाया, मानो श्रीराम ही लौटकर आ गये हों। फिर शत्रुघ्न को हृदय से लगाया। शोक और स्नेह हृदय में समाता नहीं है। माता कौसल्या ने भरत जी को अपनी गोद में बैठा लिया और उनके आँसू पोंछकर कोमल वाणी में बोलीं, 'हे पुत्र! तुम धीरज धारण करो। बुरा समय जानकर शोक त्याग दो। किसी को दोष मत दो। विधाता ही सब प्रकार से हमारे विपरीत हो गया है। हे पुत्र। पिता की आज्ञा से राम ने सब वस्त्र और आभूषण त्याग दिए। उस समय उनके हृदय में न विषाद था और न हर्ष! उनका मुख प्रसन्न था। मन में न आसक्ति थी, न ही रोष। सब को सब प्रकार से संतोष कराकर वे वन को चले गये। सीता भी उनके साथ चली गयीं, सुनते ही लक्ष्मण भी साथ हो गये। श्रीराम ने उन्हें बहुत रोका, तीनों चले गये। मैं न तो उनके साथ जा सकी और न मेरे प्राण उनके साथ जा सके। यह सब मेरी इन्हीं आँखों के सामने हुआ, तो भी इस अभागे जीवन ने शरीर नहीं छोड़ा। मुझसे अच्छे तो राजा ही रहे, जो अपने राम के वियोग में परलोक चले गये। तात! मेरा हृदय बड़ा कठोर है।'

माता कौसल्या के वचन सुनकर भरत सहित सारा रनिवास व्याकुल होकर विलाप करने लगा। राजमहल मानो शोक का निवास ही बन गया। भरत-शत्रुघ्न दोनों भाई विकल होकर विलाप करने लगे। तब माता कौसल्या ने अनेक प्रकार से भरतजी और शत्रुघ्न को समझाकर चुप कराया।

भरतजी ने वेद और पुराण की सुंदर कथाएँ कहकर माताओं को समझाया और फिर छल रहित, पवित्र, सुंदर वाणी में बोले, 'दुनिया में जितने पाप कर्म हैं और उनके जो-जो दंड हैं, अगर मैं तनिक भी दोषी हूँ तो वे सब मुझे मिलें। मैं बुरी गति को प्राप्त करूँ। हे माता! यदि मैं इस षड्यंत्र और भेद के बारे में तनिक भी जानता होऊँ तो शंकर जी मुझे सबसे बुरी गति दें।'

माता कौसल्या भरतजी के सच्चे और सरल वचनों को सुनकर कहने लगीं– 'हे तात! तुम तो मन–वचन और शरीर से सदा ही श्रीराम के प्रिय हो, वे तुम्हें अपने प्राणों से भी बढ़कर प्रिय हैं और तुम तो रघुनाथजी को प्राणों से प्यारे हो। जगत् में यदि कोई तुम्हारे चरित्र पर शंका करे, तुम्हें दोषी माने तो वह स्वप्न में भी सुख तथा शुभ गति नहीं पायेगा।' ऐसा कहकर माता ने भरत जी को हृदय से लगा लिया। उनके नेत्रों में प्रेमाश्रु भर आये। सारी रात बैठे–बैठे ही बीत गयी।

राजा दशरथ का अंतिम संस्कार

प्रातः वामदेव और वसिष्ठजी आए। उन्होंने सब मंत्रियों तथा महाजनों को बुलवाया। फिर समयानुकूल वचन कहकर भरत जी को अनेक उपदेश दिए। गुरुजी के वचन सुनकर भरत जी उठे और उन्होंने सब तैयारियाँ करने को कहा। वेदोक्त विधि से राजा के पार्थिव शरीर को स्नान कराया गया। परम विचित्र और सुंदर विमान बनाया गया। भरतजी ने सब माताओं के चरण पकड़कर उन्हें सती होने से रोका। चंदन, अगरु, कपूर, गुग्गुल, केसर आदि सुगंधित–द्रव्य इकट्ठे किए गये। सरयू के तट पर चिता सजाई गयी, जो साक्षात् स्वर्ग की सीढ़ी दिखाई देती थी।

सब विधि–विधान से दाह–क्रिया की गयी और सबने विधिपूर्वक स्नान करके तिलांजलि दी। फिर वेद, स्मृति और पुराण के अनुसार भरतजी ने पिता का दशगात्र–विधान किया। गुरु वसिष्ठ ने जैसा बताया, भरतजी वैसा करते गये। शुद्ध हो जाने पर सब प्रकार के दान दिए गये। ब्राह्मण दान पाकर तृप्त हो गये, उनकी सभी मनोकामनाएँ पूर्ण हो गयीं। भरतजी ने एक आदर्श सपुत्र के सारे कर्त्तव्य पूरे किए।

शुभ दिन देखकर मुनि वसिष्ठ ने मंत्रियों तथा महाजनों को बुलवाया। सब लोग राजसभा में जाकर बैठ गये, फिर मुनि ने दोनों भाइयों को भी बुलवा भेजा। वसिष्ठ जी ने भरतजी को अपने पास बैठाया और नीति की बातें कहीं। फिर मुनि बोले, 'हे भरत! सुनो, होनी बड़ी बलवान होती है, जो होना है, वह होकर रहता है–

सुनहु भरत भावी प्रबल बिलखि कहेउ मुनिनाथ ।
हानि लाभु जीवनु मरनु जसु अपजसु बिधि हाथ ॥

(अर्थात् हे भरत! सुनो, भावी बड़ी बलवान् है। हानि, लाभ, जीवन–मरण और यश–अपयश, ये सब विधाता के हाथ में है।) इन पर हमारा–आपका कोई जोर नहीं चलता। ऐसा विचारकर किस को दोष दिया जाये? और व्यर्थ में किस पर क्रोध किया जाये? राजा सब प्रकार से बड़भागी थे। उनके लिए विषाद करना व्यर्थ है। राजा की आज्ञा के अनुसार जो करणीय है, उसे करो। राजा ने राजपद तुम्हें दिया है। तुम्हें पिता का वचन सत्य करना चाहिए। राजा को वचन प्रिय थे, प्राण प्रिय नहीं थे, इसलिए तात! पिता के वचनों को सत्य सिद्ध करो। इसमें तुम्हारी सब प्रकार से भलाई है। शोक त्याग दो। प्रजा का पालन करो। ऐसा करने से राजा स्वर्ग में भी संतोष का अनुभव करेंगे। अब यहाँ तुम ही सबके एकमात्र सहारा हो।

भरतजी का राम को लौटाने जाना

भरतजी ने धैर्य के साथ गुरु के वचनों को सुना, फिर वह हाथ जोड़कर बोले, 'आप सब का कहना सर्वथा उचित है। आप सब मेरा भला ही चाहते हैं, परन्तु हृदय में संतोष नहीं होता है। अब आप सब लोग मेरी विनती सुन लीजिए। मैं आपके सामने बोल रहा हूँ, मेरा यह अपराध क्षमा कीजिए। मुझसे आप राज्य करने के लिए कह रहे हैं, इसी में आप मेरा कल्याण समझते हैं। पर मेरा कल्याण तो सीतापति राम की चाकरी में है। मैं सत्य कहता हूँ, धर्मशील को ही राजा होना चाहिए। आप मुझे हठ करके राज देंगे तो पृथ्वी पाताल में धँस जायेगी। जो परम शनिकर है, उसी में सबको बड़ा कल्याण दिख रहा है।'

अपने आपको बड़े भारी बोझ से दबा महसूस करते भरतजी बोले, 'जीवन का उत्तम लाभ तो लक्ष्मण ने पाया, जिन्होंने सबकुछ त्यागकर श्रीराम के चरणों में मन लगाया। मैं सबको सिर नवाकर कहता हूँ, श्रीरघुनाथ जी के चरणों के दर्शन किए बिना मेरे कलेजे की जलन नहीं मिटेगी। ठान लिया है कि प्रातःकाल श्रीरामजी के पास चल दूँगा। यद्यपि मैं सब प्रकार से बुरा और अपराधी हूँ। मुझे विश्वास है, अपनी शरण में आया देखकर सब अपराध क्षमा करके प्रभु मुझ पर विशेष कृपा करेंगे। यद्यपि मैं उत्पाती और उद्दंड हूँ, तथापि श्रीराम का अनुज और दास हूँ। आप सब मुझे यही आशीर्वाद दीजिए, कि मुझे अपना दास जानकर प्रभु श्रीराम अयोध्या को लौट आएँ।'

माता, मंत्री, गुरु, नगर के स्त्री-पुरुष सभी ने भरतजी के प्रेम की सराहना की, फिर बोले, 'हे भरतजी! वन को अवश्य चलिए, जहाँ श्रीराम हैं, वहाँ सब चलेंगे। आपने बहुत अच्छा सोचा है। प्रातः काल चलने का सुंदर निर्णय देखकर भरतजी सभी के प्रिय हो गये। घर-घर लोग अनेक प्रकार से सवारी सजाने लगे। सारी रात जागते-जागते सबेरा हो गया। भरतजी ने चतुर मंत्रियों को बुलाकर कहा, 'तिलक का सब सामान ले चलो। वन में ही मुनि वसिष्ठ जी श्रीरामचन्द्रजी को राज्य देंगे, जल्दी करो।' यह सुनकर मंत्रियों ने तुरंत रथ, घोड़े-हाथी सजवा दिए। सबसे पहले मुनि वसिष्ठ अरुंधती और अग्निहोत्र की सब सामग्री सहित सवार हुए। नगर के सब लोग सवारियों पर चढ़कर चित्रकूट की ओर चल पड़े। रानियाँ पालकियों में चलीं। विश्वासपात्र नौकरों पर नगर को सौंपकर सबको रवाना करके और श्रीरघुनाथ-श्री सीता जी का स्मरण करके भरत-शत्रुघ्न दोनों भाई पैदल ही चल पड़े। उन्हें पैदल चलते देखकर लोग अपने हाथी, घोड़े और रथों से उतरकर पैदल चलने लगे।

यह देखकर माताएँ बोलीं, 'बेटा, तुम रथ पर चढ़ जाओ, नहीं तो सब लोग पैदल चलने लगेंगे, शोक के मारे सब कमजोर हो रहे हैं। यह रास्ता पैदल चलने के योग्य नहीं है।' माता की आज्ञा शिरोधार्य करके दोनों भाई रथ पर चढ़ गये। पहले दिन तमसा पर वास किया और दूसरा मुकाम गोमती के तट पर किया। सब लोग रात में केवल एक ही बार भोजन करते हैं। भूषण और भोग-विलास

छोड़कर सब लोग श्रीरामचन्द्रजी के लिए नियम-व्रत कर रहे हैं। रात भर सई नदी के तीर पर निवास करके अगले दिन सभी श्रृंगवेरपुर जा पहुँचे।

निषादराज ने सब समाचार सुना तो मन में विचार करने लगा–क्या कारण है, जो भरत वन को जा रहे हैं? मन में कुछ कपट भाव अवश्य है। अगर मन में कुटिलता न होती तो साथ में सेना क्यों लेकर जाते? ऐसा विचार कर निषादराज अपनी जातिवालों से कहने लगा कि सब लोग सावधान हो जाओ। अपनी सब नावों को कब्जे में कर लो या फिर डुबो दो तथा सब घाटों को रोक दो। मैं जीते जी भरत को गंगा पार न उतरने दूँगा। सब निषाद उसके साथ चल पड़े। एक बूढ़े ने शकुन विचारकर कहा, 'अरे, पहले भरत से मिल तो लीजिए, भरत तो श्रीरामचन्द्रजी को मनाने जा रहे हैं। शकुन कह रहा है कि लड़ाई नहीं होगी।'

सुनि गुह कहइ नीक कह बूढ़ा । सहसा करि पछिताहिं बिमूढ़ा ।।
भरत सुभाउ सीलु बिनु बूझें । बड़ि हित हानि जानि बिनु जूझें ।।

(यह सुनकर निषादराज गुह ने कहा, 'बूढ़ा ठीक ही कह रहा है। बिना विचारे कोई काम करके मूर्ख लोग पछताते हैं। भरतजी का शील-स्वभाव जाने-समझे बिना युद्ध की बात करने में बड़ा अनर्थ हो जायेगा।)

भरत-गुहा मिलन

निषादराज भेंट का सामान सजाकर भरतजी से मिलने के लिए चला। गुहा ने दूर से गुरु वसिष्ठ को दंडवत् प्रणाम किया। मुनि वसिष्ठ ने उसे राम का प्रिय जानकर आशीर्वाद दिया और भरत को समझाकर कहा कि यह रामजी का मित्र है। यह सुनते ही भरतजी रथ से उतर पड़े। निषादराज ने अपना नाम, गाँव जाति बतलाकर पृथ्वी पर माथा टेककर भरतजी को जोहार की। भरतजी ने उसे उठाकर अपने हृदय से लगा लिया। दोनों के हृदय में प्रेम समाता नहीं है। भरतजी को लगा जैसे लक्ष्मणजी से भेंट हो गयी हो। रामसखा निषादराज से प्रेमपूर्वक मिलकर भरतजी ने उसकी कुशल-क्षेम पूछी। भरतजी के प्रेम में मग्न हो निषाद को अपनी सुध न रही। फिर शत्रुघ्न भी गुह से मिले। रानियों ने उसे आशीर्वाद दिए।

गुह ने अपने बांधवों से कहकर सब के ठहरने का इंतजाम कर दिया। भरतजी ने गंगाजी के दर्शन किए। श्रीराम घाट को प्रणाम किया। नगर के नर-नारी गंगा को प्रणाम कर रहे हैं। भरत जी ने गंगा जी की विनती की। शत्रुघ्न को माताओं की सेवा में छोड़कर सखा निषाद के पास आये, भरतजी। जहाँ पवित्र अशोक के वृक्ष के नीचे श्रीरामजी ने विश्राम किया था, भरतजी ने वहाँ बड़े आदर के साथ दंडवत् किया। श्रीरामचन्द्रजी के चरण-चिह्नों की रज आँखों से लगायी। भरतजी में प्रेम की अधिकता कहते नहीं बनती। श्रीराम के कष्टों को बार-बार याद करके अपने आपको धिक्कारते हैं, दुःखी होते हैं। सब कोई भरत जी के स्नेह की सराहना करने लगे।

सवेरा होते ही सब नावों पर चढ़े और शीघ्र पार उतर गये। निषाद आगे-आगे

चलकर उन्हें रास्ता बताने लगा। तदनंतर भरतजी ने गंगा को प्रणाम किया। सीताराम-सीताराम का स्मरण करते हुए तीसरे पहर भरतजी ने प्रयाग में प्रवेश किया। उनके पैरों में पड़े छाले ऐसे चमकते हैं, जैसे कमल की कली पर ओस की बूँदें चमकती हों। जब सब लोग स्नान कर चुके तो त्रिवेणी पर आकर भरतजी ने स्नान-दान किया। भगवान श्रीराम के गुणों का गान करते हुए भरत जी मुनि भरद्वाज के पास आए। मुनि को दंडवत् प्रणाम किया। मुनि ने भरतजी को उठाकर गले से लगा लिया तथा आशीर्वाद देकर कृतार्थ किया। फिर मुनिश्रेष्ठ बोले, 'हे भरत! तुमने बहुत ही अच्छा काम किया। यह कार्य तुम्हारे उपयुक्त ही है। श्रीराम के चरणों में प्रेम होना ही समस्त मंगलों का मूल है। हे तात! अधिक सोच-विचार मत करो, श्रीरामचन्द्रजी के चरणों का दर्शन करते ही सारा दुःख मिट जायेगा।' मुनि भरद्वाज ने सबके ठहरने और भोजन-पानी का उत्तम प्रबन्ध किया।

प्रातःकाल भरतजी ने तीरथराज में स्नान किया। समाज सहित मुनि को सिर नवाकर आगे चलने के लिए आज्ञा माँगी। इसके बाद रास्ता बताने बाले लोगों को आगे करके, सखा गुह का हाथ पकड़े, भरतजी चित्रकूट की ओर चले। भरतजी के पैरों में न पनही है और न सिर पर छाया है। वे गुहा से श्रीराम, सीताजी और लक्ष्मण के बारे में पूछते हैं। गुह सब बातें कोमल वाणी में बताता जाता है। श्रीरामजी के ठहरने के वृक्ष और स्थानों को देखकर भरतजी के हृदय में प्रेम उमड़ आया। प्रकृति भी उनके अनुकूल हो गयी है। बादल उनकी छाया करने लगे और सुख देनेवाली शीतल हवा बहने लगी। भरतजी के जाते ही मार्ग जितना सुगम बन गया, उतना तो श्रीरामचन्द्रजी के लिए भी नहीं बना। रास्ते के असंख्य जड़-चेतन जीवों में भरतजी को श्रीरामचन्द्रजी ही दिखाई देते हैं, क्योंकि उन सब ने मार्ग से जाते हुए प्रभु श्रीराम के दर्शन किए थे। श्रीरामजी की महिमा ही न्यारी है। संसार में जो भी मनुष्य एक बार 'राम' का नाम स्मरण करते हैं, उनका जीवन धन्य हो जाता है।

इंद्र को सोच हुआ, देवगुरु का उपदेश

जो भी भरत से मिलता है, वह उनके गुणों की महिमा गाने लगता है, वह उनका होकर रह जाता है। देवता भी उनके गुणों की सराहना करते नहीं थकते; परन्तु भरतजी के इस प्रभाव को देखकर देवराज इंद्र भारी सोच में पड़ गये। उन्हें डर है कि कहीं भरतजी के प्रेम के वशीभूत होकर श्रीराम अयोध्या न लौट जाएँ। अगर ऐसा हुआ तो बना बनाया सारा काम ही बिगड़ जायेगा। यह संसार भले के लिए भला और बुरे के लिए बुरा है। मनुष्य जैसा स्वयं होता है; उसे संसार भी वैसा ही दिखाई देता है। फिर विचलित होकर इंद्र ने गुरु बृहस्पति से कहा कि कोई ऐसा उपाय कीजिए कि श्रीरामचन्द्रजी और भरतजी की भेंट न होने पाये। श्रीराम तो संकोची और प्रेम के वश में सहजता से आ जाते हैं और भरतजी तो प्रेम के सागर ही हैं। लगता है, अब बनी बनाई बात बिगड़कर रहेगी।

इंद्र के वचन सुनते ही देवगुरु मुसकराने लगे। उन्होंने हजार नेत्र वाले इंद्र को बड़ा मूर्ख समझा। फिर उन्होंने समझाकर कहा, 'हे देवराज! माया के स्वामी श्रीरामचन्द्रजी के सेवक के साथ कोई माया करता है तो वह उलटकर उसके ऊपर ही आ पड़ती है। पिछली बार तो जो कुछ तुमने किया, वह श्रीरामचन्द्रजी का रुख जानकर ही किया था, परन्तु इस बार कोई कुचाल की तो उससे तुम्हें ही हानि होगी। देवराज! तुम अच्छी तरह समझ लो, जान लो कि वे अपने प्रति किए अपराध से कभी रुष्ट नहीं होते, पर जब कोई उनके भक्त के प्रति अपराध करता है, तो वह श्रीरामजी की क्रोधाग्नि में भस्म हो जाता है, और इस बात को दुर्वासा ऋषि भी अच्छी तरह से जानते हैं। पूरा संसार श्रीराम को जपता है, और वही श्रीराम जिनको जपते हैं, उनके समान प्रिय श्रीरामजी को दूसरा कौन होगा?'

फिर से अच्छी तरह समझाते हुए देवगुरु बोले, 'हे देवराज, सावधान! श्रीरामचन्द्रजी के भक्त का काम बिगाड़ने की बात कभी भूल से भी मन में मत लाना। ऐसा करने से आपको संसार में अपयश और परलोक में दुःख उठाना पड़ेगा। इसलिए मेरी बात कान देकर सुनो। श्रीराम को अपना सेवक परम प्रिय है। वे तो अपने सेवक की सेवा से ही सुख पाते हैं और सेवक के साथ वैर करने से वह राम का भी वैरी हो जाता है।' देवगुरु ने इंद्र को हिदायत देते हुए कहा–

जद्यपि सम नहिं राग न रोषू। गहहिं न पाप पुन्नु गुन दोषू ॥
करम प्रधान बिस्व करि राखा। जो जस करइ सो तस फल चाखा॥

(अर्थात् हे देवराज! यद्यपि श्रीरामजी सम हैं–उनमें राग है, न रोष है। न वे किसी के पाप-पुण्य और गुण-दोष ही ग्रहण करते हैं। उन्होंने विश्व में कर्म को ही प्रधान कर रखा है। जो जैसा करता, वह वैसा ही फल भोगता है।)

'श्रीराम सदा अपने भक्तों में रुचि रखते आये हैं। यह बात अपने पास गाँठ बाँध लो, कुटिलता करना छोड़ दो और भरतजी के चरणों में अपना प्रेम बढ़ाओ। हे देवराज! सुनो, श्रीरामचन्द्रजी के भक्त सदा दूसरों का भला करने में लगे रहते हैं। वे दूसरों के दुःख में दुःखी और दयालु होते हैं, फिर भरतजी तो भक्तों में शिरोमणि हैं, उनसे डर कैसा? वे तो प्रीति करने योग्य हैं। प्रभु श्रीराम तो सत्यप्रतिज्ञ तथा देवताओं का हित करने वाले हैं और भरतजी श्रीरामचन्द्रजी की आज्ञा के अनुसार चलने वाले हैं। तुम तो स्वार्थवश बेकार ही व्याकुल हो रहे हो। इसमें भरतजी का तो कोई दोष दिखाई नहीं दे रहा है, तुम्हारा मोह ही सब करा रहा है।' देवगुरु की वाणी सुनकर इंद्र का मोह जाता रहा और भरत के लिए प्रेम उमड़ने लगा। उधर भरतजी मार्ग में बढ़ते गये, बीच में रुककर भरतजी यमुना के तट पर आए। उस दिन उन्होंने यमुनाजी के किनारे निवास किया। सबके रहने-खाने की सुंदर व्यवस्था की गयी। निषाद ने इशारे से रात-रात में ही सब घाटों पर नाव की व्यवस्था करा दी। सबेरे सब एक ही बार में यमुनाजी के पार

उतर गये। सब ने अच्छे इंतजाम के लिए निषादराज की बड़ी प्रशंसा की। आगे की सवारियों पर मुनिश्रेष्ठ हैं, पीछे अयोध्या के समस्त नर-नारी हैं। रास्ते में पड़ने वाले गाँवों के नर-नारी अपने-अपने घरों से निकलकर उन्हें देखते हैं। अनेक प्रकार से उनके गुणों की सराहना करते हैं। भरतजी सबसे प्रभु श्रीराम के बारे में पूछते हैं कि वे किस वन में हैं। उस दिन भीलों के गाँवों के पास ही उन्होंने पड़ाव डाला। श्रीरामचन्द्रजी के गुणों की चर्चा करते-करते रात्रि व्यतीत हो गयी। प्रातःकाल जल्दी ही चित्रकूट की ओर कूच कर दिया।

उधर सीताजी ने रात्रि को बड़ा ही डरावना स्वप्न देखा, उन्होंने श्रीरामचन्द्रजी को इस स्वप्न के बारे में बताया। श्रीराम लक्ष्मण से बोले कि यह स्वप्न अच्छा नहीं है। देवताओं की पूजा तथा मुनियों की वंदना करके श्रीराम बैठ गये और उत्तर दिशा की ओर देखने लगे। आसमान में धूल छा रही है, बहुत से पशु-पक्षी व्याकुल होकर भाग रहे हैं और प्रभु के आश्रम की ओर आ रहे थे। अब श्रीराम सोचने लगे कि क्या कारण हो सकता है? सीतापति विचारमग्न हो गये। उसी समय कोल-भीलों ने आकर भरतजी के आने का समाचार सुनाया।

भरतजी का आना सुनकर श्रीरामचन्द्रजी के मन में बड़ा आनंद हुआ, पर कुछ क्षण बाद ही फिर सोच में पड़ गये कि भरतजी के आने का क्या कारण हो सकता है! फिर अकेले न आकर उनके साथ चतुरंगिणी सेना क्यों है? हे विधाता! यह क्या हो रहा है? इधर तो पिता के वचन और उधर भरत भाई का संकोच। सोच-सोचकर प्रभु का चित्त अधीर हो उठा।

लक्ष्मण को भ्रम और कुपित होना

लक्ष्मणजी ने भाई की मनःस्थिति को तुरंत पहचान लिया। उन्होंने देखा कि श्रीरामजी के हृदय में कोई भारी चिंता है। आखिकार वे अपने आप को रोक न सके और भाई से कहने लगे– 'हे स्वामी! मैं आपकी आज्ञा के बिना ही कुछ कहने की धृष्टता कर रहा हूँ। हे प्रभु! वैसे तो आप सर्वज्ञ हैं। आप बिना कारण के ही परम हित करने वाले, सरल हृदय और स्नेह के भंडार हैं। आपका सभी पर प्रेम और विश्वास है, आप सबको अपने जैसा ही सरल हृदय समझते हैं; परन्तु मूढ़ और विषयी जीव प्रभुता पाकर अपना असली रूप दिखाए बिना नहीं रहते। भरत नीति परायण और चतुर हैं; और आपके चरणों में उनका प्रेम भी कम नहीं है, इस बात को सारा संसार जानता है।

'वे भरतजी आज आपके सिंहासन पर अधिकार करके धर्म की मर्यादा को मिटाने चले हैं। खोटे भरत हमारा बुरा समय जानकर और यह सोचकर कि श्रीरामजी वन में अकेले हैं; अपने मन में बुरा विचार रखने और अपने राज्य को निष्कंटक करने के लिए आप पर सेना लेकर चढ़ाई करने आ रहे हैं। दोनों भाई समाज को बटोरकर अपने साथ लाए हैं। यदि इनके मन में कपट और कुचाल न होती तो अपने साथ रथ, घोड़े, हाथी आदि क्यों लाते? पर इसमें भरत जी का

क्या दोष है? राजपद पा जाने पर सारा संसार पागल हो जाता है। इनके कितने ही उदाहरण भरे पड़े हैं–चंद्रमा गुरुपत्नी गामी हुआ, राजा नहुष ब्राह्मणों की पालकी पर चढ़ने लगा और राजा वेन से नीच तो कोई हुआ ही नहीं, जो लोक और वेद, दोनों से विमुख हो गया। सहस्रबाहु, देवराज इंद्र, त्रिशंकु आदि को राजमद ने ही कलंकित किया। भरत ऐसा कर रहे हैं तो कोई नई बात नहीं है। कहा भी गया है कि शत्रु और ऋण को कभी बचाकर नहीं रखना चाहिए। हाँ, भरत ने एक बात अच्छी नहीं की कि रामजी को अकेला समझकर चढ़ आए। पर आज इस संग्राम में आपके क्रोध का सामना कर अच्छी तरह समझ जाएँगे कि किसी का निरादर करने का क्या फल मिलता है?' इतना कहते-कहते उनका क्रोधमय आवेश बढ़ने लगा। फिर श्रीरामचन्द्रजी के चरणों की वंदना करके और उनका चरण-रज सिर पर धारण करके वे बोले, 'हे नाथ! मेरी बात का बुरा मत मानिएगा। भरत ने हद ही कर दी है, इनकी उद्‌दंडता कहाँ तक सहें, कब तक अपने मन को समझाएँ। स्वामी आप हमारे साथ हैं और धनुष-बाण हमारे हाथ में हैं तो फिर क्या सोचना? सारी दुनिया कहती है कि लात मारने पर ही धूल सिर पर चढ़ती है।'

फिर सिर पर जटा बाँधकर कमर में तरकस बाँध लिया और धनुष-बाण हाथ में लेकर बोले, 'आज मैं युद्ध में भरत को अच्छा सबक सिखाऊँगा और प्रमाणित करूँगा कि मैं आपका सेवक हूँ। आपके निरादर का फल पाकर वे दोनों भाई आज रण-शैया पर सोएँगे। अच्छा ही हुआ कि सारा समाज भी आ गया। आज सब मेरे क्रोध की प्रचंडता देखेंगे। आज भरत को सेना समेत उसी तरह कुचल दूँगा, जैसे सिंह हाथियों के झुंड को कुचल डालता है। मैं रामजी की सौगंध खाकर कहता हूँ कि यदि शंकरजी भी आकर उसकी सहायता करेंगे? तो भी उन्हें (दोनों भाइयों) छोड़ूँगा नहीं।'

लक्ष्मणजी को तमतमाया हुआ देख और रामजी की सौगंध सुनकर सारा संसार भय से व्याप्त हो गया। इतने में ही देववाणी हुई। इसे सुनकर लक्ष्मणजी सकुचा गये। तभी श्रीरामचंन्द्रजी और सीताजी ने उनका सम्मान किया और कहा, 'हे तात! तुम ठीक ही कहते हो राज्य का मद सबसे कठिन मद है। इसे सँभालना आसान नहीं। सत्तासीन लोग सत्ता के मद में क्या-क्या अनर्थ नहीं कर बैठते हैं? परन्तु भरतजी ऐसे नहीं हैं। हे लक्ष्मण! भरत जैसा उत्तम पुरुष तो इस सृष्टि में न देखा गया और न सुना गया है। अयोध्या के पद की तो बात ही छोड़ दो; ब्रह्मा, विष्णु और महादेव का पद पाकर भी भरत को राज्य का मद नहीं हो सकता।'

बड़े मधुर वचनों में श्रीराम लक्ष्मणजी को समझाते हुए बोले, 'अरे लक्ष्मण! भले ही अँधेरा सूर्य को निगल जाये; आकाश चाहे बादलों में समा जाये, भले गौ के खुर के जितने जल में अगस्त्य जी डूब जायें और पृथ्वी भले अपनी स्वाभाविकता छोड़ दे, मच्छर के फूँक से चाहे सुमेरु उड़ जाये, परन्तु हे भाई!

भरत को राजमद कभी नहीं हो सकता। हे लक्ष्मण! मैं तुम्हारी शपथ और पिताजी की सौगंध खाकर कहता हूँ कि भरत के समान पवित्र और उत्तम भाई संसार भर में नहीं है।' उधर भरतजी ने सारी प्रजा के साथ पवित्र मंदाकिनी में स्नान किया। सेना ने यह सोचकर वहीं पड़ाव डाल दिया कि लगता है प्रभु श्रीराम यहीं-कहीं निकट ही हैं। अच्छे-अच्छे शुभ शकुन हो रहे हैं। प्रकृति सब प्रकार से अनुकूल हो गयी है।

> *एव मुक्तास्त सैन्यस्तत्र तस्थुः समन्ततः ।*
> *भरते यत्र धूमाग्रं तत्र दृष्टि समाद्धत् ॥*

(अर्थात् भरतजी की आज्ञा पाकर समस्त सैनिक वहीं फैलकर सब ओर खड़े हो गये और भरतजी ने जहाँ धुआँ उठ रहा था, उस ओर अपनी दृष्टि जमा दी।) फिर सबको नदी के समीप ही छोड़कर तथा माता, गुरु और मंत्री की आज्ञा पाकर, निषादराज और भाई शत्रुघ्न को साथ लेकर भरतजी वहाँ चले, जहाँ सीताजी और श्रीरघुनाथजी विराजमान थे। भरतजी अपनी माँ की करनी को याद करके सकुचाते हैं और मन में नाना प्रकार से कुतर्क करके सोचते हैं कि श्रीराम, लक्ष्मण और सीताजी मेरा नाम सुनकर यह स्थान छोड़कर कहीं दूसरी जगह उठकर न चले जायँ। अब चाहे वे मलिन-मन जानकर मुझे त्याग दें, चाहे अपना सेवक मानकर मेरा सम्मान करें, पर मेरा स्थान तो श्रीरामजी के चरणों में ही है। निःसंदेह श्रीरामजी तो एक अच्छे स्वामी हैं, दोष तो सब इस दास का ही है।

चित्रकूट की अनुपम शोभा

भरतजी रामजी के निवास की ओर चले तो जा रहे थे लेकिन माता की बुराई उन्हें बार-बार रोक देती है, फिर भी भक्ति के बल से आगे बढ़ते गये। उनके सब अंग संकोच और प्रेम से शिथिल पड़ने लगे। भरतजी दयालु, श्रीरामजी के स्वभाव का स्मरण करते हैं तो उनके पैर जल्दी-जल्दी पड़ने लगते हैं। उस समय भरतजी की वैसी ही दशा है, जैसी जल के प्रवाह में जल के भँवरों की होती है। भरतजी का संकोच और प्रेम देखकर उस समय निषादराज भी अपनी सुध-बुध भूल गया। मंगल शकुन होने लगे तो उन्हें विचारकर निषादराज बोला– सब सोच मिटेगा, हर्ष होगा, पर फिर अंत में दुःख होगा। इस तरह वे पर्णकुटी के नजदीक जा पहुँचे। वहाँ के वन और पर्वतों के समूह को देखा तो भरतजी इतने आनंदित हुए, मानो कोई भूखा सुस्वादु भोजन पा गया हो।

वहाँ पानी के झरने झर रहे हैं, मतवाले हाथी चिंघाड़ रहे हैं। चकवा, चकोर, पपीहा, तोता तथा कोयलों के समूह और सुंदर हंस प्रसन्न मन से कल्लोल कर रहे हैं। भौंरों के समूह गुंजार कर रहे हैं। मोर नाच रहे हैं। चारों ओर मंगल ही मंगल है। लता, वृक्ष, तृण सब फल और फूलों से युक्त हैं। श्रीरामजी के पर्वत

की शोभा देखकर भरतजी ऐसे दु:खी हैं, जैसे तपस्वी नियम की समाप्ति होने पर तपस्या का फल पाकर सुखी होता है। तब तक केवट दौड़कर एक ऊँचाई पर चढ़ गया और भुजा उठाकर भरतजी से कहने लगा–हे नाथ! ये जो पाकर, आम और तमाल के विशाल वृक्ष दिखाई दे रहे हैं। इनकी घनी छाया सुख देनेवाली है। वहाँ पर तुलसी के बहुत सुंदर-सुंदर वृक्ष सुशोभित हैं, जो कहीं-कहीं सीताजी और लक्ष्मणजी ने लगाए हैं। इसी बड़ की छाया में सीताजी ने अपने करकमलों से सुंदर वेदी बनाई है। जहाँ श्रीराम-सीताजी मुनियों के वृंद समेत बैठकर नित्य शास्त्र, वेद और पुराणों की कथा श्रवण करते हैं।

श्रीरामचन्द्रजी के चरण-चिह्न देखकर दोनों भाई ऐसे हर्षित हुए, मानो दरिद्र को पारस मिल गया हो। वहाँ की रज को मस्तक पर लगाकर हृदय और नेत्रों से लगाते हैं तथा श्रीरामजी से मिलने के समान सुख पाते हैं। भरतजी की ऐसी दशा देखकर वन के पशु, पक्षी और जड़ जीव प्रेम में मग्न हो गये। भरतजी के प्रेम को देखकर सिद्ध और साधक लोग भी अनुराग से भर गये। भरतजी ने प्रभु रामचन्द्रजी के समस्त मंगलों के धाम और पवित्र आश्रम को देखा।

आश्रम में प्रवेश करते ही भरतजी का दु:ख और दाह मिट गया, मानो योगी को परम तत्त्व की प्राप्ति हो गयी हो। भरतजी ने देखा कि लक्ष्मणजी प्रभु के आगे खड़े हैं, श्रीराम उनकी किसी बात का उत्तर दे रहे हैं। सिर पर जटा है। कमर में वल्कल वस्त्र बाँधे हुए हैं और उसी में तरकस कसा हुआ है। हाथ में बाण तथा कंधे पर धनुष है। वेदी पर मुनि और साधुओं का समुदाय बैठा है तथा सीताजी सहित श्रीरामजी विराजमान हैं। श्रीराम ने भी वल्कल वस्त्र धारण कर रखे हैं, सिर पर जटा है, श्याम शरीर है। श्रीरामजी अपने कर-कमलों से धनुष-बाण फेर रहे हैं और हँसकर देखते ही मन का दाह हर लेते हैं। तुलसीदास ने उनकी शोभा का कितना सुंदर वर्णन किया है–

लसत मंजु मुनि मंडली मध्य सीय रघुचंदु ।
ग्यान सभाँ जनु तनु धरें भगति सच्चिदानंदु ॥

(अर्थात् सुंदर मुनि मंडली के बीच में सीताजी और श्रीरामचन्द्रजी ऐसे सुशोभित हो रहे हैं, मानो ज्ञान की सभा में साक्षात् भक्ति और सच्चिदानंद शरीर धारण करके विराजमान हों) छोटे भाई शत्रुघ्न तथा निषादराज के साथ भरतजी का मन अत्यंत प्रसन्न हो रहा है।

चित्रकूट पर राम-भरत मिलाप

सामने श्रीराम-सीताजी को देखकर भरतजी हर्ष-शोक, सुख-दु:ख आदि सब भूल गये। 'हे नाथ! रक्षा कीजिए। हे गुसाईं! रक्षा कीजिए' ऐसा कहकर वे दंड की तरह गिर पड़े। प्रेम भरे वचनों से लक्ष्मणजी ने पहचान लिया और मन में जान लिया कि भरतजी प्रणाम कर रहे हैं। क्योंकि लक्ष्मणजी तो श्रीरामचन्द्रजी की ओर

मुँह किए खड़े थे और भरतजी पीछे थे, इससे उन्होंने भरतजी को देखा नहीं। अब तो न तो उनसे मिलते बनता है और न उपेक्षा करते ही बनता है। वे तो प्रभु की सेवा में ही खड़े रह गये।

यह सब देखकर लक्ष्मणजी ने प्रेम सहित पृथ्वी पर मस्तक नवाकर कहा कि हे रघुनाथजी! भरतजी आपको प्रणाम कर रहे हैं। यह सुनते ही रघुनाथजी प्रेम में अधीर होकर उठे। कहीं तो वस्त्र गिरे, कहीं तरकस, कहीं धनुष और कहीं पर बाण। कृपानिधान श्रीरामचन्द्रजी ने उन को जबरदस्ती उठाकर हृदय से लगा लिया। भरतजी और श्रीरामजी का मिलन देखकर सब अपनी सुधबुध भूल गये। इस मिलन के प्रेम का बखान किस प्रकार किया जाये! वह तो कर्म, वाणी और मन से परे की चीज है। दोनों भाई सब कुछ भुलाकर परम आनंदमय हो रहे हैं। कवि की बुद्धि उसका वर्णन करने में असमर्थ है।

भरतजी और रघुनाथजी का प्रेम अगम्य है, जहाँ ब्रह्मा, विष्णु और महादेव का भी मन नहीं पहुँच सकता। उस प्रेम को भला मैं किस प्रकार कहूँ! अब तो भरतजी और श्रीरामचन्द्रजी के अटूट मिलन को देखकर देवता भयभीत हो गये। उनके हृदय की धड़कने तेज हो गयी, देवगुरु बृहस्पति को उन्हें फिर से समझाना पड़ा, तब कहीं वे समझे, फिर प्रसन्न होकर आकाश से पुष्प वर्षा करने लगे। भरत से मिलने के पश्चात् रामजी अपने छोटे भाई शत्रुघ्न से मिले, फिर निषादराज को गले से लगाया। लक्ष्मणजी प्रणाम करते हुए बड़े प्रेम से भरतजी से मिले। इसके बाद बड़ी उमंग के साथ अपने छोटे भाई शत्रुघ्न से मिले। फिर उन्होंने निषादराज को गले लगाया। भरत-शत्रुघ्न दोनों भाइयों ने वहाँ उपस्थित सब मुनियों को प्रणाम किया और उनसे आशीर्वाद पाकर अति आनंदित हुए। छोटे भाई शत्रुघ्न सहित भरतजी ने सीताजी के चरण-कमलों की रज सिर पर धारण कर बार-बार उन्हें प्रणाम करने लगे। सीताजी ने सिर पर स्नेह से हाथ फेरकर दोनों भाइयों को वहाँ बैठाया। सीताजी ने उन्हें मन-ही-मन आशीर्वाद दिया, क्योंकि वे स्नेह में मग्न हैं। उन्हें देह की सुध-बुध ही नहीं रह गयी है। सीताजी को सब प्रकार से अपने ऊपर दयालु देखकर भरतजी की चिंता मिट गयी और उनके मन में बैठा हुआ डर दूर भी हो गया। ऐसी स्थिति हो गयी कि न तो कोई कुछ पूछता है और न कोई कुछ कहता है। सबके मन प्रेम से परिपूर्ण हैं। उसी समय निषादराज हाथ जोड़कर कहने लगा– हे नाथ! वसिष्ठजी के साथ सब माताएँ, नगरवासी, सेवक, सेनापति, मंत्री आदि सब आपके वियोग में व्याकुल होकर आए हैं।

गुरु का आगमन सुनकर शील के सागर श्रीरामचन्द्रजी सीताजी के पास शत्रुघ्न को छोड़कर लगभग दौड़ते हुए उस ओर चल पड़े और शीघ्र ही उनके पास जा पहुँचे। वसिष्ठजी के दर्शन करके राम-लक्ष्मण दोनों भाई प्रेम से पुलकित हो गये। और फिर बार-बार दंडवत् करने लगे। मुनिश्रेष्ठ ने झपटकर उन्हें उठाया और हृदय से लगा लिया। गुरु बड़े आशीष के साथ दोनों के सिर पर हाथ फेरने लगे। इसके बाद निषादराज ने दूर से ही अपना नाम बताकर वसिष्ठजी को प्रणाम

किया। मुनीश्वर ने भी रामजी का परम सखा जानकर जबरदस्ती हृदय से लगा लिया। ऐसा लगा मानो जमीन पर लेटते हुए प्रेम को समेट रहे हों।

श्रीरघुनाथजी की भक्ति सुंदर और शुभ को देने वाली है–ऐसा बार-बार कहकर उनकी सराहना करते हुए देवता गण आकाश से फूल बरसाने लगे। दया की खान श्रीरामजी ने ताड़ लिया कि बाकी प्रजा भी मिलने के लिए व्याकुल हैं, फिर प्रभु एक-एक कर सबसे मिले। अपने भाई लक्ष्मणजी के साथ सब से मिलकर शीघ्र ही सबका संताप दूर कर दिया। समस्त पुरवासी प्रेम में उमड़कर और निषाद से मिलकर उसके भाग्य की सराहना करते हैं कि इसने प्रभु राम की निकटता पाई है; प्रभु का सखा होने का गौरव प्राप्त किया है। यह बड़ा ही भाग्यशाली है।

अब श्रीरामचन्द्रजी की दृष्टि सब माताओं पर पड़ी तो उन्हें बड़ा दीनहीन देखा। मानो सुंदर लताओं को पाला मार गया हो। सबसे पहले श्रीरामजी माता कैकेयी से मिले और अपने सरल स्वभाव तथा भक्ति से उनके मन की ग्लानि को दूर कर दिया। फिर माता के चरणों में गिरकर सारा दोष विधाता के सिर मढ़ श्रीराम ने उन्हें सान्त्वना दी। फिर श्रीरामजी अन्य माताओं से मिले। उन्होंने सबको समझा-बुझाकर ढाढ़स दिया– हे माता! इसमें किसी का कोई दोष नहीं है, सब विधाता का खेल है।

इसके बाद दोनों भाइयों ने भरतजी के साथ आयी ब्राह्मण पत्नियों के साथ गुरुजी की पत्नी अरुंधतीजी का सम्मान करते हुए उनके चरणों की वंदना की। इतना ही नहीं, उन सबका गंगाजी और गौरीजी के समान सम्मान किया। वे सब आनंदित होकर कोमल वाणी से उन पर आशीर्वाद की वर्षा करने लगीं। अब तो दोनों भाई पैर पकड़कर सुमित्राजी के आँचल में जा समाए, मानो किसी दरिद्र को बहुत बड़ी संपत्ति मिल गयी हो। फिर दोनों माता कौसल्या के चरणों में गिर पड़े। माता ने स्नेहपूर्वक उन्हें हृदय से लगा लिया। उनके नेत्रों से बहते प्रेमाश्रुओं ने दोनों भाइयों को नहला दिया उस समय के हर्ष और विषाद का वर्णन नहीं किया जा सकता। हालत ऐसी है कि गूँगा स्वाद को बताये भी कैसे? माता से मिलकर दोनों भाइयों ने गुरु से आश्रम पर पधारने का अनुरोध किया।

गुरु वसिष्ठ की आज्ञा पाकर अयोध्यावासी सब लोग अपनी-अपनी सवारियों से नीचे उतर पड़े। ब्राह्मण, मंत्री, गुरु और माताएँ, सब को साथ लेकर लक्ष्मण और रघुनाथजी आश्रम की ओर चले। सीताजी ने निकट आकर मुनिश्रेष्ठ के चरण-स्पर्श किए। गुरुजी ने उन्हें सप्रेम आशीर्वाद दिया, फिर गुरुपत्नी अरुंधती से मिलीं। उन्होंने अपार स्नेह दिया। सीताजी ने उपस्थित सभी की अलग वंदना करके मंगलकारी आशीर्वाद पाये। जब सीताजी ने अपनी सासुओं को देखा तो उन्होंने सहमकर अपनी आँखें बंद कर लीं। सासुओं की दशा इतनी बुरी थी, कि सीताजी उन्हें और देखने का साहस नहीं कर पा रही थीं। लगता था जैसे राजहंस किसी बधिक के हाथ पड़ गया हो। वह मन मे सोचने लगीं कि हे विधाता! यह

क्या हो गया? उनकी दयनीय हालत को देखकर सीताजी को बड़ा दुःख हुआ। जानकीजी हृदय में धीरज धारण करके अश्रुपूरित नेत्रों से अपनी सासुओं से मिलीं।

सीताजी तीनों सासुओं के पैर लग-लगकर अत्यंत प्रेम से मिल रही हैं और सब माताएँ प्रसन्न मन से ढेरों आशीर्वाद दे रही हैं कि तुम सदा सौभाग्यवती रहो। तुम्हारा सुहाग अटल रहे। उसी समय गुरु वसिष्ठजी ने सबको बैठ जाने के लिए कहा। सभी अपने-अपने अनुकूल स्थान पर बैठ गये। वसिष्ठजी ने जगत् की गति और कुछ परमार्थ की कथाएँ सुनाई तथा सत्संग किया। सभी ने उनकी बातें प्रेम से सुनीं।

श्रीरघुनाथजी को पितृ शोक

इसके बाद गुरु वसिष्ठजी ने राजा दशरथ के स्वर्ग गमन की बात सुनाई, जिसे सुनकर श्रीराम अत्यंत शोक में डूब गये। अपने प्रति उनके स्नेह को उनकी मृत्यु का कारण जानकर श्रीरामचन्द्रजी अत्यंत व्याकुल हो गये। वज्र के समान कठोर और कड़वी वाणी सुनकर लक्ष्मण, सीताजी और सब रानियाँ विलाप करने लगीं। मानो राजा आज फिर स्वर्गवासी हुए हों। गुरु वसिष्ठ ने रामजी को समझाया। दूसरे सब लोगों को रोने से चुप कराया। तब श्रीरामचंद्रजी ने पूरे समाज सहित पवित्र-श्रेष्ठ मंदाकिनी में स्नान किया। उस दिन प्रभु श्रीराम ने निर्जल व्रत रखा। मुनि वसिष्ठजी के कहने पर भी किसी ने जल ग्रहण नहीं किया। दूसरे दिन सवेरा होने पर वसिष्ठजी ने रघुनाथजी को जो-जो आज्ञा दी, वे सभी कार्य प्रभु श्रीरामचन्द्रजी ने बड़ी श्रद्धा-भक्ति और आदर के साथ सम्पन्न किए। वेदों में बतायी गयी विधि से पिता का क्रियाकर्म करके श्रीराम शुद्ध हो गये। जो स्मरण मात्र से सबको पवित्र करते हैं, ऐसे प्रभु स्वयं शुद्ध हुए। एक साधारण मनुष्य की भाँति उन्होंने सारे विधि-विधान किए।

भरतजी का श्रीरामजी को अयोध्या चलने के लिए मनाना

जब शुद्ध हुए दो दिन बीत गये तब श्रीरामचंद्रजी बड़े विनीत स्वर में गुरु वसिष्ठजी से बोले, 'हे नाथ! सब लोग यहाँ अत्यंत दुःखी हो रहे हैं। सभी कंद-मूल और फल का आहार करते हैं। भाई शत्रुघ्न सहित भरत को, सब मंत्रियों और सब माताओं को देखकर मेरा एक-एक पल युग के समान बीत रहा है। अतः सबको साथ लेकर अयोध्या के लिए लौट जाइए। आप सब यहाँ हैं, और वहाँ अयोध्या आप लोगों के बिना सूनी है। हे गुरुवर! आप जैसा उचित हो, वैसा कीजिए'

वसिष्ठ बोले 'हे राम! तुम दया के धाम हो, सब लोग बड़ी दुविधा में और दुःखी हैं। कम से कम दो दिन ठहरकर तुम्हारा दर्शन कर शांति लाभ कर लें।' परन्तु श्रीरामचंद्रजी के वचन सुनकर सारा समाज भयभीत हो गया। मानो बीच समुद्र में जहाज डगमगा गया हो। सब लोग मजे से तीनों समय पवित्र नदी में स्नान करते हैं और मंगलमूर्ति श्रीराम को दंडवत् प्रणाम कर-करके उन्हें नेत्र भर-भरकर देखते हैं। कोल, किरात और भील आदि वन में रहने वाले लोग पवित्र एवं अमृत

के समान स्वादिष्ट शहद दोनों में भर-भरकर तथा कंद, मूल, फल और अंकुर आदि सबको विनय और प्रणाम करके, उन चीजों के अलग-अलग स्वाद बताकर देते हैं। अयोध्या के लोग उनको दान देना चाहते हैं, पर वे नहीं लेते, और लौटा देने पर राम की दुहाई देते हैं। अयोध्यापुरी से आए सब स्त्री-पुरुष आनंद में मग्न रहते हैं। सीताजी सब सासुओं की बारी-बारी से सेवा करती हैं। परन्तु सब के मन में यह संदेह हो रहा है कि हे विधाता! श्रीरामजी का अयोध्या जाना होगा कि नहीं! भरतजी को न तो नींद आती है और न दिन को भूख लगती है। वे तो सोच में ऐसे विकल हैं, जैसे कीचड़ में डूबी मछली जल की कमी से व्याकुल होती है। सोचते-सोचते रात बीत गयी। भरतजी प्रातः काल स्नान करने के पश्चात् प्रभु को सिर नवाकर बैठे ही थे कि गुरु वसिष्ठ ने उनको बुलावा भेजा। गुरुजी के चरणों मे आकर भरतजी बैठ गये। सभासद, मंत्री महाजन और ब्राह्मण भी आ गये। फिर गुरु वसिष्ठजी बोले, 'सभी जन, सुनो। श्रीरामचन्द्रजी धर्म धुरंधर और सत्यप्रतिज्ञ हैं। मर्यादा के रक्षक हैं। उनका अवतार जगत के कल्याण के लिए हुआ है। वे देवताओं के हितकारी हैं। अतः श्रीरामजी और उनकी बात मानने में ही हमारा हित है, आप सब समझदार हैं, अतः सोच-विचारकर कोई उपाय करो।'

पूरी सभा में से कोई कुछ न बोला, तब भरतजी सिर नवाने के पश्चात्, हाथ जोड़कर बोले, 'सूर्य वंश में एक से एक बड़े राजा हुए हैं। सब पर आपकी कृपा रही है, अतः आप ही कुछ उपाय करें।'

भरतजी की बात सुनकर गुरु वसिष्ठ बोले, 'बुद्धिमान लोग सर्वस्व जाता देखकर आधे की रक्षा के लिए आधा छोड़ दिया करते हैं। अतः तुम दोनों भाई- भरत-शत्रुघ्न वन को जाओ तथा लक्ष्मण, सीताजी और श्रीरामजी को अयोध्या वापस लौटने के लिए मनाने का प्रयास करो।' ऐसे सुंदर वचन सुनकर दोनों भाई हर्षित हो गये, उनके सारे अंग प्रेम से परिपूर्ण हो गये।

श्रीराम का भरतजी को समझाना

गुरु वसिष्ठ के वचन सुनकर श्रीरामजी कहने लगे- हे नाथ! उपाय तो आप ही के हाथ में है। आप मुझे जो आज्ञा देंगे, मैं उसे सहज ही शिरोधार्य करूँगा। इस पर मुनीश्वर बोले-हे राम! तुमने सत्य कहा है, पर भरत के प्रेम के बारे में भी तो विचारकर देखिए। अतः भरतजी की रुचि को ध्यान में रखकर जो कुछ किया जायेगा, वह सब शुभ ही होगा। गुरु का सहारा पाकर भरतजी बड़े खुश हुए और बोले, 'हे नाथ! आपकी सौगंध और पिताजी के चरणों की दुहाई है, विश्व भर में आपके समान कोई भाई नहीं हुआ है।'

श्रीरामचन्द्रजी ने बड़े स्नेह से कहा कि हालाँकि मैं छोटा भाई समझकर इनके मुँह पर इनकी प्रशंसा नहीं कर रहा हूँ। फिर भी जिस पर गुरु का स्नेह है, उसके समान कौन भाग्यशाली है। भरतजी जो कहें, उसी को करने में भलाई है। फिर श्रीरामचन्द्रजी बोले, 'हे भरत! प्रसन्न मन से संकोच को त्यागकर तुम जो

कुछ कहोगे, मैं वही करूँगा।' यह सुनकर सारा समाज सुखी हो गया और उधर देवताओं की हालत बिगड़ गयी। देवराज इंद्र भयभीत होकर सोचने लगे कि सब बना-बनाया खेल बिगड़ने ही वाला है। कुछ भी उपाय करते नहीं बनता। तब मन-ही-मन उन्होंने श्रीरामजी का स्मरण किया।

जनकजी का चित्रकूट पहुँचना

श्रीरामजी के विश्वास भरे वचन सुनकर भरत बोले, 'हे नाथ! आपके अयोध्या लौटने में ही सभी की भलाई है। आप मेरी एक विनती सुन लीजिए, राजतिलक की सब सामग्री तैयार करके लाई गयी है, जो प्रभु का मन माने तो उसे सफल कीजिए। हे नाथ! यदि इतना नहीं तो लक्ष्मण और शत्रुघ्न को लौटा दीजिए और मैं आपके साथ वन में रहूँ, या फिर हम तीनों भाई वन में चले जायें, और आप अयोध्या लौट जायें। हे नाथ! जैसा आप उचित समझे, वैसा कीजिए। इसके बाद भी प्रभु राम मुझे जैसी आज्ञा देंगे, मैं वही करूँगा।' उसी समय राजा जनक के दूत वहाँ पहुँचे तो गुरु वसिष्ठ ने उन्हें तुरंत बुलवा लिया। जनक जी अपने प्रजा के साथ चित्रकूट पर जा पहुँचे। भाई, मंत्री, गुरु और पुरवासियों को लेकर रघुनाथजी ने जनकजी का स्वागत किया और सबको आदर सहित आश्रम पर लिवा ले गये।

अब दोनों ओर की प्रजा राजा दशरथ के गुणों और शील की चर्चा करने लगी। सभी शोक में डूबे थे, उस दिन खाने की कौन कहे, किसी ने पानी तक नहीं पिया। यहाँ तक पशु-पक्षियों ने भी कुछ नहीं खाया। अगले दिन गुरु वसिष्ठजी के आग्रह पर सब लोगों ने स्नान-ध्यान के बाद फलाहार किया। इस प्रकार चार दिन बीत गये। श्रीराम के दर्शन पाकर सब नर-नारी खुश तो हैं और चाहते हैं श्रीराम सीताजी के साथ अयोध्या लौट चलें। सीताजी की माताजी सभी रानियों से मिलीं। कौसल्याजी ने कहा, 'हे मिथिलेश्वरी! आप तो साक्षात् ज्ञान की भंडार हैं, इसलिए आपको समझाना या ज्यादा कुछ कहना व्यर्थ ही है।' रात्रि होने पर सब अपने-अपने डेरों पर चली गयीं। कौसल्या जी कहती गयीं-'अब तो सब कुछ विधाता के ही हाथ में है।'

सीताजी अपने माता-पिता से मिलीं। उनके प्रेम के मारे सीताजी विकल हो गयी हैं। फिर समय और धर्म का विचार करके मन में धैर्य धारण किया। सीताजी को तपस्विनी के वेष में देखकर जनकजी को विशेष प्रेम और संतोष हुआ, फिर बोले, 'बेटी! तूने दोनों कुल पवित्र कर दिए। तेरे निर्मल यश से सारा संसार ही उज्ज्वल हो रहा है।' पिता की बड़ाई सुनकर सीताजी संकोच में समा गयी। जनकजी की इच्छा थी कि सीताजी रात को उनके डेरे में रुकें, पर सीताजी का रुख और साधुओं की सेवा को ध्यान में रखकर उन्हें जाने दिया। राजा-रानी ने बार-बार गले मिलकर सीताजी को वहाँ से विदा किया। प्रातःकाल स्नान-ध्यान करने के बाद प्रजा बैठी। देवताओं ने श्रीराम भक्ति से ओतप्रोत भरतजी को देखा।

सारा नजारा देखकर स्वार्थी देवता निराश हो गये। देवताओं ने सरस्वतीजी की स्तुति की और कहा, 'हे देवि! हम आपकी शरण में हैं। हमारी रक्षा कीजिए। अपनी माया रचकर भरतजी की बुद्धि को फेर दीजिए।'

देवताओं को मूर्ख जानकर सरस्वती जी बोलीं, 'मुझसे कह रहे हो कि भरतजी की बुद्धि पलट दूँ, स्वयं ब्रह्मा, विष्णु और महेश भी भरतजी की बुद्धि की ओर ताक भी नहीं सकते। भरतजी के हृदय में श्रीसीतारामजी का निवास है। अरे! जहाँ सूर्य का प्रकाश हो, वहाँ अँधेरा रह सकता है?' ऐसा कहकर सरस्वती जी ब्रह्मलोक को चली गयीं। देवता अत्यंत व्याकुल हो गये। कई दिनों तक विचार होता रहा और सब कार्य गुरु वसिष्ठ और जनकजी के ऊपर छोड़ दिया गया। भरतजी श्रीराम की आज्ञा पाकर कई दिनों तक वन में भ्रमण किया, वहीं अत्रि मुनि के दर्शन किए, फिर भगवान राम की सेवा में उपस्थित हो गये। श्रीरामचन्द्रजी ने उन्हें अनेक प्रकार से समझाया तथा नीति परक उपदेश देकर प्रजा के हित की अनेक बातें बताईं।

मुखिया मुखु सो चाहिए खान पान कहुँ एक ।
पालइ पोषइ सकल अँग तुलसी सहित बिबेक ॥

(अर्थात् श्रीरामचन्द्रजी अपने भ्राता भरतजी को समझाते हुए बोले कि मुखिया मुख के समान होना चाहिए, जो खाता-पीता तो अकेला है। परन्तु विवेकपूर्वक सब अंगों का पालन-पोषण करता है।)

अखिरकार भरतजी के प्रेमवश श्रीरामचन्द्रजी ने कृपा कर अपनी खड़ाऊँ उन्हें दे दीं और भरतजी ने आदरपूर्वक उन्हें सिर पर धारण कर लिया। भरतजी इस सहारे के मिल जाने से बड़े खुश हैं। भरतजी ने प्रणाम करके लौटने की विदा माँगी। तब श्रीरामचन्द्रजी ने उन्हें हृदय से लगा लिया। चलते समय भरतजी ने भाई श्रीरामचन्द्रजी से वचन लिया कि चौदह वर्ष व्यतीत होते ही अयोध्या वापस न लौटे तो मुझे जीवित नही पाएँगे। अतः श्रीराम की कृपा ने सारी उलझनें सुलझा दीं। श्रीरामजी अपनी भुजाओं में भरकर भरतजी से गले मिलने लगे, उस आनंद का वर्णन यहाँ करना मुश्किल है। उनके इस निर्णय से देव समाज भी सुखी हो गया है। भरतजी से मिलकर फिर रघुनाथजी ने छोटे भाई शत्रुघ्न को हृदय से लगाया। तत्पश्चात् सभी लौटने की तैयारी में लग गये।

श्रीराम की चरण-पादुका के साथ भरतजी का अयोध्या लौटना

भरत और शत्रुघ्न दोनों भाई प्रभु श्रीरामचन्द्रजी की चरण वंदना करके प्रजाजनों को लेकर अयोध्या की ओर लौट पड़े। वहाँ के मुनि, तपस्वी तथा वनदेवता ने उनकी बार-बार सत्कार करके वंदना की। लक्ष्मणजी के साथ श्रीरामचन्द्रजी ने राजा जनक को सिर नवाकर उनकी बहुत प्रकार से विनती की और बोले, 'हे देव! हमारे हित के लिए आप अपनी प्रजा के साथ यहाँ आये। इसके लिए आपने बहुत कष्ट उठाए।

हम पर बड़ा स्नेह-उपकार किया। अब हमें आशीर्वाद देकर आप भी मिथिलापुरी को पधारिए।' यह सुनकर जनकजी ने धीरज धरकर अश्रुपुरित नेत्रों के साथ वहाँ से प्रस्थान किया। श्रीरामचन्द्रजी ने मुनि, ब्राह्मण और साधुओं को भगवान विष्णु और शिव के समान यथायोग्य सम्मान करके विदा किया।

इसके बाद दोनों भाई (राम-लक्ष्मण) अपनी सास सुनयना के पास गये और उनके चरणों की वंदना की। सासु माँ ने हृदय से गदगद होकर उन्हें आशीर्वाद दिये। फिर ऋषि विश्वामित्र, वामदेव, जाबाली और कुटुंबी, नगर निवासी और मंत्री-सबको भाई लक्ष्मण के साथ विनय एवं प्रणाम करके विदा किया। माता कैकेयी के चरणों की वंदना करके प्रभु ने निश्छल प्रेम के साथ भेंट करके उनका सारा संकोच और संताप मिटा पालकी पर बिठाकर वन से विदा किया।

सीताजी भी नैहर के कुटुंबियों तथा माता-पिता से मिलकर लौट आईं। फिर सब सासुओं से गले मिलकर प्रसन्न हो गयीं। सबसे मिलकर उनके मन में अत्यंत प्रसन्नता हो रही है। उनकी शिक्षा तथा आशीर्वाद पाकर सीताजी के मन में सासुओं तथा माता-पिता, दोनों की प्रीति समा नहीं रही है। तब श्रीरामचन्द्रजी ने माताओं को सम्मान और विश्वास दिलाकर सुंदर पालकियों में चढ़ाया। भरत और राजा जनकजी के दलों ने घोड़े, हाथी और अनेक तरह की सवारियाँ सजाकर यात्रा शुरू की।

गुरु वसिष्ठ और गुरुपत्नी अरुंधतीजी के चरणों में वंदना करके सीताजी और लक्ष्मण सहित श्रीरामचन्द्रजी हर्ष और विषाद के साथ लौटकर अपनी पर्णकुटी पर आए। फिर सम्मान करके सखा निषादराज को विदा किया। वह जा तो रहा था, पर उसके हृदय में विरह का भारी विषाद है। फिर श्रीरामचन्द्रजी ने कोल, किरात, भील वनवासी लोगों को भी अपने-अपने स्थानों को लौटाया। वे सब जोहार-जोहार करके लौटे।

सभी लोगों के चले जाने पर प्रभु श्रीरामचन्द्रजी, सीताजी और लक्ष्मणजी बड़ की छाया में बैठकर प्रिय जनों और परिवार के वियोग से दुःखी होने लगे। प्रभी श्रीराम भरत के स्नेह, स्वभाव और मधुर वाणी का बखान करके प्रिय सीताजी और भाई लक्ष्मण को सुनाने लगे। प्रेमी जनों के बिछुड़ने का यहाँ कैसा सुंदर वर्णन है–

तेहि अवसर खग मृग जल मीना।
चित्रकूट चर अचर मलीना॥

(अर्थात् उस समय, जब रामजी अपने प्रियजनों को याद कर वियोग करते हैं, तब वहाँ के पक्षी, पशु और जल की मछलियाँ, बल्कि चित्रकूट के सभी जड़-चेतन और भी उदास हो गये।)

इधर अपने छोटे भाई लक्ष्मण और सीताजी के साथ प्रभु श्रीरामचन्द्रजी पर्णकुटी में ऐसे सुशोभित हो रहे हैं, मानो वैराग्य, भक्ति और ज्ञान शरीर धारण करके सुशोभित हों। उधर भरतजी और राजा जनक तथा सारा प्रजा श्रीराम के विरह में व्याकुल है। प्रभु के गुणों को स्मरण करके सब लोग चुपचाप चले जा रहे हैं। पहले दिन सब लोग यमुनाजी उतरकर पार हुए, वह दिन बिना भोजन के ही बीत गया। दूसरा पड़ाव गंगाजी पार करके शृंगवेरपुर में हुआ। फिर सई नदी उतरकर गोमतीजी में स्नान किया और चौथे दिन सब लोग अयोध्या में जा पहुँचे। राजा जनक चार दिन अयोध्या में ठहरे और वहाँ का राज-काज भरतजी को सौंपकर मिथिलापुरी को प्रस्थान किया। गुरु वसिष्ठ की शिक्षा मानकर नगर के सब स्त्री-पुरुष श्रीरामचन्द्रजी की राजधानी अयोध्या में सुखपूर्वक रहने लगे।

भरतजी का नंदिग्राम में वास

भरतजी ने सब मंत्रियों को उनके काम में लगा दिया। प्रभु श्रीराम की चरण-पादुका को सिंहासन पर विराजमान करके भरतजी अयोध्या से बाहर नंदीग्राम में पर्णकुटी बनाकर वहीं से अयोध्या का राज-काज चलाने लगे। उनके सिर पर जटाजूट और शरीर पर मुनियों के वस्त्र हैं। पृथ्वी पर वह कुश के आसन पर आसीन हैं। भोजन, वस्त्र, व्रत नियम–सभी बातों में वे मुनियों जैसा आचरण करने लगे। गहने, कपड़े तथा सभी प्रकार के भोग-सुखों की प्रतिज्ञा करके त्याग दिया। जिस अयोध्यापुरी के वैभव को देखकर कुबेर भी लजाते हैं। उसी अयोध्यापुरी में भरत अनासक्त होकर इस प्रकार निवास कर रहे हैं, जैसे चंपा के बाग में भौंरा। श्रीराम को प्यार करने वाले लक्ष्मी के विलास को त्याग देते हैं। भरतजी का शरीर दिनोदिन दुर्बल होता जा रहा है, उनका तेज और वजन घटता जा रहा है, फिर भी उनका चित्त प्रसन्न है।

भरतजी बड़े प्रेम से नित्य प्रति श्रीरामचन्द्रजी की चरण-पादुकाओं का पूजन करते हैं। प्रभु की पादुकाओं से आज्ञा माँग-माँगकर वे सब प्रकार राज-कार्य करते हैं। उनका शरीर पुलकित है, क्योंकि उनके हृदय में श्रीसीतारामजी विराजमान हैं। जीभ राम-राम जप रही है। नेत्रों में प्रेमाश्रु हैं। लक्ष्मणजी, सीताजी और प्रभु श्रीरामचन्द्रजी तो वन में बसते हैं, परन्तु भरतजी घर में ही रहकर वनवास का जीवन जी रहे हैं। दोनों ओर की स्थिति समझकर लोग कहते हैं कि भरतजी सब प्रकार से प्रशंसा के योग्य हैं। उनके व्रत-नियम को सुनकर साधु-संत भी सकुचा जाते हैं और तपश्चर्या देखकर मुनिराज भी लजा जाते हैं।

परम पुनीत भरत आचरनू । मधुर मंजु मुद मंगल करनू ॥
हरन कठिन कलि कलुष कलेसू । महामोह निसि दलन दिनेसू ॥

(अर्थात् भरतजी का परम-पवित्र आचरण-चरित्र सुंदर और आनंद-मंगलों को देने वाला है। कलियुग के समस्त कठिन पापों और क्लेशों को नष्ट करने वाला है। महामोह रूपी रात्रि को नष्ट करने वाले सूर्य के समान है।) उनका चरित्र सारे संतापों को हरने तथा भक्तों को आनंद देनेवाला है और संसार के कष्टों से निजात दिलाने वाला है।

भरतजी ने भातृप्रेम का ऐसा अनुपम उदाहरण उपस्थित किया है कि इसकी मिसाल दुनिया भर में ढूँढ़े नहीं मिलती। जबकि इतिहास में राजसत्ता हासिल करने के लिए शासक रक्त बहाने से नहीं चूके हैं, लेकिन भरतजी ने पिता द्वारा मिले राज्य को भाई की अमानत समझकर उसकी विधिवत देखभाल की। उन्होंने इसे श्रीरामचन्द्रजी का कार्य समझकर ही किया। अपनी श्रद्धा-भक्ति से अयोध्या का राज्य स्वीकारने के लिए रामजी को राजी कर लिया। इतना ही नहीं, अहर्निश

चौदह वर्षों तक वनवासी जैसा जीवन बिताते हुए अयोध्या को श्रीराम की अमानत समझकर यत्नपूर्वक देख-रेख करते हैं। श्रीसीतारामजी के प्रेमरूपी अमृत से परिपूर्ण भरतजी का जन्म न होता, तो मुनियों के मन को भीं अगम यम, नियम, शम, दम आदि कठिन व्रत का आचरण फिर कौन करता? दुःख, संताप, दरिद्रता, दंभ आदि दोषों का अपने सुयश के बहाने कौन हरण करता?

> ***भरत चरित कर नेमु तुलसी जो सादर सुनहिं ।***
> ***सीय राम पद पेमु अवसि होइ भंव रस बिरति ॥***

(अर्थात् तुलसीदास जी कहते हैं कि जो कोई भी जन भरतजी के चरित्र को नियमपूर्वक आदर के साथ सुनेंगे, उनको अवश्य ही श्रीसीतारामजी के चरणों में प्रेम होगा और वे सांसारिक विषय आसक्तियों से विरक्त होंगे।) श्रीरामजी की तरह भरतजी का चरित्र भी स्मरण करने योग्य है।

॥ श्रीसीतारामाय नमः ॥

तृतीय सोपान

अरण्यकाण्ड

मूलं धर्मतरोर्विविकजलधेः पूर्णेन्दुमानन्ददं,
वैराग्याम्बुजभास्करं रूपघघनध्वान्तापहं तापहम् ।
मोहाम्भोधरपूगपाटन विधौ स्वःसम्भवं शंकरं,
वन्दे ब्रह्मकुलं कलङ्कशमनं श्रीरामभूपप्रियम् ॥

(धर्म रूपी वृक्ष के मूल, विवेक रूपी समुद्र को आनंद देने वाले पूर्णचंद्र, वैराग्य रूपी कमल को विकसित करने वाले सूर्य, पाप रूपी घोर अंधकार को निश्चय ही मिटाने वाले, तीनों तापों को हरने वाले, मोहरूपी बादलों के समूह को छिन्न-भिन्न करने की क्रिया में आकाश से उत्पन्न पवन स्वरूप, ब्रह्माजी के वंशज तथा कलंक का नाश करने वाले महाराज श्रीरामचन्द्रजी के प्रिय श्री शंकर जी की मैं वंदना करता हूँ।

सान्द्रानन्दपयोद सौभगतनुं पीताम्बरं सुन्दरं,
पाणौ बाणशरासनं कटिलसक्तूणीभारं वरम् ।
राजीवायत लोचनं धृतजटाजूटेन संशोभितं,
सीतालक्ष्मण संयुतं पथिगतं रामाभिरामं भजे ॥

अर्थात् जिनका शरीर जल से भरे श्यामल मेघों के समान सुंदर एवं आनंद की वर्षा करने वाला है; जो सुंदर वल्कल के पीत वस्त्र धारण किए हुए हैं; जिनके हाथों में बाण और धनुष शोभायमान है और उत्तम तरकस के भार से सुशोभित हैं, जिनके कमल के समान विशाल नेत्र और शीश पर जटाजूट धारण किए हुए हैं। ऐसा अति शोभायमान श्रीसीताजी और लक्ष्मणजी सहित वन के मार्ग में चलते हुए आनंद देने वाले श्रीरामचन्द्रजी की मैं वंदना करता हूँ।

श्रीराम कथा को आगे बढ़ाते हुए भगवान शंकर बोले कि हे पार्वती! श्रीरामचन्द्रजी के गुण गूढ हैं, पंडित और मुनिजन उन्हें समझकर वैराग्य प्राप्त करते हैं। परन्तु जो भगवान से विमुख है और जिनकी धर्म में आस्था नहीं है, वे

महामूढ उन्हें सुनकर मोह को प्राप्त होते हैं। एक बार सुंदर-सुंदर फूल चुनकर श्रीरामजी ने अपने हाथों से नाना प्रकार के गहने बनाए और सुंदर स्फटिक शिला पर बैठे हुए प्रभु ने बड़े प्रेम के साथ वे गहने श्रीसीताजी को पहनाए। उस समय चित्रकूट की शोभा देखते ही बनती थी। चारों ओर भक्ति और प्रेम का समुद्र उमड़ रहा था।

इंद्र पुत्र जयंत (कौए) को दंड

चित्रकूट का जन जीवन बड़े आनंद में निर्वाह कर रहा था। एक बार देवराज इंद्र पृथ्वी की ओर देखते हुए हाथ जोड़कर बड़ी आस्था से प्रणाम कर रहे थे। उसी समय उनका पुत्र जयंत वहाँ आ पहुँचा। वह अपने पिता को देखकर विस्मित होकर बोला, 'पिताजी! आप यह क्या कर रहे हैं और इस प्रकार किसको प्रणाम कर रहे हैं?'

इंद्र बोले, 'पुत्र! संसार के कल्याण के लिए भगवान विष्णु अयोध्या के राजा दशरथ के घर श्रीराम के रूप में अवतरित हुए हैं। मैं उन्हीं भगवान राम को प्रणाम कर रहा हूँ। इन दिनों वे अपनी पत्नी सीता और भाई लक्ष्मण के साथ चित्रकूट पर्वत पर निवास कर रहे हैं। उनके आगमन से पृथ्वी पुण्यमयी हो गयी है। जयंत, तुम भी उनके दर्शन करो। इससे तुम्हारा जीवन धन्य हो जायेगा।' 'जैसी आपकी आज्ञा, पिताश्री।' यह कहकर जयंत चित्रकूट की ओर चल पड़ा।

उस समय श्रीराम कुटी के निकट बैठे अपना धनुष ठीक कर रहे थे। सीता पुष्पों की माला गूँथ रही थीं। लक्ष्मण कंद-मूल लेने वन में गये हुए थे।

श्रीराम की जटाएँ और गेरुए वस्त्र देखकर जयंत सोचने लगा-'ये वनवासी साधारण मनुष्य की भाँति प्रतीत हो रहे हैं। ये कदापि भगवान विष्णु के अवतार नहीं हो सकते। पिताजी से अवश्य कोई भूल हुई है, इन्होंने स्वयं को भगवान के रूप में प्रचारित कर रखा है। ये अपनी रक्षा नहीं कर सकते, फिर भला सृष्टि का कल्याण कैसे करेंगे! मैं भी इनकी परीक्षा लेकर इनके सत्य को संसार के समक्ष स्पष्ट कर दूँगा।

श्रीराम की साधारण वेशभूषा ने जयंत को भ्रमित कर दिया। उसने बिना सोचे-समझे भगवान की परीक्षा लेने की ठान ली। अपने इस मूर्खतापूर्ण कार्य को संपन्न करने के लिए उसने कौए का रूप धारण कर लिया और सीता के पैर पर चोंच मारकर तेजी से उड़ गया।

प्रहार इतना तेज था कि वहाँ से रक्त की धारा बहने लगी। दर्द की अधिकता से सीता की आँखों से आँसू निकल आए।

सीता को इस प्रकार दर्द से कराहते देखकर श्रीराम के क्रोध का ठिकाना न रहा। उन्होंने उसी समय एक तिनके को उठाया और उसे कौए की ओर फेंक दिया। तिनका ब्रह्मास्त्र के समान शक्तिशाली होकर जयंत के प्राण लेने को उद्यत हो उठा। उसका अहंकार खंडित हो गया और वह अपने प्राण बचाता हुआ

एक-एक कर ब्रह्माजी, श्रीविष्णु और शिवजी की शरण में पहुँचा। परंतु श्रीराम जिस पर कुपित हो जायें, उसे भला कौन शरण दे सकता है।

अंत में जयंत अपने पिता इंद्र के पास गया और उन्हें सारी घटना कह सुनाई। तब तक काल रूपी तिनका भी जयंत का पीछा करते हुए इंद्रलोक पहुँच गया था। इंद्र ने उसे भगवान राम की शरण में जाने का परामर्श देते हुए कहा, 'जयंत! गर्ववश तुमने भयंकर अपराध किया है। अब तुम्हारे प्राणों की रक्षा केवल श्रीराम ही कर सकते हैं। इसलिए तुम उन्हीं की शरण में जाओ। भक्त-वत्सल भगवान राम तुम्हें अवश्य क्षमा कर देंगे।'

कौआ रूपी जयंत उसी समय भगवान श्रीराम की शरण में गया और अपने अपराध के लिए क्षमा माँगने लगा-'हे दयालु रघुनाथजी! रक्षा कीजिए। आपके अतुलित बल और अतुलित सामर्थ्य को मैं मंदबुद्धि जान नहीं पाया था'। उसने भयभीत होकर उनके चरण पकड़ लिए और फिर बड़े आर्त स्वर में बोला, 'हे दीनानाथ! मैंने अपने किए का दंड पा लिया है। अब मेरी रक्षा कीजिए। मैं आपकी शरण में हूँ।'

तब दयालु श्रीरामचन्द्रजी बोले, 'ठीक है जयंत, मैंने तुम्हें क्षमा कर दिया, पर यह बाण तो मंत्रपूरित है। अतः इसे लौटाया नहीं जा सकता। हाँ, अपना कोई एक अंग भंग करके तुम इसके प्रकोप से बच सकते हो।' अंततः प्रभु ने उसे एक आँख का काना करके छोड़ दिया। तब से कौआ आज तक शापित है और काना कहा जाता है। हालाँकि जयंत ने मोहवश द्रोह किया था। इसलिए उसका वध करना ही उचित था, परन्तु दयालु प्रभु ने उसे कृपा करके छोड़ दिया। श्रीराम तो शरणागत की रक्षा करने वाले हैं।

ऋषि अत्रि से भेंट

चित्रकूट में रहते हुए श्रीरामचन्द्रजी को काफी समय बीत गये और श्रीरामचन्द्रजी के मन में भी ऐसा लगने लगा था कि यहाँ के सब लोग मुझे जान गये हैं और अब यहाँ आने वालों की भीड़ बढ़ती जायेगी, अतः अब इस स्थान को छोड़कर कहीं आगे चलना चाहिए। तब श्रीरामचन्द्रजी सब मुनियों से विदा लेकर श्रीसीताजी सहित वहाँ से चल पड़े। मार्ग में आगे बढ़ते हुए प्रभु अत्रि मुनि के आश्रम में जा पहुँचे। उनका आगमन सुनते ही। खुशी के मारे अत्रि मुनि का शरीर पुलकित हो गया। वह दौड़कर आश्रम के द्वार पर आ गये। श्रीरामचन्द्रजी ने उन्हे दंडवत् प्रणाम किया। मुनीश्वर ने प्रभु को उठाकर हृदय से लगा लिया और प्रेमाश्रुओं से दोनों भाइयों को नहला दिया। श्रीरामचन्द्रजी के दर्शन पाकर मुनि के नेत्र शीतल हो गये। मुनि आदरपूर्वक उनको अपने आश्रम के अंदर ले गये। मुनि ने प्रभु का विधिवत् पूजन-सत्कार किया, फिर मधुर वचन कहकर कंद, मूल और मीठे फल खाने को दिए। प्रभु श्रीराम ने उन्हें बड़ी रुचि के साथ खाया। प्रभु आसन पर विराजमान हैं। उनकी शोभा देखकर मुनि उनके आगे हाथ जोड़कर उनकी स्तुति करने लगे-

नमामि भक्त वत्सलं । कृपालु शील कोमलं ।
भजामि ते पदांबुजं । अकामिनां स्वधामदं ॥
दिनेश वंश मण्डनं । महेश चाप खण्डनं ।
मुनींद्र संत रंजनं । सुरारि वृंद भंजनं ॥

हे भक्त वत्सल! हे कृपालु! हे कोमल स्वभाववाले! मैं आपको नमस्कार करता हूँ। निष्काम पुरुषों को अपना परमधाम देने वाले प्रभु! मैं आपके चरण-कमलों की वंदना करता हूँ। हे सूर्यवंश के भूषण! महादेवजी के धनुष का भंजन करने वाले, मुनियों और संतों को आनंद देने वाले तथा देवताओं के शत्रु असुरों को नाश करने वाले, मैं आपका भजन करता हूँ। अत्रि ऋषि प्रभु की भक्ति में लीन होकर गाने लगे–

मनोज वैरि वंदतिं । अजादि देव सेवितं ।
विशुद्ध बोध विग्रहं । समस्त दूषणापहं ॥
नमामि इंदिरा पतिं । सुखाकरं सतां गतिं ।
भजे सशक्ति सानुजं । शची पति प्रियानुजं ॥

हे प्रभु! आप कामदेव के शत्रु तथा महादेवजी से वंदित, ब्रह्मा आदि देवताओं से सेवित, विशुद्ध ज्ञान के भंडार और समस्त दोषों को नष्ट करने वाले हैं। हे लक्ष्मीजी के स्वामी! हे सुखों की खान और सत्पुरुषों के एकमात्र सहारा, मैं आपको नमस्कार करता हूँ। हे शचि पति अर्थात् इंद्रदेव के प्रिय छोटे भाई वामनजी, शक्ति स्वरूपा और भाई लक्ष्मण जी के साथ मैं आपका भजन-पूजन करता हूँ।

इस प्रकार अत्रि मुनिजी ने अनेक प्रकार से प्रभु श्रीरामचन्द्रजी की स्तुति की और उनकी सेवा में जुट गये। आज ऋषि और अपना सारा स्नेह उन पर उँड़ेल देना चाहते हैं, कहते हैं कि प्रभु अपने चरण कमलों की भक्ति दीजिए। भक्त संत श्री तुलसी ने कहा है–

पठंति ये स्तवं इदं । नरादरेण ते पदं ।
ब्रजंति नात्र संशयं । त्वदीय भक्ति संयुताः ॥

(अर्थात् जो मनुष्य इस स्तुति को आदरपूर्वक पढ़ते हैं, वे प्रभु की भक्ति से पाप मुक्त होकर प्रभु के परमपद को प्राप्त होते हैं। इसमें तनिक भी संदेह नहीं।)

सीता-अनसूया मिलन तथा आशीर्वाद

इधर अत्रि मुनि श्रीरामचन्द्रजी की स्तुति कर रहे हैं। उधर शीलवती सीताजी अत्रि मुनि की पत्नी अनसूयाजी के चरण पकड़कर उनसे मिलीं। ऋषि पत्नी को बड़ा सुख अनुभव हुआ। उन्होंने आशीष देकर सीताजी को अपने पास बैठा लिया। फिर माता अनसूया ने उन्हें ऐसे दिव्य आभूषण पहनाए जो सदैव नए और सुहावने बने

रहते हैं। फिर उसके माध्यम से अनसूया कोमल वाणी में धर्म बताने लगीं–'हे राजकुमारी! सुनिए, माता, पिता, भाई सभी हित करने वाले हैं, परन्तु ये सब एक सीमा तक ही मदद या सुख देने वाले हैं। परंतु हे जानकी! पति तो असीम सुख देने वाला है। वह स्त्री अधम है, जो ऐसे पति की सेवा नहीं करती है।'

धीरज धर्म मित्र अरु नारी । आपद काल परिखिअहिं चारी ॥
बृद्ध रोगबस जड़ धनहीना । अंध बधिर क्रोधी अति दीना ॥
ऐसेहु पति कर किएँ अपमाना । नारि पाव जमपुर दुख नाना ॥
एकइ धर्म एक व्रत नेमा । काय बचन मन पति पद प्रेमा ॥

हे जनकनंदिनी! सुनो, धैर्य, धर्म मित्र और स्त्री–इन चारों की विपत्ति के समय ही परीक्षा होती है। वृद्ध, रोगी, मूर्ख, निर्धन, अंधा, बहरा, क्रोधी और अत्यंत दीन होते हैं। ऐसे भी पति का अपमान करने से स्त्री यमपुर में भाँति-भाँति के दुःख पाती है। शरीर, वचन और मन से पति के चरणों में प्रेम करना, स्त्रियों के लिए मात्र एक ही धर्म है, एक ही व्रत है और एक ही नियम है। संसार में चार प्रकार की पतिव्रताएँ बताई गयी हैं। वेद, पुराण और संत सब ऐसा कहते हैं कि उत्तम श्रेणी की पतिव्रता के मन में ऐसा भाव बसा रहता है कि जगत में मेरे पति को छोड़कर स्वप्न में भी दूसरा पुरुष नहीं है।

हे जानकी! मध्यम श्रेणी की पतिव्रता पराये पति को कैसे देखती है, जैसे वह अपना सगा भाई, पिता या पुत्र के समान हो। अर्थात् समान आयु वाले को भाई के रूप में, बड़े को पिता के रूप में और अपने से छोटे को पुत्र के रूप में देखती है। जो धर्म को विचारकर और अपने कुल की मर्यादा समझकर बची रहती हैं, वह निम्न श्रेणी की स्त्री है, ऐसा वेदों में कहा गया है और जो स्त्री मौका न मिलने से या डर के कारण पतिव्रता बनी रहती है, संसार में उसे अधम स्त्री ही कहा जाता है। पति को धोखा देने वाली जो स्त्री पराये व्यक्ति से रति करती है, वह तो सौ कल्प तक रौरव नरक (सबसे घोर नरक) में पड़ी रहती है।

छन सुख लागि जनम सत कोटी । दुःख न समुझ तेहि सम को खोटी ॥
बिनु श्रम नारि परम गति लहई । पतिब्रत धर्म छाड़ि छल गहई ॥

हे जनक दुलारी! जो स्त्री क्षण भर के सुख के लिए असंख्य जन्मों के दुःख को नहीं समझती, तो उसके समान दुष्टा कौन होगी? जो स्त्री छल को छोड़कर पतिव्रत धर्म को ग्रहण करती है, वह बिना परिश्रम के परम गति को प्राप्त होती है। किंतु जो पति के प्रतिकूल चलती है, वह जहाँ भी जन्म लेती है, भरी जवानी में विधवा हो जाती है। स्त्री जन्म से ही अपवित्र बताई गयी है, किन्तु पति की सेवा करके वह अनायास ही शुभ गति को प्राप्त कर लेती है। पतिव्रत धर्म के कारण आज भी 'तुलसीजी' भगवान को प्रिय हैं और चारों वेद उनका यश गाते हैं।

> *सुनु सीता तव नाम सुमिरि नारि पतिब्रत करहिं ।*
> *तोहि प्रानप्रिय राम कहिउँ कथा संसार हित ॥*

हे सीता! सुनो, तुम्हारा नाम ले-लेकर स्त्रियाँ पतिव्रत धर्म का पालन करेंगी। तुम्हें तो श्रीराम प्राणों के समान प्रिय हैं, यह कथा तो (पतिव्रत धर्म की) मैंने संसार की भलाई के लिए कही है।

श्रीसीताजी ने सब बातें बड़े ध्यान से सुनीं और परम सुख पाया, फिर उन्होंने आदरपूर्वक ऋषि पत्नी के चरणों में सिर नवाया। पर्याप्त सत्संग हो जाने के बाद कृपा की खान श्रीरघुनाथजी ने अत्रि मुनि से कहा, 'हे ऋषिवर! अब आज्ञा हो तो दूसरे वन को प्रस्थान करूँ।' इस पर मुनिजी बड़ी विनम्र वाणी में बोले, 'हे प्रभु! मेरे ऊपर अपनी कृपा सदा बनाए रखिएगा; अपना सेवक जानकर भुला मत दीजिएगा। ब्रह्मा, शिव और सनकादिक सभी परमार्थवादी तत्त्ववेत्ता, जिनकी कृपा चाहते हैं, हे रामजी! आप वही निष्काम पुरुषों के भी प्रिय और दीनों के बंधु भगवान हैं, जो इस प्रकार के कोमल वचन बोल रहे हैं।

'अब मैंने लक्ष्मीजी की चतुराई समझी, जिन्होंने सब देवताओं को छोड़कर आप ही को भजा। जिसके समान बड़ा कोई नहीं है, उसका शील भला ऐसा क्यों न होगा? मैं किस प्रकार कहूँ कि हे स्वामी! आप जाइए? हे नाथ! आप तो अंतर्यामी हैं। सब कुछ जानते हैं।' ऐसा कहकर धीर मुनि प्रभु को देखने लगे। मुनि के नेत्रों से प्रेमाश्रु बह रहे हैं, और शरीर पुलकित हो गया है। श्रीराम का सुंदर यश कलियुग के पापों का नाश करने वाला, मन को वश में करने वाला और सब दुःखों का नाशक है। जो लोग इसे आदरपूर्वक सुनते हैं, उन पर श्रीराम प्रसन्न रहते हैं।

विराध-वध

श्रीराम लक्ष्मण और सीताजी के साथ अगले वन में प्रवेश कर गये। श्रीरामजी आगे-आगे हैं। उनके पीछे सीताजी और उनके पीछे लक्ष्मणजी चल रहे हैं। दोनों ही मुनियों का सुंदर वेष धारण किए हुए हैं।

> *उभय बीच श्री सोहइ कैसी ।*
> *ब्रह्म जीव बिच माया जैसी॥*

तुलसीदास जी कहते हैं– उन दोनों के बीच श्रीजानकी जी वैसे ही सुशोभित हैं, जैसे ब्रह्म और जीव के बीच माया हो। नदी, वन, पर्वत और दुर्गम घाटियाँ, सभी अपने स्वामी को पहचानकर सुंदर रास्ता दे देते हैं। जहाँ-जहाँ श्रीरघुनाथजी जाते हैं, वहाँ-वहाँ बादल आकाश में छाया करते चलते हैं। रास्ते में वे आगे जा रहे थे कि मार्ग में उनका सामना एक विशालकाय राक्षस से हो गया। उसका नाम विराध था। उसने देखते ही राम-लक्ष्मण पर पत्थरों की वर्षा आरंभ कर दी। परन्तु प्रभु ने अपने बाणों से सभी पत्थरों को छिन्न-भिन्न कर डाला। तत्पश्चात् उन्होंने

विराध पर बाण चलाए, पर उन बाणों का कोई असर नहीं हुआ। वह भयंकर अट्टहास करता हुआ बोला, 'मूर्खो! मुझे किसी भी अस्त्र-शस्त्र से नहीं मारा जा सकता। मुझ पर किसी भी प्रकार के अस्त्र-शस्त्र निष्प्रभावी हैं। अब तुम मरने के लिए तैयार हो जाओ। मैं तुम्हें खाकर अपनी भूख मिटाऊँगा। फिर इस सुंदर स्त्री को अपनी पत्नी बना लूँगा।'

मूर्ख विराध ने अहंकार में भरकर स्वयं ही अपनी मृत्यु का मार्ग बता दिया। राम और लक्ष्मण जान चुके थे कि उसे मारने के लिए शारीरिक बल का प्रयोग करना पड़ेगा। उन्होंने अपने अस्त्र-शस्त्र एक ओर रख दिए और उसे गिराकर उस पर घूँसों के प्रचंड प्रहार करने लगे। विराध ने स्वयं को बचाने का भरसक प्रयास किया, परंतु उसका अंत समय आ गया था। देखते-ही-देखते उसने प्राण त्याग दिए।

विराध के मरते ही उसके शरीर से एक दिव्य पुरुष प्रकट हुआ और अपना परिचय देते हुए बोला, 'भगवन्! मैं कुबेर के दरबार का गंधर्व हूँ। एक बार किसी बात पर रुष्ट होकर कुबेर ने मुझे राक्षस हो जाने का शाप दे दिया था। मेरे अनुनय-विनय करने पर उन्होंने आपके द्वारा मेरी मुक्ति की राह बताई थी। तभी से मैं शाप-ग्रसित होकर राक्षस-योनि भोग रहा था। आज आपके स्पर्श से मैं शापमुक्त हो गया।' इसके बाद श्रीराम को प्रणाम करके गंधर्व अपने लोक को चला गया।

मुनि शरभंग से भेंट

विराध का उद्धार करके प्रभु श्रीराम अपने छोटे भाई लक्ष्मण तथा सीताजी के साथ वहाँ पहुँचे, जहाँ शरभंग ऋषि विराजमान थे। श्रीराम का दर्शन पाते ही ऋषि धन्य हो गये। मुनि बड़े आदरपूर्वक बोले, 'हे कृपालु रघुवीर! हे शंकरजी के मनरूपी सरोवर के राजहंस! सुनिए, मैं ब्रह्मलोक को जा रहा था, इतने में कानों में स्वर पड़ा कि श्रीरामजी वन में आएँगे, तब से मैं दिन-रात आपकी राह देख रहा हूँ। आज प्रभु को देखकर मेरी छाती शीतल हो गयी। हे नाथ! मैं सब साधनों से हीन हूँ, आपने अपना सेवक जानकर मुझ पर असीम कृपा की है। हे देव! मुझ पर कोई अहसान नहीं है। हे भक्त वत्सल! ऐसा करके आपने अपने प्रण की रक्षा की है। अब इस दीन के कल्याण के लिए तब तक यहाँ ठहरिए, जब तक मैं शरीर त्यागकर आपके धाम में न मिलूँ। योग, यज्ञ, तप, जप जो कुछ व्रत आदि भी मुनि ने किया था, वह सब प्रभु को समर्पण करके बदले में भक्ति का वरदान ले लिया। इस प्रकार दुर्लभ भक्ति प्राप्त करके, हृदय से आसक्ति छोड़कर मुनि शरभंग जी ने अपने लिए चिता तैयार की और उस पर जा बैठे।

फिर 'हे नील मेघ के समान शरीर वाले सगुण रूप रामजी! सीताजी और छोटे भाई लक्ष्मणजी सहित आप निरंतर मेरे हृदय में निवास कीजिए।' ऐसा कहकर शरभंगजी ने योगाग्नि से अपने शरीर को जला डाला और श्रीरामजी की कृपा से वे वैकुंठ को चले गये। मुनिजी भगवान में लीन इसलिए नहीं हुए कि उन्होंने पहले ही भेद-भक्ति का वर ले लिया था। ऋषि समूह ऋषि शरभंग की यह दुर्लभ गति देखकर अपने हृदय में सुखी हुए। समस्त मुनिवृंद श्रीरामजी की स्तुति कर रहे हैं और कह रहे हैं- शरणागत हितकारी करुणानंद प्रभु की जय हो।

श्रीराम की राक्षस वध की प्रतिज्ञा

ऋषि शरभंग को अपने धाम भेजकर प्रभु दंडक वन में आगे बढ़े। मुनियों के बहुत से समूह उनके साथ थे। रास्ते में एक जगह हड्डियों का ढेर देखकर प्रभु ठिठक गये। उन्होंने मुनियों से पूछा कि यह सब क्या है? इस पर मुनियों ने कहा, 'हे स्वामी! आप सर्वदर्शी और सबके हृदय को जानने वाले हैं। सब कुछ जानते हुए भी अनजान की तरह से पूछ रहे हैं। राक्षस दलों ने सब ऋषि-मुनियों को खा डाला है। ये सब उन्हीं की हड्डियों का ढेर है। यहाँ राक्षसों का भारी आतंक है। मानवभक्षी राक्षस यहाँ चारों ओर घूमते रहते हैं।' यह सुनते रघुवीर के नेत्रों में जल भर आया। उनकी आँखें करुणा के आँसुओं से भर गयीं।

निसिचर हीन करउँ महि भुज उठाइ पन कीन्ह ।
सकल मुनिन्ह के आश्रमन्हि जाइ जाइ सुख दीन्ह ॥

श्रीरामजी ने भुजा उठाकर प्रण किया कि मैं पृथ्वी को राक्षसों से रहित कर दूँगा। फिर समस्त मुनियों के आश्रमों में जा-जाकर उनको सुख दूँगा। अब कोई राक्षस इस धरा पर न रहने पाएगा, दुष्टें को उनके किए की सजा अवश्य मिलेगी।

सुतीक्ष्ण का प्रेम

राक्षसों को मिटाने की प्रतिज्ञा करके प्रभु श्रीराम वन में आगे बढ़े। मार्ग में मुनि अगस्त्यजी के एक परम ज्ञानी शिष्य थे, जिनका नाम था सुतीक्ष्ण। उनकी भगवान में अद्भुत प्रीति थी, वे मन, वचन और कर्म से श्रीरामजी के चरणों में ध्यान लगाए रहते थे। उन्हें स्वप्न में भी किसी दूसरे देवता का ध्यान नहीं आता था। उन्होंने ज्यों ही अपने कानों से प्रभु आगमन सुना, त्यों ही अनेक प्रकार के मनोरथ करते हुए वे आतुरता से दौड़ चले। हे विधाता! क्या दीनबंधु श्रीरामजी मुझ जैसे दुष्ट पर भी दया करेंगे? मैंने न तो सत्संग, योग, तप अथवा यज्ञ ही किए हैं और न प्रभु के चरण कमलों में मेरा दृढ़ अनुराग रहा है। हाँ, दया के भंडार प्रभु की एक आदत है कि जिसे किसी दूसरे का सहारा नहीं है, वह उन्हें प्रिय होता है। भगवान की इस आदत का स्मरण आते ही मुनि आनंद-मग्न होकर मन-ही-मन कहने लगे-अहा! भव बंधन से छुड़ाने वाले प्रभु के मुखारविंद को देखकर आज मेरे नेत्र सफल होंगे। उन्हें दिशा-विदिशा और रास्ता कुछ भी नहीं सूझ रहा है। मैं कौन हूँ और कहाँ जा रहा हूँ, यह भी नहीं जानते, वे कभी पीछे घूमकर फिर आगे चलने लगते हैं और कभी प्रभु के गुण गा-गाकर नाचने लगते हैं।

मुनि ने प्रगाढ़ प्रेमाभक्ति प्राप्त कर ली। प्रभु श्रीसीतारामजी वृक्ष की आड़ में छिपकर भक्त की प्रेम में उन्मत्त दशा को देख रहे हैं। मुनि का अत्यंत प्रेम देखकर भव भय को हरनेवाले श्रीरघुनाथजी मुनि के हृदय में प्रकट हो गये। हृदय में प्रभु के दर्शन पाकर मुनि बीच रास्ते में स्थिर होकर बैठ गये। उनका शरीर रोमांचित हो गया। तब श्रीरामजी उनके पास चले आए और अपने भक्त की

प्रेमदशा देखकर मन में बहुत प्रसन्न हुए। श्रीरामचन्द्रजी ने मुनि को बहुत प्रकार से जगाया, पर मुनि नहीं जागे; क्योंकि उन्हें प्रभु के ध्यान का सुख प्राप्त हो रहा था। तब प्रभु श्रीराम ने अपने संन्यासी रूप को छिपा लिया और उनके हृदय में अपना चतुर्भुज रूप प्रकट किया। तब अपने इष्ट स्वरूप के अंतर्धान होते ही मुनि वैसे व्याकुल होकर उठे, जैसे मणिधर सर्प मणि के बिना व्याकुल हो जाता है। मुनि ने अपने सामने सीताजी और लक्ष्मणजी सहित सुखधाम श्रीरामजी को देखा। तब प्रेम में मग्न होकर वे श्रीराम के चरणों में दंडवत् हो गये। श्रीराम ने उन्हें भुजाओं में भरकर उठाया और अपने हृदय से लगा लिया।

कृपालु श्रीरामचन्द्रजी मुनि से मिलते हुए ऐसे शोभित हो रहे थे, मानो सोने के वृक्ष से तमाल का वृक्ष गले लगकर मिल रहा हो। मुनि टकटकी लगाकर प्रभु का मुख देख रहे थे, फिर मुनि ने हृदय में धीरज धरकर बार-बार प्रभु को स्पर्श किया, फिर प्रभु को अपने आश्रम में लाकर अनेक प्रकार से पूजा की और विनती करने लगे–

श्याम तामरस दाम शरीरं । जटा मुकुट परिधन मुनिचीरं ॥
पाणि चाप शर कटि तूणीरं । नौमि निरंतर श्रीरघुवीरं ॥
अरुण नयन राजीव सुवेशं । सीता नयन चकोर निशेशं ।
हर हृदि मानस बाल मरालं । नौमि राम उर बाहु विशालं ॥

हे नीलकमल की माला के समान श्याम शरीर वाले! हे जटाओं का मुकुट और मुनियों के वस्त्र पहने हुए, हाथों में धनुष-बाण तथा कमर में तरकस कसे हुए श्रीरामजी! मैं आपको नमस्कार करता हूँ। हे लाल कमल के समान नेत्र और सुंदर वेषवाले! सीताजी के नेत्र चकोर के चंदप्रभा, शिवजी के हृदय रूपी मानसरोवर के बालहंस, विशाल हृदय और भुजावाले श्रीरामचन्द्रजी मैं आपको नमस्कार करता हूँ। यद्यपि आप निर्मल, व्यापक, अविनाशी और सबके हृदय में निरंतर निवास करने वाले हैं; तथापि हे खरारि श्रीरामजी! लक्ष्मणजी और सीताजी सहित इसी रूप में मेरे हृदय में निवास कीजिए।

मुनि के वचन सुनकर श्रीरामजी मन में अति प्रसन्न हुए। तब उन्होंने हर्षित होकर श्रेष्ठ मुनि को हृदय से लगा लिया। फिर बोले, 'हे मुनि! मुझे तो परम प्रसन्न जानो। जो वर माँगोगे, मैं वही दूँगा।' मुनि सुतीक्ष्ण बोले, 'प्रभु, मैंने तो वर कभी माँगा ही नहीं। मुझे तो समझ ही नहीं, क्या सत्य है और क्या झूठ है? रघुनाथजी! हे दासों को सुख देने वाले! आपको जो अच्छा लगे, वही दीजिए।' प्रभु ने कहा–हे मुने! तुम प्रगाढ़ भक्ति, वैराग्य, विज्ञान और समस्त गुणों तथा ज्ञान के निधान बन जाओ। तब मुनि बोले, 'प्रभु, आपने जो वरदान दिया; वह मैंने पा लिया। अब मुझे जो अच्छा लगता है, वह दीजिए–

अनुज जानकी सहित प्रभु चाप बान धर राम ।
मम हिय गगन इंदु इव बसहु सदा निहकाम ॥

हे प्रभो! हे श्रीराम! छोटे भाई लक्ष्मणजी और सीताजी सहित आप निष्काम होकर मेरे हृदयरूपी आकाश में चंद्रमा के समान सदा निवास कीजिए।

ऋषि अगस्त्य-राम संवाद

'एवमस्तु' कहकर श्रीराम हर्षित होकर अगस्त्य ऋषि के पास चले। सुतीक्ष्ण बोले कि प्रभु मैं भी आपके साथ गुरु के पास चलता हूँ। रास्ते में अनुपम भक्ति का वर्णन करते हुए श्रीरामजी अगस्त्य ऋषि के आश्रम पर पहुँचे। सुतीक्ष्ण तुरंत गुरु के पास गये और दंडवत् करके बोले, 'हे नाथ! अयोध्या के राजा दशरथ पुत्र श्रीरामचन्द्रजी छोटे भाई लक्ष्मणजी और सीताजी के साथ आपसे मिलने आए हैं। हे देव! जिनका आप रात-दिन जाप करते रहते हैं।'

यह सुनते ही अगस्त्यजी तुरंत ही उठ खड़े हुए। भगवान को देखते ही उनके नेत्रों में उमंग के अश्रु भर आए। दोनों भाई मुनि के चरणों पर गिर पड़े। ऋषि ने दोनों भाइयों को उठाकर बड़े प्रेम से हृदय से लगा लिया। ज्ञानी मुनि ने आदरपूर्वक कुशल आदि पूछकर उन्हें श्रेष्ठ आसन पर बिठाया। फिर बहुत प्रकार से प्रभु की पूजा करने के पश्चात् हर्षित स्वर में बोले, कि मेरे समान भाग्यवान आज कोई नहीं है। वहाँ जितने भी अन्य मुनि-ऋषि थे, सभी श्रीरामजी के दर्शन करके हर्षित हो गये। मुनियों के समूह में श्रीरामचन्द्रजी सब की ओर सम्मुख होकर बैठे हैं, यानि प्रत्येक मुनि को श्रीराम अपने ही सामने मुख करके बैठे दिखाई देते हैं और सब मुनि टकटकी लगाए उनके मुख को देख रहे हैं। ऐसा जान पड़ता है, मानो चकोरों का समुदाय शरद्पूर्णिमा के चंद्रमा की ओर देख रहा हो। तब श्रीरामजी ने मुनि से कहा, 'हे प्रभो! आप से तो कुछ छिपा हुआ नहीं है। मैं जिस कारण से आया हूँ, वह आप जानते ही हैं। इसी से हे तात! मैंने आप से विस्तार से कुछ नहीं कहा। हे प्रभो! अब आप वही सलाह दीजिए, जिससे मैं ऋषि-मुनियों के द्रोही राक्षसों का संहार कर सकूँ।' प्रभु की वाणी सुनकर मुनि मुसकराए और बोले, 'हे नाथ! आपने क्या समझकर मुझसे यह प्रश्न किया है? हे पापों का नाश करने वाले! मैं तो आपके भजन ही के प्रभाव से आपकी थोड़ी-सी महिमा जानता हूँ। आपकी माया गूलर वृक्ष के समान है, अनेकों ब्रह्मांडों के समूह जिसके फल हैं। हे कृपा के धाम! मैं तो यह वर माँगता हूँ, आप श्रीसीताजी और छोटे भाई सहित मेरे हृदय में निवास कीजिए।

'हे प्रभो! मुझे प्रगाढ़ भक्ति, वैराग्य, सत्संग और आपके चरणकमलों में अटूट प्रेम प्राप्त हो। यद्यपि मैं आपके स्वरूप को जानता हूँ और उसका वर्णन भी करता हूँ। आप सेवकों की सदा ही बड़ाई किया करते हैं। इसी से हे रघुनाथजी! आपने मुझसे पूछा है। हे प्रभो! एक परम मनोहर और पवित्र स्थान पंचवटी है। हे प्रभो! आप दंडक वन को पवित्र कीजिए और श्रेष्ठ मुनि गौतमजी के कठोर

शाप को नष्ट कीजिए। हे रघुकुल के स्वामी! आप सब मुनियों पर दया करके वहीं निवास कीजिए।'

श्रीराम का पंचवटी पर निवास

मुनि अगस्त्य की बात सुनकर और उनकी आज्ञा पाकर श्रीरामचन्द्रजी वहाँ से चल दिए और शीघ्र ही पंचवटी के निकट पहुँच गये। वहीं पर गृध्रराज जटायु से भेट हुई। उनके साथ बहुत प्रकार से प्रेम बढ़ाकर प्रभु श्रीरामचन्द्रजी गोदावरी नदी के समीप पर्णकुटी बनाकर रहने लगे। जब से श्रीराम ने वहाँ निवास किया, तब से मुनि वृंद सुखी हो गये, उनका डर दूर हो गया। पर्वत, वन, नदी और तालाब शोभा से छा गये, वे दिनोदिन अधिक सुहाने लगने लगे। पशुओं और पक्षियों के समूह आनंदित रहते हैं और भौंरे मधुर गुंजार करते हुए शोभा पा रहे हैं। जहां प्रत्यक्ष श्रीरामजी विराजमान हैं, उस जगह का वर्णन सर्पराज शेषजी भी नहीं कर सकते।

प्रभु राम का लक्ष्मण को उपदेश

प्रभु श्रीरामजी सुख से बैठे हुए थे। उस समय लक्ष्मणजी ने उनसे छलरहित वचन कहे–'हे देवता, मनुष्य, मुनि और चराचर के स्वामी! मैं अपना स्वामी समझकर आपसे पूछता हूँ। हे देव! मुझे समझाकर कहिए। जिससे आपके चरणों में मेरी प्रीति हो और शोक, मोह तथा भ्रम नष्ट हो जाये।'

तब श्रीरामचन्द्रजी ने कहा, 'हे तात! मैं संक्षेप में ही सब रहस्य कहता हूँ, तुम मन और बुद्धि लगाकर सुनो। मैं और मेरा, तू और तेरा– यही सब तो माया है, जिसने समस्त जीवों को वश में कर रखा है। इंद्रियों के विषयों को और जहाँ तक मन की पहुँच है, हे भाई, उस सब को माया ही समझो। उसके भी एक विद्या, दूसरी अविद्या–इन दोनों भेदों के बारे में सुनो–

एक दुष्ट अतिसय दुखरूपा । जा बस जीव पर भवकूपा ॥
एक रचइ जग गुन बस जाकें । प्रभु प्रेरित नहिं निज बल ताकें ॥

एक अविद्या दुष्ट (दोषयुक्त) है और अत्यंत दुःखदाई है, जिसके वश में होकर जीव संसार रूपी कुएँ में पड़ा हुआ है, और एक (विद्या), जिसके वश में गुण है और जो संसार की रचना करती है, वह प्रभु से प्रेरित होती है, उसका अपना बल कुछ भी नहीं है। ज्ञान वह है, जिसमें मान आदि एक भी दोष नहीं है और सब में समान रूप से ब्रह्मा को देखता है। हे तात! उसी को परम वैरागी कहना चाहिए, जो सारी सिद्धियों को और तीनों गुणों को तिनके के समान त्याग चुका हो।

'और भाई! जो माया को, ईश्वर को, और अपने स्वरूप को नहीं जानता, उसे जीव कहना चाहिए। जो कर्मानुसार बंधन और मोक्ष देने वाला है, सबसे परे और माया का प्रेरक है, वह ईश्वर है। धर्म के आचरण से वैराग्य और योग से ज्ञान होता है तथा ज्ञान मोक्ष को देने वाला है–ऐसा वेदों में वर्णित है और हे भाई! जिससे मैं शीघ्र ही प्रसन्न होता हूँ, वह मेरी भक्ति है, जो भक्तों को सुख देने वाली है। वह भक्ति स्वतंत्र है, उसके ज्ञान–विज्ञान आदि किसी दूसरे साधन का सहारा नहीं है। ज्ञान और विज्ञान तो उसके अधीन है। हे तात! भक्ति अनुपम एवं सुख का मूल है, और वह तशी मिलती है, जब संत प्रसन्न होते हैं, अनुकूल होते हैं।'

भगति कि साधन कहउँ बखानी । सुगम पंच मोहि पावहिं प्रानी ॥
प्रथमहिं बिप्र चरन अति प्रीती । निज निज कर्म निरत श्रुति रीति ॥

हे लक्ष्मण! अब मैं भक्ति के साधन विस्तार से कहता हूँ–यह सुगम मार्ग है, जिससे जीव मुझे सहज ही पा जाते हैं। पहले तो ब्राह्मणों के चरणों में अत्यंत प्रीति हो और वेद की रीति के अनुसार अपने–अपने कर्मों में लगा रहे। इसका फल, फिर विषयों से वैराग्य होगा, तब वैराग्य होने पर भगवत् धर्म में प्रेम उत्पन्न होगा,

तब श्रवण आदि नौ प्रकार की भक्तियाँ मजबूत होंगी और मन में मेरी लीलाओं के प्रति अत्यंत प्रेम होगा। जिसका संतों के चरणों में अत्यंत प्रेम हो; मन, वचन और कर्म से भजन का दृढ़ नियम हो और जो मुझको ही गुरु, पिता, माता, भाई, पति और देवता—सब कुछ जाने और सेवा में डटा रहने वाला हो।

मम गुन गावत पुलक सरीरा । गदगद गिरा नयन बह नीरा ॥
काम आदि मद दंभ न जाकें । तात निरंतर बस मैं ताकें ॥

मेरा गुण गाते समय जिसका शरीर पुलकित हो जाये, वाणी गद्‌गद हो जाये और नेत्रों से प्रेमाश्रुओं का झरना बहने लगे और काम, मद, दंभ आदि जिसमें न हो, हे भाई! मैं सदा उनके वश में रहता हूँ। जिनको कर्म, वचन और मन से मेरी ही गति है, जो निष्काम भाव से मेरा भजन करते हैं। उनके हृदय-कमल में मैं सदा विश्राम किया करता हूँ।

श्रीरामचन्द्रजी के श्रीमुख से इस भक्तियोग को सुनकर लक्ष्मणजी ने अत्यंत सुख पाया और उन्होंने प्रभु श्रीराम के चरणों में सिर नवाया। इस प्रकार वैराग्य, ज्ञान, गुण और नीति कहते हुए कुछ दिन बीत गये।

शूर्पणखा प्रसंग

प्रभु राम छोटे भाई लक्ष्मण और सीताजी साथ पंचवटी पर सुखपूर्वक रह रहे थे। एब बार लंका के राजा रावण की बहन शूर्पणखा राक्षसी उधर घूमने आ निकली। जो नागिन के समान भयानक और दुष्ट हृदय की थी। दोनों राजकुमारों को देखकर वह काम से पड़ित हो गयी। वह सुंदर रूप धरकर प्रभु के पास गयी और मुसकराकर ललचाए स्वर में बोली, 'इस संसार में न तो तुम्हारे समान कोई पुरुष है और न मेरे समान स्त्री। विधाता ने हम दोनों का जोड़ा बहुत विचारकर रचा है। मेरे योग्य पुरुष संसार भर में नहीं है, मैंने तीनों लोकों को खोज डाला है। इसी कारण मैं अभी तक कुमारी हूँ, बल्कि अविवाहित भटक रही हूँ। अब तुमको देखकर मेरी भागदौड़ यानी खोज पूरी हुई है।'

श्रीराम ने सीता की ओर संकेत किया और हँसते हुए बोले, 'सुंदरी! मेरा तो विवाह हो चुका है और मैंने एकपत्नी-व्रत धारण कर रखा है। इसलिए मैं तुम्हारी यह इच्छा पूर्ण नहीं कर सकता। तुम चाहो तो मेरे छोटे भाई से पूछ सकती हो। वह भी मेरे समान ही सुंदर और शक्तिशाली है।'

शूर्पणखा ने लक्ष्मण को देखा तो उसका मन उनकी ओर आकृष्ट हो गया। उसने लक्ष्मण से अपने मन की बात बताते हुए विवाह की इच्छा प्रकट की।

लक्ष्मण परिहास करते हुए बोले, 'सुंदरी! मैं तो केवल दास हूँ। तुम राजकुमारी होकर एक दास से विवाह कैसे कर सकती हो? इसलिए तुम श्रीराम से ही विवाह का निवेदन करो। वे तुम्हारी इच्छा अवश्य पूर्ण करेंगे।'

इस प्रकार श्रीराम और लक्ष्मण ने शूर्पणखा का प्रणय-निवेदन अस्वीकार कर दिया। तब अपमान से क्रोधित शूर्पणखा अपने वास्तविक रूप में आ गयी और गरजते हुए बोली, 'राम, तुमने इस स्त्री के लिए मेरा अपमान किया है, मैं इसे अभी खा जाऊँगी।' वह मुँह फाड़कर सीता की ओर लपकी।

यह देखकर श्रीराम ने लक्ष्मण को प्रतिकार के लिए संकेत किया। संकेत पाते ही लक्ष्मण ने तलवार से शूर्पणखा के नाक-कान काट डाले।

खर-दूषण का वध

बिना नाक-कान के शूर्पणखा और भी विकराल हो गयी। उसके शरीर से रक्त इस प्रकार बहने लगा, मानो काले पर्वत से गेरू की धारा बह रही हो। वह विलाप करती हुई खर-दूषण के पास गयी, जो उसी जंगल में विशाल सेना के साथ रहते थे। उसने अपने भाई खर-दूषण को कहा, 'हे भाई! तुम्हारे पौरुष को धिक्कार है, तुम्हारे बल को धिक्कार है।' उनके पूछने पर शूर्पणखा ने सविस्तार बताया कि वन में आये दो वनवासियों ने मेरी यह हालत बनाई है।

इतना सुनते ही राक्षसों के झुंड के झुंड दौड़ पड़े, मानो पंखधारी काले पर्वतों के झुंड हों। अनेकों प्रकार की सवारियों पर चढ़कर अनेक प्रकार की सूरत वाले राक्षस तैयार हो गये। उन्होंने नाक-कान कटी हुई शूर्पणखा को आगे कर लिया। गरजते जाते हैं और ललकारते हैं, कुछ आकाश में उड़ते हैं। सेना देखकर योद्धा लोग बहुत ही हर्षित होते हैं। कोई कहता है—दोंनो भाइयों को जिंदा ही पकड़ लो; पकड़कर मार डालो और उनकी स्त्री को छीन लो। सारा आकाश धूल से भर गया। तब श्रीरामजी ने लक्ष्मणजी को पास बुलाकर कहा, 'लक्ष्मण! राक्षसों की भयानक सेना निकट आ गयी है। जानकीजी को लेकर तुम पर्वत की कंदरा में चले जाओ; परन्तु सावधान रहना।' प्रभु के वचन सुनकर लक्ष्मणजी हाथ में धनुष-बाण लिये श्रीसीताजी को लेकर चले।

राक्षसों की सेना नजदीक पहुँच रही थी, यह देखकर श्रीरामचन्द्रजी हँसने लगे। फिर उन्होंने अपने धनुष को चढ़ाया और अपनी जटाजूट ठीक करके बाँधी। इस समय प्रभु श्रीराम ऐसे शोभायमान हो रहे हैं, जैसे मरकतमणि (पन्ना) के पर्वत पर करोड़ों बिजलियों से दो साँप लड़ रहे हों। कमर में तरकस कसकर, विशाल बाहुओं में धनुष लेकर और बाण को सँभालकर प्रभु राक्षसों की ओर ऐसे लखा रहे हैं, मानो मतवाले हाथियों के समूह को आता देखकर सिंह उनकी ओर देख रहा हो अब क्या था, 'पकड़ो-पकड़ो' की हाँक लगाते हुए राक्षस योद्धा बड़ी तेजी से दौड़ते हुए आ डटे और श्रीराम को उन्होंने चारों ओर से घेर लिया।

सौंदर्य और माधुर्य की मूर्ति प्रभु श्रीरामजी को देखकर राक्षसों की सेना चकित रह गयी। वे सब उन पर बाण नहीं चला सके। तब अपने मंत्री को बुलाकर खर-दूषण ने कहा, 'यह राजकुमार तो कोई मनुष्यों का भूषण है। जितने भी नाग, असुर देवता, मनुष्य और मुनि हैं, उनमें से हमने न जाने कितने ही देखे, कितने ही जीते और कितने ही मार डाले हैं; पर हे भाइयो! सुनो, आज तक के जीवन

में हमने ऐसी सुंदरता नहीं देखी। यद्यपि इन्होंने हमारी बहिन को कुरूप किया है, फिर भी ये अनुपम पुरुष मार डालने योग्य नहीं हैं। अरे सुनो! तुम अपनी छिपी हुई स्त्री को हमें दे दो और दोनों भाई जीते-जी घर लौट जाओ! मेरा कथन तुम लोग उस वनवासी को सुनाओ और उसका उत्तर लेकर शीघ्र लौटकर आओ।'

दूतों ने जाकर यह कथन श्रीरामचन्द्रजी से कहा, उसे सुनते ही श्रीरामचन्द्रजी मुसकराकर बोले-'हम क्षत्रिय हैं, वन में शिकार करते हैं और तुम्हारे जैसे दुष्ट पशुओं को ही तो ढूढ़ते फिरते हैं। हम बलवान शत्रु को देखकर नहीं डरते। लड़ने को आगे आये तो एक बार तो हम काल से भी लड़ सकते हैं। यद्यपि हम मनुष्य हैं; परन्तु दैत्य कुल का नाश करने वाले और ऋषि-मुनियों की रक्षा करने वाले हैं। हम बेशक बालक हैं, परन्तु दुष्टों को दंड देने वाले हैं। यदि थक-हार गये हो तो घर को लौट जाओ। युद्ध में पीठ दिखानेवाले पर मैं कभी वार नहीं करता और न ही उसे मारता हूँ। युद्धभूमि में आकर छल-कपट और चतुराई करना तथा शत्रु पर दया दिखाना या कृपा करना तो बड़ी भारी कायरता है।'

दूतों ने लौटकर तुरंत सब बातें खर-दूषण को सुनाई। जिन्हें सुनकर दोनों राक्षसों का हृदय जल उठा, उन्हें बड़ा क्रोध आया। तब उन दोनों ने ललकार कर कहा, 'अरे, पकड़ लो उसको और बाँधकर ले चलो।' इतना सुनकर भयानक राक्षस योद्धा धनुष-बाण, तोमर, शक्ति, बरछी, कटार, और फरसा लेकर दौड़ पड़े। यह देखकर प्रभु श्रीरामचन्द्रजी ने पहले धनुष का बड़ा ही भयानक टंकार किया। जिसे सुनकर राक्षस बहरे से और व्याकुल हो गये। उस समय उनको कुछ भी होशोहवास न रहा। फिर थोड़ा सावधान होकर दौड़े और प्रभु श्रीरामचन्द्रजी के ऊपर अपने-अपने अस्त्र-शस्त्रों से वार करने लगे। प्रभु श्रीराम ने देखते-ही-देखते उनके हथियारों को टुकड़े-टुकड़े कर दिये। फिर उन्होंने कान तक धनुष को तानकर अपने बाण छोड़े, तब श्रीराम के वे भयानक बाण ऐसे चले, मानो फुफकारते हुए बहुत से नाग जा रहे हों। श्रीरामजी युद्ध में क्रुद्ध हो गये और अत्यंत तीक्ष्ण बाण चलाने लगे।

युद्ध की बीभत्सता

अत्यंत तीक्ष्ण और भयानक बाणों की मार से घबराकर राक्षस पीठ दिखाकर भागने लगे। तब खर-दूषण और त्रिशिरा-तीनों भाई अत्यंत गुस्से में बोले, 'जो राक्षस रण से भागकर जायेगा, हम उसको अपने हाथों से मार डालेंगे।' इनता सुनकर मृत्यु को अवश्यंभावी जान भागते हुए राक्षस लौट पड़े और फिर सब मिलकर श्रीरामचन्द्रजी पर प्रहार करने लगे। राक्षसों को अत्यंत गुस्से में देखकर प्रभु श्रीराम ने धनुष पर बाण चढ़ाकर बहुत से बाण एक साथ छोड़े, जिससे भयानक राक्षस कटकर गिरने लगे। उनके अंग छाती, सिर, भुजा, हाथ और पैर जहाँ-तहाँ पृथ्वी पर गिरने लगे। बाण लगते ही राक्षस हाथी की तरह चिंघाड़ते। उनके पहाड़ के समान धड़ कटकर गिर रहे थे। उनके शरीर के सैकड़ों टुकड़े हो जाते थे। परन्तु

वे माया रचकर फिर खड़े हो जाते थे। युद्ध का पूरा दृश्य इतना बीभत्स है कि आकाश में बहुत सी भुजायें और सिर उड़ने लगे तथा बिना सिर के ही धड़ दौड़ते हुए दिखाई पड़ने लगे। चील, कौए आदि पक्षी और सियार भयंकर 'कट-कट' शब्द कर रहे थे।

कटकटहिं जंबुक भूत प्रेत पिसाच रूर्पर संचहीं।
बेताल बीर कपाल ताल बजाहू जोगिन नंचहीं ॥
रघुबीर बान प्रचंड खंडहिं भटन्ह के उर भुज सिरा।
जहँ तहँ परहिं उठि लरहिं धर धरु करहिं भयकर गिरा ॥

अर्थात् सियार कटकटाते हैं; भूत, प्रेत और पिशाच खोपड़ियाँ बटोर रहे हैं। यानी खप्पर भर रहे हैं। वीर वैताल खोपड़ियों पर ताल दे रहे हैं और योगिनियाँ नाच रही हैं। श्रीरघुवीर के प्रचंड बाण योद्धाओं के वक्षःस्थल, भुजा और सिरों के टुकड़े-टुकड़े कर डालते हैं। उनके धड़ जहाँ-तहाँ गिर पड़ते हैं और लड़ने लगते हैं, और फिर से 'पकड़ो-पकड़ो का भयंकर कोलाहल करते हैं।

राक्षसों की अँतड़ियों के एक छोर को पकड़कर गिद्ध उड़ते हैं और उन्हीं का दूसरा सिरा पकड़े पिशाच दौड़ते हैं। ऐसा मालूम होता है, मानो संग्राम रूपी नगर के निवासी बहुत से बालक पतंग उड़ा रहे हों। अनेक राक्षस योद्धा मारे गये। बहुत से, जिनके हृदय विदीर्ण हो गये हैं, समर-भूमि में पड़े कराह रहे हैं। अपनी सेना को व्याकुल देखकर त्रिशिरा और खर-दूषण श्रीरामजी की ओर मुड़े। अनगिनत राक्षस क्रोध करके बाण, शक्ति तोमर, फरसा, शूल और कृपाण एक ही बार में श्रीरामचन्द्रजी पर छोड़ने लगे। लेकिन प्रभु ने पल भर में शत्रुओं के अस्त्र-शस्त्रों को काटकर और ललकारते हुए उन पर अपने बाण छोड़े। प्रभु ने सब राक्षस-सेनापतियों के हृदय में दस-दस बाण मारे।

महि परत उठि भट भिरत मरत न करत माया अति घनी ।
सुर डरत चौदह सहस प्रेत बिलोकि एक अवध धनी ॥
सुर मुनि सभय प्रभु देखि मायानाथ अति कौतुक कर्‌यो ।
देखहिं परसरपर राम करि संग्राम रिपुदल लरि मर्‌यो ॥

राक्षस-योद्धा पृथ्वी पर गिर पड़ते हैं, फिर उठकर भिड़ जाते हैं। मरते नहीं, तरह-तरह की माया रचते हैं। यह सब देखकर देवता डरते हैं कि राक्षस तो चौदह हजार की संख्या में हैं और प्रभु अकेले ही हैं। देवता और मुनियों को भयभीत देखकर माया के स्वामी प्रभु राम ने उस समय एक बड़ा ही कौतुक किया, जिससे राक्षस सेना एक-दूसरे को राम के रूप में देखने लगी और आपस में ही युद्ध करके लड़ने लगी। चारों ओर यही 'राम है, यही-यही, इसे मारो' का शोर हो रहा है। राम-राम कहकर राक्षस शरीर छोड़ते हैं और मोक्ष को पा जाते हैं। श्रीरामचन्द्रजी ने जैसे को तैसा का जवाब देकर क्षण भर में ही सभी शत्रुओं

को मार डाला। श्रीरामजी की विजय देखकर देवता हर्षित होकर फूल बरसाते हैं। आकाश में खुशी के नगाड़े बज रहे हैं। फिर वे सब प्रभु की स्तुति करके अपने-अपने धाम को चले गये।

शूर्पणखा का रावण के दरबार में जाना

जब श्रीरघुनाथजी ने युद्ध में राक्षसों को जीत लिया तो देवता, मनुष्य और मुनि सबके मन का भय दूर हो गया। खर-दूषण और त्रिशिरा युद्ध में मारे गये, तब लक्ष्मणजी सीताजी को वहाँ लेकर आ गये और प्रभु के चरणों में पड़ गये। प्रभु ने उन्हें प्रसन्नतापूर्वक उठाकर गले से लगा लिया। सीताजी भी श्रीरघुवीर के श्यामल और कोमल शरीर को बड़े प्रेमपूर्वक देखने लगीं है। इस प्रकार पंचवटी पर बसकर प्रभु देवताओं और मुनियों को सुख-आनंद देने वाली लीलाएँ करने लगे।

खर-दूषण भाइयों के मारे जाने पर शूर्पणखा बड़ी हताश हुई, अब वह यह सब बताने के लिए अपने भाई रावण के दरबार में पहुँची। उसनें रावण को तरह-तरह के वचन बोलकर भड़काया। फिर रावण को ललकारते हुए बोली, 'अरे भाई! तुम राज्य और खजाने में सबको भूल बैठे हो। तुम्हारे राज्य में क्या उत्पात हो रहा है, तुम्हें तो कुछ पता नहीं है? तुम शराब पीकर दिन-रात सोए पड़े रहते हो, तुम्हें खबर ही नहीं कि शत्रु तुम्हारे सिर पर आ खड़ा हुआ है। नीति के बिना राज्य और धर्म के बिना धन प्राप्त करने से, भगवान को समर्पण किए बिना उत्तम कर्म करने से और विवेक उत्पन्न किए बिना पढ़ने से परिणाम में शून्य ही हाथ लगता है। विषयों के संग से संन्यासी, बुरी सलाह से राजा, मान से ज्ञान, मदिरा पान से लज्जा, नम्रता न होने से प्रीति और अहंकार से गुणवान भी शीघ्र ही नष्ट हो जाते हैं, इस प्रकार की नीति सदा से चली आ रही है।

करसि पान सोवसि दिनु राती । सुधि नहिं तव सिर पर आराती ॥
राजनीति बिनु धन बिनु धर्मा । हरिहि समर्पे बिनु सतकर्मा ॥
बिद्या बिनु बिबेक उपजाएँ । श्रम फल पढ़ें किएँ अरु पाएँ ।
संग तें जती कुमंत्र ते राजा । माने ते ग्यान पान तें लाजा ॥

अरे रावण! शत्रु, रोग, अग्नि, पाप, स्वामी और सर्प को छोटा नहीं समझना चाहिए; और भी जली-कटी सुनाकर वह अनेक प्रकार से विलाप कर रोने लगी। रावण की सभा के बीच व्याकुल होकर पड़ी शूर्पणखा यह कहकर विलाप करने लगी, अरे दशग्रीव! तेरे जीते-जी मेरी कैसी दुर्दशा कर दी गयी है। तुम्हें देखकर भी कोप नहीं होता?

रावण की प्रतिक्रिया

शूर्पणखा के ऐसे कटु वचन सुनते ही सभासद अकुला उठे। उन्होंने शूर्पणखा की बाँह पकड़कर उसे उठाया और समझाने लगे। फिर लंकापति रावण ने कहा, 'अरी बहन! पूरी बात तो बता, ये तेरे नाक-कान किसने काट लिये? तेरी ऐसी हालत किसने बनाई है?'

शूर्पणखा सुबकते हुए बोली, 'भाई, क्या बताऊँ। अयोध्या के राजा दशरथ के पुत्र यहाँ हमारे वन में शिकार खेलने आए हैं। मुझे तो उनकी करतूत से ऐसा जान पड़ा है कि वे इस पृथ्वी को राक्षसों से विहीन कर देंगे। हे दसमुख! उनकी भुजाओं का बल पाकर अब ऋषि-मुनि निर्भय होकर विचरण करने लगे हैं; वे देखने में तो बालक से लगते हैं, पर हैं बिल्कुल काल के समान। वे बड़े धीर, श्रेष्ठ धनुर्धर और अनेक गुणों से युक्त हैं। उन दोनों भाइयों का बल और प्रताप अतुलनीय है। वे दुष्टों का वध करने में लगे हैं, वे देवता और मुनियों को सुख दे रहे हैं। उनमें एक का नाम 'राम' है। उनके साथ एक अत्यंत सुन्दरी स्त्री भी है, वह तो अनुपम सुंदरी है, रति से भी कहीं बढ़कर। उन्हीं के छोटे भाई ने मेरे नाक-कान काटे हैं। अरे! मैं तेरी बहन हूँ, यह सुनकर तो वे तेरी हँसी उड़ाने लगे। मेरी पुकार सुनकर खर-दूषण सहायता करने आए। पर उन्होंने क्षणभर में ही सारी सेना को मार डाला।' खर-दूषण और त्रिशिरा का वध सुनकर रावण के तन-बदन में आग लग गयी। उसने शूर्पणखा को दिलासा दी। हिम्मत बँधाई कि अभी उन वनवासियों ने मेरे बल को नहीं देखा है। इस अपमान का उन्हें अच्छा सबक सिखाऊँगा। परन्तु मन में बड़ा चिंतातुर होकर अपने महल में चला गया। इसी फ्रिक में उसे रात भर नींद नहीं आई।

रावण मन-ही-मन विचार करने लगा कि देवता, मनुष्य, असुर, नाग और पक्षियों में कोई ऐसा नहीं, जो मेरी ओर आँख उठाकर भी देख सके और फिर खर-दूषण कोई साधारण योद्धा नहीं थे, वे तो मेरे समान ही बलशाली थे। उन्हें भगवान के सिवा और कौन मार सकता है? मनुष्य की इतनी हिम्मत कहाँ? यदि देवताओं को आनंद देने वाले भगवान ने अवतार ले लिया है, तो मैं जरूर उनसे हठपूर्वक वैर करूँगा और प्रभु के बाण से प्राण त्यागकर भवसागर से तर जाऊँगा और दूसरी बात यह भी है कि इस तामस शरीर से भजन तो होगा नहीं, अतः मन, वचन एवं कर्म से यही दृढ़ निश्चय है कि उनसे वैर ठानूँ। यदि वे कोई राजकुमार होंगे तो उन दोनों को रण में जीतकर मैं उनकी सुंदर स्त्री को हर लाऊँगा।

मारीच प्रसंग

इस प्रकार से तरह-तरह के विचार करता हुआ रावण अपने रथ पर आरूढ़ होकर अकेला ही उस ओर चला, जहाँ समुद्र के तट पर मारीच रहता था। इस प्रकार से रामकथा सुनाते हुए भगवान भोले शंकर बोले कि हे पार्वती, सुनो! उधर प्रभु राम ने कैसी लीला रची।

पंचवटी पर रहते हुए एक दिन लक्ष्मणजी जब कंद-मूल और फल लेने के लिए वन में गये तब अकेले में सुख की खान श्रीरामचन्द्रजी हँसकर जानकीजी से बोले, 'हे प्रिये! हे पतिव्रत धर्म का पालन करने वाली सुशीले! सुनो, अब मैं कुछ मनोहर मनुष्य-लीला करूँगा। इसलिए जब तक मैं राक्षसों का नाश करूँ, तब तक तुम अग्नि में निवास करो।'

**सुनहु प्रिया ब्रत रुचिर सुशीला। मैं कछु करबि ललित नरलीला॥
तुम्ह पावक महुँ करहु निवासा। जौ लगि करौं निसाचर नासा॥**

श्रीरामचन्द्रजी ने ज्यों ही यह सब समझाकर कहा, त्योंही श्री सीताजी प्रभु के चरणों को हृदय में धारण करके अग्नि में समा गईं। सीताजी ने अपनी ही छायामूर्ति वहाँ छोड़ दी, जो उनके जैसे ही शील-स्वभाव, रूपवाली तथा वैसी ही विनम्र थी। प्रभु श्रीरामचन्द्र जी ने जो लीला रची, इस लीला के रहस्य को लक्ष्मण जी भी नहीं जान पाए।

उधर रावण मारीच के पास पहुँचा और उसको झुककर प्रणाम किया। नीच की नम्रता या उसका किसी के सामने झुकना भी अत्यंत दुःखदायी होता है, जैसे कि अंकुश, धनुष, साँप और बिल्ली का झुकना। दुष्ट की मीठी वाणी भी उसी प्रकार से भय देने वाली होती है, जैसे बिना ऋतु के फूल। अब मारीच ने अतिथि रावण की पूजा करके आदरपूर्वक पूछा, 'हे तात! आज आप मुझ गरीब के द्वार पर! मुझे ही बुलावा भेज दिया होता, तो मैं खुद चलकर आपके पास आ जाता। खैर, आपका मन इतना खिन्न क्यों हैं? और आप अकेले ही आये हैं? लगता है, जरूर कोई विशेष प्रयोजन है, जिसके लिए दशानन को स्वयं यहाँ चलकर आना पड़ा।'

रावण-मारीच संवाद

तब अभागे रावण ने शर्पूणखा के नाक और कान के काटे जाने की सारी कथा अभिमान सहित मारीच को कह सुनाई। फिर बड़े ही आग्रह के साथ बोला, 'मारीच, तुम छल विद्या में अत्यंत प्रवीण हो, मेरी इच्छा है कि तुम कपट-मृग बन जाओ, और ऐसा छल करो कि जिससे मैं उनकी सुंदर स्त्री को हर लाऊँ। क्या इस कार्य में तुम मेरी मदद कर सकते हो?'

रावण की ऐसी बातें सुनकर मारीच बोला, 'हे दशानन! सुनिए, वे मनुष्य रूप में समस्त संसार के स्वामी हैं, उनसे वैर न कीजिए। जीना और मरना तो उन्हीं के हाथ है। आपको ज्ञात होना चाहिए, यही राजकुमार मुनि विश्वामित्र के यज्ञ की रक्षा के लिए गये थे। उस समय श्री रघुनाथजी ने बिना फलवाला बाण मुझे मारा था, जिससे मैं क्षणभर में सौ योजन दूर आकर पड़ा था। उनसे वैर ठानने में भलाई नहीं है।

'रावण, देखो! मेरी दशा तो भृंगी के कीड़े जैसी हो गयी है। अब तो मैं जहाँ-तहाँ श्रीराम-लक्ष्मण, उन दोनों भाइयों को ही देखता हूँ। हे तात! अगर वे मानव हैं, तो बड़े शूरवीर हैं। उन पर विजय प्राप्त करना आसान नहीं। अरे, जिसने ताड़का और सुबाहु को मारा, शिव के धनुष को तिनके के समान तोड़ डाला, खर-दूषण और त्रिशिरा का वध कर डाला, ऐसा प्रचंड बली कोई मनुष्य हो सकता है। निश्चय ही वे साक्षात् भगवान हैं क्या। अतः हे रावण! अपने कुल की कुशलता चाहते हो तो यहीं से अपने घर लौट जाओ।'

मारीच की नीतियुक्त बातें सुनकर रावण का दिल जल उठा। क्रोध में आकर वह मारीच को गालियाँ देने लगा, फिर कड़े शब्दों में बोला, 'अरे मूर्ख! तू गुरु की तरह मुझे ज्ञान सिखा रहा है? मुझे ही उपदेश दे रहा है। बता, मेरे समान कोई दूसरा योद्धा संसार भर में है? मेरे सामने ठहरने की किसी मनुष्य में हिम्मत है? जल्दी बता, और तू मुझे ही सीख देने चला है।'

यह सब सुनकर मारीच ने अपने मन में विचार किया कि शस्त्रधारी, भेद जानने वाला, समर्थ स्वामी, मूर्ख, धनवान्, वैद्य, भाट, कवि और रसोइया, इन नौ व्यक्तियों से वैर करने में भलाई नहीं है अर्थात् नुकसान-ही-नुकसान है।

तब मारीच हृदयँ अनुमाना। नवहि बिरोधें नहिं कल्याना॥
सस्त्री मर्मी प्रभु सठ धनी। बैद बंदि कबि आनस गुनी॥

जब मारीच ने दोनों प्रकार से अपना अंत निश्चित देखा तो उसने श्रीरघुनाथजी की शरण में जाने में ही अपना कल्याण जाना। वह सोचने लगा कि अगर मैं इससे 'नहीं' करता हूँ तो यह दुष्ट मुझे नहीं छोड़ेगा, अवश्य ही मार डालेगा। जब मरना ही है तो क्यों न मैं श्रीरघुनाथजी के बाण से ही मरूँ। इससे मेरी मुक्ति भी संभव है।

अपने हृदय में ऐसा विचार कर वह रावण की बात पर सहमत हो गया और फिर उसके साथ चल पड़ा। श्रीरामजी के चरणों में उसका अखंड प्रेम है। उसके मन में इस बात का अत्यंत हर्ष है कि आज मैं अपने परम स्नेही श्रीरामजी के दर्शन करूँगा।

मारीच का कपट-मृग बनना

मारीच मन-ही-मन बड़ा खुश हो रहा है। मन में विचारने लगा—अहा! आज अपने परम प्रियतम को देखकर नेत्रों को सफल करके सुख पाऊँगा। जिनका क्रोध भी मोक्ष देने वाला है और जिनकी भक्ति उनको वश में करने वाली है। अहा! वे ही आनंद के समुद्र श्रीहरि अपने हाथों से बाण चलाकर मेरा वध करेंगे! धनुष-बाण धारण किए मेरे पीछे-पीछे पकड़ने के लिए दौड़ते हुए प्रभु को मैं बार-बार देखूँगा, मेरे समान भाग्यवान अन्य दूसरा कोई नहीं है।

रावण अब मारीच को लेकर उस वन के निकट पहुँचा, जहाँ रघुनाथजी सीताजी और छोटे भाई लक्ष्मण के साथ रह रहे थे। मारीच कपट-मृग बन गया। वह अत्यंत विचित्र लग रहा था। उसका सोने का शरीर मणियों से जड़कर बनाया गया था, उसकी अद्‌भुत सुंदरता का वर्णन नहीं किया जा सकता। वह कूदता-फाँदता चौकड़ी भरता हुआ उस पर्णकुटी के सामने से निकला, जहाँ प्रभु सीताजी के साथ बैठे हुए थे।

श्रीसीताजी की दृष्टि उस हिरन पर पड़ी, जिसके अंग-अंग की छटा बड़ी मनोहर थी। उसे देखकर वह अपने आपको रोक नहीं पाईं और कहने लगीं—

'हे नाथ! हे कृपालु रघुवीर! सुनिए, देखिए, कितना सुंदर मृग है, इसकी छाल तो और भी सुंदर है। हे प्रभो! इसको मारकर इसका चर्म ले आइए, मैं मृगछाला का आसन बनाऊँगी। इस कुटिया में यह बड़ा सुंदर लगेगा।' तब श्रीरामचन्द्रजी सब लीला जानते हुए भी देवताओं का कार्य सिद्ध करने के लिए बड़े हर्षित होकर उठे।

हिरन को देखकर श्रीरामचन्द्रजी ने कमर में फेंटा कसा और हाथ में धनुष लेकर उस पर दिव्य बाण चढ़ाया फिर प्रभु ने लक्ष्मणजी को समझाकर कहा, 'हे भाई! वन में बहुत से राक्षस विचरते हैं। तुम बुद्धि और विवेक के द्वारा बल और समय का विचार करके सीताजी की रखवाली करना। एकदम सावधान रहना, यहाँ राक्षसों की माया का कुछ पता नहीं चलता है।'

प्रभु को देख मृग तीव्र गति से भाग चला, श्रीरामचन्द्रजी भी धनुष पर बाण चढ़ाकर उसके पीछे दौड़े। वेद जिनके विषय में 'नेति-नेति' कहकर रह जाते हैं और शिवजी भी जिन्हें ध्यान में नहीं पाते, वे प्रभु श्रीराम माया से बने

हुए मृग के पीछे-पीछे दौड़ रहे हैं। वह मृग कभी निकट आ जाता है, फिर दूर भाग जाता है और प्रभु को मुड़-मुड़कर देखता है। कभी वह एकदम छिप जाता है और कभी प्रकट हो जाता। इस प्रकार बहुतेरे छल करता हुआ वह प्रभु को काफी दूर ले गया, तब प्रभु श्रीरामचन्द्रजी ने निशाना साधकर कठोर बाण मारा, जिसके लगते ही वह घोर शब्द करके पृथ्वी पर गिर पड़ा। उसने पहले लक्ष्मणजी का नाम लेकर तथा मन में श्रीरामजी का स्मरण किया। फिर 'हा लक्ष्मण! हा लक्ष्मण!' 'हा सीते! हा सीते!' गला फाड़कर पुकारा। प्राण त्याग करते समय उसने अपना असली यानी राक्षसी शरीर प्रकट किया और प्रेमपूर्वक प्रभु श्रीरामजी का स्मरण किया। सर्वज्ञ प्रभु ने उसके हृदय के प्रेम को जानकर उसे वह गति दी, जो मुनियों को भी दुर्लभ है। यह देख देवताओं ने पुष्पवर्षा की और उनके गुणों का गान करने लगे।

सीता-हरण

दुष्ट मारीच को मारकर प्रभु श्रीराम तुरंत लौट पड़े। उनके हाथ में धनुष और कमर में बँधा तरकस शोभा दे रहा है। इधर जब सीताजी ने दुःख भरी कातर पुकार सुनी तो वह बड़ी भयभीत हो गईं। किसी अशुभ की आशंका जानकर लक्ष्मण से कहने लगीं–'हे भाई, तुम शीघ्र जाओ। तुम्हारे भाई संकट में हैं। उनकी जान खतरे में है। उनकी मदद करो, जाओ, शीघ्र जाओ।' इस पर लक्ष्मीण जी ने हँसकर कहा, 'हे माता! सुनो, जिनकी भृकुटि के इशारे मात्र से सृष्टि में प्रलय हो जाती है, वे श्रीराम कभी स्वप्न में भी संकट में नहीं पड़ सकते। उन पर कोई संकट नहीं आ सकता।'

जब लक्ष्मण जी जाने को तैयार नहीं हुए तो सीताजी हृदय को चुभने वाले वचन कहने लगीं–'तुम यहाँ भाई की मदद के लिए नहीं, किसी और ही मकसद से आए हो, तुम्हारे मन में खोट आ गया है या फिर तुम कायर हो, जो वन में जाने से डरते हो। मैं तुम्हारा मंतव्य खूब समझती हूँ।'

ऐसी कटु बातें सुनकर लक्ष्मण जी तिलमिला उठे। उनका मन चंचल हो उठा। फिर वे जाने को तैयार हुए, पर जाने से पहले सीताजी की सुरक्षा का प्रबंध किया। उन्होंने अपने तपोबल से कुटिया के चारों ओर बाण से एक रेखा खींची, जिसे 'लक्ष्मण रेखा' या मर्यादा की रेखा कहा जाता है। फिर बड़ी विनयपूर्वक सीताजी से बोले, 'माते! मेरा मन तो नहीं मानता, परन्तु आज आपके कारण अपने प्रभु क्रे आदेश की अवहेलना कर रहा हूँ, पर आपसे इतना निवेदन करता हूँ कि आप इस कुटिया से बाहर न जाएँ। जब तक हम लोग लौटकर नहीं आ जाते, तब तक इस रेखा से बाहर मत आना। जब तक आप इस रेखा के अंदर रहेंगी, आप पर कोई आँच नहीं आ सकती। आप सब प्रकार से सुरक्षित बनी रहेंगी, जंगल का कोई जीव भी आपको कोई हानि नहीं पहुँचा सकता।' फिर लक्ष्मण जी श्रीसीताजी को वन और दिशाओं के देवताओं को सौंपकर वहाँ से चल पड़े।

अपने लिए अच्छा मौका देखकर रावण संन्यासी का रूप धरकर सीताजी के समीप आया। जिसके डर से देवता और दैत्य तक इतने डरते हैं कि उनको रात को नींद नहीं आती और दिन में भरपेट भोजन तक नहीं सुहाता, वही दशानन कुत्ते की तरह इधर–उधर ताकता हुआ चोरी करने को चला। कथा सुनाते हुए काकभुशुंडि जी बोले कि हे गरुड़! इस प्रकार कुमार्ग पर पैर रखते ही शरीर में तेज, बुद्धि तथा बल लेशमात्र भी नहीं रह जाता।

रावण ने कुटिया के आगे जाकर भिक्षा माँगी। एक भिक्षु संन्यासी की आवाज सुनकर सीताजी कुटिया से बाहर आईं। तब उन्होंने वहीं से भिक्षु ब्राह्मण को प्रणाम किया। सीताजी कुछ कंद–मूल और फल भिक्षार्थ लेकर आईं। रावण भिक्षा लेने आये बढ़ा तो लक्ष्मण रेखा पर पैर पड़ते ही तीव्र ज्वाला भड़की। वह सहमकर पीछे हट गया। सीताजी गृहस्थ धर्म निभाते हुए उसे भिक्षा लेने का आग्रह किया। यह देखकर रावण रूपी संन्यासी तमककर बोला, 'संन्यासियों को इस तरह अपमानित नहीं किया जाता। मैं इस प्रकार की बँधी हुई भिक्षा ग्रहण नहीं करता हूँ, तुम यहाँ बाहर आकर मुझे भिक्षा दो, अन्यथा मैं भिक्षा लिये बिना ही चला जाता हूँ।'

अब तो सीताजी बड़े धर्मसंकट में पड़ीं। अगर यह भिक्षुक भिक्षा लिये बिना ही मेरे द्वार से चला जाता है, तो गृहस्थ धर्म जाता है और अगर मैं बाहर

निकलकर भिक्षा देती हूँ तो लक्ष्मण को दिए वचन को बट्टा लगता है। अब मैं क्या करूँ। फिर कुछ विचारकर बोलीं, चाहे जो हो, पर मैं अपना गृहस्थ धर्म नहीं छोडूँगी। सीताजी बड़ी श्रद्धापूर्वक भिक्षा लेकर बाहर आईं। रावण ने बलात् उन्हें पकड़ लिया, फिर अनेक प्रकार की सुहावनी कथाएँ रचकर सीताजी को भय और प्रेम दिखलाने लगा। फिर रावण अपने असली रूप में आ गया। जब उसने गरजकर कहा कि मैं लंका का राजा रावण हूँ, तब तो सीताजी बहुत ही भयभीत हो गईं।

फिर सीताजी ने उसे धिक्कारते हुए कहा, 'अरे दुष्ट! ठहर जा, प्रभु श्रीराम आते ही होंगे। वे तुझे तेरे इस पाप का दंड अवश्य देंगे। पापी, तू अपने आपको शक्तिशाली कहता है, चोरी करके, छल-कपटपूर्वक मुझे अपने वश में करके कायर जैसे काम करता है। जैसे सिंह की स्त्री को तुच्छ खरगोश चाहे, वैसे ही दुष्ट राक्षसराज! तू मुझे चाहकर काल के गाल में आ गया है।' ये वचन सुनते ही रावण को क्रोध आ गया, परन्तु मन में उसने सीताजी के चरणों की वंदना करके सुख माना, फिर क्रोध में भरकर सीताजी को रथ पर बैठा लिया और बड़ी उतावली के साथ आकाश-मार्ग से चला; परन्तु डर के मारे उससे रथ हाँका नहीं जाता है। रावण शीघ्र ही वहाँ से निकल जाना चाहता है।

सीताजी का विलाप और जटायु-युद्ध

रावण के पंजे में फँसी सीताजी जोर-जोर से विलाप कर रही थीं, हा जगत के अद्वितीय वीर रघुनाथ जी! आप कहाँ हैं? मुझे इस दुष्ट से बचाओ। प्रभु, आपने मेरे किस अपराध के कारण मुझ पर दया भुला दी? हे शरणागत को सुख देने वाले! हा रघुकुल के सूर्य! तुम कहाँ हो? हे प्रभु! मेरी रक्षा करो। हा लक्ष्मण! तुम्हारा कोई दोष नहीं है। मैंने ही तुम पर क्रोध किया और उसका यह फल पाया।'

फिर विलाप करते हुए रावण को ललकारती हैं—'अरे दुष्ट! छोड़ दे मुझे। मेरे स्वामी तुझे जीता नहीं छोड़ेंगे। तेरे समस्त कुल का नाश कर देंगे। तू क्यों अपना सर्वनाश करना चाह रहा है। मेरे प्रभु तुझे खोज निकालेंगे, तब तू भागकर कहीं नहीं जा पाएगा।'

श्रीजानकीजी बहुत प्रकार से विलाप कर रही हैं और रावण अट्टहास करता हुआ आकाश मार्ग से लंका की ओर चला जा रहा है। श्रीजानकीजी मन में सोचती हैं, प्रभु को मेरी यह विपत्ति कौन बताए, कौन सुनाए-ऐसा कोई भी तो नहीं। आज यज्ञ के अन्न को गदहा खाना चाहता है। सीताजी का करुण-क्रंदन और भारी विलाप सुनकर जड़-चेतन सभी जीव दुःखी हो गये। लेकिन कुछ भी कर पाने में विवश थे, असमर्थ थे।

लेकिन तभी गृद्धराज जटायु ने सीताजी की दुःख भरी आवाज सुनकर पहचान लिया कि यह तो रघुकुल तिलक श्रीरामचन्द्र जी की पत्नी सीता हैं। नीच राक्षस

इनका अपहरण करके ले जा रहा है। लगता है, जैसे कपिला गाय म्लेच्छ के हाथ पड़ गयी हो। तब गृद्धराज ने गरजकर कहा, 'हे सीते पुत्री! डर मत। भय को त्याग दे। मैं इस राक्षस को अभी सबक सिखाता हूँ।' यह कहकर जटायु क्रोध में भरकर ऐसे दौड़ा, जैसे पर्वत की ओर वज्र छूटता हो। उसने ललकारकर कहा, 'अरे दुष्ट! ठहर जा, जाता कहाँ है। तू मुझे नहीं जानता।' जटायु को यमराज के समान आता देखकर रावण घूमकर देखता हुआ मन में विचार करने लगा–यह या तो मैनाक पर्वत है या फिर पक्षियों का स्वामी गरुड़। पर गरुड़ तो अपने स्वामी सहित मेरे बल–विक्रम के बारे में जानता है। कुछ निकट आने पर रावण ने उसे पहचान लिया और बोला, 'ओहो, यह तो बूढ़ा जटायु है। लगता है, आज यह मेरे ही हाथों प्राण गँवाएगा।'

यह सुनकर गीध क्रोध में भरकर बड़े वेग से दौड़ा और फिर बोला, 'अरे ओ रावण! मेरी बात सुन! जानकीजी को छोड़कर कुशलपूर्वक अपने घर चला जा, नहीं तो दशानन! श्रीराम के क्रोध रूपी अग्नि में तेरा सारा वंश पतिंगे की तरह जलकर भस्म हो जायेगा। प्रभु श्रीराम तेरा वंश नाश कर डालेंगे।' पर रावण कोई उत्तर नहीं देता। तब जटायु क्रोध करके दौड़ा और रावण के बाल पकड़कर रथ के नीचे खींच लिया। रावण पृथ्वी पर गिर पड़ा। गिद्धराज सीताजी को एक ओर बिठाकर फिर लौटा और अपनी चोंच से मार–मारकर रावण के शरीर को विदीर्ण कर दिया। इससे एक घड़ी के लिए तो रावण को मूर्च्छा आ गयी।

तब खिसिआए हुए और अपमानित रावण ने क्रोधित होकर भयानक कटार के वार से जटायु के पंख काट डाले। जटायु श्रीराम का स्मरण करके पृथ्वी पर गिर पड़ा। अब वह घायल और विवश था, कुछ कर नहीं सकता था। रावण सीताजी को फिर से रथ पर बैठाकर बड़ी उतावली के साथ चला, वह भी अत्यंत भयभीत था। सीताजी करुण विलाप करती जा रही हैं। एक पर्वत पर बैठे हुए बंदरों को देखकर सीताजी ने हरिनाम लेकर कुछ वस्त्र व आभूषण गिरा दिए। इस प्रकार बलात् ले जाकर रावण ने सीताजी को अशोक वन में रखा। सीताजी को बहुत प्रकार से भय और प्रीति दिखलाकर जब वह दुष्ट हार गया, तब उसने सब व्यवस्था करके उन्हें अशोक वृक्ष के नीचे रख दिया।

जेहि बिधि कपट कुरंग सँग धाइ चले श्रीराम।
सो छबि सीता राखि उर रटति रहित हरिनाम॥

अर्थात् जिस प्रकार कपट-मृग के साथ श्रीराम जी दौड़ चले थे, उसी छवि को हृदय में रखकर वे हरिनाम रटती रहती हैं। हर समय प्रभु के ध्यान में डूबी रहती हैं।

श्रीराम जी का विलाप

इधर श्रीरघुनाथजी ने जब छोटे भाई लक्ष्मण को आते देखा। पास आने पर उन्होंने बड़े चिंतित स्वर में कहा, 'हे भाई! तुमने जानकी को अकेली छोड़ दिया और मेरी आज्ञा का उल्लंघन करके यहाँ चले आए? मायावी राक्षसों के झुंड-के-झुंड वन में फिरते हैं। मेरे मन में तो बड़ी बेचैनी हो रही है। मुझे तो किसी बड़े अशुभ की आशंका हो रही है।' तब लक्ष्मणजी ने श्रीराम के चरण-कमलों को पकड़कर और हाथ जोड़कर कहा, 'हे नाथ! इसमें मेरा कुछ भी दोष नहीं है। मैं बड़ा मजबूर होकर यहाँ आया हूँ। माता सीता ने मुझे यहाँ बलात् भेज दिया, पर मैं उनकी सुरक्षा का प्रबंध करके आया हूँ। आप चिंता न करें प्रभु!'

दोनों भाई गोदावरी नदी के किनारे स्थित अपने आश्रम पर लौटे। आश्रम को निर्जन देखकर श्रीराम जी साधारण मनुष्य की भाँति व्याकुल और दुःखी हो गये। दुःख से आँसू बहाते हुए वे विलाप करने लगे-'हा गुणों की खान जानकी! हा रूप-शील, व्रत और नियमों में पवित्र सीते! तुम कहाँ चली गईं। लक्ष्मण जी ने भाई को बहुत प्रकार से समझाया। तब श्रीराम जी लताओं और वृक्षों से पूछते हुए चले-

हे खग मृग हे मधुकर श्रेनी। तुम्ह देखी सीता मृगनैनी॥
खंजन सुक कपोत मृग मीना। मधुप निकर कोकिला प्रवीना॥

'हे पक्षियो! हे पशुओ! हे भौंरो! तुमने कहीं मृगनयनी सीता को देखा है?' खंजन, तोता, कबूतर, हिरन, मछली, भौरों का समूह, प्रवीण कोयल, कुंदकली, अनार, बिजली, कमल, शरद् का चंद्रमा, नागिनी, वरुण का पाश, कामदेव का धनुष, हंस, गज और सिंह-ये सब आज अपनी प्रशंसा सुन रहे हैं।

'बेल, सुवर्ण और केला हर्षित हो रहे हैं। इनके मन में जरा भी शंका और संकोच नहीं है। हे जानकी! सुनो, तुम्हारे बिना ये सब आज ऐसे हर्षित हैं, मानो राज पा गये हों। अर्थात् तुम्हारे कोमल अंगों के सामने ये सब अपने को तुच्छ, लज्जित और अपमानित महसूस करते थे, आज तुम्हें नहीं देखकर ये अपनी शोभा के अभिमान में फूले नहीं समा रहे हैं। तुम से यह स्पर्धा कैसे सही जाती? हे प्रिये! तुम शीघ्र ही प्रकट हो जाओ!' इस प्रकार प्रभु श्रीराम सीताजी के लिए विलाप करते हुए ऐसे पुकार रहे हैं, जैसे कोई महाविरही पुरुष हो।

जटायु को सद्गति

श्री सच्चिदानंद, अविनाशी श्रीराम जी नाना प्रकार की मानव-लीला करने लगे। पेड़, लता, नदी, सरोवर–सबसे सीताजी के बारे में पूछते जाते हैं। आगे जाने पर उन्होंने गृद्धपति जटायु को घायल पड़े देखा। वह प्रभु राम के नाम का स्मरण करते हुए अपने जीवन की अंतिम घड़ियाँ गिन रहा था। कृपासिंधु श्रीरघुवीर ने अपने हाथ से उसके सिर का स्पर्श किया। शोभाधाम श्रीरामजी का परम सुंदर मुख देखकर उसकी पीड़ा जाती रही। तब धीरज धरकर गृद्धराज ने कहा, 'हे भय का नाश करने वाले श्रीरामजी! सुनिए, हे नाथ! दुष्ट रावण जानकी को हरकर ले गया है और उसी ने मेरी यह दुर्दशा की है। हे प्रभो! वह उन्हें लेकर दक्षिण दिशा की ओर गया है। सीताजी कुररी की तरह विलाप कर रही थीं। सीताजी को उस दुष्ट के चंगुल से छुड़ाने के लिए मैंने बहुत कोशिश की। एक बार तो मैंने उन्हें रथ से नीचे उतार भी लिया था, पर रावण ने क्रोध करके कटार से मेरे पंख काट डाले। जिससे मैं शक्तिहीन हो गया। हे प्रभो! मैंने आपके दर्शनों के लिए ही अब तक प्राण रोक रखे थे। हे कृपानिधान! अब ये निकलना ही चाहते हैं।'

तब अत्यंत दया करते हुए श्रीरामचन्द्र जी ने कहा, 'हे तात! ऐसा मत कहिए। आप अच्छे हो जायेंगे।' प्रभु ने अपने हाथों से जटायु के शरीर की धूल झाड़ी और स्नेह का हाथ फेरा। तब जटायु ने मुसकराते हुए कहा, 'ऐसा वेद कहते हैं, मरते समय जिनका नाम मुख में आ जाने से महापापी भी मुक्त हो जाता है। वहीं आप तो साक्षात् मेरे नेत्रों के सामने हैं। हे नाथ! अब मैं किस इच्छा की पूर्ति के लिए देह को बनाकर रखूँ।'

तब नेत्रों में जल भरकर श्रीरामचन्द्रजी कहने लगे–'हे तात! आपने अपने श्रेष्ठ कर्मों से यह दुर्लभ गति पाई है। जिनके मन में दूसरे का हित बसता है या दूसरों के हित के बारे में ही सोचा करते हैं, उनके लिए जगत् में कुछ भी दुर्लभ नहीं है। हे तात! यह शरीर छोड़कर आप मेरे परम धाम में जाइए। मैं आपको और क्या दूँ, आग तो सब कुछ पा चुके हैं। तुलसीदासजी ने भी कहा है–

परहित बस जिन्हे मन माहीं। तिन्ह कहुँ जग दुर्लभ कछु नाहीं॥
तनु तजि तात जाहु मम धामा। देउँ काह तुम्ह पूरनकामा॥

और फिर श्रीरामचन्द्र जी बोले, 'हे तात! सीताहरण की बात आप जाकर (स्वर्ग में) पिताजी से मत कहिएगा। यदि मैं राम हूँ तो दसमुख रावण कुटुंब सहित वहाँ आकर स्वयं कहेगा। अर्थात् मैं उस दुष्ट को कुटुंब सहित परलोक पहुँचाकर रहूँगा।'

जटायु द्वारा स्तुति

जटायु ने गीध की देह त्यागकर हरि का स्मरण किया और देखा कि उसके सामने बहुत से दिव्य आभूषण और पीतांबर धारण किये श्याम शरीर है, चार विशाल भुजायें हैं और फिर नेत्रों में आनंद के आँसू भरकर जटायु स्तुति कर रहा है–

जय राम रूप अनूप निर्गुन सगुन गुन प्रेरक सही।
दससीस बाहु प्रचंड खंडन चंड सर मंडन मही॥
पाथोद गात सरोज मुख राजीव आयत लोचनं।
नित नौमि रामु कृपाल बाहु बिसाल भव भय मोचनं॥

हे रामजी! आपकी जय हो! आपका रूप अनुपम है, आप निर्गुण हैं, और सत्य ही माया के प्रेरक हैं। दस सिर वाले रावण की प्रचंड भुजाओं को खंड-खंड करने के लिए प्रचंड बाण धारण करने वाले, पृथ्वी को सुशोभित करने वाले, जलयुक्त मेघ के समान श्याम शरीर वाले, कमल के समान मुख और लाल कमल के समान विशाल नेत्रों वाले, विशाल भुजाओं और भव-भय से छुड़ाने वाले कृपालु श्रीरामजी को मैं नित्य नमस्कार करता हूँ।

हे प्रभु! आप अपरिमित बल वाले हैं; अनादि, अजन्मा, निराकार, एक, अगोचर, वेदों द्वारा जानने योग्य, जन्म-मरण, सुख-दुःख, हर्ष-शोकादि द्वंद्वों को हरने वाले, विज्ञान की घनमूर्ति और पृथ्वी के आधार तथा जो संत राम-मंत्र को जपते हैं, उन अनंत सेवकों के मन को आनंद देने वाले हैं। उन निष्काम जनों के प्रेमी तथा काम आदि दुष्ट-प्रवृत्तियों के दल का दलन करने वाले श्रीराम जी को मैं नमस्कार करता हूँ।

हे प्रभो! जिनको श्रुतियाँ माया से परे, ब्रह्म, व्यापक, निर्विकार और जन्म-रहित कहकर गान करती हैं। मुनि जिन्हें ध्यान, ज्ञान, वैराग्य और योग आदि अनेक साधन करके पाते हैं, वे ही करुणा-कंद, शोभा के समूह श्रीभगवान स्वयं प्रकट होकर जड़-चेतन समस्त संसार को मोहित कर रहे हैं। मेरे हृदय-कमल के भ्रमर रूप उनके अंग-अंग में बहुत से कामदेवों की छवि शोभा पा रही है।

हे श्रीहरि! जो अगम और सुगम हैं; निर्मल स्वभाव हैं, विषम और लय हैं तथा सदा शांत रहने वाले हैं। मन और इंद्रियों को वश में करते हुए योगी बहुत साधन करने पर ही जिन्हें देख पाते हैं, वे तीनों लोकों के स्वामी, रमानिवास श्रीराम जी निरंतर अपने दासों के वश में रहते हैं, वे ही मेरे हृदय में निवास करें, जिनकी पवित्र कीर्ति इस संसार के आवागमन को मिटाने वाली है। उन श्रीहरि को मैं प्रणाम करता हूँ।

इस प्रकार अखंड भक्ति का वर माँगकर गृद्धराज जटायु श्रीहरि के परम धाम को चला गया। श्रीरामचन्द्रजी ने उसकी दाहकर्म आदि सब क्रियाएँ यथायोग्य अपने हाथ से कीं। श्रीरघुनाथजी अत्यंत कोमल चित्तवाले, दीनदयालु और बिना कारण के ही कृपा करने वाले हैं। गीध अधम पक्षी और मांसाहारी था, उसको भी वह दुर्लभ गति दी, जिसे योगीजन जतन कर-करके माँगते रहते हैं, फिर भी वे इसे प्राप्त नहीं कर पाते हैं।

सुनहु उमा ते लोग अभागी। हरि तजि होहिं बिषय अनुरागी।।
पुनि सीतहि खोजत द्वौ भाई। चले बिलोकत बन बहुताई।।

अर्थात् शिवजी कहते हैं–'हे पार्वती! सुनो, वे लोग बड़े अभागे हैं, जो भगवान को छोड़कर नाना विषय-भोगों में फँसे रहते हैं।' फिर दोनों भाई सीताजी को खोजते हुए आगे बढ़ चले। वे वन की सघनता देखते जाते हैं। पूरा वन सघन वन लताओं और वृक्षों से भरा पड़ा है। उसमें बहुत से पक्षी, मृग, हाथी और सिंह रहते हैं।

कबंध का उद्धार

गृद्धराज जटायु का अंतिम संस्कार और उद्धार करके प्रभु आगे बढ़े और क्रौंच वन में प्रवेश कर गये। यहाँ राक्षसों का अंदेशा बराबर बना हुआ था। एक ओर सीताजी के वियोग में दुःखी और ढूँढ़ने की जल्दी में थे, वहीं दूसरी ओर इन मायावी राक्षसों से भी सावधान रहना था। दोनों भाई चारों ओर तीव्र दृष्टि डालते हुए आगे बढ़े जा रहे हैं। उसी वन में कबंध नामक एक शक्तिशाली और विशालकाय राक्षस रहता था। उसकी केवल एक आँख थी तथा सिर धड़ में घुसा हुआ था। उसने अपने विशाल हाथों से राम-लक्ष्मण को ऊपर उठा लिया और जब उन्हें खाने को उद्यत हुआ तो उन्होंने तलवार से उसकी दोनों भुजायें काट दीं और फिर उसे मार डाला।

कबंध के मरते ही उसके शरीर से एक सुंदर 'गंधर्व' प्रकट हुआ। उसे देखकर राम-लक्ष्मण विस्मित रह गये। राम ने उसका परिचय पूछा। गंधर्व अपनी आपबीती सुनाते हुए बोला, 'भगवन्! मैं यक्षलोक में निवास करने वाला एक गंधर्व हूँ। एक बार सुंदरता के अहंकार में मैंने दुर्वासा मुनि का अपमान कर दिया था। तब दुर्वासा मुनि ने क्रुद्ध होकर मुझे राक्षस बन जाने का शाप दे दिया था। तभी से मैं दैत्य-योनि में पड़ा कष्ट भोग रहा था। एक दिन दुर्वासा मुनि पुनः यहाँ से निकले। उस समय मेरी दयनीय दशा देखकर उन्होंने मुझे वर दिया कि सीताजी की खोज करते हुए जब श्रीराम यहाँ आएँगे, तब मैं उन्हीं के द्वारा शाप से मुक्त हो जाऊँगा। आपने मेरा उद्धार कर मेरे समस्त पापों का नाश कर डाला। प्रभु! यहाँ से कुछ दूरी पर मतंग ऋषि का आश्रम है। वहाँ शबरी नामक संन्यासिनी रहती है। आप उसके पास जाएँ, वह आपका उचित मार्गदर्शन करेगी।'

श्रीरामचन्द्र जी ने कहा, 'हे गंधर्व! सुनो, ब्राह्मण कुल से द्रोह करने वाला मुझे बिल्कुल भी अच्छा नहीं लगता है। मन, वचन और कर्म से कपट छोड़कर जो भूदेव ब्राह्मणों की सेवा करता है, मेरे समेत ब्रह्मा, विष्णु, महेश–सब देवता उसके वश में हो जाते हैं।' श्रीराम ने भागवत धर्म कहकर उसे समझाया। अपने चरणों में प्रेम देखकर वह प्रभु के मन को भा गया। तदनंतर श्रीरामचन्द्रजी के चरणों में सिर नवाकर वह गंधर्व का स्वरूप पाकर आकाश में चला गया।

शबरी का उद्धार व नवधा भक्ति

उदार और कृपालु श्रीरामजी कबंध का उद्धार करके आगे बढ़े और शबरी के आश्रम में जा पधारे। शबरी जाति की भीलिनी थी, वह दिन-रात प्रभु के आगमन की प्रतीक्षा करती थी, प्रभु के प्रति उसका अनन्य प्रेम था। शबरी ने प्रभु को अपनी पर्णकुटी पर देखा तो उसे मुनि मतंगजी के वचन याद आ गये और वह प्रसन्न हो उठी। कमल सदृश नेत्र और विशाल भुजाओं वाले, सिर पर जटाओं का मुकुट और हृदय पर वनमाला धारण किए हुए सुन्दर साँवले और गोरे भाइयों के चरणों से शबरी लिपट गयी। अत्यंत प्रेम में मग्न होने के कारण उसके मुख से बोल नहीं निकल रहे थे, बार-बार वह चरण-कमलों में सिर नवा रही थी। फिर उसने जल लेकर दोनों भाइयों के चरण धोए, और उन्हें सुंदर आसनों पर बैठाया। शबरी ने अत्यंत मीठे, रसीले और सुस्वादु कंद, मूल और फल लाकर दोनों भाइयों को खाने के लिए दिए। प्रभु ने बार-बार प्रशंसा करके उन्हें प्रेमपूर्वक खाया। फिर वह हाथ जोड़कर आगे खड़ी हो गयी। प्रभु के प्रेम को देखकर उसका प्रेम अत्यंत बढ़ गया। फिर बोली, 'हे नाथ! मैं किस प्रकार आपकी स्तुति करूँ। मैं तो नीच जाति की और मंदबुद्धि हूँ। मैं तो अधम से भी अधम हूँ।'

शबरी की बात सुनकर श्रीरघुनाथजी बोले, 'हे भामिनि! मेरी बात सुनो! मैं तो केवल एक भक्ति के सम्बन्ध को ही मानता हूँ। जाति-पाँति, धर्म, कुल, बड़ाई, धन, बल, कुटुंब, गुण और चतुरता–इन सबके होने पर भी भक्ति से रहित मनुष्य कैसा लगता है, जैसे जल-विहीन बादल शोभाहीन दिखाई देता है। मैं तुम्हें अपनी नवधा भक्ति कहता हूँ, तुम सावधान होकर सुनो और इसे मन में धारण करो–

प्रथम भगति संतन्ह कर संगा। दूसरि रति मम कथा प्रसंगा॥
गुरु पद पंकज सेवा तीसरि भगति अमान।
चौथि भगति मम गुन गन करइ कपट तजि गान॥
मंत्र जाप मम दृढ़ बिस्वासा। पंचम भजन सो बेद प्रकासा॥
छठ दम सील बिरति बहु करमा। निरत निरंतर सज्जन धरमा॥
सातवँ सम मोहि मय जग देखा। मोतें संत अधिक कर लेखा॥
आठवँ जथालाभ संतोषा। सपनेहुँ नहिं देखइ परदोषा॥
नवम सरल सब मन छलहीना। मम भरोस हियँ हरष न दीना॥
नव महुँ एकउ जिन्ह कें होई। नारि पुरुष सचराचर कोई॥

अर्थात् मेरी पहली भक्ति है संतों का सत्संग; दूसरी भक्ति है मेरे कथा-प्रसंग में प्रेम; तीसरी भक्ति है अभिमान रहित होकर गुरु के चरण-कमलों की सेवा; चौथी भक्ति है कि कपट त्यागकर मेरे गुणों का गान करे; मेरी पाँचवीं भक्ति है, और जो वेदों में भी प्रसिद्ध है कि मेरे (राम) मंत्र का जाप और मुझमें दृढ़-विश्वास रखे; छठी भक्ति है, इंद्रियों का निग्रह, शील यानी अच्छा स्वभाव या चरित्र, बहुत कार्यों से वैराग्य और निरंतर संत पुरुषों के आचरण में लगे रहना; सातवीं भक्ति है, संपूर्ण संसार को समभाव से राममय देखना और संतों को मुझसे भी अधिक मानना; आठवीं भक्ति है, जो कुछ भी मिल जाये, उसी में संतोष करना और स्वप्न में भी दूसरों के दोषों को न देखना। नौवीं भक्ति है, सरलता और सबके साथ कपट-रहित व्यवहार करना, हृदय में मुझ पर भरोसा रखना और किसी भी अवस्था में हर्ष और विषाद का न होना। इन नौ भक्ति में से, जिनके पास एक भी होती है, वह स्त्री-पुरुष, जड़-चेतन, कोई भी हो, हे भामिनि! मुझे वह अत्यंत प्रिय है। और तुम में तो सब प्रकार की भक्ति दृढ़ है। प्रभु बोले, 'मेरे दर्शन का परम और अनुपम फल यह है कि जीव अपने सहज स्वरूप को प्राप्त हो जाता है। अब यदि तुम श्रीसीताजी के बारे में कुछ जानती हो तो मुझे बताओ।'

शबरी ने बड़े विनीत स्वर में कहा, 'हे रघुनाथजी, आप वैसे तो सब कुछ जानते हैं, फिर भी मैं कहती हूँ कि आप यहाँ से आगे पंपा सरोवर पर जाइए, वहाँ आपकी सुग्रीव से मित्रता होगी। हे देव! वह आप को सब कुछ बतायेगा। वह आपकी भरपूर मदद करेगा और वह स्थान भी यहाँ से ज्यादा दूर नहीं है।' बार-बार प्रभु के चरणों में सिर नवाकर उसने प्रेमपूर्वक सब कथा कही।

सब कथा कहकर शबरी ने भगवान के मुख का दर्शन किया और हृदय में उनके चरण-कमलों को धारण कर योगाग्नि में अपने शरीर को जलाकर उस दुर्लभ हरिपद में लीन हो गयी, जहाँ से जीव का फिर पृथ्वी पर लौटना नहीं होता। हे मनुष्यो! सब शोकों को त्यागकर श्रीरामजी के चरणों में प्रेम करो।

जाति हीन अघ जन्म महि मुक्त कीन्हि आसि नारि।
महामंद मन सुख चहसि ऐसे प्रभुहि बिसारि॥

अर्थात् निम्न जाति की ऐसी स्त्री को भी जिन्होंने आवागमन की माया से मुक्त कर दिया। अरे महादुर्बुद्धि मन! तू ऐसे प्रभु को भूलकर सुख पाना चाहता है? अर्थात् उन्हें बिसराकर कभी सुख नहीं मिल सकता।

वन की शोभा

शबरी का उद्धार करके प्रभु उसके बताए अनुसार आगे चल पड़े। शीघ्र ही उन्होंने उस वन को पीछे छोड़ दिया। दोनों भाई अतुलनीय बलवान हैं। प्रभु सीताजी को खोजते, विरहों की तरह विषाद करते हुए छोटे भाई लक्ष्मण को अनेक कथाएँ कहते जाते हैं–

लछिग्न देखु बिपिन कइ सोभा। देखत केहि कर मन नहिं छोभा।।
नारि सहित सब खग मृग बृंदा। मानहुँ मोरि करत हहिं निंदा।।

हे लक्ष्मण! जरा वन की शोभा तो देखो। इसे देखकर किसका मन क्षुब्ध नहीं होगा? पक्षियों और पशुओं के समूह, सभी अपने जोड़े के साथ हैं, मानो वे मेरी निंदा कर रहे हैं, मुझे चिढ़ा रहे हैं। हमें देखकर हिरनी के झुंड भागने लगते हैं, तब हिरनियाँ उनसे कहती हैं–अरे, इनसे तुमको खतरा नहीं है। तुम तो साधारण हिरन हो, ये तो सोने का हिरन खोजने आए हैं, अतः तुम तो निर्भय होकर विचरण करो।

हाथी अपनी हथिनियों को साथ लगा लेते हैं, वे मानो मुझसे कह रहे हैं कि स्त्री को कभी अकेली नहीं छोड़ना चाहिए। भलीभाँति याद किये गये शास्त्र को भी बार-बार देखते रहना चाहिए। और स्त्री को चाहे हृदय में ही क्यों न रखा जाये, परन्तु युवती, स्त्री, शास्त्र और राजा किसी के वश में नहीं रहते। हे तात! इस सुंदर वसंत को तो देखो, सीता के बिना मुझे यह कितना डरा रहा है। मुझे विरहाकुल, बलहीन और निपट अकेला जानकर कामदेव ने वन, भौंरों और पक्षियों को साथ लेकर मुझ पर धावा बोल दिया है, परन्तु जब उसका दूत यह देख गया कि मैं भाई के साथ हूँ, एकदम अकेला नहीं हूँ, तब उसकी बात सुनकर कामदेव ने मानो सेना को रोककर डेरा डाल दिया है।

बिटप बिसाल लता अरुझानी। बिबिध बितान दिए जनु तानी।।
कदलि ताल बर धुजा पताका। देखि न मोह धीर मन जाका।।
बिबिध भाँति फूले तरु नाना। जनु बानैत बने बहु बाना।।
कहुँ कहुँ सुंदर विटप सुहाए। जनु भट बिलग बिलग होइ छाए।।

हे भाई! विशाल वृक्षों में लताएँ उलझी हुई ऐसी मालूम देती हैं, मानो नाना प्रकार के तंबू तान दिए गये हैं। केला और ताड़ सुंदर ध्वज-पताका से लग रहे हैं। इनको देखकर किसका मन मोहित नहीं हो जायेगा। अनेक वृक्ष नाना प्रकार से झूले डाले हुए हैं, मानो अलग-अलग वस्त्र धारण करके बहुत से तीरंदाज तैयार खड़े हों। कहीं-कहीं सुंदर वृक्ष शोभा दे रहे हैं, मानो योद्धा लोग अलग-अलग होकर छावनी डाले हुए हों। कोयल मीठी तान में कूज रही हैं, पर लगता है जैसे हाथी चिंघाड़ रहे हों। ढेक और मघेस पक्षी लगता है, ऊँट और खच्चर हों। मोर, चकोर, तोते, कबूतर और हंस मानो सुंदर अरबी घोड़े हों।

हे लक्ष्मण! तीतर और बटेर पैदल हाथियों के झुंड के समान दिखाई पड़ रहे हैं। कामदेव की इस सेना का वर्णन कहाँ तक करूँ। पर्वतों की शिलाएँ रथ और जल के झरनों की आवाज मानो नगाड़े बज रहे हों; पपीहे भाट का काम कर रहे हैं, जो विरुदावली गाया करते हैं। भौंरों की गुंजार भेरी शहनाई सी जान पड़ती है। शीतल, मंद और सुगंधित हवा मानो दूत का काम कर रही है। इस प्रकार की चतुरंगिणी सेना साथ लेकर कामदेव मानो सबको चुनौती देता हुआ विचरण

कर रहा है। हे भाई! कामदेव की इस सेना को देखकर जो लोग धीर बने रहते हैं, संसार में उन्हीं वीर पुरुषों की प्रतिष्ठा होती है। इस कामदेव की स्त्री बड़ी ताकतवर है, उससे जो बच जाये, वही श्रेष्ठ योद्धा कहलाता है।

हे तात! काम, क्रोध और लोभ–ये तीनों अत्यंत प्रबल दुष्ट हैं। ये विज्ञान के धाम मुनियों के मन को पल भर में क्षुब्ध कर देते हैं। लोभ को इच्छा और दंभ से बल मिलता है, काम को केवल स्त्री का बल है और क्रोध को कठोर वचनों का बल है, मुनिजन ऐसा कहा करते हैं। कथा सुनाते हुए शिवजी बोले–हे पार्वती! श्रीरामचन्द्र जी तीनों गुणों से परे हैं। चराचर जगत के स्वामी और सबके हृदय को जानने वाले हैं। उन्होंने तो कामी लोगों की बेबसी दिखलाई है तथा धीर-विवेकी मनुष्यों के मन में वैराग्य को दृढ़ किया है। क्रोध, काम, लोभ, मद और माया–ये सभी श्रीरामजी की दया से छूट जाते हैं, वह नटराज जिस पर प्रसन्न होता है, वह मनुष्य माया के भँवर में फँसता नहीं है।

उमा कहउँ मैं अनुभव अपना।
सत हरि भजनु जगत् सब सपना।।

शिव शंकर बोले, 'हे उमा! मैं तुम्हें अपना अनुभव कहता हूँ–हरि का भजन ही सत्य है, यह सारा संसार तो स्वप्न की भाँति झूठा है।'

पंपा सरोवर की सुंदरता

इस प्रकार मार्ग में आगे बढ़ते और वहाँ की सुंदरता का बखान करते-करते प्रभु पंपा नाम के सुंदर सरोवर के किनारे पहुँच गये। उसका जल संतों के हृदय जैसा निर्मल है। मन को मोह लेने वाले उसके चार सुंदर घाट हैं। भाँति-भाँति के पशु जहाँ-तहाँ जल पी रहे हैं, मानो उदार दानी पुरुषों के घर याचकों की भीड़ लगी हो। कमल इतने ज्यादा हैं कि उसके पत्रों की आड़ में जल दिखाई नहीं देता, जैसे माया से ढके रहने के कारण निर्गुण ब्रह्म दिखाई नहीं देता।

पंपा सरोवर के अथाह जल में सब प्रकार की मछलियाँ समान रूप से सुखी रहती हैं, जैसे धर्मशील पुरुषों के सब दिन सुखपूर्वक बीतते हैं। सरोवर में रंग-बिरंगे कमल खिले हुए हैं। बहुत से भौंरे मधुर स्वर में गुंजार कर रहे हैं। जलमुर्गे और राजहंस बोल रहे हैं, मानो प्रभु को देखकर उनकी प्रशंसा कर रहे हों। चक्रवाक, बगुले आदि पक्षियों के झुंड देखते ही बनते हैं। उनका वर्णन नहीं किया जा सकता। सुंदर पक्षियों की बोली बड़ी सुहावनी लग रही है, मानो रास्ते में जा रहे पथिक को अपनी ओर बुला रही हो।

उस सुंदर पंपा सरोवर के समीप मुनियों ने अपने आश्रम बना रखे हैं। उनके चारों ओर वन के सुंदर वृक्ष हैं। चंपा, मौलसिरी, कदंब, तमाल, पाटल, कटहल, ढाक और आम आदि बहुत प्रकार के वृक्ष नए-नए पत्तों और सुगंधित फूलों से लदे हैं, जिन पर भौंरों के झुंड गुंजार कर रहे हैं। मन को हरने वाली शीतल, मंद,

सुगंधित हवा सदा बहती रहती है। कोयलें 'कुहू-कुहू' का मधुर स्वर कर रही हैं, उनकी रसीली बोली सुनकर मुनियों का भी ध्यान टूट जाता है।

श्रीरामचन्द्रजी ने इस सुंदर सरोवर के निर्मल जल में स्नान किया और अपनी थकान मिटाकर परम सुख पाया। एक सुंदर वृक्ष की छाया देखकर श्रीरघुनाथजी लक्ष्मण के साथ वहीं बैठ गये।

नारद-राम संवाद

प्रभु को वहाँ बैठा देखकर सब देवता और मुनि वहाँ आए, फिर उनकी स्तुति करके अपने-अपने धाम को चले गये। प्रभु को विरहाकुल देखकर नारदजी के मन में बड़ा सोच हुआ। उन्होंने विचार किया कि मेरे श्राप के कारण ही श्रीरामजी नाना प्रकार के दु:ख उठा रहे हैं। ऐसे भक्तवत्सल प्रभु को तो मुझे जाकर देखना चाहिए। फिर ऐसा अवसर कभी न आएगा। ऐसा विचार बनाकर नारदजी हाथ में वीणा लिये वहाँ आ पहुँचे, जहाँ प्रभु सुखपूर्वक बैठे हुए थे।

नारदजी कोमल वाणी से प्रेम के साथ रामचरित का गान करते चले आ रहे हैं। उन्हें दंडवत् करते देखकर श्रीरामचन्द्रजी ने नारदजी को उठाकर देर तक अपने हृदय से लगाए रखा, फिर कुशल पूछकर पास बैठा लिया। लक्ष्मणजी ने आदर के साथ उनके चरण धोए। नारद जी बहुत प्रकार से विनती कर तथा प्रभु को मन में प्रसन्न जान बोले-

'स्वभाव से ही उदार हे श्रीरामजी, सुनिए, आप सुंदर अगम और सुगम वर को देने वाले हैं। हे स्वामी! मैं एक वर माँगता हूँ, हालाँकि आप अंतर्यामी होने के नाते सब जानते ही हैं। प्रभु आप मेरा स्वभाव भी जानते ही हैं।' नारद मुनि का संकोच देखकर प्रभु श्रीराम बोले, 'हे मुनि जी! आप भी मेरे बारे में अच्छी तरह जानते हैं। कुछ छिपा तो है नहीं। मुझे ऐसी कौन सी वस्तु प्रिय लगती है, जिसे आप माँग नहीं सकते? मैं भक्त को कुछ भी दे सकता हूँ। इसलिए ऐसा कुछ भूलकर भी मत बोलिए।'

तब नारदजी हर्षित होकर बोले, 'यद्यपि मैं वर माँगने की धृष्टता कर रहा हूँ। प्रभु आपके तो अनेकों नाम हैं, तो भी हे प्रभु! आपका 'रामनाम' सब नामों से बढ़कर हो और पापों के समूह को नष्ट करने वाला हो। आपकी भक्ति पूर्णिमा की रात्रि है, उसमें 'राम नाम' पूर्ण चंद्रमा के समान है और शेष सब नाम तारागण के समान हृदय रूपी निर्मल आकाश में निवास करते हैं।' प्रभु ने कृपा करके एवमस्तु कहा। तब नारदजी ने मन में हर्षित होकर प्रभु के चरणों में मस्तक नवाया।

श्रीरघुनाथजी को अत्यंत प्रसन्न जान नारदजी फिर कोमल वाणी में बोले, 'हे रामजी! हे रघुनाथजी! सुनिए, जब आपने अपनी माया को प्रेरित करके मुझे मोहित किया था, तब मैं विवाह करना चाहता था। हे प्रभु! आपने मुझे किस कारण से विवाह नहीं करने दिया था? इस पर प्रभु रघुनाथजी बोले, 'हे मुनि! अब

आपने पूछा ही है तो सुनो, मैं बिना किसी लाग-लपेट के कहता हूँ कि जो लोग संपूर्ण आशा-भरोसा छोड़कर केवल मुझको ही भजते हैं, मैं उनकी वैसे ही रखवाली करता हूँ, जैसे एक माता अपने बालक की देखभाल किया करती है। कोई छोटा बच्चा जब दौड़कर आग और साँप को पकड़ने लगता है तो वहाँ माता उसे अपने ही हाथों से खींचकर अलग कर उसे बचा लेती है। जब बच्चा सयाना हो जाता है उसे तो वैसी चिंता नहीं रह जाती है, क्योंकि वह स्वयं अपनी रक्षा कर लेता है। ज्ञानी जन मेरे सयाने पुत्रों के समान हैं और तुम्हारे जैसा, अपने बल का मान न करने वाला सेवक मेरे शिशु पुत्र के समान है।

'मेरे सेवक को केवल मेरा ही सहारा है, और ज्ञानी जन को अपना; परन्तु काम-क्रोध रूपी शत्रु तो दोनों के लिए हैं। भक्त के शत्रुओं को नष्ट करने की जिम्मेदारी मेरे ऊपर रहती है, क्योंकि वह मेरे बल के भरोसे रहता है; परन्तु जो अपने बल को मानते हैं, अपने बल का भरोसा करते हैं, उन ज्ञानी जन के शत्रुओं का नाश करने की जिम्मेदारी मेरे ऊपर नहीं रहती है। ऐसा विचारकर बुद्धिमान लोग मुझको ही भजते हैं, वे ज्ञान प्राप्त होने पर भी भक्ति को नहीं छोड़ते।

काम क्रोध लोभादि मद प्रबल मोह कै धारि।
तिन्ह महँ अति दारुन दुखद मायारूपी नारि॥

और हे मुनि! काम, क्रोध, लोभ और मद आदि अज्ञान की प्रबल सेना है, इनमें माया की साक्षात् मूर्ति स्त्री तो अत्यंत दारुण दुःख देने वाली है। हे मुनि! सुनिए, पुराण, वेद और संत कहते हैं कि मोह रूपी वन को विकसित करने के लिए स्त्री वसंत ऋतु के समान है। जप, तप, नियम रूपी संपूर्ण जल के स्थानों को स्त्री ग्रीष्म ऋतु की तरह सोख लेती है। काम, क्रोध, मद और मत्सर (डाह) आदि मेढक के समान हैं। इनको वह वर्षा ऋतु के समान हर्ष प्रदान करने वाली है। बुरी वासनाएँ कुमुदों के समूह के समान हैं। उनको सुख देने वाली यह स्त्री शरद ऋतु के समान है।

'और सुनो, समस्त धर्म कमलों के झुंड हैं। यह विषजन्य सुख देने वाली स्त्री हिम-ऋतु के समान उन्हें जला डालती है। फिर माता रूपी जवास का वन स्त्री रूपी शिशिर ऋतु को पाकर हरा भरा हो जाता है। पाप रूपी उल्लुओं के लिए स्त्री सुख देने वाली घोर अँधेरी रात्रि जैसी है। बुद्धि, बल, शील और सत्य-ये सब मछलियाँ हैं और स्त्री उनको फँसाकर नष्ट करने वाली बंसी के समान है-ज्ञानी जन ऐसा कहा करते हैं। युवती स्त्री तो अवगुणों की जड़, पीड़ा देने वाली और सभी दुःखों की खान है; इसलिए हे मुनि! मैंने इन्हीं सब से बचाने के लिए तुम्हें विवाह करने से रोका था। विवाह न करने देने का अन्य कोई कारण नहीं था, अपने भक्त को कष्टों से बचाना मेरा कर्तव्य था।'

श्रीरामजी के कृपापूर्ण वचन सुनकर नारदजी का शरीर पुलकित हो गया और नेत्र प्रेमाश्रुओं से भर आए। वे मन-ही-मन कहने लगे–कहो तो ऐसा कौन भगवान है जो सेवक पर इतना ममत्व और कृपा करता हो! जो मनुष्य भ्रम को त्यागकर ऐसे प्रभु को नहीं भजते, वे अज्ञानी, दुर्बुद्धि और अभागे हैं। फिर नारद मुनि आदर सहित बोले, 'हे विज्ञान विशारद! श्रीरामजी! अब कृपा करके संतों के लक्षणों के बारे में कहिए।' तब श्रीरामजी ने कहा, 'हे नारदजी, सुनिए, मैं संतों के उन गुणों के बारे में कहता हूँ, जिनके कारण मैं उनके वश में रहता हूँ।

संतों के लक्षण

श्रीरघुनाथजी नारद मुनि के पूछने पर संतों के लक्षण बता रहे हैं–

षट बिकार जित अनघ अकामा। अचल अकिंचन सुचि सुखधामा॥
अमित बोध अनीह मितभोगी। सत्यसार कबि कोबिद जोगी॥
सावधान मानद मदहीना। धीर धर्म गति परम प्रबीना॥

हे नारदजी! वे संत जो काम, क्रोध, लोभ, मोह, मद और मत्सर–इन छह विकारों-दोषों पर विजय प्राप्त किए हुए, पाप रहित, कामना रहित, स्थिर बुद्धि, सर्वत्यागी, बाहर-भीतर से पवित्र, सुख के धाम, असीम ज्ञानवान, इच्छारहित, अल्पाहारी, सत्यनिष्ठ, कवि, विद्वान, योगी, सावधान, दूसरों को मान देने वाले, अभिमान रहित, धैर्यवान, धर्म सम्बन्धी ज्ञान और आचरण में अति निपुण, गुणों के भंडार, संसार के दु:खों से रहित और संदेहों से सर्वथा अछूते रहते हैं और मेरे चरण-कमलों को छोड़कर उनको न अपनी देह प्रिय होती है और न घर ही प्रिय होता है। कान से अपने ही गुणों को सुनने से संकोच करते हैं और दूसरों के गुण सुनने पर परम प्रसन्न होते हैं। जो सदैव सम और शीतल हैं, न्याय का कभी त्याग नहीं करते, जो सरल स्वभाव के होते हैं और सभी को प्रेम करते हैं।

हे मुनिजी! वे जप, तप, व्रत, दम, संयम और नियमों में रत रहते हैं तथा गुरु, गोविंद तथा ब्राह्मणों के चरणों में प्रेम रखते हैं। उनमें श्रद्धा, क्षमा, मैत्री, दया, प्रसन्नता और उनका मेरे चरणों में निष्कपट प्रेम होता है तथा वैराग्य, विवेक, विनय, विज्ञान (परमात्मा के तत्त्व का ज्ञान) और वेद-पुराण का यथार्थ ज्ञान रहता है। वे दंभ, अभिमान और मद को कभी पास नहीं आने देते तथा कभी भूलकर भी कुमार्ग पर पैर नहीं रखते, सदा मेरी लीलाओं को गाते-सुनते रहते हैं। जो बिना कारण ही दूसरों के हित में लगे रहते हैं।

गावहिं सुनहिं सदा मम लीला। हेतु रहित परहित रत सीला॥
मुनि सुनु साधुन्ह के गुन जेते। कहि न सकहिं सारद श्रुति तेते॥

हे नारदजी! सुनिए, संत जनों के जितने भी गुण हैं, उनको सरस्वती और वेद भी नहीं कह सकते। वे इतने ज्यादा हैं कि उनका बखान नहीं किया जा सकता

है। इतना ही नहीं, मुनिजी, शेष और शारदा भी उनको वर्णित नहीं कर सकते। यह सुनते ही नारदजी ने श्रीरामचन्द्रजी के चरण-कमल पकड़ लिये। कृपालु प्रभु श्रीरघुनाथजी ने अपने श्रीमुख से अपने भक्तों के गुण कहे। तत्पश्चात् श्रीरघुनाथजी के चरणों में बार-बार सिर नवाकर नारदजी ब्रह्मलोक को चले गये। तुलसीदासजी कहते हैं कि वे लोग धन्य हैं, जो सब आशा त्यागकर केवल प्रभु श्रीहरि के रंग में रँग गये हैं।

रावनारि जसु पावन गावहिं सुनहिं जे लोग।
राम भगति दृढ़ पावहिं बिनु बिराग जप जोग॥

अर्थात् जो लोग रावण के शत्रु श्रीरामचन्द्र जी का पवित्र यश गाएँगे और सुनेंगे, वे वैराग्य, जप और योग के बिना ही श्रीरामजी की अटल भक्ति को पा जाएँगे। अतः युवती स्त्रियों का शरीर दीपक की लौ के समान है, हे मन! तू उसका पतिंगा मत बन। बस काम और मद को त्यागकर श्रीरामचन्द्र जी का भजन कर तथा सदा सत्संग किया कर।

॥ श्रीसीतारामाय नमः ॥

चतुर्थ सोपान

किष्किन्धाकाण्ड

कुन्देन्दीवरसुन्दरावतिबलौ विज्ञान धामाबुभौ,
शोभाढ्यौ वरधन्विनौ श्रुतिनुतौ गोविप्रवृन्दप्रियौ।
मायामानुषरूपिणौ रघुवरौ सद्धर्मवर्मौ हितौ,
सीतान्वेषण तत्परौ पथिगतौ भक्तिप्रदौ तौ हि नः॥

अर्थात् कुंदपुष्प और नीलकमल के समान सुंदर गौर एवं श्याम वर्ण, अत्यंत बलवान्, विज्ञान के धाम, समस्त शोभाओं से संपन्न, श्रेष्ठ धनुर्धर, वेदों के द्वारा वंदित, गौ एवं ब्राह्मणों के समूह के प्रिय, माया के कारण मनुष्य रूप धारण किए हुए, श्रेष्ठ धर्म के लिए कवच स्वरूप, सबके हितकारी, श्रीसीताजी की खोज में लगे हुए पथिक रूप रघुकुल शिरोमणि श्रीरामजी और लक्ष्मणजी, दोनों भाई हमें निश्चय ही भक्ति प्रदान करने वाले हों। ऐसी कामना करता हूँ।

मुक्ति जन्म महि जानि ग्यान खानि अघि हानि कर।
जहँ बस संभु भवानि सो कासी सेइअ कस न॥

अर्थात् जहाँ जगत् के स्वामी श्रीशिव-पार्वती निवास करते हैं, उस काशी को मुक्ति की नगरी, मोक्ष की जन्मभूमि, ज्ञान की खान और पापों का नाश करने वाली जानकर उसका सेवन क्यों न किया जाये? अर्थात् मैं उसका स्मरण करता हूँ। जिस भीषण हलाहल विष से सब देवतागण जल रहे थे, उसका जिन्होंने स्वयं पान कर लिया, मैं उन्हीं कृपालु शंकरजी का भजन करता हूँ, उनके समान दयालु कोई नहीं।

नारदजी को उपदेश देकर तथा संतों के गुणों का बखान करके प्रभु लक्ष्मण जी के साथ सीताजी की खोज में आगे बढ़े। चलते-चलते ऋष्यमूक पर्वत निकट आ गया। इसी पर्वत पर वानरराज सुग्रीव अपने मंत्रियों सहित निवास करता था। अतुलित बल के धाम श्रीरामचन्द्रजी को देखकर सुग्रीव अत्यंत भयभीत होकर बोला, 'हे हनुमानजी! ये सामने से जो आ रहे हैं दोनों पुरुष बल और रूप के

निधान जान पड़ते हैं। तुम ब्रह्मचारी का रूप धारण करके वहाँ जाओ और उनके बारे में सब सच हाल मालूम करो। यदि तुम्हें कोई खतरे की बात मालूम पड़े तो मुझे इशारा कर देना। यदि वे बाली के भेजे हुए हों तो मैं तुरंत ही इस पर्वत को छोड़कर भाग जाऊँगा।'

राम-हनुमान भेंट

सुग्रीव की ऐसी वाणी सुनकर हनुमानजी एक ब्राह्मण का रूप धरकर प्रभु के मार्ग में पहुँचे, और मस्तक नवाकर इस प्रकार पूछने लगे–'हे वीर! साँवले और गोरे शरीर वाले आप दोनों कौन हैं? वेष तो क्षत्रियों का है, फिर वन में क्यों घूम रहे हैं? हे स्वामी! आप तो कोमल चरण वाले हैं, फिर इस कठोर भूमि पर क्यों विचरण कर रहे हैं? आपके सुंदर अंग तो मन को हरने वाले हैं, फिर भी वन के दुःसह धूप और आँधी–बारिश को सह रहे हैं। हे प्रभु! क्या आप ब्रह्मा, विष्णु और महेश में से कोई हैं? या आप दोनों नर और नारायण हैं? अथवा आप जगत् के मूल कारण और संपूर्ण लोकों के स्वामी स्वयं भगवान रूप हैं, जिन्होंने लोगों को भवसागर से पार उतारने तथा पृथ्वी का भार दूर करने के लिए मनुष्य रूप में यहाँ अवतार लिया है?'

इतना सब पूछने पर श्रीरामचन्द्रजी ने कहा, 'हम कोसलराज दशरथजी के पुत्र हैं और पिता का वचन मानकर वन में आए हैं। मेरा नाम राम है और यह मेरा छोटा भाई लक्ष्मण है। हमारे साथ एक सुंदर–सुकुमार स्त्री भी थी। यहाँ वन में एक राक्षस ने मेरी पत्नी जानकी को हर लिया है। हे ब्राह्मण देवता! हम तो उसे ही खोजते फिर रहे हैं। हमने तो अपना सब हाल–समाचार आपको कह सुनाया है, अब आप भी तो अपने बारे में बतायें।'

प्रभु को पहचानकर हनुमानजी ने उनके चरण पकड़कर दंडवत् प्रणाम किया। शिवजी बोले–देखा पार्वती आपने! हनुमानजी के सुख का वर्णन नहीं किया जा सकता। उनका शरीर पुलकित है। प्रेमाधिक्य से गला रुँध गया है। वे प्रभु के सुंदर वेष की रचना को निहारने लगे, फिर थोड़ा धैर्य धारण कर स्तुति की। अपने नाथ को पहचान लेने से मन में अपार हर्ष हो रहा है। फिर हनुमानजी ने कहा, 'हे स्वामी! मैंने पूछा तो इसलिए पूछा, क्योंकि वर्षों के बाद आपको देखा, वह भी तपस्वी के वेष में, और मेरी वानरी बुद्धि ठहरी, इस कारण मैं आपको पहचान न सका और अपनी परिस्थिति के कारण मैंने पूछा; परन्तु आप एक मनुष्य की भाँति क्यों और कैसे पूछ रहे हैं? आप तो सर्वज्ञ हैं, सब कुछ जानते हैं।

तब माया बस फिरउँ भुलाना।
ताते मैं नहिं प्रभु पहिचाना॥

और प्रभु! मैं तो आपकी माया में फँसा भूला फिरता हूँ, इसी से मैंने आपको, अपने स्वामी को नहीं पहचाना। एक तो मैं यों ही मंद बुद्धि का हूँ, दूसरे मोह

के वश में हूँ, तीसरे हृदय का कुटिल और अज्ञानी हूँ, फिर हे दीनबंधु! आपने भी मुझे भुला दिया?'

हनुमानजी बोले, 'हे नाथ! यद्यपि मुझमें बहुत अवगुण हैं, बुराइयाँ हैं, तथापि आप अपने सेवक को न भूल जायें। हे प्रभु! जीव आपकी माया से मोहित है, वह आपकी कृपा से ही निस्तार पा सकता है। उस पर हे रघुवीर! मैं आपकी शपथ खाकर कहता हूँ कि मैं भजन-पूजन कुछ नहीं जानता। सेवक अपने स्वामी और पुत्र माता के भरोसे निश्चिंत रहता है। प्रभु को तो सेवक का पालन-पोषण करना ही पड़ता है।' इतना कहकर हनुमानजी अकुलाकर प्रभु के चरणों में गिर पड़े। उन्होंने अपना असली स्वरूप प्रकट किया। उनके हृदय में प्रेम छा गया, तब रघुनाथजी ने उन्हें उठाकर गले से लगा लिया।

सुनु कपि जियँ मानसि जनि ऊना। तैं मम प्रिय लछिमन ते दूना।।
समदरसी मोहि कह सब कोऊ। सेवक प्रिय अनन्य गति सोऊ।।

फिर प्रभु श्रीरामचन्द्रजी बोले, 'हे कपि! सुनो, मन छोटा मत करना, तुम तो मुझे लक्ष्मण से भी अधिक प्रिय हो। सभी मुझे समदर्शी कहते हैं, मेरे लिए कोई न प्रिय है और न अप्रिय, ऐसा कहा जाता है; पर मुझे तो सेवक प्रिय हैं, क्योंकि मुझे छोड़कर उसका तो कोई दूसरा सहारा नहीं होता और हे हनुमान! अनन्य वही होता है, जिसकी ऐसी बुद्धि कभी नहीं टलती कि मैं सेवक हूँ और यह चराचर जगत् मेरे स्वामी भगवान का स्वरूप है।

स्वामी को अनुकूल और कृपालु देखकर पवनकुमार हनुमान जी के हृदय में हर्ष छा गया और उनके सब दुःख जाते रहे। फिर पवन पुत्र बोले, 'हे नाथ! इस पर्वत पर वानरराज सुग्रीव रहते हैं, वे आपके दास हैं। आप उससे मित्रता कर लीजिए, उसे दीन जानकर निर्भय कर दीजिए। वह सीताजी की खोज कराएँगे, और जहाँ-तहाँ करोड़ों वानरों को भेजेंगे। मैं आजकल उन्हीं की सेवा में हूँ। वह अपने बड़े भाई बाली के डर से बड़े भयभीत रहते हैं, उन्हें प्राणों का भय आठों पहर बना रहता है। वह आपकी भरपूर मदद करेंगे।'

पवनपुत्र हनुमान कौन हैं और उनका जीवन-वृत्तांत क्या है तथा वह सुग्रीव की सेवा में कैसे आए, इसकी कथा बताते हैं-

अजर-अमर हनुमान

हनुमान जी के जीवन की कथा बड़ी रोमांचक है। वे वानरराज केसरी और अंजनी की संतान कहे जाते हैं। उन्हें रुद्र यानी शिव का अवतार भी कहा जाता है। बहुत पुराकाल की बात है। समुद्र-मंथन के समय समुद्र में से अनेक दिव्य वस्तुओं तथा अमृत के अतिरिक्त कालकूट नामक भयंकर विष भी निकला। वह विष इतना तीव्र था कि उसके प्रभाव से संपूर्ण सृष्टि संतप्त होने लगी। चारों ओर हाहाकार मच गया। तब देवताओं की प्रार्थना पर सृष्टि के कल्याण हेतु भगवान शिव ने

उस विष का पान कर लिया। यद्यपि विष उनके कंठ में स्थिर हो गया, तथापि उसके प्रभाव से उनका रोम-रोम जलने लगा। उन्हें इस विषम स्थिति से बचाने के लिए भगवान विष्णु ने मोहिनी रूप धारण किया। इसके फलस्वरूप भगवान शिव के शरीर से दिव्य तेज निकला, जिसे पवनदेव ने वानरराज केसरी की पत्नी अंजनी के गर्भ में स्थापित कर दिया। इसी से हनुमान का जन्म हुआ। इस प्रकार हनुमानजी को 'केसरीपुत्र' के साथ-साथा 'पवनपुत्र' भी कहा जाता है। उन्हीं के वरदान से वे आकाश में कहीं भी उड़कर जा सकते थे।

एक बार बालक हनुमान माता अंजनी के साथ महल की छत पर खेल रहे थे। सहसा उनकी दृष्टि आकाश में चमकते सूर्य पर पड़ी। जिज्ञासावश उन्होंने माता से उसके बारे में पूछा। अंजनी ने उन्हें बहलाते हुए कहा, 'पुत्र, यह लाल रंग का एक फल है। इसकी चमक ही चारों ओर रोशनी फैलाती है।'

अंजनी ने परिहास में सूर्य को फल कहा था, लेकिन हनुमान सच में सूर्य को फल समझ बैठे। वे सोचने लगे कि जिस फल की इतनी चमक है, वह खाने में कितना स्वादिष्ट होगा। यह सोचकर उनका मन आकाश में चमकते उस फल को खाने के लिए मचल उठा। जैसे ही माता अंजनी किसी कारणवश आँखों से ओझल हुईं, नटखट हनुमान एक लंबी छलाँग लगाकर सूर्य के पास पहुँच गये और देखते-ही-देखते उसे अपने मुँह में रख लिया। सूर्य के छिपते ही सारे संसार में अंध कार व्याप्त हो गया। एकाएक फैले अंधकार से इंद्रादि देवगण भी भयभीत हो गये। उन्होंने हनुमान से सूर्य को छोड़ने को कहा, लेकिन उन्होंने सूर्य को नहीं छोड़ा। तब इंद्र ने क्रोधित होकर उन पर वज्र से प्रहार किया और सूर्य को मुक्त करवा लिया।

वज्र के अमोघ प्रहार से हनुमान अचेत होकर भूमि पर आ गिरे। जब इस घटना के बारे में पवनदेव को पता चला तो उनके क्रोध का ठिकाना न रहा। बालक हनुमान पर अहंकारी इंद्र ने वज्र का प्रहार किया, इस बात से रुष्ट होकर उन्होंने संपूर्ण जगत् की प्राणवायु रोक ली। वायु के अभाव में सृष्टि जड़ होने लगी।

तब त्रिदेव पवनदेव के सम्मुख उपस्थित हुए और उन्हें समझाते हुए बोले, 'पवनदेव! इंद्र ने सृष्टि के कल्याण के लिए हनुमान पर वज्र-प्रहार किया था। किसी को भी ब्रह्मा द्वारा बनाई गयी व्यवस्था को भंग करने का अधिकार नहीं है। इसलिए तुम क्रोध त्याग दो। हम वरदान देते हैं कि हनुमान पर वज्र सहित किसी भी अस्त्र-शस्त्र का कोई प्रभाव नहीं होगा। इसके अतिरिक्त सृष्टि में वह सबसे अधिक बुद्धिमान और शक्तिशाली होगा।' तदनंतर त्रिदेवों के आशीर्वाद से हनुमान उसी समय उठ खड़े हुए। इस प्रकार वरदान पाकर हनुमान सदैव के लिए अजेय और अमर हो गये।

हनुमान को भूल जाने का श्राप

हनुमान बचपन से बड़े नटखट और चंचल स्वभाव के थे। दूसरी बात यह कि त्रिदेवों द्वारा अतुल्य बल प्राप्त होने से उनकी चंचलता में वृद्धि होने लगी। अब

वे मित्र-मंडली के साथ वन में यहाँ-वहाँ निकल जाते और संपूर्ण वन को तहस-नहस कर डालते। उनकी इस उद्दंडता से अनेक निर्दोष प्राणी मारे जाते तथा अनेक ऋषि-मुनियों को भी कष्ट झेलना पड़ता। फिर भी सभी धैर्य का घूँट पीकर रह जाते थे।

एक बार हनुमान अपने मित्रों के साथ वन में भ्रमण कर रहे थे। तभी उनकी दृष्टि एक आश्रम पर पड़ी। उस समय वहाँ कुछ ऋषि हवन कर रहे थे। उन्हें देखकर हनुमान के मन में चंचलता उमड़ने लगी। उन्होंने साथियों को पास बुलाया और धीरे से बोले, 'मित्रो! इस समय सभी ऋषि आँखें बंद किए हवन कर रहे हैं। आओ, इनके साथ थोड़ी सी ठिठोली कर ली जाये। इन्हें तंग करने में बहुत आनंद आएगा।'

हनुमान की बात सुनकर सभी बहुत प्रसन्न हुए, परन्तु साथ ही वे जानते थे कि यह आश्रम ऋषियों का है। यदि वे क्रोधित हो गये तो अनर्थ हो जायेगा। इसलिए वे हनुमान को समझाते हुए बोले, 'छोड़ो हनुमान, हम कोई और खेल खेलते हैं। ये ऋषि इस समय हवन में व्यस्त हैं। इन्हें तंग करना उचित नहीं है। कहीं ऐसा न हो कि हम खेल-खेल में इनके शाप के भागी बन जाएँ।'

हनुमान हँसते हुए बोले, 'ये ऋषि हमारा कुछ भी अहित नहीं कर पाएँगे। तुम जानते ही हो कि मुझे वरदान प्राप्त है-कोई भी मेरा अहित नहीं कर सकता। इसलिए तुम भयरहित होकर मेरे साथ आओ। इससे अधिक मनोरंजक खेल तुमने आज तक नहीं खेला होगा।'

यह कहकर हनुमान आश्रम में प्रविष्ट हो गये और हुड़दंग मचाने लगे। कभी वे ऋषियों के बाल खींचते तो कभी उनकी गोद में बैठ जाते; कभी हवन-सामग्री इधर-उधर कर देते तो कभी पेड़ से फल तोड़कर उन पर फेंकने लगते। ऋषियों ने हनुमान को समझाने के बहुत प्रयत्न किए, किंतु सब व्यर्थ। हनुमान कहाँ किसी की सुननेवाले थे। वे तो अपनी शरारतों में मगन थे।

जैसे-जैसे हनुमान की उद्दंडता बढ़ने लगी, वैसे-वैसे ऋषियों का धैर्य छूटने लगा। अंत में वे क्रोधित होकर बोले, 'हे शैतान वानर! हम तुझे श्राप देते हैं, जिस बल के अहंकार में भरकर तू इतना उत्पात मचा रहा है, वह तुझे विस्मृत हो जाये।'

शाप के प्रभाव से देखते-ही-देखते हनुमान का बल क्षीण हो गया। वे एक साधारण वानर के समान दिखाई देने लगे। तब हनुमान प्रत्युत्तर देते हुए बोले, 'ऋषियो! वानर होने के कारण उत्पात मचाना मेरा कर्म है। मैं अपने कर्म से भला कैसे विमुख हो सकता हूँ? उस पर मैं एक बालक हूँ। बालक और वानर को तो सब कुछ क्षम्य है। आपने व्यर्थ में ही मुझे शाप दे दिया।'

अब तक ऋषियों का क्रोध शांत हो चुका था। वे हनुमान को समझाते हुए बोले, 'वत्स! यद्यपि हमारा शाप व्यर्थ नहीं जायेगा, तथापि हम तुम्हें वर देते हैं कि जब भी कोई तुम्हें तुम्हारे बल और पराक्रम को याद दिला देगा या स्मरण

कराएगा, तो तुम्हें पुनः वही अतुलित बल प्राप्त हो जायेगा और फिर तुम अपनी पूरी क्षमता से कार्य कर सकोगे। इतना ही नहीं, हनुमान तुम्हें भविष्य में बड़े-बड़े और असंभव कार्य करने होंगे। इसलिए अब तुम निश्चिंत हो जाओ।'

हनुमान की गुरु-दक्षिणा

नटखटपन बचपन की पहचान है, जैसे-जैसे बच्चा बड़ा होने लगता है, वैसे-वैसे शरारतें भी कम होती जाती हैं। फिर शिक्षा प्राप्त करने की उम्र हो जाती है। हनुमान जब कुछ बड़े हुए तो वानरराज को उनकी शिक्षा-दीक्षा, उनकी समुचित पढ़ाई-लिखाई और विद्याध्ययन की चिंता सताने लगी। वे हनुमान को विद्यार्जन के लिए एक योग्य गुरु के पास भेजना चाहते थे। इसके लिए उन्होंने अपने आस-पास का सारा क्षेत्र छान मारा, परन्तु ऐसा कोई भी गुरु उन्हें नहीं मिला।

एक दिन वे इसी चिंता में डूबे थे कि तभी देवर्षि नारद का वहाँ आगमन हुआ। वानरराज केसरी ने उनका भरपूर आदर-सत्कार किया। नारदजी को केसरी के चेहरे पर चिंता के बादल मँडराते दिखाई दिए। उन्होंने इसका कारण पूछा। तब केसरी विनम्र स्वर में बोले, 'देवर्षि, आप तो त्रिकालदर्शी हैं। आपसे भला कौन सी बात छिपी है! मैं हनुमान की शिक्षा-दीक्षा को लेकर बहुत चिंतित हूँ। विद्यार्जन के लिए उसे किस योग्य गुरु के पास भेजूँ? यही मेरी चिंता का मुख्य कारण है। देवर्षि, अब आप ही मेरा मार्गदर्शन कीजिए।'

देवर्षि नारद हँसते हुए बोले, 'हे वानरराज! तुमने हनुमान के लिए गुरु की खोज ही गलत दिशा में की है। इस पृथ्वी पर कोई भी हनुमान से अधिक बुद्धिमान और श्रेष्ठ नहीं है। इसलिए तुम्हें अभी तक कोई योग्य गुरु नहीं मिला। वानरराज केसरी, मेरी दृष्टि में केवल भगवान सूर्यदेव ही हनुमान के गुरु बनने योग्य हैं। इसलिए तुम उनकी शरण में जाओ। वे भी हनुमान जैसा शिष्य पाकर धन्य हो जाएँगे।'

केसरी उसी दिन भगवान सूर्य के पास गये और उनसे हनुमान का गुरु बनने की प्रार्थना की। सूर्यदेव इसके लिए सहर्ष तैयार हो गये। हनुमान सूर्यलोक में रहते हुए विद्यार्जन करने लगे। सूर्यदेव ने उन्हें शास्त्रों के साथ-साथ अस्त्र-शस्त्र संचालन की शिक्षा भी दी। उनके पराक्रम और बल के समक्ष देवगण भी नतमस्तक होने लगे। इस प्रकार अनेक वर्ष बीत गये।

एक दिन सूर्यदेव ने हनुमान को अपने पास बुलाकर कहा, 'वत्स हनुमान! आज तुम्हारी शिक्षा पूर्ण हुई। मैंने अपना संपूर्ण अर्जित ज्ञान तुम्हें प्रदान कर दिया है। तुम्हें देने के लिए मेरे पास कुछ शेष नहीं बचा। इसलिए अब तुम पृथ्वीलोक जाने की तैयारी करो।'

गुरु की बात सुनकर कुछ देर के लिए हनुमान भाव-विह्वल हो गय। तदनंतर वे स्वयं को सँभालते हुए बोले, 'जैसी आपकी आज्ञा गुरुदेव! आपने सदा मुझे अपने पुत्र के समान समझकर दुर्लभ ज्ञान प्रदान किया है। इसके लिए मैं सदैव

आपका ऋणी रहूँगा। परन्तु फिर भी, मैं अपने शिष्य होने के कर्तव्य से मुक्त नहीं हो सकता। इसलिए गुरु-दक्षिणा दिए बिना मैं यहाँ से नहीं जा सकता। आप गुरु-दक्षिणा लेकर मुझे कृतार्थ करें।'

सूर्यदेव ने हनुमान को अनेक प्रकार से समझाने की कोशिश की, लेकिन हनुमान ने गुरु दक्षिणा दिए बिना वापस जाने से इनकार कर दिया। तब सूर्यदेव प्रसन्न होकर बोले, 'वत्स! तुम्हारी गुरुभक्ति से मैं संतुष्ट हूँ। वत्स! पृथ्वी पर किष्किंधा में मेरा पुत्र सुग्रीव रहता है। आने वाले समय में उसे तुम्हारी सहायता की आवश्यकता पड़ेगी। इसलिए तुम सदैव उसकी रक्षा करना। यही मेरी गुरु-दक्षिणा होगी।'

हनुमान ने सूर्यदेव को वचन दिया कि वे सुग्रीव के साथ रहते हुए सदैव उसकी रक्षा करेंगे। इसके बाद वे घर लौट आए। कुछ दिन माता-पिता के साथ रहने के बाद हनुमान अपने वचन को पूर्ण करने के लिए सुग्रीव के पास चले गये। इस प्रकार हनुमान ने गुरु को दिए वचन का जीवन भर अनुपालन किया।

श्रीराम-सुग्रीव मित्रता

आज सुग्रीव के आदेश पर हनुमानजी प्रभु श्रीराम से मिले और सब बातें अच्छी तरह से समझाकर हनुमानजी ने दोनों भाइयों को अपने कंधों पर चढ़ा लिया और वहाँ से चल पड़े। जब सुग्रीव ने प्रभु श्रीरामचन्द्रजी को देखा तो वह अपने जन्म को सराहने लगा। निकट पहुँचते ही सुग्रीव ने प्रभु के श्रीचरणों में मस्तक नवाया, फिर उनसे आदर सहित मिले। श्रीरघुनाथ जी भी उनसे गले लगकर मिले, लक्ष्मणजी ने भी भाई का अनुकरण किया। सुग्रीव के मन में बड़ा संकोच है कि हे विधाता! क्या ये मुझसे प्रीति करेंगे?

आदर-सत्कार और मिलने-मिलाने के बाद हनुमानजी ने दोनों पक्षों की कथा सुनाकर अग्नि को साक्षी बना दोनों में प्रतिज्ञापूर्वक मैत्री करवा दी। दोनों ने हृदय की गहराई से मित्रता की। अब लक्ष्मण जी ने अयोध्या से वनगमन तथा श्रीसीताजी के हरण आदि की सारी कथा सुग्रीव को विस्तार से बताई। सुनकर सुग्रीव के नेत्रों में जल भर आया, फिर उसने रुँधे गले से कहा, 'हे नाथ! आप चिंता न करें, जानकीजी अवश्य मिल जाएँगी। मैं एक बार यहाँ मंत्रियों के साथ बैठा हुआ कुछ विचार कर रहा था, तब मैंने शत्रु के चंगुल में विवश और विलाप करती हुई सीताजी को आकाशमार्ग से जाते हुए देखा था। हमें देखकर उन्होंने 'राम! राम! हा राम! पुकारकर वस्त्र गिरा दिया था।'

श्रीरामजी ने वह वस्त्र माँगा, तब सुग्रीव ने तुरंत ही लाकर दे दिया। वस्त्र को हृदय से लगाकर श्रीरामचन्द्र जी ने बहुत ही शोक किया; फिर सुग्रीव ने कहा, 'हे रघुवीर जी! सुनिए, सोच त्याग दीजिए और मन में धीरज लाइए। मैं सब प्रकार से आपकी सेवा करूँगा। जिस तरह भी जानकी जी आपको शीघ्र मिलें, मैं वह सब प्रबंध करूँगा।'

कृपा के समुद्र और बल की खान श्रीराम जी सखा सुग्रीव के वचन सुनकर हर्षित हुए और बोले, 'हे सुग्रीव! मुझे यह बताओ कि तुम वन में क्यों रहते हो?'

तब सुग्रीव ने कहा, 'हे नाथ! बाली और मैं सगे भाई हैं। हम दोनों में इतना प्रेम था कि उसका वर्णन नहीं किया जा सकता। हे प्रभु! मयदानव का एक पुत्र था, उसका नाम मायावी था। एक बार वह हमारे नगर में आया। उसने आधी रात को नगर के फाटक पर आकर हमें ललकारा। मेरा भाई बाली शत्रु की इस ललकार को सह नहीं सका। वह उसे सबक सिखाने के लिए दौड़ा, पर बाली को आता देखकर मायावी भाग खड़ा हुआ। मैं भी भाई के साथ चला गया। वह मायावी एक पर्वत की गुफा में जा घुसा। पीछा करता भाई भी वहाँ पहुँचा और मुझे समझाकर भाई ने कहा,'सुग्रीव! तुम एक पखवाड़े तक मेरी प्रतीक्षा करना। मैं गुफा के अंदर जा रहा हूँ, उतने दिनों में गुफा से बाहर न आऊँ तो समझ लेना कि मैं मारा गया।'

'हे रघुनंदन! मैं वहाँ महीने भर तक बाली के लौटने की प्रतीक्षा करता रहा। तब उस गुफा के अंदर से रक्त की बड़ी भारी धारा निकली। मैंने समझा कि उस राक्षस ने मेरे भाई बाली को मार डाला, अब बाहर आकर वह मुझे भी मार डालेगा। इसलिए मैं गुफा के द्वार पर एक शिला रखकर वहाँ से भाग आया। इधर

मंत्रियों ने नगर को बिना राजा का देखा तो मुझे जबरदस्ती राजा बना दिया और मैं राजकाज देखने लगा। कुछ समय बाद बाली उस राक्षस को मारकर घर लौट आया। मुझे सिंहासन पर देखकर उसे बड़ा क्रोध आया। उसे गलतफहमी हो गयी। उसने समझा कि राज्य के लोभ से ही मैं गुफा के द्वार को शिला से बंद कर आया था, जिससे मैं बाहर न निकल सकूँ और यहाँ का राजा बनकर ठाठ से रहूँ।

'उसने मुझे अपना शत्रु समझ लिया और क्रोध में आकर मुझे बहुत मारा। इतना ही नहीं, मेरा सर्वस्व, मेरी स्त्री को ही छीन लिया। हे कृपालु रघुवीर! मैं उसके भय से समस्त लोकों में बेहाल होकर घूमता रहा, उसने मेरा पीछा नहीं छोड़ा, वह मेरे प्राण लेने पर उतारू है। वह एक शाप के कारण इस पर्वत पर नहीं आ सकता, फिर भी मेरे मन में भय बराबर बना रहता है। न तो मैं चैन की नींद ले सकता हूँ, न ही मुझे खाना-पीना अच्छा लगता है। प्राणों का भय मुझे कभी स्थिर नहीं रहने देता; यहाँ कोई भी आता-जाता दिखाई देता है, तो वह मुझे उसका भेदिया ही जान पड़ता है। किसी भी हाल में सुख-चैन नहीं है, प्रभु!'

मित्र के गुण

अपने सखा और सेवक का दुःख सुनकर दयालु रघुनाथजी की दोनों विशाल भुजाएँ फड़क उठीं। तब प्रभु ने कहा, 'हे सुग्रीव! सुनो, मैं एक ही बाण से बाली को मार डालूँगा। ब्रह्मा और रुद्र की शरण में जाने पर भी उसके प्राण न बचेंगे।'

जे न मित्र दुःख होहिं दुखारी। तिन्हहि बिलोकत पातक भारी।।
निज दुख गिरि सम रज करि जाना। मित्रक दुःख रज मेरु समाना।।

और हे सुग्रीव! जो लोग मित्र के दुःख से दुःखी नहीं होते, उन्हें देखने भर से ही बड़ा पाप लगता है; अपने पर्वत के समान दुःख को धूल कण के समान और मित्र के धूल के समान दुःख को सुमेरु पर्वत के समान जाने, जिन्हें स्वभाव से ही ऐसी बुद्धि प्राप्त नहीं है, वे मूर्ख हठ करके क्यों किसी से मित्रता करते हैं? मित्र का धर्म है कि वह मित्र को कुमार्ग से रोककर अच्छे मार्ग पर चलाए; उसके गुणों को प्रकट करे तथा अवगुणों को छिपाए, किसी को न बताए; लेन-देन करते समय मन में शंका न रखे। अपनी सामर्थ्य के अनुसार सदा हित ही करता रहे और विपत्ति के समय तो सौ गुना स्नेह करे। वेद कहते हैं कि श्रेष्ठ मित्र के ये ही लक्षण हैं, वह इन्हीं गुणों से संपन्न होता है। वह मित्रता के धर्म का जान पर खेलकर भी निर्वाह करता है।

'और हे सुग्रीव! जो सामने तो बनावटी कोमल और मृदु वचन कहता है तथा पीठ पीछे सब प्रकार से बुराई करता है और मन में कुटिलता रखता है। हे सखा! जिसका मन साँप की चाल की तरह टेढ़ा है, ऐसे कुमित्र को तो त्यागने में ही भलाई है।

> **सेवक सठ नृप कृपन कुनारी। कपटी मित्र सूल सम चारी॥**
> **सखा सोच त्यागहु बल मोरें। सब बिधि घटब काज मैं तोरें॥**

अर्थात् मूर्ख सेवक, कंजूस राजा, कुलटा स्त्री और कपटी मित्र–ये चारों शूल के समान पीड़ा देने वाले हैं। हे सखा! मेरे बल पर अर्थात् मेरे रहते चिंता छोड़ दो। मैं सब प्रकार से तुम्हारी सहायता करूँगा।'

सुग्रीव बोला, 'हे रघुवीर! परन्तु बाली बलवान् और अत्यंत रणधीर है। उसे मारना इतना आसान भी नहीं है।' फिर सुग्रीव ने श्रीराम को दुंदुभि राक्षस की हड्डियाँ और ताल के सात वृक्ष दिखाये और समझाने लगा–जो इन सबको एक बाण से एक ही बार में ढहा या बींध दे, वही बाली को मार सकता है। प्रभु, पहले आप इनको बींधकर दिखाइए, तब मुझे विश्वास होगा।' फिर क्या था, प्रभु ने बिना किसी परिश्रम के सबको एक ही बाण से बींध दिया।

श्रीराम का अपरिमित बल देखकर सुग्रीव प्रसन्न हो गया और उसे विश्वास हो गया कि प्रभु बाली का वध अवश्य कर देंगे। वह बार-बार प्रभु के चरणों में सिर नवाने लगा। प्रभु की सामर्थ्य को पहचानकर सुग्रीव मन-ही-मन हर्षित होने लगा। जब उसे ज्ञान हुआ तब बोला, 'हे नाथ! आपकी कृपा से अब मेरा मन स्थिर हो गया है। सुख, संपत्ति, परिवार और बड़प्पन–सब को त्यागकर मैं आपकी सेवा ही करूँगा, क्योंकि आपके चरणों की आराधना करने वाले संत कहते हैं– 'ये सब सुख 'रामभक्ति' के विरोधी हैं। संसार में जितने भी मित्र-शत्रु और सुख-दुःख आदि द्वंद्व हैं, सबके सब माया रचित हैं, वास्तविक नहीं हैं।'

'हे श्रीरामजी! बाली तो मेरा परम हितकारी है, जिसकी कृपा से शोक का नाश करने वाले आप मुझे मिले। हे प्रभु! अब तो ऐसी और इतनी कृपा कीजिए कि सब छोड़कर दिन-रात मैं आपका ही भजन करूँ। मुझे अब और कुछ नहीं चाहिए।' सुग्रीव की वैराग्यमयी वाणी सुनकर श्रीराम जी मुसकराकर बोले, 'तुमने जो कुछ मुझसे कहा, वह सब सत्य है; परन्तु हे सखा! मेरा वचन मिथ्या नहीं होता, बाली अवश्य मारा जायेगा और तुम्हें राज्य पद मिलेगा।' यह सब रामकथा सुनाते-सुनाते काकभुशुंडिजी बोले, 'हे पक्षियों के राजा गरुड़! मदारी के बंदर की तरह श्रीरामजी सबको नचाते हैं, वेदों में ऐसा कहा गया है।'

बाली का उद्धार

सुग्रीव का क्षणिक वैराग्य दूर हो गया, वह अपने पूर्वरूप में आ गया। तब रघुनाथजी सुग्रीव को साथ लेकर और हाथों में धनुष-बाण धारण करके चल पड़े। फिर उन्होंने सुग्रीव को समझाया कि अब तुम बाली के पास जाओ और उसे युद्ध के लिए ललकारो। यदि वह अनदेखी करे तो उसे जली-कटी सुनाकर उत्तेजित करो और किसी प्रकार युद्ध के लिए तैयार करके उसे महल से बाहर जंगल में ले आओ। मैं यहाँ तुम्हारी मदद के लिए तैयार रहूँगा।

श्रीराम की बातें सुन सुग्रीव अति प्रसन्न हुआ और उनका बल पाकर उसे पूर्ण विश्वास हो गया कि अब बाली का वध अवश्य हो जायेगा। उसी रोब में वह बाली के महल के पास जा पहुँचा और उसके निकट जाकर उसे युद्ध के लिए ललकारने लगा। बाली तो उसकी ललकार सुनते ही उसे मारने को उद्यत हुआ; परन्तु उसकी पत्नी तारा ने उसके चरण पकड़ लिये और विनीत स्वर में समझाने लगी–'स्वामी! सुग्रीव में आपसे लड़ने की हिम्मत कब थी? वह किसी के उकसावे में आकर ऐसा कर रहा है। सुना है, सुग्रीव जिनसे मिल गया है, वे दोनों भाई बड़े तेजस्वी और बलशाली हैं। वे अयोध्या के राजा दशरथ के पुत्र राम और लक्ष्मण हैं। वे युद्ध में काल को भी जीत सकते हैं। उनके पराक्रम और शौर्य के बारे में बड़ी-बड़ी चर्चाएँ हैं, उन्होंने अनेक बलशाली राक्षसों का संहार किया है।'

इस पर बाली ने कहा, 'हे डरपोक स्त्री! श्रीरघुनाथजी तो समदर्शी हैं। मेरा उनसे कोई वैर नहीं है, अतः वे मुझे क्यों मारेंगे? और कदाचित वे मुझे मारेंगे भी तो मैं तो सब प्रकार से परम पद को पा जाऊँगा। इसमें भी मेरा कोई घाटा नहीं है।' ऐसा कहकर महान् अभिमानी बाली सुग्रीव को तिनके के समान समझकर दौड़ पड़ा और अपने भाई से जा भिड़ा। बाली ने सुग्रीव को

बहुत धमकाया और एक घूँसा मारकर बड़े जोर से गरजा। उसने सुग्रीव को मार-मारकर अधमरा कर दिया, उधर प्रभु ने भी उस पर बाण नहीं चलाया। तब सुग्रीव व्याकुल होकर और अपनी जान छुड़ाकर वहाँ से भागा। घूँसे की चोट उसे वज्र के समान लगी। अपनी सीमा में आकर उसने कहा, 'हे कृपालु! हे रघुवीर! मैंने आपसे पहले ही कहा था कि बाली मेरा भाई नहीं काल है। प्रभु, आप मुझे पिटता देखते रहे और मेरी किसी तरह से कोई मदद नहीं की, क्या मैं इसका कारण जान सकता हूँ?'

तब श्रीरघुनाथजी उसे समझाते हुए बोले, 'हे सखा! कोई ऐसी बात नहीं है। दरअसल, तुम दोनों भाइयों की शक्ल-शूरत एक जैसी है; डील-डौल में भी तुम दोनों बराबर हो। इसी भ्रम में मैं बाण नहीं चला पाया।' फिर प्रभु श्रीराम ने सुग्रीव के शरीर को अपने हाथ से स्पर्श किया, जिससे उसका शरीर वज्र के समान हो गया और उसकी सारी पीड़ा दूर हो गयी।

अबकी बार प्रभु ने सुग्रीव के गले में फूलों की माला पहना दी, फिर उसे खूब हौसला देकर बाली के पास भेजा। सुग्रीव के ललकारने पर वह इतने क्रोध में उठकर दौड़ा कि अब उसे जीता न छोड़ेगा। दोनों भाइयों में पुनः द्वंद्व युद्ध होने लगा। श्रीरघुनाथजी वृक्ष की ओट से सब देख रहे थे। सुग्रीव ने बाली की मार से बचने के लिए बहुत से दाँवपेंच चलाए, परन्तु उसके जोरदार प्रहारों से उसका बुरा हाल हो गया। सुग्रीव बुरी तरह से घबरा गया, तब श्रीराम ने कसकर बाली के छाती में बाण मारा। बाण के लगते ही बाली व्याकुल होकर भूमि पर गिर पड़ा, किंतु श्रीरामचन्द्र जी को देखकर वह पुनः उठ बैठा।

बाली को उपदेश

बाली ने बार-बार भगवान की ओर देखकर अपने मन को उनके चरणों में लगा दिया। प्रभु को पहचानकर उसने अपना जन्म सफल माना। उसके हृदय में तो प्रीति थी, पर मुख में कठोर वचन थे। वह श्रीराम की ओर देखकर बोला, 'हे गोसाईं! आपने धर्म की रक्षा के लिए अवतार लिया है। आपने मुझे छिपकर क्यों मारा? मैं आपका दुश्मन और सुग्रीव आपका प्यारा कैसे हो गया? हे नाथ! मेरा क्या दोष था, जो आपने मुझे इस तरह मारा?'

अनुज बधू भगिनी सुत नारी। सुनु सठ कन्या सम ए चारी॥
इन्हहि कुदृष्टि बिलोकइ जोई। ताहि बधें कछु पाप न होई॥
मूढ़ तोहि अतिसय अभिमाना। नारि सिखावन करसि न काना॥
मम भुज बल आश्रित तेहि जानी। मारा चहसि अधम अभिमानी॥

तब श्रीराम जी ने कहा, 'अरे मूर्ख! सुन, छोटे भाई की स्त्री, बहिन, पुत्र की स्त्री यानी पुत्रवधू और कन्या-ये चारों समान हैं। इनको जो भी बुरी दृष्टि से देखता है, उसे मारने में कोई पाप नहीं होता। हे दुष्ट! तू अत्यंत अभिमानी है,

तूने अपनी पत्नी की सीख पर भी कोई ध्यान नहीं दिया। सुग्रीव मेरी शरण में है, वह मेरे सहारे है–यह जानकर भी तू इसे मारने दौड़ पड़ा।'

बाली बोला, 'हे श्रीरामजी। सुनिए, आपके आगे मेरी कोई चाल नहीं चल सकती, आपके आगे मैं कर ही क्या सकता हूँ? हे प्रभो! अंत काल में आपकी शरण पाकर मैं क्या अब भी पापी ही हूँ?' बाली की अत्यंत करुण वाणी सुनकर श्रीराम ने उसके सिर को अपने हाथ से स्पर्श किया, फिर बोले, 'हे बाली! मैं तुम्हें पुनः स्वस्थ कर देता हूँ।'

इस पर बाली ने कहा, 'हे कृपानिधान! मुनिजन अपने प्रत्येक जन्म में अनेक प्रकार के साधन करते रहते हैं, फिर भी अंतकाल में उनके मुख से 'राम नाम' नहीं निकला। जिनके नाम के बल से शंकरजी काशी में सबको समान रूप से अविनाशिनी मुक्ति देते हैं। वही श्रीराम जी स्वयं मेरे नेत्रों के सामने हैं। प्रभु! ऐसा संयोग क्या फिर कभी बन पड़ेगा?'

'श्रुतियाँ 'नेति-नेति' कहकर निरंतर जिनका गुणगान करती रहती हैं, प्राण तथा मन को जीतकर एवं इंद्रियों को नीरस बनाकर मुनिगण ध्यान में जिनकी कभी ही झलक पाते हैं, वे प्रभु साक्षात् मेरे सामने प्रकट हैं। आपने जो कहा कि पुनः स्वस्थ कर दूँ, ऐसा मूर्ख कौन होगा, जो हठपूर्वक कल्पवृक्ष को काटकर बबूल की इच्छा करेगा। हे नाथ! अब मुझ पर दयादृष्टि कीजिए और मैं जो वर माँगता हूँ, वह दीजिए। मैं कर्मवश जिस भी योनि में जन्म लूँ, वहाँ भी आपके चरणों में मेरा प्रेम बना रहे। हे प्रभो! यह मेरा पुत्र अंगद विनय और बल में मेरे ही समान है, प्रभु! बाँह पकड़कर इसे अपना दास बना लीजिए। मेरी यह इच्छा पूरी कर दीजिए।'

श्रीरामचन्द्रजी के चरणों में दृढ़ प्रीति करके बाली ने शरीर को आसानी से त्याग दिया जैसे हाथी अपने गले से माला का गिरना नहीं जान पाता है, प्रभु श्रीराम ने बाली को अपने परम धाम भेजकर उसका उद्धार कर दिया।

तारा का विलाप और प्रभु का उपदेश

नगर के सब स्त्री-पुरुष दौड़े चले आए। बाली की पत्नी तारा अनेक प्रकार से विलाप करने लगी। उसके बाल बिखरे हुए हैं, अपनी देह की सुध भी नहीं रह गयी। विलाप करते हुए वह चीखकर कहने लगी– 'मैंने बहुत रोका, पर मेरा कहा न माना। मैं जानती थी, किसी और की ताकत के भरोसे ही सुग्रीव तुम्हें ललकारने आया है। हे स्वामी! मेरा तो सर्वस्व लुट गया, मेरे लिए तो सारी दुनिया ही सूनी हो गयी है। अब आपके बिना इस संसार में मेरा रहना निस्सार ही है।'

तारा को अत्यंत व्याकुल देखकर श्रीरघुनाथजी ने उसे ज्ञान दिया और उसकी बुद्धि पर पड़ा माया का परदा हटा दिया। फिर प्रभु बोले–

छिति जल पावक गगन समीरा।
पंच रचित अति अधम शरीरा॥

'हे तारा! पृथ्वी, जल, अग्नि, आकाश और वायु–इन पाँच तत्त्वों से मिलकर यह अत्यंत ही अधम शरीर रचा गया है। यह बाली का वह शरीर तो प्रत्यक्ष तुम्हारे सामने सोया हुआ, यानी पड़ा हुआ है, परन्तु जीव तो नित्य है, फिर तुम किसके लिए रो रही हो?' जब उसे ज्ञान की अनुभूति हुई, तब वह भगवान के चरणों में गिर पड़ी और उनसे परम भक्ति का वर पा गयी। कथा आगे सुनाते हुए भगवान शिव बोले, 'हे उमा! देखो, प्रभु श्रीरामचन्द्रजी कैसे सबको कठपुतली की तरह नचाते रहते हैं, इनकी माया अपरंपार है।'

सुग्रीव का राज्याभिषेक

तदनंतर श्रीरामजी ने सुग्रीव को आज्ञा दी कि अपने भाई का पूरे विधि-विधान से अंतिम संस्कार करो। व्यक्ति के मर जाने पर सब वैर-भाव समाप्त हो जाते हैं। सुग्रीव ने तुरंत ही अपने सब बंधु-बांधवों को इकट्ठा कर विधिपूर्वक बाली का मृतक-संस्कार किया। इसके बाद प्रभु ने लक्ष्मणजी को समझाकर कहा, 'हे लक्ष्मण! तुम नगर में जाओ और रीति के अनुसार सुग्रीव का राज्याभिषेक करा आओ।' तब सब लोग श्रीरामचन्द्रजी के चरणों में सिर नवाकर नगर की ओर चल पड़े।

नगर में पहुँचकर लक्ष्मणजी ने शीघ्र ही सब नगरवासियों की उपस्थिति और ब्राह्मण समाज के सामने सुग्रीव का राज्याभिषेक कर दिया और साथ ही बाली के पुत्र अंगद को वहाँ का युवराज घोषित कर दिया। इस प्रकार लक्ष्मणजी ने प्रभु के वचन को विधिपूर्वक पूरा किया। शिवजी बोले–हे पार्वती! इस संसार में श्रीरामचन्द्रजी के समान हित करने वाला गुरु, पिता, माता, बंधु और स्वामी कोई नहीं है। देवता, मनुष्य और मुनि सब स्वार्थ के लिए ही प्रीति करते हैं। जो सुग्रीव दिन-रात बाली के भय से व्याकुल रहता था; जिसके शरीर में बहुत से घाव हो गये थे और जिसका हृदय चिंता के मारे जला करता था, उसी सुग्रीव को प्रभु ने वानरों का राजा बना दिया। श्रीरामचन्द्रजी का स्वभाव अत्यंत कृपालु है। जो लोग जानकर भी ऐसे प्रभु को त्याग देते हैं, वे फिर विपत्ति के चंगुल में क्यों नहीं फँसेंगे? इसके बाद प्रभु ने सुग्रीव को अपने पास बुलाया और फिर बहुत प्रकार से नीति और राजनीति की शिक्षा दी, अनेक प्रकार के उपदेश दिए, जो उसका हित करने वाले थे।

फिर प्रभु ने कहा, 'हे वानरराज सुग्रीव! सुनो, मैं चौदह वर्ष तक बस्ती में नहीं जाऊँगा, केवल वन में रहूँगा, ऐसा मैंने पिता को वचन दिया है। अब ग्रीष्म ऋतु समाप्ति पर है और वर्षा ऋतु भी आ गयी समझो। अतः मैं यहाँ पास के पर्वत पर ही रहूँगा। तुम अंगद को साथ लेकर भली प्रकार से राज्य करो; अपनी प्रजा का सब प्रकार से कल्याण करो, परन्तु मेरे कार्य को भूल मत जाना, इसका हमेशा ध्यान रखना।' इसके बाद सुग्रीव अपने घर को लौट गया और प्रभु प्रवर्षण पर्वत पर रहने लगे।

ऋतुओं का मनोहारी वर्णन

देवताओं ने उस पर्वत की एक गुफा को पहले से ही सजा-सँवार दिया था। वहाँ पर सुंदर वन सुशोभित हैं। मधु के लोभ से भौंरों के झुंड गुंजार करने लगे, जब से प्रभु यहाँ आए, तब से वन में सुंदर कंद, मूल, फल और पल्लवों की बहुतायत हो गयी। मनोहारी और अनुपम पर्वत को देखकर देवताओं के देव श्रीराम जी छोटे भाई लक्ष्मण के साथ वहाँ रहने लगे। देवता, सिद्ध और मुनि भौंरों, पक्षियों और पशुओं के शरीर धारण करके प्रभु की सेवा में आ जुटे।

वर्षा ऋतु

जब से प्रभु श्रीरामजी ने यहाँ निवास किया है, तब से वन मंगलकारी हो गया। सुंदर स्फटिकमणि की एक अत्यंत उज्ज्वल शिला है। उस पर दोनों भाई सुखपूर्वक विराजमान हैं। श्रीरामचन्द्रजी छोटे भाई लक्ष्मणजी से भक्ति, वैराग्य, राजनीति और ज्ञान की बहुत सी कथाएँ कहते हैं। वर्षा काल में आकाश में छाए हुए बादल गरजते हुए बड़े सुहावने लगते हैं।

श्रीरामजी कहने लगे—हे लक्ष्मण! देखो, भौंरों के झुंड बादलों को देखकर नाच रहे हैं; जैसे वैराग्य में अनुरक्त गृहस्थ किसी विष्णु भक्त को देखकर हर्षित होते हैं। आकाश में बादल घुमड़-घुमड़कर घोर गर्जना कर रहे हैं, सीताजी के बिना मेरा मन डर रहा है। बिजली की चमक बादलों में ठहरती नहीं, जैसे दुष्ट की प्रीति स्थिर नहीं रहती है। बादल एकदम नीचे उतरकर बरस रहे हैं, जैसे विद्या पाकर विद्वान नम्र हो जाते हैं। बूँदों की चोट पर्वत वैसे ही सहते हैं, जैसे दुष्टों के वचन संत सहते हैं। छोटी नदियाँ किनारों को तोड़कर वैसे ही चल पड़ीं, जैसे थोड़ा धन पाकर ही दुष्ट इतराने लगते हैं। पृथ्वी पर पड़ते ही वर्षाजल गँदला हो गया है, जैसे जीव श्रीहरि को पाकर आवागमन से मुक्त हो जाता है।

पृथ्वी घास से परिपूर्ण होकर हरी-भरी हो गयी है, जिससे रास्तों का पता ही नहीं चलता, जैसे पाखंड मत के प्रचार से सद्ग्रंथ लुप्त हो जाते हैं। चारों दिशाओं में मेढकों की ध्वनि ऐसी मोहक लगती है, मानो विद्यार्थियों के दल वेदपाठ कर रहे हों। अनेकों वृक्षों में नए पत्ते आ गये हैं, जिससे वे ऐसे हरे-भरे एवं सुशोभित हो गये हैं, जैसे साधक का मन ज्ञान प्राप्त करने पर हो जाता है। मदार और जवासा बिना पत्तों के हो गये अर्थात् उनके पत्ते झड़ गये, जैसे श्रेष्ठ राज्य में दुष्टों के कार्य सड़ जाते हैं। धूल कहीं खोजने पर भी नहीं मिलती, जैसे क्रोध का आवेग होने पर धर्म का ज्ञान नहीं रह जाता है।

लक्ष्मण, अन्न से लदी लहलहाती हरी-भरी खेती कैसी शोभायमान हो रही है, जैसे उपकारी पुरुष की संपत्ति शोभा पाती है। रात के घोर अंधकार में जुगनू शोभा पा रहे हैं, मानो दंभियों का समाज आ जुटा हो! भारी वर्षा से खेतों की क्यारियाँ फूट चली हैं, जैसे नियंत्रण से रहित होने पर स्त्रियाँ बिगड़ जाती हैं। होशियार किसान खेतों को निहार रहे हैं, जैसे विद्वान लोग मोह, मद और मान को निकाल बाहर

करते हैं। चक्रवाक पक्षी कहीं दिखाई नहीं दे रहे हैं, जैसे कलियुग में धर्म कहीं नहीं दिखाई देता है। ऊसर भूमि में वर्षा तो होती है, पर वहाँ घास तक नहीं जमती, जैसे हरिभक्त के हृदय में काम नहीं ठहर पाता है।

यह पृथ्वी अनेक तरह के जीव-जंतुओं से भरी हुई उसी तरह शोभायमान है, जैसे सुराज्य पाकर प्रजा में वृद्धि होती है। जहाँ-तहाँ मार्ग में अनेक पथिक थककर ठहरे हुए हैं, जैसे ज्ञान उत्पन्न होने पर शिथिल होकर विषयों की ओर जाना छोड़ देती है। कभी-कभी वायु बड़े जोर से चलने लगती है, जिससे बादल जहाँ-तहाँ से गायब हो जाते हैं, जैसे कुपुत्र के उत्पन्न होने से कुल के श्रेष्ठ आचरण नष्ट हो जाते हैं।

शरद् ऋतु

घने बादलों के कारण कभी दिन में घोर अंधकार छा जाता है, तो कभी सूर्य प्रकट हो जाता है, जैसे कुसंग पाकर ज्ञान नष्ट हो जाता है और कुसंग पाकर उत्पन्न हो जाता है। हे लक्ष्मण! देखो, अब वर्षा ऋतु बीत चली है और परम सुंदर शरद् ऋतु आ गयी है। फूले हुए काँस से सारी पृथ्वी ढक गयी है, जैसे वर्षा ऋतु ने अपना बुढ़ापा प्रकट किया हो। अगस्त्य के तारे ने उदय होकर मार्गों के जल को सोख लिया है, जिस प्रकार संतोष लोभ को सोख लेता है। नदियों और तालाबों का निर्मल जल ऐसी शोभा पा रहा है, जैसे मद और मोह से रहित संतों का हृदय! नदी और सरोवरों का जल धीरे-धीरे सूख रहा है। जैसे विवेकी पुरुष ममता का त्याग करते हैं। शरद् ऋतु जानकर खंजन पक्षी भी आ गये हैं। जैसे समय पाकर सुंदर पुण्य प्रकट हो जाते हैं।

हे लक्ष्मण! अब न कीचड़ है, न धूल। इससे निर्मल होकर धरती ऐसी शोभा दे रही है, जैसे नीति निपुण राजा की करनी। जल के कम हो जाने से मछलियाँ व्याकुल हो रही हैं, जैसे मूर्ख गृहस्थ धन के बिना व्याकुल होता है। बिना बादलों का निर्मल आकाश ऐसा शोभित हो रहा है, जैसे भगवद् भक्त सब आशाओं को छोड़कर सुशोभित होते हैं। कहीं-कहीं शरद् ऋतु की थोड़ी-थोड़ी वर्षा हो रही है। जैसे कोई विरले ही मेरी भक्ति पाते हैं।

शरद् ऋतु में राजा, तपस्वी, व्यापारी और भिखारी क्रमशः विजय, तप, व्यापार और भिक्षा के लिए हर्षित होकर नगर छोड़कर चले; जैसे श्रीहरि की भक्ति पाकर चारों आश्रमवाले श्रमों को त्याग देते हैं और सुनो, जो मछलियाँ अथाह जल में हैं, वे सुखी हैं, जैसे श्रीहरि की शरण में चले जाने पर एक भी बाधा नहीं रहती है। कमल दलों के फूलने से तालाब कैसी शोभा दे रहा है, जैसे निर्गुण ब्रह्म सगुण होने पर शोभायमान होता है। भौंरे मधुर शब्द करते हुए गूँज रहे हैं तथा पक्षियों के नाना प्रकार के कलरव हो रहे हैं। रात्रि देखकर चकवा के मन में वैसे ही दुःख हो रहा है, जैसे दूसरे की संपत्ति देखकर दुष्ट को होता है।

उधर देखो लक्ष्मण! पपीहा रट लगाए है, उसको बड़ी प्यास है, जैसे शंकरजी

का द्रोही सुख के लिए तरसता रहता है। शरद् ऋतु के ताप को रात्रि के समय चंद्रमा हर लेता है, जैसे संतों के दर्शन से पाप दूर हो जाते हैं। चकोरों के समुदाय चंद्रमा को देखकर इस प्रकार टकटकी लगाए हैं, जैसे ईश्वरभक्त भगवान को पाकर उनके अपलक दर्शन करता है। मच्छर और डाँस जाड़े के डर के मारे इस प्रकार नष्ट हो गये हैं, जैसे ब्राह्मण के साथ वैर करने से कुल का नाश हो जाता है।

हे भाई! वर्षा काल में पृथ्वी पर जो जीव-जंतुओं की भरमार हो गयी थी, शरद् में वे वैसे ही नष्ट हो गये हैं, जैसे सद्गुरु के मिल जाने पर संदेह और भ्रम के समूह नष्ट हो जाते हैं। वर्षा बीती, शरद् ऋतु भी आ गयी, पर हे तात! सीताजी कोई खोज-खबर नहीं मिली। एक बार कैसे भी पता लग जाये तो काल को भी जीतकर पलभर में जानकी को ले आऊँ। वह कहीं भी रहे, यदि जीवित होगी तो हे लक्ष्मण! सब कोशिश करके भी मैं उसे लेकर अवश्य आऊँगा। राज्य, खजाना, नगर और स्त्री पा गया, इसलिए सुग्रीव ने मेरे काम को लगता है भुला दिया। पर वह यह नहीं जानता कि जिस बाण से मैंने बाली को मारा था, उसी बाण से कल उसको भी मार सकता हूँ। शिवजी कहते हैं–हे उमा! जिनकी कृपा से मद और मोह छूट जाते हैं, उनको कहीं स्वप्न में भी क्रोध हो सकता है? अर्थात् यह सब तो प्रभु की लीला मात्र है। जिन ज्ञानी-मुनियों ने रघुनाथजी के चरणों में अपनी प्रीति जोड़ ली है, वे ही प्रभु की इस लीला-रहस्य को जान सकते हैं, अर्थात् उनको तो क्रोध आता ही नहीं।

सुग्रीव को फटकार

जब लक्ष्मण जी ने भाई के क्रोध भरे वचन सुने तो उन्होंने तुरंत धनुष चढ़ाकर बाण हाथ में ले लिया। तब दया के सागर रघुनाथजी ने लक्ष्मण जी को समझाया–'हे तात! सखा सुग्रीव को मारना नहीं है, बस डाँट-फटकार कर भय मात्र दिखलाना है।' उधर किष्किंधा नगरी में पहुँचने पर हनुमानजी को भी लगा कि सुग्रीव ने श्रीरामजी के कार्य को भुला दिया है। तब उन्होंने सुग्रीव के पास जाकर चरणों में सिर नवाया और फिर साम, दाम, दंड, भेद–चारों प्रकार की नीति से खूब समझाया तथा प्रभु का क्रोध दिखाकर डराया भी। अब तो हनुमानजी के वचन सुनकर सुग्रीव बहुत डर गया, फिर बोला, 'हे पवनसुत! विषयों ने मेरे ज्ञान को, बुद्धि को हर लिया था। अब प्रभु श्रीराम के कार्य में शीघ्रता करते हैं, ऐसा करो कि जहाँ-जहाँ वानरों के यूथ रहते हैं, वहाँ-वहाँ दूतों को भेजिए। उनको सख्त आदेश दीजिए कि जो एक पखवाड़े में नहीं आ जायेगा, उसका मेरे हाथों वध होगा। तब हनुमानजी ने दूतों को बुलाया और सबका सम्मान करके सभी को भय और प्रीति दोनों दिखलाई। सब वानर उनके चरणों में सिर नवाकर चल पड़े।

उसी समय लक्ष्मणजी नगर में आ पहुँचे। उनका क्रोध देखकर बंदर जहाँ-तहाँ भागने लगे। इसके बाद लक्ष्मणजी ने धनुष चढ़ाकर कहा, 'अरे सुग्रीव! तुम अपना

काम बनाकर प्रभु के काम को ही भूल गये, तुम नहीं जानते, मैं तुम्हारे नगर को जलाकर अभी राख कर दूँगा, तब तुम्हें ब्रह्मा भी मेरे प्रकोप से बचा नहीं पाएँगे।'

लक्ष्मणजी की क्रोध भरी चेतावनी को सुनकर और नगर भर को व्याकुल देखकर बालिपुत्र अंगद उनके पास आए। अंगद ने उनके चरणों में सिर नवाकर क्षमा-याचना की। तब लक्ष्मणजी ने उन्हें भुजाओं से उठाकर कहा कि डरो मत। उधर सुग्रीव ने अपने कानों से लक्ष्मणजी के क्रोध भरे वचन सुनकर भय से व्याकुल होकर कहा, 'हे हनुमान जी! सुनो, तुम तारा को साथ ले जाकर विनती करके लक्ष्मणजी को समझाओ, उन्हें किसी प्रकार शांत करो।'

तब हनुमानजी ने तारा को साथ ले जाकर लक्ष्मणजी के चरणों की वंदना की और प्रभु के यश का बखान किया। वे विनती करके उन्हें महल में ले आए। उनके चरण पखारकर उन्हें पलंग पर बैठाया, तब वानरराज सुग्रीव ने उनके चरणों में सिर नवाया और फिर लक्ष्मणजी ने हाथ पकड़कर उनको गले से लगा लिया। सुग्रीव ने कहा, 'हे नाथ! विषय के समान बड़ा और कोई मद नहीं है। यह मुनियों के मन में भी क्षणमात्र में मोह उत्पन्न कर देता है, फिर मैं तो विषयी जीव जो ठहरा।'

सुग्रीव के विनय भरे वचन सुनकर लक्ष्मणजी प्रसन्न हो गये, फिर उन्होंने वानरराज को बहुत प्रकार से समझाया। तब हनुमानजी ने दूतों के भेजने आदि का हाल सुनाया। फिर अंगद आदि वानरों को साथ लेकर और लक्ष्मणजी को आगे करके सुग्रीव हर्षित होकर चले और रघुनाथजी के पास आ पहुँचे। रघुनाथजी के चरणों में सिर नवाकर सुग्रीव ने कहा, 'हे नाथ! आपकी माया बड़ी प्रबल है, जब आप दया करते हैं, तभी यह छूटती है। हे स्वामी! देवता, मनुष्य और मुनि-सभी तो विषयों में फँसे हैं। मैं तो पामर पशु और पशुओं में भी अत्यंत कामी बंदर हूँ। जो स्त्री के नयन-बाण से आहत नहीं होता, जो क्रोधांध नहीं होता और जो लोभ में नहीं फँसा है, हे रघुनाथजी! वह मनुष्य आप ही के समान है। इन गुणों को आपकी कृपा से कोई-कोई ही प्राप्त कर पाता है।'

इस पर रघुनाथजी मुसकराकर बोले, 'हे भाई! तुम मुझे भरत के समान प्यारे हो। अब मन लगाकर सीताजी की खोज का उपाय करो।' इस प्रकार बातचीत हो ही रही थी कि वानरों के झुंड के झुंड आ गये। अनेक रंगों के वानर सब दिशाओं में दिखाई देने लगे। शिवजी बोले, 'हे उमा! वानरों की वह सेना मैंने देखी थी। सब वानर आ-आकर श्रीरामजी के चरणों में सिर नवाते हैं और दर्शन करके कृतार्थ होते हैं।

वानरों का सीताजी की खोज में निकलना

उस वानर सेना में एक भी वानर ऐसा नहीं था, जिससे श्रीराम जी ने कुशल न पूछी हो। प्रभु के लिए यह बड़ी बात नहीं, वे तो सर्वव्यापक हैं। आज्ञा पाकर सब वानर जहाँ-तहाँ खड़े हो गये। तब वानरराज सुग्रीव ने सबको समझाकर कहा, 'हे वानर के समूहो! तुम्हारा सौभाग्य है कि तुम प्रभु श्रीराम के कार्य के लिए जा रहे

हो। मेरा तुम सबसे अनुरोध है कि तुम चारों दिशाओं में फैल जाओ। सब ओर जाकर श्रीजानकीजी को खोजो और तुम सब एक महीने के अंदर वापस आ जाना। जो इस एक महीने की अवधि में खाली हाथ यानी बिना पता लगाए लौटकर आएगा, वह मेरे द्वारा मृत्युदंड को प्राप्त करेगा। इसलिए इस तय समय-सीमा में खूब मन लगाकर प्रभु श्रीराम के कार्य को पूरा करना है।'

सुग्रीव का आदेश सुनते ही सब वानर तुरंत भिन्न-भिन्न दिशाओं में चल पड़े। तब सुग्रीव ने अंगद, नल, हनुमान आदि मुख्य योद्धाओं को बुलाकर कहा, 'हे धीर बुद्धि और चतुर नील! अंगद, जाम्बवंत और हनुमान! तुम सब श्रेष्ठ योद्धा मिलकर दक्षिण दिशा की ओर जाओ, तुम हर किसी से श्रीसीताजी के बारे में पूछकर पता लगाओ। मन, वचन और कर्म से पूरी तरह इस कार्य पर ही ध्यान देना। श्रीरामचन्द्रजी का कार्य सफल करना है। सुनो, सूर्य को पीठ से और अग्नि को सामने से सेवन करना चाहिए; परन्तु स्वामी की सेवा सब छल-कपट छोड़कर सर्वभाव से करनी चाहिए। हे भाइयो! देह धारण करने का यही फल है कि सब कामनाओं को त्यागकर श्रीरामजी का भजन ही किया जाये। गुणगान तथा बड़भागी वही है, जो श्रीरघुनाथजी के चरणों में प्रेम करता है।' इस प्रकार वानरराज की सीख सुनकर तथा चरणों में सिर नवाकर एवं प्रभु श्रीराम का स्मरण करते हुए सब वानर योद्धा हर्षित होकर चले।

पाछें पवन तनय सिरु नावा। जानि काज प्रभु निकट बोलावा।।
परसा सीस सरोरुह पानी। करमुद्रिका दीन्हि जन ज्ञानी।।
बहु प्रकार सीतहि समुझाएहु। कहि बल बिरह बेगि तुम्ह आएहु।।
हनुमत जन्म सुफल करि माना। चलेउ हृदयँ धरि कृपानिधाना।।

इस प्रकार चलते समय सबसे पीछे हनुमानजी ने सिर नवाया। कार्य का विचार करके प्रभु श्रीराम ने उन्हें अपने पास बुलाया। उन्होंने अपने कर-कमल से उनके सिर का स्पर्श किया तथा अपना सेवक जानकर उन्हें अपने हाथ की अँगूठी उतारकर दी और फिर बोले, 'हे हनुमान! सीताजी को सब प्रकार से समझाना तथा मेरा प्रेम और बल कहकर तुम शीघ्र ही लौट आना।' हनुमानजी ने अपना जन्म सफल समझा और कृपानिधान प्रभु को हृदय में धारण करके चल पड़े। यद्यपि देवताओं की रक्षा करने वाले प्रभु सब बात जानते हैं, परन्तु नीति की मर्यादा रखने के लिए सीताजी का पता लगाने के लिए वानरों को जहाँ-तहाँ भेज रहे हैं।

सब वानर बड़े उत्साह में वन, नदी, तालाब, पर्वत और कंदराओं में सीता को खोजते हुए चले। मन श्रीरामजी के कार्य में लीन है, इस कार्य में वे अपने शरीर तक को भूल गये। कहीं किसी राक्षस से भेंट हो जाती तो एक-एक चपत में ही उसके प्राण ले लेते हैं। वे पर्वतों और वनों को सब प्रकार से खँगालने लगे। यदि कोई ऋषि-मुनि मिल जाता तो पता पूछने के लिए उसे सब के सब घेर लेते हैं।

गुफा में तपस्विनी के दर्शन

उछलते-कूदते और सीताजी को ढूँढ़ते सबको प्यास लगने लगी। प्यास के मारे सब अत्यंत व्याकुल हो गये, लेकिन कहीं पीने को जल नहीं मिला। घने जंगल में सब भटक बए। हनुमानजी ने मन में विचार किया कि जल के बिना सब लगभग मरणासन्न हो रहे हैं। उन्होंने एक पहाड़ की चोटी पर चढ़कर चारों ओर देखा तो पृथ्वी के अंदर एक गुफा में उन्हें एक आश्चर्य दिखाई दिया। उसके ऊपर चकवे, बगुले और हंस उड़ रहे हैं और बहुत से पक्षी उसमें प्रवेश कर रहे हैं। पवनपुत्र पर्वत से नीचे उतर आए और सबको ले जाकर उन्होंने वह गुफा दिखाई। सबने हनुमानजी को अपने आगे कर लिया और बिना देर किए वे गुफा में घुस गये। वहां स्वयंप्रभा नाम की एक तपस्विनी रहती थी।

अंदर जाकर उन्होंने एक सुंदर बगीचा और तालाब देखा, जिसमें बहुत से कमल खिले हुए थे। वहीं एक सुंदर मंदिर भी है, जिसमें एक तपोमूर्ति स्त्री बैठी है। सबने दूर से ही उसे सिर नवाया और पूछने पर अपना सब वृत्तान्त कह सुनाया, तब उस तपोमूर्ति ने कहा, 'तुम सब जलपान करो और भाँति-भाँति के मीठे-रसीले फल खाओ।' आज्ञा पाकर सबने स्नान किया, मीठे फल खाए और फिर सब उसके पास आकर इकट्ठा हो गये। तब उसने अपनी सब कथा कह सुनाई और बोली कि मैं श्रीरघुनाथजी के पास जाऊँगी। तुम लोग आँखें मूँद लो और गुफा छोड़कर बाहर जाओ। तुम सीताजी को ढूँढ़ निकालोगे, तुम निराश मत होओ। आँखें मूँदने के बाद जब उन्होंने आँखें खोली तो देखा कि सब वीर समुद्र के किनारे खड़े हैं तथा वह तपोमूर्ति वहाँ गयी, जहाँ श्रीरामचन्द्रजी विराजमान थे। उसने जाकर प्रभु के चरणों में सिर नवाया और अनेक प्रकार से विनती की। प्रभु ने प्रसन्न होकर उसे अपनी अचल (अनपायिनी) भक्ति दे दी। प्रभु की आज्ञा धारण कर और प्रभु के युगल चरणों को हृदय में धारण कर वह तपोमूर्ति यानी स्वयंप्रभा बदरिकाश्रम को चली गयी।

वानरों का विलाप

उधर वानर सीताजी की खोज में मारे-मारे फिर रहे थे। वे सब इकट्ठा होकर विचार करने लगे कि एक महीने की अवधि तो बीत गयी, पर सीताजी का अभी तक कहीं कोई पता नहीं चला है और बिना उनकी कोई खबर लिये लौटकर जाना भी संभव नहीं है। अंगद ने नेत्रों में जल भरकर कहा, 'भाइयो! हमारी तो सब प्रकार से मौत ही मौत है। यदि हम खाली हाथ लौटकर वहाँ गये तो वानरराज सुग्रीव हमें मार डालेंगे। अरे, वे तो पिताजी की मृत्यु के बाद ही मुझे मार ही डालते, परन्तु श्रीरामचन्द्रजी ने मुझे बचा लिया। इसमें सुग्रीव का मेरे ऊपर कोई एहसान नहीं है।' अंगद आँखों में आँसू भरकर बार-बार सबको कहने लगा कि अब तो मरण निकट ही समझो।

बेचारे वानर वीर अंगद के वचन सुनकर कुछ और बोलने की हिम्मत न जुटा सके; उन सबके धार-धार आँसू बहने लगे। एक क्षण के लिए सब गहरे सोच में

डूब गये; फिर सब कहने लगे–'हे युवराज! हम सीताजी की खोज किये बिना नहीं लौटेंगे। चाहे जितना संकट झेलें, पर खाली हाथ नहीं जायेंगे।' ऐसा कहकर सबके सब समुद्र के तट पर कुश बिछाकर बैठ गये। तब बुजुर्ग जाम्बवंत ने अंगद का दु:ख देखकर सबको समझाया। वे बोले, 'हे तात! श्रीरामजी कोई साधारण मनुष्य नहीं हैं, वे तो निर्गुण ब्रह्म, अज्ञेय और अजन्मा हैं।

'हे अंगद! हम सब तो बड़े भाग्यशाली हैं, जो श्रीरामजी में प्रीति रखते हैं, देवता, पृथ्वी, गौ और ब्राह्मणों के लिए किसी कारण से ही अवतार लेते हैं। सगुणोपासक सब प्रकार के मोक्षों को त्यागकर उनकी सेवा में निरंतर साथ रहते हैं। इसलिए हिम्मत हारने का कोई कारण नहीं; मुझे लगता है, हम प्रभु का कार्य अवश्य सिद्ध करेंगे; परन्तु तुम सब अपना धैर्य बनाए रखो, कोई-न-कोई रास्ता अवश्य निकलेगा।' इस प्रकार की सब बातें, जो जाम्बवंत ने कही, वहीं पर स्थित कंदरा में संपाती ने सबकी बातें सुनीं। वह अनेक प्रकार के मंसूबे बनाकर कंदरा से बाहर आया।

संपाती से भेंट

अपनी कंदरा से बाहर निकलकर संपाती ने बहुत से वानरों को देखा। तब वह मन में कहने लगा–'बूढ़ा होने के कारण और शरीर जर्जर हो जाने से मैं भोजन जुटाने में भी असमर्थ था, कहीं आ-जा नहीं सकता; पर विधाता सबका ध्यान रखता है; ईश्वर ने आज मुझे घर बैठे ही बहुत सा आहार भेज दिया। आज इन सबको खाकर भरपेट भोजन करूँगा। बहुत दिनों से भोजन नहीं किया, भोजन के बिना मर ही रहा था। कितने दिनों से पेट भर भोजन नहीं मिला, पर विधाता ने आज सारी कसर पूरी कर दी।'

गीध संपाती के वचन सुनकर सब वानर भयभीत हो गये, कि अब हमारी मृत्यु को कोई नहीं टाल सकता, हमारा मरण लगभग निश्चित है। फिर सबके सब वानर खड़े हो गये। जाम्बवंत के मन में बड़ा सोच हुआ। तब अंगद ने मन में विचारकर कहा, 'दुनिया में कैसे-कैसे प्राणी हैं। अहा! जटायु एक पक्षी था, पर कितना भाग्यशाली और बड़भागी रहा कि भगवान के काम के लिए अपने प्राण दे दिए और परमधाम को प्राप्त कर गया और देखो, एक यह गीध है कि प्रभु के कार्य के लिए निकले, हमें ही भक्षण करना चाहता है।'

हर्ष और शोक का समाचार सुनकर संपाती वानरों के पास आया। इससे वानर और भी ज्यादा डर गये। उन सबको न डरने की बात कहकर उसने बिल्कुल निकट आकर जटायु के बारे में पूछा। तब अंगद ने जटायु की सब कहानी कह सुनाई। अब तो अपने भाई जटायु की करनी सुनकर संपाती बहुत प्रकार से रघुनाथजी की महिमा गाने लगा। फिर वह बोला, 'मुझे समुद्र के किनारे ले चलो, मैं अपने भाई को तिलांजलि दे दूँ। इस सहायता के बदले मैं जिसे तुम खोज रहे हो, उसके बारे में कुछ बता सकूँगा।'

समुद्र लाँघने का परामर्श

समुद्र के किनारे पर अपने छोटे भाई जटायु का श्राद्ध आदि करके संपाती अपनी कथा सुनाने लगा–'हे वीर वानरो! सुनो, एक बार हम दोनों भाई अपनी चढ़ती जवानी में इन्द्र को जीतने की इच्छा से स्वर्गलोक गये। इन्द्र को जीतकर हम दोनों भाई आकाश में उड़कर सूर्य के पास चले गये। मेरा भाई जटायु सूर्य का तेज नहीं सह सका, अतः वापस लौट आया; परन्तु मैं मूढ़ और अभिमानी था, इसलिए उड़ता हुआ सूर्य के पास चला गया। सूर्य के अपार तेज से मेरे पंख जल गये। मैं बड़े जोर से चीख मारकर पृथ्वी पर आकर गिरा। वहाँ पर निशाकर (चंद्रमा) नाम के एक ऋषि थे। मुझे देखकर उन्हें मेरे ऊपर बड़ी दया आई। उन्होंने मुझे बहुत प्रकार के ज्ञान की बातें सुनाईं और मेरे देहबल सम्बन्धी अभिमान को दूर कर दिया। फिर उन्होंने कहा था–त्रेता युग में साक्षात् परब्रह्म मनुष्य शरीर धारण करेंगे, उनकी स्त्री को राक्षसों का राजा हर ले जायेगा। उसकी खोज में प्रभु दूत भेजेंगे और उनसे मिलने पर तू पवित्र हो जायेगा, फिर तेरे पंख भी उग आएँगे, अतः चिंता त्याग दे। उन्हें तू सीताजी को दिखा देना। मुनि की वह वाणी आज सत्य सिद्ध हुई। अब मेरे वचन सुनकर तुम प्रभु का कार्य करो।'

'त्रिकूट पर्वत पर लंका बसी हुई है। वहाँ स्वभाव ही से निडर रावण रहता है। वहाँ पर अशोक नाम का उपवन है, जहाँ सीताजी रहती हैं। इस समय वह सोच में मग्न बैठी हैं। मैं उन्हें साफ देख पा रहा हूँ, परन्तु तुम नहीं देख सकते; क्योंकि गीध की दृष्टि अपार होती है। बहुत दूर तक साफ-साफ देख सकती है। क्या करूँ, अब मैं बूढ़ा हो गया हूँ, नहीं तो तुम्हारी कुछ सहायता अवश्य करता।'

'और सुनो, तुममें जो सौ योजन (चार सौ कोस) समुद्र को लाँघ सकेगा और जो बुद्धिमान होगा, वही श्रीरामजी के कार्य को कर सकेगा। तुम निराश होकर घबराओ नहीं। पहले मेरा पंखविहीन शरीर कैसा कुरूप था, पर अब पंख उगने से सुंदर हो गया है। पापी भी जिनका नाम स्मरण करने पर अपार भवसागर को पार कर जाते हैं, तुम तो उनके दूत हो, अतः कायरता छोड़कर श्रीरामजी को हृदय में धारण करके कोई यत्न करो।'

कथा सुनाते हुए काकभुशुंडिजी बोले, 'हे गरुड़ जी! इतना सब कहकर जब गीध संपाती चला गया, तब उन वानरों के मन में बड़ा विस्मय हुआ। सबने अपने-अपने बल-सामर्थ्य के बारे में कहा, पर समुद्र के पार जाने में सबका संदेह बना रहा है। तब रीछराज जाम्बवंत कहने लगे–'मैं अब बूढ़ा हो गया हूँ, शरीर में पहले वाला बल नहीं रहा, जब प्रभु ने वामनावतार लिया था, तब मैं जवान था और मुझमें बल भी खूब था। राजा बलि को बाँधते समय प्रभु इतने बढ़े कि उस शरीर का वर्णन नहीं हो सकता, परन्तु फिर भी तब मैंने दो घड़ी में दौड़कर उनके शरीर की सात प्रदक्षिणाएँ कर ली थीं।'

हनुमान को उनका बल याद दिलाना

इस पर अंगद ने कहा, 'तुम सब प्रकार से योग्य हो, परन्तु तुम सबके नेता हो, अतः तुम्हें कैसे भेजा जा सकता है? यह नीति के अनुसार उचित नहीं है।'

कहइ रीछपति सुनु हनुमाना। का चुप साधि रहेहु हनुमाना॥
पवन तनय बल पवन समाना। बुद्धि बिबेक बिग्यान निधाना॥

तब सब वानर योद्धओं पर एक नजर डालकर रीछराज बोले, 'हे हनुमान! हे बलवान! सुनो! तुमने चुप्पी क्यों साध रखी है, कुछ बोलते क्यों नहीं? तुम तो पवन के पुत्र हो और बल में पवन के समान हो। तुम बुद्धि, विवेक और विज्ञान की खान हो। संसार में कौन सा ऐसा कार्य है, जिसे तुम पूरा नहीं कर सको। तुम्हारा अवतार तो प्रभु श्रीरामजी के कार्य के लिए ही हुआ है। इसमें इतनी देरी क्यों?' यह सुनते ही हनुमान जी का आकार अत्यंत विशाल हो गया। उनका सोने का सा रंग है, शरीर तेजोद्दीप्त है, मानो पर्वतों का राजा दूसरा सुमेरु हो। हनुमानजी ने बार-बार सिंहनाद करके कहा, 'मैं इस खारे समुद्र को खेल-खेल में ही लाँघ सकता हूँ और सहायकों सहित रावण को मार, त्रिकूट पर्वत को उखाड़कर यहाँ ला सकता हूँ। हे जाम्बवंत! मैं तुमसे पूछता हूँ कि मुझे क्या करना चाहिए, मेरा मार्गदर्शन कीजिए।'

तब जाम्बवंत ने कहा, 'हे तात! तुम वहाँ सीताजी को देखकर लौट आना और उनकी खबर लाकर सुना दो; फिर प्रभु श्रीराम अपने बाहुबल से राक्षसों का संहार करके सीताजी को ले आएँगे। वे तो बस नाममात्र के लिए वानरों की सेना को साथ रखेंगे। जब यह कार्य संपन्न हो जायेगा तब देवता और नारद आदि ऋषि-मुनि प्रभु के सुंदर यश का बखान करेंगे। जिसे सुनने, कहने और गाने से मनुष्य परमपद को पा जाता है और जिसे श्रीरघुवीर जी के चरणों में स्थान मिलता है।

भव भेषज रघुनाथ जसु सुनहिं जे नर अरु नारि।
तिन्ह कर सकल मनोरथ सिद्ध करहिं त्रिसिरारि॥

श्रीरघुवीरजी का यश भव यानी जन्म-मरण रूपी रोग की अचूक दवा है। जो स्त्री-पुरुष इसे सुनेंगे, त्रिशिरा के शत्रु श्रीराम उनके सब मनोरथों को पूरा करेंगे और उनके सब बिगड़े कामों को बनाएँगे।

नीलोत्पल तन स्याम काम कोटि सोभा अधिक।
सुनिअ तासु गुन ग्राम जासु नाम अघ खग बधिक॥

और जिनका शरीर नीले कमल के समान श्यामल है, जिनकी शोभा करोड़ों कामदेवों से भी अधिक है और जिनका नाम पाप रूपी पक्षियों को मारने के लिए बहेलिए के समान है, उन श्रीरामजी के गुण और लीला को अवश्य ही सुनना चाहिए।

॥ श्रीसीतारामाय नमः ॥

पंचम सोपान

सुन्दरकाण्ड

शान्तं शाश्वतमप्रमेयमनघं निर्वाणशान्तिप्रदं,
ब्रह्माशम्भुफणीन्द्रसेव्यमनिशं वेदान्तवेद्यं विभुम्।
रामाख्यं जगदीश्वरं सुरगुरुं मायामनुष्यं हरिं,
वन्देऽहं करुणाकरं रघुवरं भूपालचूडामणिम्॥

शांत, सनातन, प्रमाणों से परे, निष्पाप, मोक्षरूप परमशांति देनेवाले, ब्रह्मा, शंभु और शेषजी से निरंतर सेवित, वेदांत के द्वारा जानने योग्य, सर्वव्यापक, देवताओं में सबसे बड़े, माया से मनुष्य रूप में दीखने वाले, समस्त पापों को हरने वाले, करुणा की खान, रघुकुल में श्रेष्ठ तथा राजाओं के शिरोमणि, राम कहलाने वाले जगदीश्वर की मैं वंदना करता हूँ।

अतुलितबलधामं हेमशैलाभदेहं,
दनुजवनकृशानुं ज्ञानिनामग्रगण्यम्।
सकलगुणनिधानं वानराणामधीशं,
रघुपतिप्रियभक्तं वातजातं नमामि॥

अतुल बल के धाम, सोने के (सुमेरु) पर्वत के समान कांतियुक्त शरीरवाले, दैत्यरूपी वन को ध्वंस करने के लिए अग्नि रूप, ज्ञानियों में अग्रगण्य, संपूर्ण गुणों के निधान, वानरों के स्वामी, श्रीरघुनाथजी के प्रिय भक्त पवनपुत्र श्रीहनुमानजी को मैं प्रणाम करता हूँ।

हनुमान का लंका को प्रस्थान

जब जाम्बवंत जी ने कहा कि हनुमान, तुम तो कुछ भी करने में समर्थ हो, तब उन सुंदर वचनों को सुनकर हनुमानजी को बड़ा हर्ष हुआ। वह प्रसन्न होकर बोले, 'हे भाइयो! मैं सीताजी की खोज में निकलता हूँ, तुम सब लोग तमाम दुःख सहकर, कंद-मूल-फल खाकर, मेरे लौटने तक मेरा इंतजार करना। जब तक

मैं सीताजी को देखकर लौट न जाऊँ, तुम सब यहीं रहना। काम अवश्य होगा; क्योंकि मुझे बहुत ही हर्ष हो रहा है।' यह कह सबको मस्तक नवाकर तथा हृदय में श्रीरघुवीरजी को धारण करके हनुमानजी हर्षित होकर चले।

समुद्र के तीर पर एक सुंदर पर्वत था, हनुमान जी अनायास ही कूदकर उसके ऊपर चढ़ गये और बार-बार श्रीरघुवीर का स्मरण करके बलशाली हनुमानजी उस पर से बड़े वेग से उछले। जिस पर्वत पर हनुमानजी पैर रखकर उछले, वह तुरंत ही जमीन में धँस गया। जिस प्रकार श्रीरघुवीरजी का अमोघ बाण चलता है, वैसे हनुमानजी चले। समुद्र ने उन्हें रघुनाथजी का दूत समझकर मैनाक पर्वत से कहा, 'हे मैनाक! तुम हनुमानजी की थकावट दूर करो, अपने ऊपर ठहराकर उन्हें थोड़ा विश्राम दो।'

हनूमान तेहि परसा कर पुनि कीन्ह प्रनाम।
राम काजु कीन्हें बिनु मोहि कहाँ बिश्राम॥

हनुमानजी की परीक्षा

परन्तु हनुमानजी ने उसे हाथ से छू भर दिया, फिर प्रणाम करके कहा कि भाई, श्रीरामचन्द्रजी का कार्य किए बिना मुझे विश्राम कहाँ? अर्थात् मैं प्रभु का कार्य पूरा किए बिना विश्राम नहीं कर सकता। देवताओं ने पवनपुत्र को लंका की ओर जाते देखा। उनकी विशेष बल-बुद्धि की परीक्षा के लिए उन्होंने सर्पों की माता सुरसा को भेजा। उसने आकर हनुमानजी से कहा, 'अरे! ठहर जा, जाता कहाँ है? आज देवताओं ने मुझे भोजन दिया है। तुझे खाकर अपनी भूख मिटाऊँगी।'

यह वचन सुनकर पवनकुमार ने कहा, 'हे माता! मैं श्रीरामजी का कार्य करके लौट आऊँ और सीताजी की खबर लाकर प्रभु को सुना दूँ। तब मैं स्वयं ही तुम्हारे मुँह में घुस जाऊँगा, अर्थात् तब आप मुझे खा लेना। हे माता! मैं सत्य कहता हूँ, अभी तो मुझे जाने दो।' जब किसी भी प्रकार से उसने जाने नहीं दिया, तब हनुमानजी ने कहा, 'यदि तुम नहीं मानती हो तो, लो मुझे खा लो।'

इतना सुनकर सुरसा ने योजन भर अर्थात् चार कोस में अपना मुँह फैलाया, तब हनुमान ने अपने शरीर को उससे दूना बढ़ा लिया। फिर उसने सोलह योजन का मुख किया। हनुमान ने तुरंत ही बत्तीस योजन तक अपना आकार बढ़ा लिया। अब तो जैसे-जैसे सुरसा अपने मुख का विस्तार करती गयी, हनुमानजी उसका दूना रूप दिखलाते गये। अंततः उसने सौ योजन का मुख किया, तब हनुमानजी ने झटपट बहुत ही छोटा रूप धारण कर लिया और उसके मुँह में घुसकर तुरंत ही बाहर आ गये, फिर उसे सिर नवाकर विदा माँगने लगे। तब सुरसा ने कहा, 'मुझे तो देवताओं ने तुम्हारे बुद्धि और बल की परीक्षा लेने के लिए भेजा था, सो वह मैंने देख लिया। तुम श्रीरामचन्द्रजी का सब कार्य अवश्य संपन्न करोगे, क्योंकि तुम बल-बुद्धि के भंडार हो।' यह आशीर्वाद देकर वह चली गयी, तब हनुमानजी हर्षित होकर आगे बढ़े।

छाया पकड़ने वाली राक्षसी का वध

वहीं समुद्र में एक राक्षसी रहती थी, जो माया रचकर आकाश में उड़ते हुए पक्षियों को पकड़ लेती थी। आकाश में जो जीव-जंतु उड़ा करते थे, वह राक्षसी जल में उनकी परछाईं देखकर उस परछाईं को पकड़ लेती थी, जिससे वे उड़ नहीं सकते थे और समुद्र के जल में गिर पड़ते थे। इस प्रकार वह सदा आकाश में उड़नेवाले जीवों को अपना शिकार बनाया करती थी। उसने वही छल हनुमानजी के साथ भी किया। हनुमानजी तुरंत ही उसका कपट समझ गये। धीर बुद्धि वीर हनुमानजी ने उसे मार डाला और समुद्र-पार चले गये। वहाँ जाकर उन्होंने वन की शोभा देखी। पुष्परस के लोभ से भौंरे गुंजार कर रहे हैं।

उस वन में अनेकों प्रकार के वृक्ष फल-फूल से शोभित हैं। पक्षी और पशुओं के समूहों को देखकर तो हनुमानजी बड़े प्रसन्न हुए। सामने एक विशाल पर्वत देखकर हनुमानजी निर्भय होकर उस पर जा चढ़े। शिवजी कहने लगे-हे उमा! इसमें वानर हनुमान का कुछ भी बड़प्पन नहीं है, यह सब तो प्रभु का प्रताप है, जो काल को भी खा जाता है। पर्वत पर से हनुमानजी ने लंका देखी।

लंका की सुंदरता

लंका का बहुत बड़ा किला है। वह अत्यंत ऊँचा है, उसके चारों ओर समुद्र है। सोने के परकोटे का परम प्रकाश हो रहा है, अर्थात् सोने की चमक चकाचौंध कर रही है। सोने का वह परकोटा विचित्र मणियों से सजा है। उसके अंदर बड़े ही सुंदर-सुंदर घर हैं। चौराहे, बाजार, सुंदर मार्ग और गलियाँ हैं, पूरा नगर बहुत प्रकार से सजा हुआ है। हाथी, घोड़े, खच्चरों के समूह, पैदल तथा रथों के समूहों को गिना नहीं जा सकता। अनेक रूपों के राक्षस दल हैं, उनकी विशाल सेना है।

लंका में वन, बाग, उपवन, फुलवाड़ी, कुएँ, तालाब और बावलियाँ सुशोभित हैं। कहीं पर पर्वत के समान विशाल शरीर वाले, ताकतवर योद्धा गरज रहे हैं। वे अनेक अखाड़ों में जोर आजमाइश कर रहे हैं। भयंकर शरीर वाले असंख्य योद्धा बड़ी सतर्कता से नगर की चारों ओर से रखवाली कर रहे हैं तो कहीं पर दुष्ट राक्षस भैंसों, मनुष्यों, गायों, गदहों और बकरों को खा रहे हैं।

हनुमानजी का लंका में प्रवेश

लंका पर चारों ओर दृष्टि देखने के बाद हनुमानजी विचार करने लगे कि इतनी सख्त चौकसी के बीच लंका में प्रवेश कैसे किया जाये? बिना किसी संघर्ष के लंका के अंदर जा सकूँ तो यह अति उत्तम रहेगा। सब प्रकार से विचार करने के बाद पवनपुत्र ने निश्चय किया कि दिन में तो संभव नहीं लगता; लेकिन रात्रि के सगय मैं छोटा रूप धरकर लंका में प्रवेश कर सकता हूँ। तब पवनकुमार ने अत्यंत छोटा यानी मच्छर के समान रूप बनाकर और प्रभु श्रीराम को हृदय में धारण करके आगे बढ़े। लंका के प्रवेश-द्वार पर लंकिनी नाम की एक राक्षसी का पहरा था। उसे पता चल गया, तब वह ललकारकर बोली, 'अरे! कौन है? और बिना मुझे पूछे कहाँ चला जा रहा है?'

हनुमानजी के कुछ ध्यान न देने पर वह पुनः बोली, 'हे मूर्ख! तू मेरे बारे में नहीं जानता? यहाँ जो चोर हैं और जो गुपचुप जाने वाले हैं, सब मेरा आहार बनते हैं।' चुपचाप रहते हुए महाकपि ने उसे एक घूँसा मारा, जिससे वह खून की उल्टी करती हुई भूमि पर ढेर हो गयी। फिर वह अपने को सँभालकर उठी और थरथर काँपते हुए हाथ जोड़कर बोली, 'रावण को जब ब्रह्मा ने वर दिया था, तब चलते समय उन्होंने मुझे राक्षसों के विनाश की यह पहचान बताई थी कि जब तू बंदर के मारने से व्याकुल हो जाये, तब तू राक्षसों का संहार हुआ जान लेना। हे तात! मेरे बड़े पुण्य भाग्य हैं, जो मैं श्रीरामचन्द्रजी के दूत को अपनी आँखों से देख पाई।'

फिर प्रसन्न होकर बोली, 'हे तात! स्वर्ग और मोक्ष के सब सुखों को तराजू के एक पलड़े में रखा जाये, तो भी वे सब मिलकर दूसरे पलड़े पर रखे हुए उस सुख के बराबर नहीं हो सकते, जो क्षणमात्र के सत्संग से होता है। श्रीरघुनाथजी को हृदय में धारण करके नगर में प्रवेश करके प्रभु के सब काम आप कीजिए। ऐसे कार्य के लिए तो विष अमृत बन जाता है, शत्रु मित्रता करने लगते हैं, समुद्र गाय के खुर के बराबर हो जाता है और अग्नि भी शीतल हो जाती है। काकभुशुंडि बोले–हे गरुड़जी! प्रभु की कृपा से उनके लिए सुमेरु पर्वत भी रज के समान हो जाता है। अब हनुमानजी ने अत्यंत छोटा रूप धारण करके प्रभु का स्मरण करते हुए लंका नगरी में प्रवेश किया।

हनुमान-विभीषण संवाद

वहाँ जाकर हनुमानजी ने पूरा महल देखा। जहाँ-तहाँ असंख्य योद्धा देखे। फिर वे रावण के महल में पहुँचे। वह अत्यंत विचित्र सा था। हनुमानजी ने शयन करते हुए रावण को देखा, सब तरफ देखा, पर जानकी जी कहीं दिखाई नहीं दीं; फिर थोड़ा हटकर एक सुंदर महल दिखाई दिया। उसमें भगवान का एक मंदिर बना हुआ था। वह महल श्रीरामजी के आयुध धनुष-बाण के चिह्नों से अंकित था। उसकी शोभा का वर्णन नहीं किया जा सकता, वहाँ नए-नए तुलसी के वृक्ष देखकर कपिराज बड़े हर्षित हुए।

हनुमानजी मन में विचार करने लगे कि लंका में राक्षस ही निवास करते हैं। यहाँ पर साधु पुरुष का निवास कैसे? उसी समय विभीषण जाग पड़े। उन्होंने 'रामनाम' का उच्चारण किया। उन्हें सज्जन पुरुष जानकर और श्रीराम का कोई सेवक जानकर हनुमानजी बड़े प्रसन्न हुए। हनुमानजी ने विचार किया कि मैं खुद ही इनसे इनका परिचय पूछूँगा, क्योंकि साधु पुरुषों से मिलने में कोई हानि नहीं होती, बल्कि लाभ ही होता है।

तब हनुमानजी ने ब्राह्मण का रूप धारण करके उन्हें पुकारा। सुनते ही विभीषण उठकर बाहर आए। प्रणाम करके कुशल पूछी और बोले, 'हे ब्राह्मण देव! आप कौन हैं? अपने बारे में समझाकर तो कहिए। क्या आप कोई हरिभक्त

हैं? क्योंकि आपको देखकर मेरे हृदय में अत्यंत प्रेम उमड़ रहा है। या फिर आप दीनों पर प्रेम करने वाले साक्षात् श्रीराम ही हैं, जो मुझे घर बैठे दर्शन देकर कृतार्थ करने आए हैं।' फिर तो हनुमानजी से भी न रुका गया, उन्होंने श्रीरामचन्द्रजी की सारी कथा कहकर अपना नाम बताया। सुनते ही दोनों के शरीर पुलकित हो गये और प्रभु श्रीराम के गुणों का स्मरण करके दोनों ही प्रेम और आनंद में मग्न हो गये। विभीषण बोले, 'हे पवनपुत्र! मेरी व्यथा सुनो। यहाँ मैं किस प्रकार रहता हूँ–

सुनहु पवनसुत रहनि हमारी। जिमि दसनन्हि महुँ जीभ बिचारी॥
तात कबहु मोहि जान अनाथा। करिहहिं कृपा भानुकुल नाथा॥
तामस तनु कछु साधन नाहीं। प्रीति न पद सरोज मन माहीं॥
अब मोहि भा भरोस हनुमंता। बिनु हरिकृपा मिलहिं नहिं संता॥

'हे पवनकुमार! मैं यहाँ राक्षसों के बीच वैसे ही रहता हूँ, जैसे दाँतों के बीच बेचारी जीभ रहती है। हे तात! मुझे अनाथ जानकर सूर्यकुल के नाथ श्रीरामचन्द्रजी क्या कभी मुझ पर भी कृपा करेंगे? मेरा तामसी (राक्षस) शरीर होने से साधन तो कुछ बनता नहीं है, और न प्रभु श्रीरामजी के चरणकमलों में प्रेम ही है; परन्तु हे केसरीनंदन! अब मुझे विश्वास हो गया है कि श्रीरामजी की मुझ पर कृपा है; क्योंकि हरि की कृपा के बिना संत कहाँ मिलते हैं? जब प्रभु रघुनाथजी ने कृपा की है, तभी तो आपने दर्शन दिए हैं।'

मुदित होकर हनुमानजी बोले, 'हे विभीषणजी! प्रभु की यही रीति है, वे अपने सेवक पर हमेशा प्रेम किया करते हैं। मैं ही कौन बड़ा कुलीन हूँ? जाति से चंचल वानर हूँ और सब प्रकार से नीच ही हूँ। प्रातःकाल जो हमारा नाम ले ले, तो उस दिन उसे भोजन तक नसीब नहीं होता। हे सखा! मैं तो ऐसा अधम हूँ, फिर भी श्रीरामचन्द्रजी ने मुझ पर इतनी कृपा की है।' प्रभु के गुणों का स्मरण करके हनुमानजी के दोनों नेत्रों में जल भर आया और हे भाई! जो ऐसे रघुनाथजी को भुलाकर विषयों के पीछे भटकते फिरते हैं, वे दुःखी क्यों न होंगे?'

इसके बाद विभीषण जी ने वह सब कथा कही, जिस प्रकार सीताजी लंका में रहती थीं। तब हनुमानजी बोले, 'हे भाई! मैं जानकी माता के दर्शन करना चाहता हूँ।' तब विभीषण ने सीताजी को देख पाने के सब उपाय बताए। तब हनुमानजी विदा लेकर चले। फिर वे मच्छर का सा रूप बनाकर वहाँ चले, जहाँ सीता जी रहती थीं। सीताजी को पुष्प वाटिका में देखकर हनुमानजी ने मन-ही-मन प्रणाम किया। उन्हें बैठे ही बैठे रात्रि के चारों प्रहर बीत गये, उनका शरीर दुबला हो गया है, सिर पर बालों की एक वेणी है। वे सदा हृदय में रघुनाथजी के गुणों का जाप करती रहती हैं। श्रीजानकीजी नेत्रों को अपने चरणों में लगाए हुए हैं और मन श्रीराम के चरणकमलों में लीन है। जानकीजी को दुःखी देखकर पवनपुत्र बहुत ही दुःखी हुए।

जानकी-रावण संवाद

हनुमानजी वृक्ष के पत्तों में छिपे रहे और विचार करने लगे कि क्या करूँ? इनका दु:ख कैसे दूर करूँ? उसी समय सजा-धजा रावण अनेक स्त्रियों को साथ लेकर वहाँ आया। उस दुष्ट ने सीताजी को बहुत प्रकार से समझाया। साम, दाम, भय और भेद से काम लिया। फिर रावण बोला, 'हे सुमुखि! सुन, मंदोदरी आदि सब रानियों को मैं तेरी दासी बना दूँगा। तुम एक बार मेरी ओर देखो तो सही!'

तब श्रीरामचन्द्रजी का स्मरण करके तथा तिनके की आड़ करके जानकीजी कहने लगीं-'हे दशानन! सुन, जुगनू के प्रकाश से कभी कमलिनी खिल सकती है? तू अपने लिए भी ऐसा ही समझ ले। अरे दुष्ट! तू श्रीरघुवीर के बाण की तीक्ष्णता को नहीं जानता? अरे पापी! तू मुझे अकेली देख धोखे से हर लाया। रे अधम, नीच, तुझे लज्जा नहीं आती?'

अपने को जुगनू श्रीरामचन्द्रजी को सूर्य के समान और सीताजी के कठोर वचनों को सुनकर रावण तलवार निकालकर बड़े गुस्से में आकर बोला, 'सीता! तूने मेरा अपमान किया है। मैं तेरा सिर काट डालूँगा। नहीं तो अब भी मेरी बात मान ले। हे सुमुखि! नहीं तो जीवन से हाथ धोना पड़ेगा।'

इस पर सीताजी बोलीं, 'अरे दशानन! प्रभु की सुंदर और विशाल भुजायें ही मेरे गले में पड़ेंगी या फिर तेरी तलवार। रे शठ! सुन ले, यह मेरा दृढ़ निश्चय है।' फिर सीताजी बोलीं, 'अरी ओ तलवार! श्रीरघुनाथजी के विरह की जलन को तू हर ले। तेरी धारा तो ठंडी और तेज है। तू मेरे दु:ख के बोझ को हर ले, मेरा अंत कर दे।'

सीताजी के ये वचन सुनते ही वह दुष्ट उन्हें मारने दौड़ा, परन्तु मयदानव की पुत्री मंदोदरी ने ऊँच-नीच की बहुत-सी बातें कहकर उसे समझाया। तब रावण ने सब राक्षसियों को बुलाकर कहा कि जाओ और सीता को हर प्रकार का डर दिखाकर राजी करो। यदि महीने भर में यह कहा न माने तो मैं इसे तलवार से मार डालूँगा। इस प्रकार के आदेश देकर रावण अपने महल को लौट गया। अब राक्षसियों के नाना प्रकार के भयानक समूह सीताजी को डराने, धमकाने लगे।

सीताजी-त्रिजटा संवाद

उन्हीं में एक त्रिजटा नाम की राक्षसी भी थी, जो श्रीराम के चरणों में प्रीति रखती थी और बड़ी बुद्धिमान थी। उसने सब राक्षसियों को बुलाकर अपना स्वप्न सुनाया और फिर बोली कि सीताजी की सेवा करके सब अपना कल्याण कर लो। मैंने आज स्वप्न में देखा कि एक बड़े भारी बंदर ने सारी लंका जला दी है। राक्षसों की सारी सेना मार डाली गयी। रावण नंगा होकर गधे पर सवार है, उसके सब सिर मुँड़े हुए हैं तथा सारी भुजायें काट दी गयी हैं। ऐसा बेरूप बनाकर वह यमपुरी की दिशा में जा रहा है, लगता है जैसे लंका विभीषण ने पा ली हो। तब प्रभु ने सीताजी को बुला भेजा। मैं बड़े निश्चय के साथ कहती हूँ कि यह

स्वप्न कुछ ही दिनों में सत्य होकर रहेगा। त्रिजटा की स्वप्न-कथा सुनकर वे सब राक्षसियाँ डर गईं और श्रीजानकीजी के चरणों पर गिर पड़ीं। इसके बाद वे सब इधर-उधर चली गईं।

सीताजी की विरह-पीड़ा

सीताजी मन में विचार करने लगीं कि एक महीना बीत जाने पर नीच रावण मुझे मार डालेगा। तब सीताजी हाथ जोड़कर त्रिजटा से बोलीं, 'हे माता! तुम मेरे संकट में सहायक बनी हो। जल्दी कोई ऐसा उपाय करो, जिससे मैं अपना शरीर त्याग सकूँ। विरह असह्य हो चला है, अब यह सहा नहीं जाता। तुम कहीं से लकड़ियाँ लाकर मेरी चिता सजा दो और उसमें आग लगा दो। हे माता! तुम मेरी प्रीति को सत्य सिद्ध कर दो। रावण की शूल सी चुभने वाली वाणी अब मुझसे सही नहीं जाती।'

सीताजी की बात सुनकर त्रिजटा ने उनके चरण पकड़कर उन्हें समझाया, बहुत प्रकार से प्रभु का बल-विक्रम सुनाकर बोली, 'हे सुकुमारी! रात्रि के समय तो अग्नि भी नहीं मिलेगी।' ऐसा कहकर वह अपने घर को चली गयी। सीताजी मन-ही-मन कहने लगीं-'अब मैं क्या करूँ? मेरे तो विधाता ही विपरीत हो गये हैं। न आग मिलेगी, न पीड़ा मिलेगी। आकाश में ये तारे अंगारे से दिखाई दे रहे हैं, परन्तु पृथ्वी पर एक भी नहीं आता। हालाँकि चंद्रमा में भी अग्नि है, पर मुझे हतभागिनी जानकर वह भी आग नहीं बरसाता। हे अशोक वृक्ष! तू ही मेरी विनती सुन। मेरा शोक हर ले और अपने नाम को सार्थक कर। तेरे नए-नए कोमल पत्ते अग्नि के समान ताम्रवर्णी हैं, तू अग्नि दे और मेरी विरह का अंत कर। प्रभु के बिना मेरा जीना धिक्कार ही है। तू मेरी विनती सुन ले।'

हनुमान का मुद्रिका गिराना और सीताजी से संवाद

सीताज़ी को विरह से परम व्याकुल देखकर वह क्षण हनुमानजी को कल्प के समान बीता। तब हनुमानजी ने हृदय में विचारकर अँगूठी सीताजी के सामने डाल दी। मानो अशोक वृक्ष ने अंगारा गिराया हो-सीताजी ने ऐसा समझकर और हर्षित होकर उठकर उसे अपने हाथ में ले लिया। तब उन्होंने रामनाम से अंकित अत्यंत सुंदर एवं मनोहर अँगूठी देखी। अँगूठी को पहचानकर सीताजी आश्चर्यचकित होकर उसे देखने लगीं और हर्ष तथा विषाद से हृदय में अकुला उठीं। फिर सोचने लगीं-श्रीरघुनाथजी तो सर्वथा अजेय हैं, उन्हें कौन जीत सकता है? और माया से ऐसी अँगूठी नहीं बनाई जा सकती। सीताजी में अनेक प्रकार के विचार कर रही थीं, उसी समय हनुमानजी पत्तों में छिपे हुए ही मधुर वचन बोले, फिर श्रीरामचन्द्रजी के गुणों का वर्णन करने लगे, जिनके सुनते ही सीताजी का दुःख मिट गया। वे कान और मन लगाकर उन्हें सुनने लगीं। तब हनुमानजी ने आदि से लेकर अंत तक सारी कथा कह सुनाई।

सब सुनने के बाद सीताजी बोलीं, 'जिसने यह कानों में अमृत घोलने वाली कथा कही है, वह सामने क्यों नहीं आता? हे भाई! तुम जो भी हो, प्रकट क्यों नहीं होते?' तब हनुमानजी उनके सामने आ खड़े हुए। उन्हें देखकर सीताजी ने फौरन मुँह फेर लिया, उनके मन में बड़ा आश्चर्य हुआ।

इस पर हनुमानजी ने कहा, 'हे माता जानकी! मैं श्रीराम का दूत हूँ, मैं प्रभु की सच्ची शपथ खाकर कहता हूँ। हे माता! यह अँगूठी मैं ही लाया हूँ। श्रीरामचन्द्रजी ने मुझे यह आपके लिए निशानी के लिए दी थी।' तब सीता ने पूछा, 'परन्तु नर और वानर का संग कैसे हुआ?' तब हनुमानजी ने वह कथा भी विस्तार से सुनाई। हनुमानजी के प्रेमयुक्त वचन सुनकर सीताजी के मन में विश्वास हो गया कि यह मन, वचन और कर्म से रघुनाथजी का दास है।

सीताजी ने कहा, 'हे तात हनुमान! मैं तो विरह-सागर में डूब ही रही थी, कि तुम मेरे लिए जहाज बनकर आ गये। मैं बलिहारी जाती हूँ, अब छोटे भाई लक्ष्मण सहित प्रभु की कुशल-मंगल कहो। वे मुझे याद करते हैं? श्रीरघुनाथ तो

बड़े कृपालु हैं, फिर उन्होंने मेरे साथ यह निष्ठुरता किस कारण से की? सेवक को सुख देना तो उनकी आदत है। हे तात! क्या मैं उनको कभी देख पाऊँगी, उनके दर्शन कर सकूँगी।' उनका गला रुँध गया, मुँह से बोल नहीं निकल रहे, आँखों में विरह के आँसुओं का जल भर आया, फिर कुछ सँभलकर बड़े दुःख के साथ बोलीं, 'हे स्वामी! आपने मुझे बिल्कुल ही भुला दिया।' सीताजी को विरहाकुल देखकर हनुमानजी विनीत वाणी में बोले–

मातु कुशल प्रभु अनुज समेता। तव दुःख दुखी सुकृपा निकेता॥
जनि जननी मानहु जियँ ऊना। तुम्ह ते प्रेमु राम कें दूना॥

हे माता! कृपानिधान प्रभु भाई लक्ष्मण सहित शरीर से तो ठीक ही हैं, परन्तु आपके दुःख से बड़े दुःखी हैं। हे माता! मन छोटा करके दुःख मत कीजिए, दुःखी मत होइए। श्रीरामजी के हृदय में आपसे दूना प्रेम है। हे माता! अब आप धीरज धरकर प्रभु श्रीराम का संदेश सुनिए।' ऐसा कहकर हनुमानजी प्रेम से गद्गद हो गये। उनके नेत्रों में जल भर आया।

फिर हनुमानजी बोले, 'माता, श्रीरामचन्द्रजी ने कहा है कि हे सीते! तुम्हारे वियोग में मेरे लिए सभी पदार्थ प्रतिकूल हो गये हैं। वृक्षों के नए-नए कोमल पत्ते मानो अग्नि के समान, रात्रि कालरात्रि के समान, चंद्रमा जो शीतल चाँदनी बरसाता है, सूर्य जैसा बन गया है और कमल के वन तो भालों के वन सदृश दिखाई देते हैं। मेघ मानो खौलता हुआ तेल बरसाते हैं। जो रति करने वाले थे, वे ही पीड़ा देने लगे हैं। शीतल, मंद, सुगंध वायु साँप के श्वास के समान गरम और जहरीली हो गयी है। मन की पीड़ा कह डालने से दुःख कुछ हलका हो जाता है पर मैं किससे कहूँ? मेरा यह दुःख कोई जानता ही नहीं। हे प्रिये! मेरे और तेरे प्रेमतत्त्व का रहस्य एक मेरा मन ही जानता है और यह मन तो सदा तुम्हारे पास ही रहता है। बस, मेरे प्रेम का सार इतने में ही समझ ले।'

प्रभु का संदेश सुनते ही जानकीजी प्रेम में मग्न हो गईं। उन्हें अपने शरीर की भी सुधबुध न रही। तब हनुमानजी ने कहा, 'हे माता! हृदय में धैर्य धारण करो और सेवकों को सुख देने वाले प्रभु श्रीराम का स्मरण करो। श्रीरामजी की प्रभुता को हृदय में धारण करो। मैं भी कहता हूँ कि माता, डर की कोई बात नहीं है। राक्षसों के समूह तो पतंगों के समान और प्रभु श्रीराम के बाण अग्नि के समान हैं। हे माता! हृदय में धैर्य धारण करो और सब राक्षसों को अब मरा ही समझो।

'हे माता! अगर प्रभु रामचन्द्रजी ने आपकी खबर पाई होती तो इतना विलंब न करते। हे जानकीजी! रामबाण रूपी सूर्य के उदय होने पर राक्षसों की सेना रूपी अंधकार कहीं ठहर सकता है?'

अबहिं मातु मैं जाउँ लवाई। प्रभु आयसु नहिं राम दोहाई॥
कछुक दिवस जननी धरु धीरा। कपन्हि सहित अइहहिं रघुबीरा॥

'हे माता! वैसे तो मैं ही आपको यहाँ से अभी लिवा जाऊँ, पर प्रभु रामचन्द्रजी की शपथ है, मुझे उनकी आज्ञा नहीं है। अतः हे माता! कुछ दिन और धीरज धरो। श्रीरामचन्द्रजी अपनी वानरों की सेना सहित जल्दी ही यहाँ आएँगे और राक्षसों का संहार करके आपको यहाँ से ले जायेंगे, फिर नारद आदि ऋषि-मुनि तीनों लोकों में उनका यश गाएँगे।'

तब सीताजी बोलीं, 'हे पुत्र हनुमान! सब वानर तो तुम्हारे ही समान नन्हे-नन्हे होंगे, राक्षस बड़े विशाल शरीरवाले और बलवान हैं। इससे मेरे मन में बड़ा भारी संदेह है कि तुम सब इन राक्षसों पर कैसे पार पाओगे?' बस इतना सुनना था कि हनुमानजी ने अपना शरीर प्रकट किया। हनुमानजी देखते-ही-देखते सोने के पर्वत के समान विशाल आकार के हो गये। ऐसे हनुमानजी को देखकर सीताजी के मन में विश्वास हो गया; फिर उन्होंने अपना वही रूप धारण कर लिया।

फिर हनुमानजी बोले, 'हे माता! सुनिए, वानरों में बहुत बल-बुद्धि नहीं होता, परन्तु प्रभु के प्रताप से छोटा सा सर्प भी गरुड़ को खा सकता है।' भक्ति, प्रताप, तेज और बल से युक्त वाणी सुनकर सीताजी के मन में संतोष हुआ। श्रीरामजी का अतिप्रिय जानकर उन्होंने हनुमानजी को आशीर्वाद दिया—'हे तात हनुमान! तुम बल और शील के निधान होओ। तुम अजर, अमर और गुणों की खान होओ, रघुनाथजी तुम पर सदा कृपालु रहें।' यह आशीर्वचन सुनकर हनुमानजी प्रेम में मग्न हो गये। हनुमानजी ने बार-बार सीताजी के चरणों में सिर नवाया और फिर हाथ जोड़कर बोले, 'हे माता! अब मैं कृतार्थ हो गया। आपका आशीर्वाद अचूक है, यह सारी दुनिया जानती है। हे माते! सुनिए, सुंदर फलवाले वृक्षों को देखकर मुझे बड़ी भूख लगी है।' हनुमान की बात सुनकर सीताजी बोलीं, 'हे पुत्र! सुनो, बड़े-बड़े बलशाली राक्षस इन बागों की रखवाली करते हैं।'

हनुमान का अशोक वाटिका को उजाड़ना

हनुमानजी को बुद्धि और बल में निपुण देखकर जानकी जी ने कहा, 'जाओ हनुमान! श्रीरघुनाथजी के चरणों में मन लगाकर मीठे फल खाओ।' हनुमानजी सीताजी को सिर नवाकर बाग में घुस गये। फल खाए और शाखाओं को तोड़ने लगे। रखवाले योद्धाओं ने विरोध किया तो उनमें कुछ को पीटा और कुछ को मार डाला। कुछ ने जान बचाकर रावण के दरबार में पहुँचकर पुकार लगायी—'दुहाई है नाथ! एक बड़ा भारी बंदर आया है, उसने तमाम अशोक वाटिका उजाड़ डाली है। कुछ फल खाए, कुछ को तोड़कर पृथ्वी पर फेंक दिया, कुछ वृक्षों को तो जड़ से ही उखाड़ डाला। रखवालों के विरोध करने पर उन्हें जमीन पर पटक-पटककर मसल डाला।'

यह सुनकर रावण बड़ा क्रोधित हुआ। उसने और बहुत से योद्धा हनुमान के पकड़ने के लिए भेजे। उन्हें देखते ही हनुमानजी ने घोर गर्जना की, और किटकिटाकर उन पर टूट पड़े उन्होंने सब राक्षसों को मार डाला, कुछ जो अधमरे थे, वे रोते-चिल्लाते भाग गये।

अक्षयकुमार का वध

जब राक्षस रोते-धोते पुनः रावण के दरबार में पहुँचे, तो उसने उन सब राक्षसों को बहुत फटकारा और अपने पुत्र अक्षयकुमार को भेजा। वह बहुत बड़ी राक्षस सेना लेकर हनुमानजी को पकड़ने अशोक वन में जा पहुँचा। उसे सामने से आता देखकर पवनपुत्र ने एक विशाल वृक्ष उखाड़कर हाथ में ले लिया और फिर घोर गर्जना करके राक्षसों पर टूट पड़े। उन्होंने सेना में से कुछ को मार डाला, कुछ को मसल डाला और कुछ को पकड़-पकड़कर धूल में मिला दिया। इसमें रावण का पुत्र अक्षयकुमार भी मारा गया। जो राक्षस अपनी जान बचाने में कामयाब रहे, वे रावण के दरबार में जाकर रोने-धोने लगे– 'हे नाथ! वह बंदर बहुत बलवान है, उसने अक्षयकुमार को भी मार डाला।'

नागपाश में हनुमान और रावण का दरबार

पुत्र के वध का समाचार सुनकर रावण क्रोधित हो उठा। उसने अपने बड़े पुत्र मेघनाद को बुलाकर कहा, 'हे पुत्र! उस बंदर को मारना नहीं, उसे बाँधकर ले आना। उस बंदर को देखा तो जाये, कहाँ से आया है?'

इंद्र को जीतने वाला वीर योद्धा मेघनाद अशोक वन की ओर चला। भाई का मारा जाना सुनकर उसे भी बड़ा क्रोध आया। अब की बार हनुमानजी ने देखा कि एक भयानक योद्धा उनसे लड़ने आया है, तब वे कटकटाकर गरजे और दौड़े। उन्होंने एक वृक्ष उखाड़ लिया और उसके प्रहार से मेघनाद के रथ को तोड़कर उसे नीचे गिरा दिया। उसके साथ जो बड़े-बड़े योद्धा थे, उनको पकड़कर अपनी देह से मसल डाला। उनको ठिकाने लगाकर फिर मेघनाद से भिड़ गये। हनुमानजी उसे एक घूँसा मारकर एक वृक्ष पर जा चढ़े। मेघनाद को क्षण भर के लिए मूर्च्छा आ गयी; फिर उठकर उसने माया रची, परन्तु पवनपुत्र पर उसका कोई वश न चला।

अंत में उसने ब्रह्मास्त्र का संधान किया, तब हनुमानजी मन में विचारने लगे कि यदि मैं ब्रह्मास्त्र को नहीं मानता हूँ तो उसकी अपार महिमा मिट जायेगी। उसने हनुमानजी को बाण मारा, जिसके लगते ही हनुमानजी वृक्ष से नीचे गिर पड़े। जब उसने देखा कि हनुमानजी मूर्च्छित हो गये हैं, तब वह उनको नागपाश में बाँधकर ले गया।

बंदर का बाँधा जाना सुनकर राक्षस दौड़कर आए और तमाशा देखने के कौतुक से सभा में आकर इकट्ठे हो गये। हनुमानजी ने रावण की सभा देखी। उसका ऐश्वर्य कहने में नहीं आता। देवता और दिक्पाल हाथ जोड़े बड़ी नम्रता के साथ रावण के मुख की ओर देखने लगे; उसका ऐसा रोब-दाब देखकर हनुमान जी को तनिक भी डर नहीं लगा। वे तो ऐसे निःशंक खड़े रहे, जैसे सर्पों के समूह में गरुड़ निर्भय रहते हैं।

हनुमान-रावण संवाद

हनुमानजी को रावण दुर्वचन कहकर खूब हँसा। फिर पुत्रवधु का स्मरण हुआ तो वह दु:खी होकर गुस्से में बोला, 'रे वानर! तू कौन है? किसके बल पर तूने वन को उजाड़कर नष्ट कर डाला? क्या तूने मेरा नाम और यश नहीं सुना? अरे शठ! तू तो बड़ा ही निर्भय दिखाई पड़ रहा है। तूने किस अपराध के कारण राक्षसों को मारा? अरे मूर्ख! बता, क्या तुझे प्राण जाने का भय नहीं है?'

हनुमानजी बोले, 'हे रावण! मेरा परिचय सुन, जिनकी माया संपूर्ण ब्रह्मांडों के समूह की रचना करती; जिनके बल से ब्रह्मा, विष्णु और महेश सृष्टि का सृजन, पालन और संहार करते हैं; जिनके बल से हजार फन वाले शेषजी पर्वत और वन सहित समस्त ब्रह्मांड को धारण करते हैं; जो देवताओं की रक्षा के लिए नाना प्रकार से शरीर धारण करके तुम्हारे जैसे मूर्खों को शिक्षा देने वाले हैं; जिन्होंने शिवजी के कठोर धनुष को तोड़ डाला और उसी के साथ राजाओं का गर्व चूर कर दिया; जिन्होंने खर-दूषण, त्रिशिरा और बाली को मार डाला; जिनके लेशमात्र बल से तुमने समस्त चराचर जगत् को जीत लिया और जिनकी प्रिय पत्नी को तुम चोरी से हर लाए हो, मैं उन्हीं का दूत हूँ।'

'मैंने तुम्हारी प्रभुता तो खूब सुनी, सहस्रबाहु से तुम्हारी लड़ाई हुई थी और बाली से युद्ध करके तुमने यश प्राप्त किया था, तुम्हारी महिमा को कौन नहीं जानता है?' हनुमानजी के व्यंग्य वचनों को रावण ने हँसकर टाल दिया।

तब हनुमानजी बोले, 'हे राक्षसराज! मुझे भूख लगी थी, इसलिए मैंने फल खाए और वानर-स्वभाव के कारण शाखाएँ-टहनियाँ तोड़ीं। हे दशानन! शरीर सबको प्रिय है। कुमार्ग पर चलने वाले राक्षस जब मुझे मारने लगे तो मैंने भी उन्हें मारा। उस पर तुम्हारे पुत्र ने मुझे बाँध लिया। हालाँकि बाँधे जाने से मेरे लिए कोई लज्जा की बात नहीं है, क्योंकि मैं तो किसी भी तरह से अपने प्रभु का कार्य करना चाहता हूँ।'

'हे रावण! मैं हाथ जोड़कर तुमसे विनती करता हूँ, कि तुम अभिमान त्यागकर मेरी बात सुनो। तुम अपने पवित्र कुल का विचार करके देखो और भ्रम को त्यागकर प्रभु का स्मरण करो। जो देवता, राक्षस और समस्त चराचर को खा जाता है, वह काल भी जिनके डर से डरता है, उनसे कदापि वैर मत ठानो, मेरे कहने से जानकीजी को उन्हें लौटा दो। श्रीरामचन्द्रजी शरणागतों के रक्षक और दया के सागर हैं। शरण में जाने पर प्रभु तुम्हारा अपराध भुलाकर तुम्हें अपनी शरण में ले लेंगे। तुम तो श्रीरामजी के चरणकमलों में मन लगाओ और लंका का निष्कंटक राज करो। ऋषि पुलत्स्य का यश निर्मल चंद्रमा के समान है। उस चंद्रमा में तुम कलंक न बनो। रामनाम के बिना वाणी शोभा नहीं पाती। मद-मोह को छोड़कर तो देखो। हे देवताओं के शत्रु! सब गहनों से सजी स्त्री भी कपड़ों के बिना शोभा नहीं पाती।

**राम बिमुख संपति प्रभुताई। जाइ रही पाई बिनु पाई॥
सजल मूल जिन्ह सरितन्ह नाहीं। बरषि गयें पुनि तबहिं सुखाही॥**

'हे रावण! रामविमुख पुरुष की संपत्ति और प्रभुता रहकर भी चली जाती है और उसका कण भी न पाने के समान है। जिन नदियों के मूल में कोई स्रोत नहीं है, अर्थात् जिन्हें केवल बरसात का ही आसरा है, वे वर्षा के बीतने पर तुरंत ही सूख जाते हैं। हे दशानन! सुनो, मैं प्रतिज्ञा करके कहता हूँ कि रामविमुख की रक्षा करने वाला कोई भी नहीं है। हजारों शंकर, ब्रह्मा और विष्णु भी श्रीराम के साथ द्रोह करने वाले को नहीं बचा सकते। अज्ञान पैदा करने वाले मोह को त्याग दो और रघुकुल के स्वामी, कृपा के समुद्र श्रीरामजी का भजन करो।'

हालाँकि हनुमानजी ने तो भक्ति, ज्ञान, वैराग्य और नीति से युक्त बहुत ही हित की बात कही, तो भी अभिमानी रावण ने हँसकर व्यंग्य किया–'अच्छा, यह बंदर तो बड़ा गुरु–ज्ञानी निकला; अरे दुष्ट! लगता है, तेरी मृत्यु ही तुझे यहाँ खींच लाई है। अधम! तू मुझे शिक्षा देने चला है!' इस पर तुरंत हनुमानजी ने कहा, 'लगता है, तेरी मृत्यु ही आ पहुँची है, तेरी बुद्धि भ्रष्ट हो गयी है, यह मैंने अच्छी तरह से जान लिया।'

हनुमानजी के वचन सुनकर रावण बड़ा कुपित हुआ, बोला, 'अरे! इस मूर्ख बंदर को शीघ्र मौत के घाट क्यों नहीं उतार देते?' यह सुनते ही राक्षस उन्हें मारने दौड़े। उसी समय मंत्रियों के साथ विभीषण वहाँ आ पहुँचे। उन्होंने सिर नवाकर, विनयपूर्वक रावण से कहा, कि दूत को मारना नहीं चाहिए, यह नीति के विरुद्ध है। हे भाई! कोई दूसरा दंड दीजिए। सब ने कहा कि यह सलाह उत्तम है।

यह सुनते ही रावण हँसकर बोला, 'अच्छा तो बंदर को अंगभंग कर लौटा दिया जाये। मैं सबको समझाकर कहता हूँ कि बंदर की ममता पूँछ पर होती है। अतः तेल में कपड़े डुबोकर, उसें इसकी पूँछ में बाँधकर फिर आग लगा दो। जब बिना पूँछ का यह बंदर अपने स्वामी के पास जायेगा, तब यह मूर्ख अपने मालिक को साथ लेकर आएगा। जिनकी इसने इतनी बड़ाई की है, मैं जरा उनकी प्रभुता तो देखूँ।'

लंकादहन

रावण के वचन सुनते ही हनुमानजी मन–ही–मन मुसकराए। लगता है सरस्वती जी इसको ऐसी बुद्धि देने में सहायक हुई हैं। राक्षस उनकी पूँछ में कपड़ा लपेटने लगे, नगर में जितना कपड़ा, घी, तेल था, सब लग गया। हनुमानजी ने अपनी पूँछ और बढ़ा दी, नगरवासी तमाशा देखने आए, वे हनुमानजी को पैर से ठोकर मारते और उनकी हँसी उड़ाते। कुछ राक्षस ढोल बजाने लगे तो कुछ हनुमानजी का उपहास उड़ाने के लिए तालियाँ बजाने लगे। हनुमानजी को नगर में घुमाकर फिर पूँछ में आग लगा दी गयी। अग्नि के जलते ही हनुमानजी तुरंत लघु रूप में आ गये।

बंधन से मुक्त हो वे सोने की अटारियों पर जा चढ़े, उनको देखकर राक्षसों की स्त्रियाँ भयभीत हो गईं। भगवान की प्रेरणा से उस समय उनचासों पवन चलने लगे। हनुमानजी अट्टहास करके गरजे और बढ़कर आकाश से जा लगे। उनकी देह बड़ी विशाल परन्तु फुरतीली है। वे दौड़कर एक महल से दूसरे महल पर चढ़ जाते। पूरी लंका नगरी धू-धू कर जलने लगी, राक्षस लोग बेहाल हो गये। आग की लपटें तेज और तेज होने लगीं।

'हाय बप्पा! हाय मैया! अब हमें कौन बचाएगा,', चारों ओर यही पुकार मची है, 'हमने तो पहले ही कहा था, यह कोई साधारण वानर नहीं है, वानर का रूप धरे कोई देवता है। साधु के अपमान का यह फल है कि सम्पूर्ण नगर आज अनाथ की तरह जल रहा है। कोई किसी की मदद नहीं कर पा रहा है।' हनुमानजी ने एक ही क्षण में सारी लंका का दहन कर दिया, बस एक विभीषण का घर बच गया। शिवजी कहते हैं– 'हे पार्वती! जिन्होंने अग्नि को बनाया, हनुमानजी उन्हीं के दूत हैं। इसी कारण वे अग्नि से नहीं जले।' हनुमानजी ने एक ओर से दूसरी ओर तक सारी लंका जला दी; फिर वे समुद्र में कूद पड़े। पूँछ की आग बुझाकर फिर छोटा रूप धारण कर हनुमानजी सीताजी के सामने हाथ जोड़कर जा खड़े हुए।

हनुमानजी बोले, 'हे माता! मुझे अपनी कोई पहचान दीजिए, जैसे श्रीरघुनाथजी ने मुझे दी थी।' तब सीताजी ने चूड़ामणि उतारकर दी। हनुमानजी ने हर्षपूर्वक उसे ले लिया। श्रीजानकीजी ने कहा, 'हे तात! मेरा प्रणाम निवेदन करना और इस

प्रकार कहना–हे प्रभु! यद्यपि आप सब प्रकार से पूर्ण काम हैं, तथापि दुखियों पर दया करना आपका विरद है; अतः उस विरद को याद करके हे नाथ! मेरे भारी संकट को दूर कीजिए।

'हे तात! जयंत की कथा सुनाना, प्रभु को उनके बाण का प्रताप याद दिलाना। यदि महीने भर में नाथ यहाँ न आये तो फिर मुझे जीती न पाएँगे। हे हनुमान! कहो, मैं किस प्रकार अपने प्राणों को रखूँ। तुम भी अब जाने को कह रहे हो। तुमको देखकर मेरी छाती ठंडी हुई थी; फिर मेरे तो वही दिन, वही रात!'

हनुमानजी जानकीजी को बहुत प्रकार से समझाकर धीरज बँधाया और उनके चरणकमलों में सिर नवाकर श्रीरामजी के पास जाने के लिए प्रस्थान किया। चलते समय उन्होंने बड़ी भारी गर्जना की, जिसे सुनकर राक्षसों की स्त्रियों के गर्भ गिरने लगे। समुद्र लाँघकर वे इस पार आए और वानरों को हर्षध्वनि सुनाई।

सबका लौटकर श्रीरामजी के पास आना

सब वानर हनुमानजी से मिले और अपना नया जन्म पाया। हनुमानजी के प्रसन्न मुख से सबने जाना कि वे प्रभु का कार्य कर आए हैं। हनुमानजी सबको लंका का वृत्तांत सुनाया। सब खुशी-खुशी श्रीरामजी के पास लौट चले। सब लोग मधुवन के भीतर आए और अंगद की सम्मति से मधुर फल खाए। जब पेड़ों के रखवाले उन्हें रोकने लगे तो वानरों के घूँसों की मार खाकर सब रखवाले भाग गये। उन सबने जाकर सुग्रीव से शिकायत की कि युवराज अंगद वन उजाड़ रहे हैं। यह सुनकर सुग्रीव हर्षित हुए कि वानर प्रभु का कार्य कर आए हैं। यदि सीताजी की खबर नहीं पाई होती, तो वे मधुवन के फल नहीं खा सकते थे। इस प्रकार वानरराज विचार कर ही रहे थे कि सब वानर वहाँ आ उपस्थित हुए। सबने सुग्रीव के चरणों में सिर नवाया। सुग्रीव ने सबकी कुशल पूछी।

सब वानरों ने कहा, 'हे नाथ! हनुमानजी ने ही सब कार्य किया है, और सब वानरों के प्राण बचा लिये।' यह सुनकर सुग्रीव हनुमानजी से मिले और सबके साथ रघुनाथजी के पास चले। श्रीरामजी ने जब वानरों को कार्य पूरा कर आते हुए देखा तो उनके मन में विशेष हर्ष हुआ। दोनों भाई स्फटिक शिला पर बैठे थे। सब वानर जाकर उनके चरणों में गिर पड़े। रघुनाथजी ने सबको गले लगाकर उनकी कुशलता पूछी।

जाम्बवंतजी ने कहा, 'हे रघुनाथजी! जिस पर आप दया करते हैं। उसका तो सदा कल्याण और कुशल ही रहता है। देवता, मनुष्य और मुनि सभी उस पर प्रसन्न रहते हैं। वही विजयी है, विनयी है, और वही गुणों का सागर बन जाता है। उसी का सुंदर यश तीनों लोकों में प्रकाशमान होता है। प्रभु की कृपा से सब कार्य संपन्न हुआ। आज हमारा जन्म सफल हो गया।' तुलसीदासजी ने भी रामचरित मानस में कहा है–

> *प्रभु की कृपा भयो सब काजू।*
> *जन्म हमार सुफल भा आजू॥*

हनुमान-श्रीराम संवाद

हे नाथ! पवनपुत्र ने जो कार्य किया है, उसका हजार मुखों से भी वर्णन नहीं किया जा सकता। जाम्बवंत ने हनुमानजी के सब कार्यों के बारे में बताया। प्रभु ने हनुमानजी को अपने हृदय से लगाया, फिर बोले, 'हे तात! कहो, सीताजी किस प्रकार रहती और अपने प्राणों की रक्षा करती हैं?'

तब हनुमानजी ने कहा, 'आपका नाम रात-दिन पहरा देने वाला है, आपका ध्यान ही किवाड़ हैं, नेत्रों को अपने ही चरणों में लगाए रहती हैं। यही ताला लगा है, फिर प्राण जाएँ तो किस मार्ग से? चलते-चलते उन्होंने मुझे चूड़ामणि दी।' प्रभु ने उसे लेकर हृदय से लगा लिया। फिर हनुमानजी कहने लगे-'हे नाथ! दोनों नेत्रों में जल भरकर जानकीजी ने मुझ से कुछ वचन कहे-'छोटे भाई समेत प्रभु के चरण पकड़ना और कहना कि आप दीनबंधु हैं, शरणागत के दु:खों को हरने वाले हैं और मैं मन, वचन और कर्म से आपके चरणों की अनुगामिनी हूँ, फिर स्वामी ने मुझे किस अपराध के कारण त्याग दिया।' हाँ, एक दोष मैं अपना अवश्य मानती हूँ कि आपका वियोग होते ही मेरे प्राण नहीं चले गये; किंतु हे नाथ! यह तो नेत्रों का अपराध है, जो प्राणों को नहीं निकलने देते। सीताजी कहती हैं-

> *अवगुन मोर एक मैं माना। बिछुरत प्रानन कीन्ह पयाना॥*
> *नाथ सो नैनन को अपराधा। निसरति प्रान करैं हठि बाधा॥*

विरह अग्नि है, शरीर रुई है और श्वास पवन है, इस प्रकार यह शरीर क्षणमात्र में जल सकता है परन्तु नेत्र अपने हित के लिए आँसू बरसाते हैं, जिससे विरह की आग से भी देह जलने नहीं पाती। सीताजी की विपत्ति बहुत बड़ी है।

'हे करुणानिधान! उनका एक-एक पल कल्प के समान बीतता है। अत: हे प्रभु! तुरंत चलिए और अपनी भुजाओं के बल से दुष्टों का संहार करके सीताजी को ले आइए।' सीताजी का दु:ख सुनकर सुख के धाम प्रभु के कमलनेत्रों में जल भर आया, फिर वह बोले, 'वचन, मन और शरीर से जो मेरे आश्रय हैं, उसे क्या स्वप्न में भी विपत्ति हो सकती है?'

हनुमानजी बोले, 'हे प्रभो! विपत्ति तो वही है, जब आपका भजन-स्मरण न हो। राक्षसों की बात ही क्या है, आप शत्रुओं को जीतकर जानकीजी को अवश्य ले आएँगे।' तब प्रभु कहने लगे-'हे हनुमान! तुम्हारे समान मेरा हितकारी देवता, मनुष्य अथवा मुनि कोई नहीं है। मैं बदले में तेरा क्या उपकार करूँ। मेरा मन भी तेरे सामने नहीं हो सकता। हे पुत्र! मैं तुझसे उऋण नहीं हो सकता।' देवताओं

के रक्षक प्रभु राम बार-बार हनुमानजी को देख रहे हैं। नेत्रों में प्रेमाश्रु भर आए हैं और शरीर अत्यंत पुलकित हो गया है।

प्रभु के वचन सुनकर और उनके पुलकित अंगों को देखकर हनुमानजी हर्षित हो गये और प्रेम में विकल होकर 'मेरी रक्षा करो, मेरी रक्षा करो' कहते हुए प्रभु के चरणों में गिर पड़े। प्रभु उनको बार-बार उठाना चाहते हैं, परन्तु प्रेम में डूबे हनुमानजी को प्रभु के चरण छोड़ना सुहाता नहीं है। प्रभु जी का करकमल हनुमानजी के सिर पर है। उस स्थिति का स्मरण करके शिवजी प्रेममग्न हो गये।

फिर प्रभु ने हनुमान जी को निकट बैठा लिया, पूछने लगे–'हे हनुमान! बताओ, रावण की मजबूत लंका को तुमने किस प्रकार जलाया?' प्रभु को प्रसन्न जानकर हनुमानजी अभिमान रहित होकर कहना शुरू किया, 'बंदर क्या कर सकता है, एक डाल से दूसरी पर कूद सकता है। मैंने तो समुद्र लाँघकर सोने का नगर जलाया और राक्षसों को मार-मारकर अशोक वन को तहस-नहस कर डाला। यह सब तो रघुनाथजी! आपका ही प्रताप है, इसमें मेरी कोई बड़ाई नहीं है। हे प्रभु! आप जिस पर प्रसन्न हों, उसके लिए कुछ भी करना कठिन नहीं है। आपकी कृपा से असंभव भी संभव हो जाता है। हे प्रभु! मुझे तो दया करके अपनी निश्चल भक्ति दे दीजिए।' हनुमान की अत्यंत विनम्र वाणी सुनकर हे भवानी! प्रभु ने 'एवमस्तु' कहा। हे उमा! जिसने श्रीरामजी का स्वभाव जान लिया, उसे भजन छोड़कर दूसरी बात सुहाती नहीं है। यह सेवक-स्वामी का संवाद जिसके हृदय में आ गया, वही रघुनाथजी की भक्ति पा गया।

वानर सेना का लंका की ओर प्रस्थान

प्रभु के स्नेहयुक्त वचन सुनकर वानरगण कहने लगे–'प्रभु श्रीराम जी की जय हो!' प्रभु ने सुग्रीव को बुलाकर कहा, 'अब देरी करने का कोई कारण नहीं है। वानरों को तुरंत आज्ञा दो और सब को लेकर कूच की तैयारी करो।' वानरराज सुग्रीव ने तुरंत सब वानरों को बुलाया। सेनापतियों के समूह आ जुटे। सबने प्रभु श्रीरामजी के चरणकमलों में सिर नवाया। प्रभु ने वानरों की सारी सेना का निरीक्षण किया। रामकृपा का बल पाकर श्रेष्ठ वानरों को मानो पंख लग गये। अब श्रीरामजी ने हर्षित होकर प्रस्थान किया। अनेक सुन्दर और शुभ शकुन होने लगे।

प्रभु का प्रस्थान जानकीजी ने जान लिया, मानो उनके बाएँ अंग फड़क-फड़ककर कह रहे हों कि श्रीराम जी आ रहे हैं। जानकीजी को जो-जो शकुन होते हैं, वे सब रावण के लिए अपशकुन हुए। सेना गर्जना करती हुई चली, असंख्य वानर-भालू सेना में हैं। नख ही जिनके शस्त्र हैं; वे इच्छानुसार, कोई आकाशमार्ग से, तो कोई पृथ्वी पर आगे बढ़ने लगे, जिसमें वे सिंह के समान गर्जना करने लगे। पृथ्वी डोलने लगी, पर्वत काँपने लगे और समुद्र में उथल-पुथल होने लगी।

गंधर्व, देवता, मुनि, नाग, किन्नर सब के सब मन में हर्षित होने लगे कि अब हमारे दुःख टलने वाले हैं। करोड़ों वानर और भालू प्रभु का जय-जयकार करते हुए आगे बढ़ रहे थे। इस प्रकार कृपानिधान श्रीरामजी समुद्र तट पर जा पहुँचे। अनेक रीछ-वानर जहाँ-तहाँ फल खाने लगे।

मंदोदरी-रावण संवाद

जब से हनुमानजी लंका जलाकर गये, तब से वहाँ के राक्षसगण भयभीत रहने लगे। सब अपने-अपने घरों में विचार करते हैं, कि अब राक्षस कुल की रक्षा कैसे होगी? जिसके दूत के बल का वर्णन नहीं किया जा सकता, उसके स्वयं नगर में आने पर हम लोगों की क्या दशा होगी। गुप्तचरों से नगरवासियों के वचन सुनकर रानी मंदोदरी भी बड़ी विचलित हो गयी।

एकांत देखकर रावण के चरणों में पड़ी रानी मंदोदरी नीतिरस में पगी वाणी में बोली, 'हे नाथ! मेरी बात को अत्यंत फायदे की जानकर हृदय में धारण कीजिए। श्रीहरि से विरोध छोड़ दीजिए। जिनके दूत की करनी को याद करते ही राक्षसों की स्त्रियों के गर्भ गिर जाते हैं। हे स्वामी! यदि हम सब का भला चाहते हैं, तो अपने मंत्री को बुलाकर, उनके साथ उनकी स्त्री को भेज दीजिए। सीताजी आपके कुलरूपी कमलों के वन को दुःख देनेवाली जाड़े की रात के समान आई है। हे नाथ! सीता को लौटाए बिना शंभु और ब्रह्मा के द्वारा आपकी सहायता किये जाने पर भी आपका भला नहीं हो सकता। श्रीराम के बाण सर्पों के समूह के समान हैं और राक्षसों के समूह मेढक के समान। जब तक ये इन्हें ग्रस नहीं लेते, तब तक हठ छोड़कर कोई उपाय कर लीजिए।'

मूर्ख और अभिमानी रावण अपनी रानी की वाणी सुनकर खूब हँसा और फिर बोला, 'स्त्रियों का स्वभाव सचमुच बहुत डरपोक होता है। तुम मंगल में भी भय का अनुभव करती हो। तुम्हारा हृदय बहुत ही कमजोर है। यदि वानरों की सेना आएगी तो राक्षस उसे खाकर अपना जीवन-निर्वाह करेंगे। लोकपाल भी जिसके डर से काँपते हैं, उस रावण की स्त्री होकर डरती हो, यह कितने हँसी की बात है।' रावण ने ऐसा कहकर और हँसकर उसे हृदय से लगाया और खूब सारा प्यार-स्नेह दिखाता हुआ अपनी राजसभा में चला गया। मंदोदरी मन में चिंता करने लगी कि मेरे पति का तो विधाता ही विपरीत हो गया है।

ज्योंही रावण राजसभा में जाकर बैठा, उसे ऐसी खबर मिली कि शत्रु की सारी सेना समुद्र के उस पार आ गयी है। उसने मंत्रियों से पूछा, 'आप सब उचित सलाह दीजिए। अब इस परिस्थिति में क्या करना चाहिए?' तब वे सब हँसे और गर्व से भरकर बोले, 'इसमें सलाह की कौन बात है। आपने देवताओं और राक्षसों को जीत लिया है, तब तो कुछ विशेष करना ही नहीं पड़ा, फिर ये मनुष्य और वानर किस खेत की मूली हैं?' मंत्री, वैद्य और गुरु-ये तीनों यदि भय अथवा लोभ-लालच के कारण हित की बात न करके प्रिय बोलते

हैं या ठकुरसुहाती कहते हैं, तो राज्य, शरीर और धर्म, तीनों का शीघ्र ही नाश हो जाता है।

> *सचिव बैद गुर तीनि जौं प्रिय बोलहिं भय आस।*
> *राज धर्म तन तीनि कर होइ बेगिहीं नास॥*

विभीषण की सीख

रावण के साथ भी ऐसा ही संयोग बना। मंत्री उसे सुना-सुनाकर मुँह पर स्तुति करते हैं। इसी अवसर पर विभीषण वहाँ आए। उन्होंने बड़े भाई के चरणों में सिर नवाया, फिर वे अपने आसन पर बैठ गये और आज्ञा पाकर मीठे वचन बोले, 'हे कृपालु! जब आपने मुझसे राय पूछी है, तो हे तात! मैं अपनी बुद्धि के अनुसार आपके हित की बात कहता हूँ– 'जो मनुष्य अपना कल्याण, सुंदर यश, सुबुद्धि, शुभ गति और नाना प्रकार के सुख चाहता हो, वह हे स्वामी! पर स्त्री के ललाट को चौथ के चंद्रमा की तरह त्याग दे। अर्थात् जैसे लोग चौथ के चंद्रमा को नहीं देखते हैं, वैसे ही परस्त्री का मुख न देखे।

'चौदह भुवनों का एक ही स्वामी हो, वह भी जीवों से वैर करके ठहर नहीं सकता, यानी नष्ट हो जाता है। जो मनुष्य गुणों का समुद्र और चतुर हो, उसे चाहे थोड़ा भी लोभ क्यों न हो, तो भी कोई उसे अच्छा नहीं कहता। हे नाथ! काम, क्रोध, मद और लोभ–ये सब नरक के रास्ते हैं। इन सबको छोड़कर श्रीरामचन्द्रजी को भजिए, जिन्हें संतजन दिन-रात भजते रहते हैं। हे तात! राम मनुष्यों के ही राजा नहीं हैं। वे समस्त लोकों के स्वामी और कालों के भी काल हैं। वे साक्षात् भगवान हैं। वे निरामय, अजन्मा, व्यापक, अजेय, अनादि और अनंत हैं। उन कृपा के सागर भगवान ने पृथ्वी, ब्राह्मण, गौ और देवताओं का हित करने के लिए ही मनुष्य का शरीर धारण किया है।

'हे भाई! सुनिए, वे सेवकों को आनंद देनेवाले, दुष्टों का नाश करने वाले, वेद तथा धर्म की रक्षा करने वाले हैं। वैर त्यागकर उन्हें सिर नवाइए। प्रभु श्रीराम शरणागत का दुःख दूर करने वाले हैं। हे नाथ! उन सर्वेश्वर को जानकीजी को वापस लौटा दीजिए, और प्रभु श्रीराम का भजन करिए। जिसे संपूर्ण जगत् से द्रोह करने का पाप लगा है, शरण में जाने पर प्रभु उसका भी त्याग नहीं करते। जिनका नाम तीनों तापों का नाश करने वाला है, वे ही भगवान मनुष्य रूप में प्रकट हुए हैं। हे भ्राता रावण! यह आप अच्छी तरह से समझ लीजिए। हे भाई! मैं बार-बार आपके चरणों में विनती करता हूँ, कि मान, मोह और मद को त्यागकर आप कोसलपति श्रीरामजी की शरण में चले जाइए, उनका भजन कीजिए। मुनि पुलस्त्य ने अपने शिष्य के हाथ यह बात कहला भेजी है। हे तात! अच्छा और अनुकूल अवसर पाकर वह बात मैंने आपसे कह दी।'

माल्यवान् नाम का एक बहुत ही बुद्धिमान मंत्री था। उसने विभीषण के वचन सुनकर बहुत सुख माना, फिर बोला, 'हे तात! आपके छोटे भाई बड़े नीतिनिपुण हैं। विभीषण जो कुछ कह रहे हैं, उसे हृदय में धारण कर लीजिए।'

उनकी बातें सुनकर रावण बौखला गया और बोला, 'अरे! ये दोनों यहाँ शत्रु की महिमा का बखान कर रहे हैं; यहाँ कोई है? इन्हें दूर करो।' तब यह सुनकर माल्यवान् तो अपने घर लौट गया; परन्तु विभीषण हाथ जोड़कर पुनः कहने लगे–

सुमति कुमति सब कें उर रहहीं। नाथ पुरान निगम अस कहहीं॥
जहाँ सुमति तहँ संपति नाना। जहाँ कुमति तहँ बिपति निदाना॥

हे नाथ! पुराण और वेद ऐसा कहते हैं, कि अच्छी बुद्धि और खोटी बुद्धि सबके हृदय में रहती है; जहाँ सुबुद्धि है, वहाँ नाना प्रकार के सुख हैं और जहाँ कुबुद्धि है, वहाँ सदा विपत्तियाँ ही आती रहती हैं। आपके हृदय में उलटी बुद्धि आ बसी है, इसी से आप हित को अहित और शत्रु को मित्र मान रहे हैं। जो राक्षस कुल के लिए कालरात्रि के समान हैं, उन सीता पर आपकी बड़ी प्रीति है। हे तात! मैं चरण पकड़कर आपसे विनती करता हूँ, कि आप मेरा आग्रह मान लीजिए। श्रीराम को सीताजी सकुशल लौटा दीजिए, इसमें आपका बड़ा हित है।'

विभीषण का अपमान

विभीषण ने पंडितों, पुराणों और वेदों द्वारा अनुमोदित वाणी से नीति की बातें समझाकर कहीं, पर उन्हें सुनते ही रावण क्रोधित होकर उठा और बोला, 'अरे दुष्ट! लगता है, अब तेरी मृत्यु निकट आ गयी है। अरे मूर्ख! तू मेरे अन्न पर पल रहा है, पर पक्ष तुझे शत्रु का ही अच्छा लगता है, उसकी प्रशंसा करता है। अरे दुष्ट! बता न, इस संसार में ऐसा कौन है, जिसे मैंने अपनी भुजाओं के बल से नहीं जीता है।'

'अरे! रहता है तू मेरे नगर में, प्यार करता है तपस्वियों से। उन्हीं में जाकर मिल जा और उन्हीं को जाकर नीति की बातें समझा।' ऐसा कहकर रावण ने विभीषण को एक लात मारी; परन्तु छोटे भाई विभीषण ने नीतिसंगत बातें मानने के लिए बार-बार भाई के पैर पकड़े। शिवजी कहते हैं– हे उमा! संत की यही महिमा है कि वे बुरा करने वाले की भलाई ही करते हैं।

सभा के बीच में घोर अपमान सहकर भी विभीषण विनम्रतापूर्वक बोले, 'आप मेरे पिता समान हैं, मुझे मारा, अच्छा ही किया; परन्तु हे नाथ! आपका भला प्रभु श्रीराम के पास सीता को भेजने में ही है।' इतना कहकर विभीषण अपने मंत्रियों को साथ लेकर आकाशमार्ग में गये और सबको सुनाकर बोले, 'श्रीराम जी सर्वसमर्थ प्रभु हैं और हे रावण! तुम्हारी सभा काल के वश में है। अतः मैं श्रीरघुवीरकी शरण में जाता हूँ, फिर मुझे दोष मत देना।'

विभीषण का श्रीरामजी की शरण में जाना

जिस क्षण विभीषण ने प्रभु श्रीराम की शरण में जाने की घोषणा की, मानो सारे राक्षस आयुहीन हो गये। शिवजी कहते हैं–हे भवानी! साधु का अपमान तुरंत ही संपूर्ण कल्याण का नाश कर देता है। रावण ने जिस क्षण विभीषण को त्यागा, उसी क्षण वह अभागा ऐश्वर्य से हीन हो गया। विभीषण जी हर्षित होकर मन में अनेकों मनोरथ करते हुए प्रभु रघुनाथजी के पास चले।

विभीषण मन में सोचते जाते हैं–मैं वहाँ जाकर भगवान के कोमल चरण कमलों के दर्शन करूँगा, जो सेवकों को सुख देने वाले हैं। जिन चरणों का स्पर्श पाकर अहल्या तर गईं और जो दंडक वन को पवित्र करने वाले हैं। जिन चरणों को जानकीजी ने हृदय में धारण कर रखा है, जो कपट–मृग को पकड़ने के लिए पृथ्वी पर दौड़े थे और चरणकमल साक्षात् शिवजी के हृदय रूपी सरोवर

में विराजते हैं, मेरा अहोभाग्य है कि आज उन्हीं के दर्शन करूँगा। जिन चरणों की पादुकाओं में भरतजी ने अपना मन लगा रखा है। अहा! आज जाकर मैं उन्हीं चरणों को देखूँगा। इस प्रकार प्रेम सहित सोचते-सोचते हुए विभीषण शीघ्र ही समुद्र के दूसरी ओर आ गये, जहाँ रामचन्द्रजी की सेना डेरा डाले हुए थी।

वानरों ने विभीषण को आते हुए देखा तो उन्होंने समझा कि शत्रु का कोई खास दूत है। उन्हें वहीं पहरे पर ठहराकर वे सुग्रीव के पास आए और उनको सब समाचार कह सुनाया। तब सुग्रीव ने श्रीरामजी के पास जाकर कहा, 'हे रघुनाथजी! रावण का भाई आपसे मिलने आया है।'

इस पर श्रीरामजी ने कहा, 'हे मित्र! तुम्हारी क्या राय है?' सुग्रीव बोले, 'हे महाराज! राक्षसों की माया जानी नहीं जाती; यह इच्छानुसार रूप बदलने वाला छली न जाने किस कारण आया है। जान पड़ता है, यह मूर्ख हमारा भेद लेने आया है, इसलिए मेरी तो राय है कि इसे बाँधकर रखा जाये।'

श्रीरामजी बोले, 'हे मित्र! तुमने अच्छी बात कही है, परन्तु मेरा प्रण तो शरणागत के भय को दूर करना है।' प्रभु के वचन सुनकर हनुमानजी मन-ही-मन बड़े हर्षित हुए कि प्रभु कितने भक्तवत्सल हैं। श्रीरामजी पुनः बोले, 'जो मनुष्य अपने अहित का अनुमान करके शरण में आए हुए का त्याग कर देते हैं, वे क्षुद्र हैं, पापमय हैं, उन्हें देखने से भी पाप लगता है। जिसको करोड़ों ब्राह्मणों की हत्या का पाप लगा हो, शरण में आने पर मैं उसे भी निराश नहीं करता। जीव ज्यों ही मेरे सम्मुख होता है, त्यों ही उसके करोड़ों जन्मों के पाप नष्ट हो जाते हैं।

पापवंत कर सहज सुभाऊ। भजनु मोर तेहि भाव न काऊ॥
निर्मल मन जन सो मोहि पावा। मोहि कपट छल छिद्र न भावा॥

'पापी का यह सहज स्वभाव है कि उसे मेरा भजन कभी नहीं सुहाता। यदि रावण का यह भाई दुष्ट हृदय का होता, तो मेरे सम्मुख कदापि न आता। जो निर्मल मन का होता है, वही मुझे पाता है। मुझे कपट और छल-छिद्र नहीं सुहाते। यदि रावण ने उसे भेद लेने के लिए भेजा है, तो भी हे सुग्रीव! हमें उससे कोई हानि नहीं है; क्योंकि जितने भी राक्षस हैं, लक्ष्मण उनको क्षणभर में मार सकते हैं और यदि वह भयभीत होकर मेरी शरण में आया है, तो उसकी प्राणों के समान रक्षा करूँगा। कृपा के धाम श्रीरामजी ने हँसकर कहा, 'दोनों ही स्थिति में उसे यहाँ ले आओ।' तब अंगद और हनुमान सहित सुग्रीव जी 'कृपालु राम की जय हो' कहते हुए चले। विभीषण को आदर सहित आगे करके वानर प्रभु के पास चले। आनंद की खान प्रभु को भाई सहित विभीषण ने दूर से ही देखा।

विभीषण को शरण-प्राप्ति

प्रभु को दूर देखकर ही विभीषण प्रेम में मग्न ठगे से रह गये। प्रभु के मुखकमल की शोभा एकटक देखते ही रह गये। भगवान की विशाल भुजाएँ हैं, लाल कमल

के समान नेत्र हैं, साँवला शरीर है। सिंह के समान कंधे हैं, चौड़ी छाती अत्यंत शोभा दे रही है। अनेक कामदेवों को भी मोहित करने वाला मुख है। भगवान के स्वरूप को देखकर विभीषण के प्रेमाश्रु उमड़ आए। शरीर पुलकित हो गया, फिर मन में धीरज धरकर कोमल वचन कहे–'हे नाथ! मैं दशमुख रावण का भाई हूँ। मेरा जन्म राक्षसकुल में हुआ है, मेरा तामसी शरीर है, स्वभाव से ही पाप प्रिय हैं, जैसे उल्लू को अंधकार प्रिय होता है। मैं अपने कानों से आपका सुयश सुनकर आया हूँ कि प्रभु जन्म-मरण के भय का नाश करने वाले हैं। हे दुखियों के दुःख दूर करने वाले और शरणागत को सुख देने वाले प्रभु श्रीराम, मेरी रक्षा कीजिए, रक्षा कीजिए।'

प्रभु ने विभीषण को ऐसा कहते हुए दंडवत् करते देखा तो वे अत्यंत हर्षित होकर उठे और उसे अपनी विशाल भुजाओं में भरकर हृदय से लगा लिया। छोटे भाई लक्ष्मण जी सहित गले मिलकर उनको अपने पास बैठाकर श्रीरामजी बोले, 'हे लंकेश! परिवार सहित अपनी कुशल कहो, तुम्हारा निवास बुरी जगह पर है। दिन-रात दुष्टों की मंडली वहाँ बसती है, ऐसी दशा में हे सखा! तुम अपना धर्म किस प्रकार निभाते हो? मैं तुम्हारा सब आचार-व्यवहार जानता हूँ। तुम अत्यंत नीतिनिपुण हो, तुम्हें अनीति नहीं सुहाती। हे तात! भले नरक में रहना पड़े, पर विधाता दुष्ट का संग कभी न दे।'

तब विभीषण ने कहा, 'हे रघुनाथजी! अब आपके चरणों का दर्शन करके कुशल से हूँ, जो आपने अपना सेवक जानकर मुझ पर दया की है। जीव स्वप्न में भी तब तक कुशल नहीं और न मन को शांति है, जब तक वह सब कुछ छोड़कर प्रभु श्रीराम को नहीं भजता। लोभ, मोह, डाह, मद और मान आदि अनेकों दुष्ट तभी तक हृदय में बसते हैं, जब तक कि धनुष-बाण और कमर में तरकस लिए हुए रघुनाथजी हृदय में नहीं बसते। ममता घोर अँधेरी रात है, जो राग-द्वेष रूपी उल्लुओं को सुख देने वाली है; वह तभी तक मन में बसती है, जब तक प्रभु का प्रताप रूपी सूर्य उदय नहीं होता।

'हे श्रीरामजी! आपके चरणकमलों के दर्शन कर अब मैं कुशलता से हूँ, मेरे सब भय मिट गये हैं। हे कृपालु! आप जिस पर अनुकूल होते हैं, उसे तीन प्रकार के–आध्यात्मिक, आधिदैविक और आधिभौतिक–ताप नहीं व्यापते। मैं तो अत्यंत नीच स्वभाव का राक्षस हूँ। मैंने कभी शुभ आचरण नहीं किया। जिनका रूप मुनियों के भी ध्यान में नहीं आता, उन प्रभु ने स्वयं हर्षित होकर मुझे हृदय से लगा लिया। हे कृपा और सुख के धाम श्रीरामजी! मेरा परम सौभाग्य है, जो मैंने ब्रह्मा और शिवजी के द्वारा सेवित चरणकमलों के दर्शन किये।'

श्रीरामजी बोले, 'हे सखा! सुनो, सारी दुनिया जानती है कि कोई मनुष्य संपूर्ण जड़-चेतन का द्रोही हो, यदि वह भी भयभीत होकर मेरी शरण में आ जाये और मद, मोह तथा नाना प्रकार के छल-कपट त्याग दे तो मैं उसे शीघ्र

साधु के समान कर देता हूँ। माता-पिता, भाई, पुत्र, स्त्री, शरीर, धन, घर, परिवार और मित्र–इन सबके ममत्व रूपी तागों को बटोरकर और उन सबकी एक डोरी बटकर; उसके द्वारा जो अपने मन को मेरे चरणों में बाँध देता है, जो समदर्शी है, जिसे कुछ इच्छा नहीं है, और जिसके मन में हर्ष, शोक और भय नहीं है। ऐसा सज्जन मेरे हृदय में वैसे ही बसता है, जैसे लोभी के हृदय में धन बसा रहता है। तुम जैसे संत ही मुझे प्रिय हैं। मैं और किसी के निहोरे करने पर शरीर धारण नहीं करता। जो सगुण भगवान के उपासक हैं, दूसरों के हित में लगे रहते हैं, नीति और नियमों में दृढ़ हैं और जिन्हें ब्राह्मणों के चरणों में प्रेम है, वे मनुष्य मुझे प्राणों के समान प्रिय हैं।'

विभीषण का राजतिलक

'हे लंकापति! सुनो, तुम्हारे अंदर ये सारे गुण हैं।, इससे तुम मुझे अत्यंत प्रिय हो।' प्रभु की वाणी सुनते विभीषण अघाते नहीं हैं; बार-बार प्रभु के चरणों को पकड़ते हैं। अपार प्रेम उनके हृदय में समाता नहीं है। विभीषण बोले, 'तो हे कृपालु! शिवजी के मन को प्रिय लगने वाली अपनी पवित्र भक्ति मुझे दीजिए।' प्रभु ने 'एवमस्तु' कहकर तुरंत समुद्र का जल माँगा, फिर उससे विभीषण का राजतिलक कर दिया। आकाश से पुष्पवर्षा होने लगी।

जो संपति सिव रावनहि दीन्हि दिएँ दस माथ।
सोइ संपदा बिभीषनहि सकुचि दीन्ह रघुनाथ॥

अर्थात् शिवजी ने जो संपत्ति रावण को दस सिरों की बलि चढ़ाने के बाद दी थी, वही संपत्ति श्रीरघुनाथजी ने विभीषण को बहुत सकुचाते हुए दी। इस सबके बाद प्रभु श्रीराम बोले, 'हे वानरराज सुग्रीव और लंकापति विभीषण! अब यह बताओ कि इस गहरे समुद्र को किस प्रकार पार किया जाये? अनेक जाति के मगर, साँप और मछलियों से भरा हुआ यह अथाह समुद्र पार करने में सब प्रकार से कठिन है।'

विभीषण ने कहा, 'हे रघुनाथजी! वैसे तो आपका एक बाण ही करोड़ों समुद्रों को सुखाने में समर्थ है; तथापि नीति ऐसा कहती है। उचित यही होगा कि पहले जाकर समुद्र से प्रार्थना की जाये। हे प्रभु! समुद्र आपके पूर्वज हैं, वे कोई सहज उपाय बतला देंगे। तब रीछ और वानरों की सारी सेना बिना किसी परेशानी के पार उतर जायेगी।' प्रभु श्रीराम बोले कि हे सखा! तुमने अच्छा उपाय बताया, यही किया जाये। परन्तु यह सलाह लक्ष्मणजी को अच्छी नहीं लगी। उन्हें प्रभु की सहमति से बड़ी निराशा हुई।

सागर से विनय और रावण के दूत

लक्ष्मणजी अपने आपको रोक नहीं पाए और बोले, 'हे नाथ! दैव का क्या भरोसा! मन में क्रोध ले आइए और समुद्र को सुखा डालिए। यह तो कायर मन की

तसल्ली भर है; आलसी लोग ही दैव-दैव पुकारा करते हैं।' यह सुनकर रघुवीर हँसकर बोले, 'ऐसा ही करेंगे, मन में धीरज रखो।' ऐसे समझाकर छोटे भाई को समुद्र के समीप ले गये। प्रभु ने पहले सिर नवाकर प्रणाम किया। फिर किनारे पर कुशासन बिछाकर बैठ गये। इधर प्रभु समुद्र की प्रार्थना कर रहे हैं।

उधर जब विभीषण जी प्रभु की शरण में आए, त्यों ही रावण ने उनके पीछे अपने दूत भेजे। कपट से वानर का शरीर धारण कर उन्होंने सब लीलाएँ देखीं। वे अपने हृदय में प्रभु के गुणों और शरणागत के स्नेह की सराहना करने लगे। फिर वे प्रकट रूप में भी अत्यंत प्रेम के साथ प्रभु के स्वभाव की बड़ाई करने लगे; वे अपने कपट-वेश को भूल गये। तब सुग्रीव के वानरों ने जाना कि ये तो रावण के दूत हैं, फिर वे उन सबको बाँधकर सुग्रीव के पास ले गये।

दूत का रावण को सब हाल सुनाना और समझाना

सुग्रीव ने कहा, 'सुनो वानरो! इन राक्षसों को अंग-भंग करके भेज दो।' यह सुनते ही वानर उन्हें मारने दौड़े। वे जासूस कातर स्वर में पुकारने लगे, फिर भी वानरों ने उन्हें नहीं छोड़ा। तब उन जासूसों ने पुकारकर कहा, 'जो हमारे नाक-कान काटेगा, उसे श्रीरामजी की सौगंध है।' यह सुनकर लक्ष्मणजी ने सबको निकट बुलाया। उन्हें दूतों पर बड़ी दया आई। फिर हँसकर उन दूतों को छुड़वा दिया, फिर बोले कि यह चिट्ठी ले जाकर रावण को देना और फिर उस मूर्ख से मुँहजबानी यह संदेश कहना कि सीताजी को लेकर श्रीराम की शरण में जाओ, नहीं तो तुम्हारी मृत्यु निश्चित है।

सबके सब दूत लक्ष्मणजी के चरणों में सिर नवाकर और रामजी के गुणों का बखान करते हुए चल दिए। लंका में जाकर उन्होंने रावण के चरणों में सिर नवाया। फिर रावण ने हँसकर कुशल पूछी—'अरे शुक! अपनी कुशल तो कह! फिर उस विभीषण का हाल सुना, जिसकी मृत्यु अब आने ही वाली है। मूर्ख ने राज करते हुए लंका को त्याग दिया। अभागा! अब जौ के साथ घुन की तरह मारा जायेगा; फिर उन वानर-भालुओं की सेना का हाल सुना, जो खुद ही यहाँ काल के ग्रास बनने चले आए हैं। वह तो अच्छा है कि बीच में समुद्र आ गया, नहीं तो अब तक कब के मारे गये होते; फिर उन तपस्वियों की बात बता, जिनके हृदय में मेरा डर समाया हुआ है और हाँ, उनसे तेरी भेंट हुई या वे मेरा सुयश सुनकर ही लौट गये? शत्रु सेना का तेज और बल बताता क्यों नहीं? तू बड़ा भौचक्का-सा लग रहा है, जल्दी सब कुछ साफ-साफ बता?'

दूत ने कहा, 'हे नाथ! आप पूछ ही रहे हैं, तो क्रोध को त्यागकर सुनिए। आपका भाई जैसे ही उनसे जाकर मिला, श्रीरामजी ने उसका राजतिलक कर दिया। हम रावण के दूत हैं—जब वानरों को इसका पता चला तो वे हमें मारने और अंग-भंग करने को दौड़े। श्रीरामजी की शपथ दिलाने पर ही उन्होंने हमें छोड़ा। हे स्वामी! आपने उनकी सेवा के बारे में पूछा है, तो वे असंख्य हैं। अनेक रंगों के

भालू और वानरों की सेना है, जो विशाल शरीरवाले तथा भयंकर मुख वाले हैं। जिस वानर ने लंका को जलाया, आपके पुत्र अक्षय को मारा, वह तो बड़ा छोटा सा है। उससे कहीं ज्यादा ताकतवर और विशाल वानर वहाँ हैं। द्विविद, मयंद, नील, नल, अंगद, गद, विकटास्य, दधिमुख, केसरी, निशठ, शठ और जाम्बवंत– ये सभी बहुत बलवान योद्धा हैं। इन जैसे सेना में एक–दो नहीं, करोड़ों योद्धा हैं। वे तीनों लोकों को तिनके के समान समझते हैं।

'हे दशग्रीव! मैंने अपने कानों से सुना है कि अठारह पद्म तो अकेले वानरों के सेनापति हैं। उस सेना में ऐसा कोई वानर नहीं, जो आपको जीत न सके। सबके सब बड़े क्रोध में अपने हाथों को मसलते हैं, पर रघुनाथजी उन्हें आज्ञा नहीं देते। वे तो गरज–गरज कर कहते हैं कि हम मछलियों और साँपों सहित समुद्र को सोख लेंगे; नहीं तो बड़े–बड़े पर्वतों से उसे पाट देंगे और रावण को मसलकर धूल में मिला देंगे। वे सब बड़े निडर हैं, मानो लंका को निगल जाना चाहते हैं।

'हालाँकि रघुनाथजी सब प्रकार से समर्थ हैं, परन्तु उन्होंने आपके भाई से समुद्र पार जाने का उपाय पूछा और उन्हीं के कहने पर वे समुद्र से रास्ता माँग रहे हैं; उनके मन में बड़ी ही कृपा भरी हुई है।'

दूत के ये वचन सुनते ही रावण खूब हँसा, फिर बोला, 'जब उनकी ऐसी बुद्धि है, तभी तो वानरों को सहायक बनाया है। अत्यंत डरपोक विभीषण के कहने पर समुद्र के सामने बालहठ कर रहे हैं। अरे मूर्ख! झूठी बड़ाई क्या करता है? बस रहने दे, मैंने शत्रु के बल–बुद्धि की थाह पा ली। अरे, जिसके विभीषण जैसे डरपोक मंत्री हों, उसे जगत् में कौन विजय दिला सकता है?' रावण के वचन सुनकर दूत को क्रोध आ गया। मौका देखकर उसने चिट्ठी निकालकर कहा, 'श्रीरामजी के छोटे भाई ने यह पत्रिका दी है। हे नाथ! इसे बाँचकर छाती ठंडी कीजिए।' रावण ने हँसकर उसे बाएँ हाथ से ले लिया और मंत्री को बुलवाकर उसे पढ़वाने लगा। पत्रिका में लिखा था–'अरे मूर्ख! केवल बातों से ही मन को रिसाकर अपने कुल को नष्ट–भ्रष्ट न कर। श्रीरामजी से विरोध करके तू विष्णु, ब्रह्मा और महेश की शरण में जाने पर भी नहीं बचेगा। या तो अभिमान छोड़कर अपने भाई विभीषण की भाँति प्रभु के चरणकमलों का भ्रमर बन जा अथवा रे दुष्ट! श्रीराम के बाण रूपी अग्नि में परिवार सहित पतंगा हो जा, दोनों में से जो अच्छा लगे, सो कर।'

पत्रिका सुनते ही रावण मन में भयभीत हो गया, परन्तु ऊपर–ऊपर मुसकराता रहा और सबको सुनाकर कहने लगा–'जैसे कोई पृथ्वी पर पड़ा हाथ से आकाश को पकड़ने की चेष्टा करता हो, वैसे ही यह छोटा तपस्वी डींगें हाँकता है।'

दूत बोला, 'हे नाथ! अभिमानी स्वभाव को त्यागकर इन सब बातों को सत्य ही समझिए। हे नाथ! श्रीरामजी से वैर त्याग दीजिए। यद्यपि रघुवीर तीनों लोकों के स्वामी हैं, पर उनका स्वभाव अत्यंत कोमल है; मिलते ही प्रभु आप पर कृपा

करेंगे, आपको क्षमा कर देंगे। जानकीजी को उन्हें लौटा दीजिए।' जब दूत ने जानकीजी को लौटाने की बात कही तो दुष्ट रावण ने उसको एक लात मारी। वह भी सिर नवाकर वहाँ से सीधा प्रभु श्रीराम की शरण में चला आया। प्रभु को प्रणाम करके उसने सारी कथा कह सुनाई और प्रभु की कृपा प्राप्त की।

शिवजी कहने लगे–हे भवानी! वह दूत एक ज्ञानी मुनि था, जो अगस्त्य ऋषि के शाप से राक्षस बन गया था। वह बार-बार प्रभु के चरणों में वंदना करके अपने आश्रम को चला गया।

समुद्र पर रामजी का क्रोध

इधर प्रभु श्रीराम को विनती करते हुए तीन दिन बीत गये, किंतु जड़ समुद्र विनय नहीं मानता। तब श्रीरामजी क्रोध करके बोले–'बिना भय के प्रीति नहीं होती है।' हे लक्ष्मण! धनुष-बाण ले आओ। मैं अग्निबाण से समुद्र को सुखा डालूँगा। मूर्ख से विनय, कुटिल के साथ प्रीति, कंजूस को उदारता का उपदेश, ममता में फँसे

मनुष्य से ज्ञान की कथा, अत्यंत लोभी से वैराग्य का वर्णन, क्रोधी से शांति की बात और कामी से भगवान की कथा–इनका वैसा ही परिणाम होता है, जैसे ऊसर में बीज बोने से होता है।' ऐसा कहकर रघुनाथजी ने धनुष पर तीर चढ़ाया। यह बात लक्ष्मण को बड़ी अच्छी लगी। प्रभु ने भयानक अग्निबाण का संधान किया, जिससे समुद्र के हृदय में अग्नि की ज्वाला उठी; मगर, साँप, मछलियाँ–सब व्याकुल हो गये। जब समुद्र ने जीवों को जलते जाना, तो अभिमान त्यागकर सोने के थाल में अनेक मणियाँ भरकर, वह ब्राह्मण के रूप में बाहर आया।

> ***काटेहिं पइं कदरी फरइ कोटि जतन कोउ सींच।***
> ***बिनय न मान खगेस सुनु डाटेहिं पइ नव नीच॥***

काकभुशुंडि कहने लगे– 'हे गरुड़जी, सुनिए, चाहे कोई करोड़ों उपाय करके सींचे, पर केला तो काटने पर ही फलता है। नीच विनय से नहीं मानता, वह डाँटने पर ही सही रास्ते पर आता है।'

समुद्र की राम से विनती

समुद्र ने भयभीत होकर प्रभु के चरण पकड़कर कहा, 'हे नाथ! मेरे सब दोष क्षमा कर दीजिए। हे प्रभु! आकाश, वायु, अग्नि, जल और पृथ्वी–सबकी करनी स्वभाव से ही जड़ है। आपकी माया ने इन्हें सृष्टि के लिए उत्पन्न किया है। जिसके लिए स्वामी की जैसी आज्ञा है, वह उसी प्रकार से रहने में सुख पाता है।

'प्रभु ने अच्छा किया, जो मुझे शिक्षा दी, किंतु मर्यादा भी आपकी ही बनाई हुई है। आपके प्रताप से मैं सूख जाऊँगा और सेना पार उतर जायेगी, पर इसमें मेरी मर्यादा नहीं रहेगी। तथापि आपकी आज्ञा का उल्लंघन नहीं हो सकता–ऐसा वेद गाते हैं, अब आप जो आज्ञा दें, सो मैं करूँ।'

समुद्र अत्यंत विनीत वचन सुनकर कृपालु श्रीराम मुसकराए, फिर बोले, 'हे तात! मुझे तो ऐसा कोई उपाय बताइए, जिससे वानर सेना सहजता से पार उतर जाये।' तब समुद्र ने सुझाया–'हे नाथ! आपकी सेना में नील और नल दो भाई हैं। उन्होंने लड़कपन में ऋषि आशीर्वाद पाया था, कि उनके स्पर्श कर लेने और आपके प्रताप से भारी पत्थर भी समुद्र के जल पर तैर जायेंगे। मैं भी सामर्थ्य भर इस कार्य में आपकी मदद करूँगा। हे नाथ! इस प्रकार आप समुद्र पर पुल बनाने का काम आरम्भ कीजिए, जिससे तीनों लोकों में आपका सुंदर यश गाया जाये। लोग आपकी प्रशंसा करें।

'और प्रभु, रही बात इस बाण की, तो इसे मेरे उत्तरी तट पर रहने वाले पापी और दुष्ट मनुष्यों पर छोड़कर उनका वध कीजिए।' कृपालु श्रीरामजी ने समुद्र की पीड़ा सुनकर उस बाण को तुरंत उधर ही छोड़ दिया और फिर समुद्र के सारे कष्टों को हर लिया, अर्थात् प्रभु ने दुष्टों का संहार कर दिया। श्रीराम का भारी बल और पौरुष देखकर समुद्र हर्षित होकर बड़ा सुखी हो गया। उसने

उन दुष्टों का सारा चरित्र प्रभु को कह सुनाया; फिर प्रभु के चरणों की वंदना करके समुद्र चला गया।

समुद्र अपने घर को चला गया। उसकी सलाह श्रीरघुनाथजी को बहुत पसंद आई। सब प्रकार उन्हें यह उचित भी लगा। इससे किसी की मर्यादा भी खंडित नहीं होगी। प्रभु श्रीरामजी का यह चरित्र कलियुग के सब पापों को हरने वाला है।

सकल सुमंगल दायक रघुनायक गुन गान।
सादर सुनहिं ते तरहिं भव सिंधु बिना जलयान॥

अर्थात् श्रीरघुनाथजी का गुणगान संपूर्ण शुभ मंगलों को देनेवाला है। जो इसे आदर सहित सुनेंगे, वे बिना किसी साधन के ही भवसागर को तर जाएँगे, उससे पार उतर जायेंगे।

॥ श्रीसीतारामाय नमः ॥

षष्ठम सोपान

लंकाकाण्ड

रामं कामारिसेव्यं भवभयहरणं कालमत्तेभसिंहं
योगीन्द्रं ज्ञानगम्यं गुणनिधिमजितं निर्गुणं निर्विकारम्।
मायातीतं सुरेशं खलवधनिरतं ब्रह्मवृन्दैकदेवं
वन्दे कन्दावदातं सरसिजनयनं देवमुर्वीशरूपम्॥

हे कामदेव के शत्रु, शिवजी के सेव्य, जन्म-मृत्यु के भय को हरने वाले, कालरूपी मतवाले हाथी के लिए सिंह के समान, योगियों के स्वामी, ज्ञान के द्वारा जानने योग्य, गुणों की निधि, अजेय, निर्गुण, निर्विकार, माया से परे, देवताओं के स्वामी, दुष्टों के वध के लिए तत्पर, ब्राह्मणों के एकमात्र रक्षक, जल वाले मेघ के समान सुंदर श्याम, कमल-सदृश नेत्रवाले, पृथ्वीपति यानी राजा के रूप में परमदेव श्रीरामजी की मैं वंदना करता हूँ।

शङ्खेन्द्वाभमतीवसुन्दरतनुं शार्दूलचर्माम्बरं
कालव्यालकरालभूषणधरं गङ्गाशशाङ्कप्रियम्।
काशीशं कलिकल्मषौधशमनं कल्याणकल्पद्रुमं
नौमीड्यं गिरिजापतिं गुणनिधिं कन्दर्पहं शङ्करम्॥

हे शंख और चंद्रमा की सी कांति के अत्यंत सुंदर शरीर वाले, व्याघ्रच के वस्त्र धारण करने वाले, काल के समान काले सर्पों को आभूषण की तरह धारण करने वाले, गंगा और चंद्रमा के प्रेमी, काशीपति, कलियुग के पापों का नाश करनेवाले, कल्याण के कल्पवृक्ष, गुणों के निधान और कामदेव को भस्म करने वाले पार्वतीपति वंदनीय श्रीशंकरजी को मैं नमस्कार करता हूँ।

लव, निमेष, परमाणु, वर्ष, युग और कल्प जिनके प्रचंड बाण हैं और काल जिनका धनुष है, हे मन! तू उन श्रीरामजी को क्यों नहीं भजता? अर्थात् उनका भजन कर!

नल-नील द्वारा पुल बाँधना

इधर समुद्र के चले जाने पर प्रभु श्रीरामजी ने सब मंत्रियों को बुलाकर कहा, 'अब विलंब न करो। शीघ्रातिशीघ्र सेतु तैयार करो, जिससे सेना पार उतर जाये।' जाम्बवंत ने हाथ जोड़कर कहा, 'हे श्रीरामजी! सबसे बड़ा सेतु तो आपका नाम ही है, जिस पर चढ़कर मनुष्य संसार रूपी समुद्र से पार उतर जाते हैं; फिर यह छोटा सा समुद्र पार करने में कितनी देर लगेगी?' ये वचन सुने तो पवन कुमार बोले, 'प्रभु का प्रताप समुद्र की आग के समान है। इसने पहले समुद्र के जल को सोख लिया था; परन्तु आपके शत्रुओं की स्त्रियों के आँसुओं से फिर भर गया और उसी से खारा भी हो गया।' प्रभु सबकी बातें सुनकर हर्षित हो गये।

जाम्बवंत ने नल-नील दोनों भाइयों को बुलाकर कहा, 'प्रभु श्रीरामजी का नाम लेकर सेतु के काम में जुट जाओ।' फिर वानरों के समूह को बुला लिया, उनसे बोले, 'आप सब मेरी विनती सुनिए–अपने हृदय में श्रीरामजी के चरणकमलों को धारण करके खेल की तरह दौड़ जाइए और पर्वतों को उखाड़-उखाड़कर ले आइए।' इतना सुनते वानर-भालुओं के झुंड-के-झुंड हुंकार भरते हुए दौड़ चले। सब-के-सब ऊँचे-ऊँचे भारी पर्वतों को खेल ही खेल में उखाड़कर उठा लेते हैं और ला-लाकर नल-नील को थमा देते हैं, वे उन्हें अच्छी तरह गढ़कर जमाते जाते हैं।

वानर बड़े-बड़े पहाड़ ला-लाकर दे रहे हैं और नल-नील उन्हें गेंद की तरह लपक ले रहे हैं। सेतु की सुंदर रचना देखकर प्रभु श्रीरामजी बोले, 'यहाँ की भूमि परम रमणीय और उत्तम है। इसकी महिमा का वर्णन नहीं किया जा सकता। मैं यहाँ शिवजी की स्थापना करूँगा। मेरे मन में यह संकल्प है।'

श्रीरामेश्वरम की स्थापना

प्रभु बोले, 'जो शिव से द्रोह रखता है और मेरा भक्त कहलाता है, वह मनुष्य स्वप्न में भी मुझे नहीं पा सकता। शंकरजी का विरोध करके जो मेरी भक्ति चाहता है, वह नरकगामी, मूर्ख और अल्पबुद्धि है। जिनको शंकरजी प्रिय हैं, परन्तु जो मेरे द्रोही हैं एवं जो शिवजी के द्रोही हैं, और मेरा दास बनना चाहते हैं, वे नर कल्प भर नरक में निवास करते हैं।'

जो रामेस्वर दरसनु करिहहिं। ते तनु तजि मम लोक सिधरिहहिं॥
जो गंगाजल आनि चढ़ाइहि। सो साजुज्य मुक्ति नर पाइहि॥
होइ अकाम जो छल तजि सेइहि। भगति मोरि तेहि संकर देइहि॥
मम कृत सेतु जो दरसनु करिही। सो बिनु श्रम भवसागर तरिही॥

अर्थात् जो मनुष्य मेरे द्वारा स्थापित इन रामेश्वरजी के दर्शन करेंगे, वे शरीर छोड़कर मेरे लोक को जायँगे, और जो गंगाजल लाकर इन पर चढ़ाएँगे, वे नर सायुज्य मुक्ति पाएँगे। जो छल छोड़कर और निष्काम होकर श्रीरामेश्वर की सेवा

करेंगे, उन्हें शंकरजी मेरी भक्ति प्रदान करेंगे तथा जो मेरे बनाए सेतु का दर्शन करेगा, वह बिना ही परिश्रम के संसार रूपी समुद्र से तर जायेगा।'

श्रीरामजी के ये वचन सबके मन को बड़े अच्छे लगे। इसके बाद वहाँ आए हुए सब ऋषि-मुनि अपने आश्रम को लौट गये। शिवजी कहने लगे-हे पार्वती! श्रीरघुनाथजी की तो यह आदत ही है, कि शरणागत पर सदा प्रीति करते हैं। नल-नील ने सेतु का निर्माण किया, श्रीरामजी की कृपा से उनका उज्ज्वल यश सर्वत्र फैल गया। जो पत्थर स्वयं डूबते हैं और दूसरों को भी डुबो देते हैं, वे ही अब स्वयं तैरने वाले और दूसरों को पार ले जाने वाले बन गये। न तो इसमें समुद्र की कोई महिमा है, न पत्थरों का कोई गुण है, और न वानरों ने ही कोई करामात की है। श्रीरघुवीरजी के प्रताप से ही पत्थर पानी पर तैर गये; यह सब उनकी ही महिमा है। ऐसे प्रभु को छोड़कर जो किसी दूसरे स्वामी को भजते हैं, वे निश्चय ही मंदबुद्धि हैं।

वानर सेना का पार उतरना

नल-नील ने सुंदर और मजबूत सेतु बनाया। वह प्रभु श्रीरामजी के मन को बहुत भाया। उन्हें सब प्रकार से ठीक जँचा। सेना पार करने को उतारू है। वानर योद्धा बार-बार गरज रहे हैं। कृपालु रघुनाथजी सेतुबंध के तट पर चढ़कर समुद्र का विस्तार देखने लगे। करुणाकंद प्रभु के चरणों के दर्शन के लिए सब जलचर जल के ऊपर निकल आए। इनमें बहुत तरह के मगर, घड़ियाल, मच्छ और सर्प थे, जिनके बड़े विशाल शरीर थे। कुछ ऐसे भी जंतु थे, जो उनको भी खा जायँ। वे सब वैर भुलाकर प्रभु के दर्शन कर रहे हैं; हटाने पर भी नहीं हटते। सबके मन गद्‌गद हैं, सब के सब परम सुखी हो गये हैं। उनकी आड़ के कारण जल दिखाई नहीं देता है। वे सब भगवान का रूप देखकर प्रेमानंद में मग्न हो गये।

प्रभु की आज्ञा पाकर सेना आगे बढ़ चली। वानर सेना गिनती में नहीं आ रही है। सेतु पर बड़ी भीड़ हो गयी, इससे कुछ वानर आकाशमार्ग से उड़ने लगे और कितने ही जलचरों की पीठ पर चढ़कर पार जा रहे हैं। कृपालु श्रीराम और लक्ष्मण इस कौतुक को देखकर हँस रहे हैं। प्रभु श्रीराम सेना सहित समुद्र के पार हो गये। प्रभु ने समुद्र के पार डेरा डाल दिया और सभी वानरों को आज्ञा दी कि तुम सब जाकर मधुर कंद-फल आदि खाओ। यह सुनते ही रीछ-वानर जहाँ-तहाँ दौड़ पड़े। वानर-भालू मीठे फल खा रहे हैं, वृक्षों को हिला रहे हैं और पर्वतों के खंड लंका की ओर फेंक रहे हैं। घूमते-फिरते कोई राक्षस मिल जाता है, तो उसे खूब नाच नचाते हैं। दाँतों से नाक-कान काट प्रभु का सुयश कहकर भगा देते हैं।

उधर उन राक्षसों ने सब हाल रावण को जाकर कहा, समुद्र को बाँधा जाना सुनकर वह भौंचक्क होकर बोला, 'क्या सचमुच ही नदीश को बाँध दिया?' फिर अपनी व्याकुलता को समझकर ऊपर-ऊपर से हँसता हुआ अपने महल को चला गया।

मंदोदरी का रावण को समझाना

जब मंदोदरी ने भी सुना कि प्रभु श्रीराम आ गये हैं और समुद्र पर सेतु बाँधा गया है तो वह हाथ पकड़कर पति को अपने कक्ष में ले आई, फिर बड़ी मधुर वाणी में बोली, 'हे प्रियतम! क्रोध त्यागकर मेरी बात सुनिए। हे नाथ! वैर उसी के साथ करना चाहिए, जिससे बुद्धि और बल के द्वारा जीता जा सके। आपमें और रघुनाथजी में बड़ा भारी अंतर है—जैसे जुगनू और सूर्य का है।'

'जिन श्रीराम ने अत्यंत बलवान मधु और कैटभ दैत्य मारे, हिरण्याक्ष और हिरण्यकशिपु का संहार किया, जिन्होंने राजा बलि को बाँधा और सहस्रबाहु को मारा, वे ही भगवान पृथ्वी का भार हल्का करने के लिए राम के रूप में अवतार लेकर प्रकट हुए हैं। हे नाथ! उनसे वैर न कीजिए। उनके हाथ में काल, कर्म और जीव सभी हैं। श्रीरामजी के चरणों में सिर नवाकर, उनको जानकीजी सौंप दीजिए और आप पुत्र को राज देकर वन में जाकर प्रभु रघुनाथजी का भजन कीजिए।

'हे नाथ! रघुनाथजी तो दीनों पर दया करने वाले हैं। शरण जाने पर तो बाघ भी नहीं खाता। आपको जो करना था, सो तो आप सब कर चुके। आपने देवता, राक्षस तथा चर-अचर सभी को जीत लिया। हे स्वामी! संत जन कहते हैं कि चौथेपन में राजा को वन में चले जाना चाहिए। हे नाथ! वहाँ आप उनका भजन कीजिए, जो सृष्टि रचने वाले, पालने वाले और संहार करने वाले हैं। आप विषयों की सारी ममता त्यागकर उन्हीं भगवान का भजन कीजिए, जिनके लिए श्रेष्ठ मुनि नाना साधन करते हैं और बड़े-बड़े राजा अपना राज्य त्यागकर वैरागी हो जाते हैं–वही कोसलयाधीश प्रभु आप पर दया करने आए हैं। हे प्रियतम! यदि मेरी बात मान लेंगे तो आपका यश तीनों लोकों में फैल जायेगा।' ऐसा कहकर, नेत्रों में जल भरकर और पति के चरण पकड़कर काँपते हाथों से मंदोदरी ने फिर कहा, 'हे नाथ! प्रभु रघुनाथजी का भजन कीजिए, जिससे मेरा सुहाग अचल हो जाये।'

रावण ने मंदोदरी को उठाया और फिर उससे अपनी प्रभुता कहने लगा–'हे प्रिये! तू व्यर्थ ही डरी हुई है। मेरे समान योद्धा इस संसार में कोई है? तू ही बता? वरुण, कुबेर, पवन, यमराज आदि सभी दिग्पालों तथा काल को भी मैंने अपनी भुजाओं के बल से जीत रखा है। देवता, दानव और मनुष्य सभी मेरे वश में हैं, फिर तुझे यह डर किस कारण से है। तू नाहक ही डरती है; दशानन की पटरानी होकर तुझे ऐसे डरना शोभा नहीं देता।'

मंदोदरी ने उसे बहुत समझाने की कोशिश की, पर वह मूढ़मति माना नहीं; फिर वहाँ से उठकर अपनी सभा में जाकर बैठ गया। मंदोदरी ने भी सोच-विचार लिया कि काल के वशीभूत होकर ही मेरे पति को अभिमान हो गया है। सभा में उसने अपने मंत्रियों से पूछा कि शत्रु के साथ किस प्रकार युद्ध करना चाहिए।

रावण-प्रहस्त संवाद

रावण के पूछने पर मंत्री कहने लगे–'हे स्वामी! आप बार-बार क्या पूछते हैं। विचार करने का तो कोई विषय ही नहीं है। मनुष्य और वानर-भालू तो हमारे भोजन हैं। उन्हें मारकर खा जाने को राक्षस सेना उतावली हो रही है।'

सब की बातें सुनकर रावण-पुत्र प्रहस्त हाथ जोड़कर कहने लगा–'हे पिताश्री! नीति के विरुद्ध कुछ भी नहीं करना चाहिए। ये मंत्री बड़े अल्पबुद्धि हैं। ये सब खुशामदी मंत्री आपकी मुँहदेखी कह रहे हैं। इस प्रकार की बातों से संकट नहीं टलेगा। एक ही बंदर समुद्र लाँघकर आया था। उसकी करतूतों को सब मन-ही-मन याद करते हैं। उस समय तुम लोगों में से किसी को भूख नहीं लगी थी? बंदर तो तुम्हारा भोजन ही है, फिर नगर जलाते समय उसे पकड़कर क्यों नहीं खा लिया? इन मंत्रियों ने आपको ऐसी सम्मति सुनाई है, जो सुनने में तो बड़ी अच्छी है, पर आगे चलकर इस पर दुःख-ही-दुःख है।'

'जिसने खेल-ही-खेल में समुद्र को बाँध दिया और जो सेना सहित सुबेल पर्वत पर आ उतरा है। हे मंत्रियो! कहो, वही मनुष्य है न, जिसको तुम खा

जाओगे। सबके सब पागलों के से वचन कहे चले जा रहे हो। हे पिताश्री! मेरी बातों को बड़े ध्यान से सुनिए, मुझे कायर मत समझ लेना। इस संसार में बहुत लोग ऐसे हैं, जो मुँह पर मीठी लगने वाली बात ही कहते हैं। हे स्वामी! ऐसे लोग बहुत कम हैं, जो परम हितकारी वचन कहते-सुनते हैं। नीति के अनुसार पहले वहाँ अपना दूत भेजिए, फिर सीताजी को लौटाकर श्रीरामजी से मेल कर लीजिए। यदि वे अपनी पत्नी पाकर लौट जायँ, तब बेकार का झगड़ा मत बढ़ाइए। अगर न लौटें तो युद्धभूमि में उनसे जमकर मार-काट कीजिए। अगर आप ऐसा करेंगे तो इस संसार में आपका दोनों ही तरह से सुयश होगा।'

रावण ने गुस्से में भरकर पुत्र से कहा, 'अरे मूर्ख! तुझे ऐसी बुद्धि किसने सिखाई? अभी से हृदय में भय हो रहा है। पुत्र, तू हमारे वंश के अनुकूल नहीं है। तू तो कायरों जैसी बात करता है। तुझे तनिक भी लज्जा नहीं आती।' पिता की अत्यंत घोर और कठोर वाणी सुनकर प्रहस्त इस प्रकार बड़बड़ाता हुआ घर की ओर चला गया–'हित की बात आप पर कैसे असर करेगी, जैसे मृत्यु के वश रोगी को दवा नहीं लगती।' संध्या का समय जानकर रावण अपनी बीसों भुजाओं को देखता हुआ महल को चला गया।

लंका की चोटी पर एक अत्यंत रमणीय महल था। वहाँ नाच-गान का अखाड़ा जमता था। रावण उस महल में जाकर बैठ गया। किन्नर उसका गुणगान करने लगे। ताल-करताल, मृदंग और वीणा बज रहे हैं। नृत्य में प्रवीण अप्सराएँ नाच रही हैं। काफी समय तक भोग-विलास करता रहा। हालाँकि श्रीराम जैसा प्रबल शत्रु सिर पर चढ़ आया है, पर उसे न तो चिंता है, न कोई किसी प्रकार का भय।

सुबेल पर प्रभु का आसन और चाँदनी वर्णन

प्रभु श्रीराम ने सुबेल पर्वत के समतल भाग पर सेना सहित डेरा डाल दिया है। एक सुंदर सा स्थान देखकर लक्ष्मणजी ने वहाँ अपने हाथों से सजाकर फूल बिछा दिए हैं, फिर उस पर सुंदर मृगछाला बिछा दी है। उसी आसन पर कृपालु श्रीराम विराजमान हैं। प्रभु वानरराज सुग्रीव की गोद में अपना सिर रखे हुए हैं। उनके बाईं ओर धनुष तथा दाईं ओर तरकस रखा है। वे अपने दोनों करकमलों से बाणों को तीक्ष्ण कर रहे हैं। विभीषण जी उनके बिल्कुल कान से सटकर मंत्रणा कर रहे हैं। परम भाग्यशाली अंगद और हनुमान अनेक प्रकार से प्रभु के चरणों की सेवा कर रहे हैं। लक्ष्मणजी कमर में तरकस कसे और हाथों में धनुष-बाण लिए वीरासन में प्रभु के पीछे सुशोभित हैं। इस प्रकार सौंदर्य और गुणों के धाम श्रीरामजी विराजमान हैं। वे मनुष्य धन्य हैं, जो सदा इस ध्यान में मन को लगाए रहते हैं।

प्रभु ने पूरब दिशा की ओर देखा कि चंद्रमा उदय हो रहा है। रघुवीर कहने लगे–'अरे इस चंद्रमा को तो देखो, कैसा सिंह के समान निडर लग रहा है! पूरब दिशा रूपी पर्वत की गुफा में रहने वाला, अत्यंत तेज और बल की खान यह

चंद्रमा रूपी सिंह अंधकार रूपी मतवाले हाथी के मस्तक को भेदकर आकाश रूपी वन में निर्भय विचर रहा है। आकाश में छिटके हुए तारे मोतियों के समान हैं, जो रात्रि रूपी सुंदर स्त्री के शृंगार हैं।' फिर प्रभु बोले, 'भाइयो! चंद्रमा में जो कालापन है, वह क्या है? सब अपनी-अपनी बुद्धि के अनुसार बताओ?'

तब सुग्रीव ने कहा, 'हे रघुनाथजी! चंद्रमा में पृथ्वी की छाया दिखाई दे रही है।' किसी ने कहा कि चंद्रमा को राहु ने मारा था, वही चोट का निशान उसके हृदय पर पड़ गया है। कोई कहने लगा कि जब ब्रह्मा ने कामदेव की स्त्री रति का मुख बनाया, तब उसने चंद्रमा का सारा भाग निकाल लिया, जिससे रति का मुख तो परम सुंदर बन गया, परन्तु चंद्रमा के हृदय में छेद हो गया। वही छेद चंद्रमा के हृदय पर दिखाई दे रहा है, जिसकी राह से आकाश की काली छाया उसमें दिखाई पड़ती है।

बाद में प्रभु श्रीरामजी ने कहा, 'विष चंद्रमा का बहुत प्यारा भाई है, इसी से उसने विष को अपने हृदय में स्थान दे रखा है। विष से बुझी अपनी किरणों को फैलाकर वह वियोगी नर-नारियों को जलाता रहता है।' इस पर हनुमान ने कहा, 'हे प्रभु! चंद्रमा तो आपका प्रिय दास है। आपकी सुंदर श्याम मूर्ति चंद्रमा के हृदय में बसती है। वही श्यामलता की झलक चंद्रमा में दिखाई पड़ती है।'

हनुमानजी के वचन सुनकर प्रभु हँस पड़े; फिर दक्षिण की ओर देखकर कृपानिधान बोले, 'हे विभीषण! दक्षिण की ओर देखो, बादल कैसा घुमड़ रहा है और बिजली चमक रही है। भयानक बादल हलके-हलके स्वर में गरज रहा है। कहीं ओलों वाली बरसात तो नहीं हो रही है?'

रावण के छत्र-मुकुटादि गिरना

विभीषणजी कहने लगे-'हे कृपालु! सुनिए, यह न तो बिजली है और न बादलों की छटा। लंका की चोटी पर एक महल है। रावण वहाँ पर नाच-गान देख रहा है। रावण ने अपने सिर पर बादलों के जैसा काला छत्र धारण कर रखा है। वही बादलों के समान काली घटा-सा प्रतीत हो रहा है। महारानी मंदोदरी के कानों में जो कर्णफूल हिल रहे हैं, वही हे प्रभो! बिजली की भाँति चमक रहे हैं। जो ताल और मृदंग बज रहे हैं, वे ही गर्जना का भ्रम पैदा कर रहे हैं।' रावण का अभिमान समझकर प्रभु मुसकराए। उन्होंने धनुष उठाकर उस पर बाण संधान किया और एक ही बाण से रावण के छत्र और मुकुट तथा मंदोदरी के कर्णफूल काट गिराए। सबके देखते-ही-देखते वे जमीन पर आ पड़े, पर इसका भेद कोई नहीं जान पाया। ऐसा चमत्कार करके श्रीरामजी का बाण वापस आकर तरकस में जा घुसा। रंग में भंग देखकर रावण की सारी सभा भयभीत हो गयी। न तो भूकंप आया, न ही आँधी चली, न किसी ने कोई अस्त्र-शस्त्र ही देखा, फिर ये छत्र, मुकुटादि गिरे तो कैसे? सब अपने-अपने मन में विचार करने लगे कि यह तो बड़ा भारी अपशकुन है।

मंदोदरी का रावण को समझाना तथा प्रभु की महिमा बताना

सभा को भयभीत जानकर रावण ने हँसकर कहा, 'अरे, सिरों का गिरना भी जिसके लिए निरंतर शुभ होता है, उसके लिए मुकुट का गिरना अपशकुन कैसे हो सकता है? डरने की कोई बात नहीं है। तुम सब जाओ और अपने-अपने घर जाकर सो जाओ।' तब सब लोग सिर नवाकर अपने घरों को चले गये। जब से कर्णफूल पृथ्वी पर गिरा, तब से मंदोदरी गहरे सोच में पड़ गयी। वह नेत्रों में जल भरकर और दोनों हाथ जोड़कर रावण से कहने लगी—'हे प्राणनाथ! मेरी विनती सुन लीजिए। श्रीराम से विरोध छोड़ दीजिए। उन्हें मनुष्य मत समझिए। मेरी बात पर विश्वास करो, श्रीरामजी विश्वरूप हैं। वेद जिनके अंग-अंग में लोकों की कल्पना करते हैं। पाताल जिनके चरण हैं, ब्रह्मलोक सिर है। भयंकर काल जिनका भृकुटी का चलना मात्र है। सूर्य नेत्र है, बादलों का समूह बाल हैं, अश्विनी कुमार जिनकी नासिका हैं, रात और दिन जिनके पलक मारना और खोलना है, दसों दिशाएँ कान हैं—वेद ऐसा कहते हैं। वायु श्वास है और वेद जिनकी अपनी वाणी है। लोभ जिनका होंठ है, यमराज भयानक दाँत हैं, माया हँसी है, दिक्पाल भुजायें हैं। अग्नि मुख है, वरुण जीभ है। उत्पत्ति, पालन और प्रलय जिनकी क्रिया है। अठारह प्रकार की असंख्य वनस्पतियाँ जिनकी रोमावली हैं, पर्वत अस्थियाँ हैं। नदियाँ नसों का जाल हैं, समुद्र पेट है और नरक जिनकी नीचे की इंद्रियाँ हैं। इस प्रकार से प्रभु विश्वमय हैं।

'हे प्राणपति! सुनिए, ऐसा मन में विचार प्रभु श्रीराम से वैर त्यागकर उनके चरणों में प्रेम कीजिए, जिससे मेरा सुहाग अटल रहे।' पत्नी के वचन सुनकर पहले तो रावण खूब हँसा; फिर बोला, 'खूब कहा! अज्ञान की महिमा बड़ी बलवान है। स्त्री के स्वभाव के बारे में लोग सत्य ही कहते हैं, कि उसके हृदय में आठ अवगुण सदा रहते हैं—साहस, झूठ, चंचलता, छल, मूर्खता, डरपोकपन, अपवित्रता और निर्दयता। तूने शत्रु का विराट रूप मुझे सुनाया, उसका भय भी दिखाया। हे प्रियतमा! यह चराचर जगत् तो स्वभाव से ही मेरे वश में है। हे प्रियतमा! मैं तेरी चतुराई को समझ गया हूँ, कि इस बहाने तू मेरी प्रभुता का ही बखान कर रही थी। हे मृगनयनी! तेरी बातें बहुत रहस्य भरी हैं, समझने पर सुख देने वाली और सुनने से भी भय दूर करने वाली हैं।' अब मंदोदरी को पक्का विश्वास हो गया कि उसके पति को कालवश मतिभ्रम हो गया है।

इस प्रकार अज्ञानवश तरह-तरह से विनोद करते हुए रावण को सबेरा हो गया, तब स्वभाव से ही निडर और घमंड में अंधा लंकापति सभा में गया। यद्यपि बादल अमृत सा जल बरसाते हैं, तो भी बेंत फूलता-फलता नहीं है। इसी प्रकार चाहे ब्रह्मा के समान ज्ञानी गुरु मिलें, तो भी मूर्ख के हृदय में ज्ञान नहीं होता है।

अंगद का लंका जाना

इधर सुबेल पर्वत पर प्रातःकाल रघुनाथजी जागे और उन्होंने सब मंत्रियों को

बुलाकर सबसे सलाह माँगी कि अब शीघ्र यह बताओ कि हमें क्या करना चाहिए? तो जाम्बवंत ने श्रीरामजी के चरणों में सिर नवाकर कहा, 'हे सर्वज्ञ, अंतर्यामी! हे बुद्धि-बल, तेज, धर्म और गुणों की राशि! मैं अपनी बुद्धि के अनुसार सलाह देता हूँ कि बालीकुमार अंगद को दूत बनाकर रावण के दरबार में भेजा जाये।' यह अच्छी सलाह सबके मन को जँच गयी। तब कृपानिधान प्रभु ने अंगद से कहा, 'हे बालिपुत्र! तुम मेरे काम के लिए लंका जाओ। तुम्हें ज्यादा क्या कहूँ, तुम खुद ही बहुत समझदार हो। शत्रु से वही बात करना, जिससे हमारा काम बने और उसका कल्याण हो।'

प्रभु की आज्ञा शिरोधार्य कर और उनके चरणों में सिर नवाकर अंगदजी बोले, 'हे श्रीरामजी! आप जिस पर कृपा करें, वही गुणों का समुद्र हो जाता है। स्वामी के सब कार्य अपने आप सिद्ध होते हैं; यह प्रभु ने मुझे आदर-सम्मान दिया है, जो मुझे अपने कार्य पर भेज रहे हैं।' ऐसा विचार कर अंगद का हृदय पुलकित हो गया। प्रभु के चरणों में सिर नवाकर अंगद चल पड़े।

लंका में प्रवेश करते ही रावण के पुत्र से भेंट हो गयी, जो वहाँ खेल रहा था। बातों-ही-बातों में दोनों में झगड़ा बढ़ गया, क्योंकि दोनों ही अतुलनीय बलवान और युवा थे। उसने अंगद पर लात उठाई; अंगद ने वही लात पकड़कर उसे घुमाकर पृथ्वी पर दे मारा। राक्षसों के समूह भारी योद्धा को देखकर जहाँ-तहाँ भाग खड़े हुए। वे डर के मारे कुछ बोले भी नहीं। रावण-पुत्र की हत्या से पूरे नगर में कोलाहल मच गया और यह शोर मच गया कि जिसने लंका जलाई थी, वह वानर फिर आ गया है। सब भयभीत होकर विचार करने लगे कि विधाता अब न जाने क्या करेगा? वे सब अंगद के बिना पूछे ही उसे रावण के दरबार का रास्ता बता देते हैं। जिसे भी अंगद देख लेता है, वही डरकर सूख-सा जाता है।

अंगद-रावण संवाद

श्रीरामजी को हृदय में धारण करके अंगद रावण की सभा के द्वार पर आए और शान से इधर-उधर देखने लगे। तुरंत ही एक दूत को भेजा और रावण को अपने आने का समाचार सूचित किया। सुनते ही रावण हँसकर बोला, 'बुलाकर ले आओ! देखते हैं, कहाँ का बंदर है?' आज्ञा पाकर दूत उन्हें सभा में बुला लाए। अंगद ने रावण को ऐसे बैठे देखा, जैसे सजीव काजल का पहाड़ हो।

अंगद को देखते ही सभासद उठ खड़े हुए। यह देखकर रावण के हृदय में बड़ा क्रोध आया। रावण ने कहा, 'अरे बंदर! तू कौन है?' अंगद ने कहा, 'हे भाई! मैं तुम्हारी भलाई के लिए आया हूँ। तुम्हारा कुल उत्तम है, तुम पुलत्स्य ऋषि के पौत्र हो, शिवजी और ब्रह्माजी की तुमने बड़ी सेवा की है, उनसे वर पाए हैं और सब काम सिद्ध किए हैं। तुमने लोकपाल और राजाओं को जीत लिया है। राजमद में चूर होकर तुम जगज्जननी सीता को हर लाए हो। अब तुम मेरी नेक सलाह सुनो-दाँतों में तिनका दबाओ, गले में गुल्हाड़ी डालो और कुटुंबियों सहित

अपनी स्त्रियों को साथ लेकर, आदर के साथ जानकीजी को आगे करके, सब प्रकार के भय त्यागकर चलो और 'हे श्रीरामजी! मेरी रक्षा करो, मेरी रक्षा करो' कहकर प्रभु की शरण में जाओ, वे तुम्हें क्षमा कर देंगे।'

यह सुनकर रावण गुस्से में बोला, 'अरे बंदर के बच्चे! जबान सँभालकर बोल। मूर्ख, तू मुझे जानता नहीं है। अरे तू अपना और अपने बाप का नाम तो बता? तू किस नाते से मित्रता मानता है?'

तब अंगद ने जवाब दिया–'मेरा नाम अंगद है, मैं वानरराज बाली का पुत्र हूँ। उनसे तुम्हारी कभी भेंट हुई थी?' अंगद के वचन सुनकर रावण कुछ सकुचा गया, बोला, 'हाँ, मैं जान गया, मुझे याद आया, बाली नाम का एक बंदर था। तो तू ही बाली का लड़का है? अरे कुलनाशक! तू तो अपने कुल रूपी बाँस के लिए अग्नि के रूप में पैदा हुआ है। तू जन्म लेने से पहले ही क्यों न मर गया। तू व्यर्थ ही पैदा हुआ, जो अपने मुँह से उन तपस्वियों का दूत बतला रहा है। अब बाली की कुशलता तो बता, वह आजकल है कहाँ?' तब अंगद ने हँसकर कहा, 'कुछ दिनों बाद बाली के पास जाकर अपने मित्र को हृदय से लगाकर उसी से कुशल पूछ लेना। श्रीराम से विरोध करने पर जैसी कुशलता होती है, वे ही तुमको सुनाएँगे। अरे मूर्ख! सुन, फर्क उसी के मन में पड़ता है, जिसके हृदय में रघुवीर न हों, जो उनको न मानता हो।

'सच कहा तूने, मैं तो कुल का नाश करने वाला हूँ, और हे रावण! तुम कुल के रक्षक हो। अंधे-बहरे भी ऐसी बात नहीं कहते, तुम्हारे तो बीस नेत्र और बीस कान हैं। शिव, ब्रह्मा आदि देवता और मुनियों के समुदाय जिनके चरणों की सेवा करना चाहते हैं, उनका दूत होकर मैंने कुल को डुबो दिया? अरे! तुम्हारी ऐसी नीच बुद्धि है?'

अंगद की कठोर वाणी सुनकर रावण आँखें तरेरकर बोला, 'अरे दुष्ट! मैं तेरी कड़वी बातें इसलिए सह रहा हूँ, क्योंकि मैं नीति और धर्म को जानता हूँ।'

जवाब में अंगद ने कहा, 'तुम्हारी धर्मशीलता के बारे में मैंने भी सुना है; वह यह कि तुमने भिखारी बनकर पराई स्त्री को चुराया, और दूत की रक्षा की बात तो अपनी आँखों से देख ली, ऐसे धर्म का पालन करने वाले तुम डूबकर मर क्यों नहीं जाते! नाक-कान से रहित बहन को तुमने देखकर और धर्म विचारकर ही तो उसकी रक्षा की थी, तुम्हारी धर्मशीलता को कौन नहीं जानता! मैं भी कितना भाग्यशाली हूँ कि मुझे तुम्हारे दर्शन का सौभाग्य प्राप्त हुआ।'

रावण तिलमिलाकर बोला, 'अरे जड़ वानर! बेकार की बक-बक मत कर। अरे मूर्ख! मेरी भुजायें तो देख। अरे अंगद! तेरी सेना में ऐसा कौन सा योद्धा है, जो मुझसे भिड़ सकेगा। तेरा स्वामी तो स्त्री के वियोग में वैसे ही बलहीन हो गया है और उसका भाई उसके दुःख से दुःखी और उदास है। तुम और सुग्रीव, दोनों उसके सहायक हो; मेरा भाई विभीषण भी निरा डरपोक है; मंत्री जाम्बवंत

बूढ़ा हो गया है, अब वह लड़ाई क्या लड़ेगा? नल-नील तो शिल्पी हैं, वे लड़ना क्या जानें? हाँ, तुम में एक वानर जरूर बलवान है, जो पहले आया था और जिसने लंका जलाई थी।'

यह सुनते ही बालिपुत्र अंगद बोला, 'रावण! सच-सच बताओ, क्या उस वानर ने तुम्हारा नगर जला दिया; कमाल है, जगत् विजेता रावण का घर जला दिया। वह भी एक छोटे से वानर ने। इन सब बातों को लोग मजाक ही समझेंगे। अरे रावण! जिसको तुम बलवान और योद्धा बता रहे हो, वह तो सुग्रीव का एक छोटा सा हरकारा मात्र है। हमने तो मात्र खबर लेने के लिए भेजा था। क्या सच में प्रभु की आज्ञा पाए बिना उसने तुम्हारा नगर जला डाला? लगता है, इसी डर के कारण वह लौटकर सुग्रीव के पास नहीं गया और कहीं छिप गया है।'

'हे रावण! लगता है, तुम सब सत्य ही कह रहे हो। सचमुच, हमारी सेना में कोई भी ऐसा नहीं है, जो तुमसे लड़कर शोभा पाए। प्रीति और वैर तो बराबरी वाले से होती है। एक सिंह किसी मेढक को मारे, क्या वह अच्छा कहा जायेगा? हालाँकि तुम्हें मारना प्रभु के लिए कोई बड़ा काम नहीं है।' इस पर रावण हँसकर बोला, 'बंदर में एक बड़ा गुण होता है, जो उसे पालता है, वह उसका अनेकों प्रकार से भला करता है। बंदर भी धन्य है, जो लाज त्यागकर अपने मालिक के लिए जहाँ-तहाँ नाचता फिरता है। नाच-कूदकर, लोगों को रिझाकर मालिक का हित करता है। अरे अंगद! तेरी जाति ही स्वामिभक्त है, फिर तू अपने स्वामी के गुण क्यों न गायेगा? इसीलिए मैं तेरी बातों पर ध्यान नहीं देता।'

अंगद बोला, 'सच्ची गुण ग्राह्यता तो मुझे हनुमान ने सुनाई थी। जिसने अशोक वन का विध्वंश करके, तुम्हारे पुत्र को मारकर नगर भर को जला दिया था। उसने तुम्हारा कुछ भी बुरा नहीं किया। तुम्हारा स्वभाव जानकर हे रावण! मैंने कुछ धृष्टता की है; हनुमान ने जो कुछ कहा था, वह मैंने यहाँ आकर देख लिया। तुम्हारी गुण ग्राह्यता, मैं खूब देख रहा हूँ।'

रावण तमतमाया, फिर बोला, 'अरे वानर! तेरी ऐसी बुद्धि है, तभी तो तू अपने बाप को खा गया।' ऐसा कहकर रावण खूब जोर से हँसा। अंगद ने कहा, 'मैं तो पिता को खाकर तुम्हें भी खा जाता, परन्तु अभी तो कुछ और ही बात मेरी समझ में आ रही है।' रावण बोला, 'अरे अभिमानी बंदर, बाली के यश के कारण ही मैं तुझे नहीं मार रहा।'

अंगद बोला, 'अच्छा यह तो बता, इस जगत में कितने रावण हैं? अरे, एक रावण तो बाली को जीतने पाताल लोक गया था, तब बच्चों ने उसे बाँध कर घुड़साल में रख लिया था। बालक उससे खेलते थे और उसे मारते थे। राजा बलि को दया आ गयी तो उन्होंने उसे छुड़वा दिया; फिर एक रावण सहस्रबाहु ने देखा और उसे दौड़ा-दौड़ाकर एक विचित्र जन्तु जानकर पकड़ लिया। तमाशे के लिए वह उसे घर ले आया, तब पुलत्स्य ऋषि ने उसे छुड़वाया और सुन, वैसे मुझे कहने में बड़ा संकोच हो रहा है—एक रावण तो बहुत दिनों तक बाली

की काँख में रहा था। अब गुस्सा थूक दो और सच-सच बताओ, कि इनमें से तुम कौन से रावण हो?'

रावण बोला, 'अरे मूर्ख! सुन, मैं वही बलवान रावण हूँ, जिसके भुजाओं की करामात को कैलाश जानता है। जिसकी शूरता के बारे में महादेव जानते हैं, जिन्हें अपने सिर काटकर उन्हें पुष्प की तरह अर्पित किया है। अरे दुष्ट! मेरी भुजाओं का बल दिक्पाल जानते हैं, जिनके हृदय में वह आज भी चुभ रहा है। दिशाओं के हाथी मेरी छाती की कठोरता को जानते हैं, जो मेरी छाती की टक्कर से मूली की तरह टूट गये। तू इस प्रतापी रावण को छोटा कहता है?'

अंगद बोला, 'अरे दसमुख! मैं दूत की तरह संधि करने नहीं आया हूँ। प्रभु ने दूत बनाकर तुझे समझाने के लिए भेजा है। नहीं तो, तेरा मुँह तोड़कर मैं सीताजी को जबरदस्ती ले जाता। मैं तो ऐसा तमाशा खड़ा करता कि तुझे जमीन पर पटककर, तेरी सेना का संहार करके और तेरे नगर को चौपट करके, तेरी स्त्रियों सहित सीताजी को उठाकर ले जाता।'

रावण बोला, 'अरे नीच बंदर! अब तू मरना ही चाहता है, इसी से छोटा मुँह बड़ी बात कर रहा है। तेरे स्वामी को निकम्मा जानकर ही उसके बाप ने घर से निकाल दिया। एक तो यह दुःख, दूसरा अपनी स्त्री के वियोग में उसे रात-दिन मेरा डर सताता रहता है।'

जब तेहिं कीन्हि राम के निंदा। क्रोधवंत अति भयउ कपिंदा।।
हरि हर निंदा सुनइ जो काना। होइ पाप गोघात समाना।।

जब रावण ने प्रभु की निंदा की तो अंगद अत्यंत क्रोधित हो गये, क्योंकि शास्त्र कहते हैं कि जो अपने कानों से भगवान विष्णु और शिवजी की निंदा सुनता है, उसे गौहत्या के समान पाप लगता है। वानरवीर अंगद जोर से कटकटाए और तमककर अपने दोनों हाथों को जोर से जमीन पर दे मारा। पृथ्वी हिलने लगी, बैठे हुए सभासद गिर पड़े और अंगद के भय के मारे भाग चले। रावण भी गिरते-गिरते सँभला। उसके मुकुट आदि पृथ्वी पर गिर पड़े। कुछ को उठाकर उसने अपने सिर पर रख लिया और कुछ अंगद ने उठाकर प्रभु श्रीराम के पास फेंक दिए। उनको आता देख वानर डर गये, उन्होंने समझा कि उल्कापात हो रहा है, तब प्रभु ने हँसकर कहा कि डरो नहीं, ये रावण के मुकुट हैं, जो अंगद ने फेंके हैं। हनुमानजी ने उछलकर उन्हें पकड़ लिया और लाकर प्रभु को सौंप दिया।

उधर सभा में क्रोधित होकर रावण कहने लगा-'इस बंदर को पकड़ लो और मार डालो।' अंगद जी यह सुनकर मुसकराने लगे। रावण फिर बोला, 'इसे मारकर सब राक्षस योद्धा सब वानर-भालुओं को खा जाओ और उन दोनों भाइयों को जीते-जी पकड़ लाओ।'

अंगद का सभा में पैर जमाना

इस पर युवराज अंगद भी क्रोधित होकर बोले, 'अरे निर्लज्ज! तुझे गाल बजाते लाज नहीं आती? अरे कुलनाशी! आत्महत्या करके मर क्यों नहीं जाता! अरे! स्त्री के चोर, कुमार्ग पर चलनेवाले, दुष्ट, तू काल के वश हो गया है। अरे, बीस आँख का होकर भी तू अंधा है, तेरे जन्म को भी धिक्कार है, जो तू प्रभु श्रीराम को मनुष्य बताता है। तेरी लंका तो गूलर के फल जैसी है, जिसमें कीड़ों की तरह राक्षस भरे हुए हैं, वानर को उसे खाने में कितनी देर लगती है; पर क्या करूँ, प्रभु ने वैसी आज्ञा नहीं दी है।'

रावण बोला, 'अरे मूर्ख बंदर! तूने झूठ बोलना कहाँ से सीखा? बाली तो ऐसा नहीं था, लगता है, इन तपस्वियों के साथ रहकर तू वाचाल हो गया है।' अंगद बोले, 'सच कहता है तू! अरे दुष्ट! तेरी दसों जीभें मैंने नहीं उखाड़ ली तो सचमुच मैं वाचाल ही हूँ। श्रीराम का स्मरण करके अंगद क्रोधित होकर उठे

और अपना पैर वहाँ जमाकर बोले, 'अरे दुष्ट! सुन, यदि तू मेरा पैर हटा सके, तो प्रभु वापस लौट जायँगे, मैं सीताजी को हार गया समझूँगा।'

रावण ने कहा, 'सब वीरो! पैर पकड़कर बंदर को जमीन पर पटक दो।' एक-से-एक योद्धा, मेघनाद जैसे योद्धा भी जोर आजमाइश करने लगे, पर अंगद का पैर टस-से-मस न हुआ। सब लज्जित होकर अपने-अपने स्थानों पर बैठ गये। अंगद का बल देखकर सब मन में हार गये। अंगद के ललकारने पर रावण स्वयं उठा। जब रावण चरण पकड़ने लगा तो अंगद ने कहा, 'अरे रावण! मेरा चरण पकड़ने से तेरा कोई भला नहीं होगा। मूर्ख! प्रभु के चरण जाकर क्यों नहीं पकड़ता?' वह सिर नीचा करके सिंहासन पर जा बैठा। अंगद ने बहुत प्रकार से समझाया, पर वह मूढ़ न माना। अंत में बालिपुत्र यह कहकर चले–रणभूमि में तुझे दौड़ा-दौड़ाकर मारूँगा।

रामदल में लौटकर अंगद ने सारी घटना विस्तार से श्रीरामचन्द्रजी को सुनाई। उनका मन प्रसन्न है, शरीर पुलकित हो रहा है। नेत्रों में आनंदाश्रु हैं।

मंदोदरी की पुनः रावण को सीख

संध्या के समय रावण उदास होकर महल में गया तो मंदोदरी उसे समझाने लगी–'हे स्वामी! सब कुछ विचारकर कुबुद्धि को छोड़ दो। रघुनाथजी के साथ युद्ध अच्छी बात नहीं। उनके छोटे भाई ने एक छोटी सी रेखा खींच दी थी, उसे आप लाँघ भी नहीं पाए थे, आप उन्हें संग्राम में कैसे जीत पाएँगे? उनका दूत ही समुद्र को लाँघकर आ गया और लंका में आग लगाकर चला गया। रखवालों को मार-पीटकर उसने अशोक वन उजाड़ दिया। आपके देखते-देखते उसने अक्षयकुमार को मार डाला, उस समय आपका बल कहाँ चला गया था? अब तुम बेकार की डींग मत हाँको। मेरी बात को समझो, रघुनाथजी को निरे राजा मत जानो, वे तो चराचर के स्वामी हैं।'

'जानकी जी के स्वयंवर में बड़े-बड़े योद्धा थे, आप भी वहाँ थे, परन्तु जिस शिव धनुष को तुममें से कोई हिला भी न पाया, उसे तोड़कर श्रीराम ने जानकी से विवाह किया। तब आपने उन्हें क्यों नहीं जीता? इंद्रपुत्र जयंत ने भी उनके बल का कुछ-कुछ मजा चखा है। शूर्पणखा की दशा भी तुमने देखी, जिन्होंने चुटकी बजाते खर-दूषण को मार दिया, कबंध का वध किया, और तो और बाली को एक बाण से ही मार डाला, आप उनकी शक्ति को नहीं समझ रहे हैं।'

'उन्होंने खेल-खेल में ही समुद्र को बाँध दिया, और अपनी सेना सहित सुबेल पर्वत पर डेरा जमाए हुए हैं, आपकी भलाई सोचकर ही उन्होंने अपना दूत भेजा, जिसने बीच सभा में आकर आपका मान-मर्दन कर डाला। हे स्वामी! फिर भी, आप उन्हें बार-बार मनुष्य कहते हैं। आपने साक्षात् भगवान से वैर ठान लिया है। काल के वशीभूत होकर आपको कोई भी अच्छी बात नहीं सुहा रही है। काल स्वयं लाठी लेकर किसी को नहीं मारता।'

'आप समझ ही नहीं रहे हैं। आपके दो पुत्र मारे गये, नगर जल गया। जो हुआ सो हुआ, इसे भूल जाइए, श्रीरामजी से वैर त्याग दीजिए, कृपा के समुद्र रघुनाथजी को भजिए।' अपनी रानी के बाण समान तीखे वचन सुनकर वह सबेरा होने पर उठकर राजसभा में चला गया और भय आदि भुला, बड़े अभिमान में अकड़कर सिंहासन पर बैठ गया।

इधर सुबेल पर्वत पर श्रीरामजी ने अंगद को बुलाया और हँसकर पूछने लगे कि बाहुबली रावण के चार मुकुट तुमने यहाँ किस प्रकार फेंके? अंगद ने कहा, 'हे प्रभु! वे मुकुट नहीं हैं, वे तो राजा के चार गुण हैं–

साम दान अरु दंड बिभेदा। नृप उर बसहिं नाथ कह बेदा।।
नीति धर्म के चरन सुहाए। अस जियँ जानि नाथ पहिं आए।।

हे नाथ! वेद कहते हैं कि साम, दान, दंड और भेद–ये चारों ही राजा के हृदय में बसते हैं। ये नीतिधर्म के चार सुंदर चरण हैं। रावण धर्म-हीन है, ऐसा जानकर ये मुकुट प्रभु के पास आ गये हैं। रावण अब काल के वश में है; इसलिए हे रघुनाथजी! ये गुण रावण को छोड़कर आपके पास आ गये हैं।' फिर अंगद ने प्रभु को लंका के सब हाल-समाचार सुनाए।

युद्ध की तैयारी और लंका पर वानरों की चढ़ाई

शत्रु के सब समाचार प्राप्त करने के बाद प्रभु ने सब मंत्रियों को बुलाया, फिर सबको अपनी रणनीति समझाने लगे–'लंका के चार बड़े और मजबूत फाटक हैं, उन पर किस प्रकार आक्रमण किया जाये–इस पर विचार करो।' तब वानरराज सुग्रीव ने हृदय में रघुनाथजी को धारण करके अपनी विशाल वानर सेना के चार दल बनाए, उनके योग्य सेनापति निश्चित किए; फिर सब यूथपतियों को बुलाया, फिर प्रभु का प्रताप कहकर सब कुछ समझा दिया।

वानर यूथ श्रीरामजी के चरणों में सिर नवाते हैं, फिर पर्वतों के शिखर लेकर सब वीर दौड़ पड़ते हैं। 'श्रीरामजी की जय' करते हुए वानर-भालू गरजते और ललकारते हैं। बादलों की तरह लंका को चारों ओर से घेरकर वे मुँह से ही रणभेरी की आवाज निकालते हैं और जोर-जोर से पुकारते हैं–'श्रीरामजी की जय!' 'लक्ष्मणजी की जय!' 'वानरराज सुग्रीव की जय!'

उधर लंका में तो भारी कोलाहल मच गया। उस शोर को सुनकर अहंकारी रावण बोला, 'अरे, इन वानरों की ढिठाई तो देखो!' फिर उसने तुरंत राक्षसों की सेना बुलाई और बोला, 'मेरे राक्षस भूखे हैं, विधाता ने घर बैठे ही इनका भोजन भेज दिया है।' ऐसा कहकर वह जोर से हँसा! फिर ऐलान करते हुए बोला, 'हे राक्षस वीरो! सब चारों दिशाओं में जाओ और रीछ-वानरों को पकड़कर खा जाओ।' आज्ञा पाकर राक्षस अपने हाथों में बरछी, तोमर, मुद्‌गर, फरसे, शूल, दुधारी तलवार, परिध और पहाड़ों के टुकड़े लेकर चल पड़े। करोड़ों राक्षस वीर

परकोटे के कंगूरों पर चढ़ गये। ढोल और डंके बजने लगे। भेरी बज रही है। दोनों ओर सेनाओं में बड़ा जोश है।

युद्ध का आरंभ

पहले तो दोनों ओर से 'जय' 'जय' की लड़ाई छिड़ गयी। राक्षस वीर पहाड़ों के खंड के खंड वानर सेना पर फेंकते हैं, परन्तु वानर कूदकर उन्हें बीच में ही पकड़ लेते हैं और वापस उन्हीं पर फेंकते हैं। वानर झपटते हैं और राक्षसों के पैर पकड़कर पृथ्वी पर पटककर भाग चलते हैं, फिर उन्हें ललकारते हैं। भालू फुरती से उछलकर किले पर चढ़ गये और जहाँ-तहाँ महलों में घुसकर श्रीराम का गुणगान करने लगे।

श्रीरामजी के प्रतापी वानर वीर राक्षसों के झुंड-के-झुंड को पटककर मसल रहे हैं। फिर वानर किले पर चढ़कर प्रभु की जय-जयकार करने लगे। वानरों का यह प्रकोप देखकर राक्षसों के झुंड-के-झुंड भाग खड़े हुए। लंका नगरी में भारी हाहाकार मच गया। बालक, स्त्रियाँ और रोगी असमर्थता के कारण रोने लगे। सब मिलकर रावण को गालियाँ देने लगे कि इसने जानबूझकर मौत को बुलाया है।

जब रावण ने यह सब अपने कानों से सुना तो ललकारकर गुस्से में बोला, 'जो रण में पीठ दिखाकर भागेगा, मैं उसे दुधारी तलवार से मौत के घाट उतार दूँगा। अब तक मौज से खाते रहे, अब तुम्हें रणभूमि में प्राण प्यारे हो गये।' रावण का यह ऐलान सुनकर राक्षस वीर डर गये और क्रोध करके युद्ध के लिए लौट चले। अब तो मरना ही है—ऐसा विचारकर वे ललकारकर वानरों से भिड़ने लगे। उन्होंने त्रिशूलों से मार-मारकर सब रीछ-वानरों को व्याकुल कर दिया। वानर डर से घबराकर भागने लगे। कोई कहता-'अंगद-हनुमान कहाँ हैं! बलवान नील-नल और द्विविद कहाँ हैं?'

हनुमानजी ने जब अपने दल को भयभीत देखा, तो उस समय वे पश्चिमी द्वार पर थे। वहाँ उनसे मेघनाद युद्ध कर रहा था। वह द्वार टूट नहीं पा रहा था, बड़ी मुश्किल थी। अब हनुमान भारी क्रोध करके काल के समान कूदकर लंका के किले पर आ गये और पहाड़ लेकर मेघनाद की ओर दौड़े। उसका रथ तोड़ डाला, सारथि मार डाला और मेघनाद की छाती में लात मारी। दूसरा सारथि उसे वहाँ से निकाल ले गया। इधर अंगद ने सुना कि हनुमान अकेले हैं, तो वह भी उछलकर किले पर चढ़ गये। वानर भी किले पर जा चढ़े और कलश सहित महल को ढहा दिया। राक्षसियाँ रो-रोकर अपनी छाती पीटने लगीं। वानर घुड़की देकर उनको डराने लगे। अब वे रावण की सेना के बीच कूद पड़े और राक्षसों को मसलने लगे। बड़े-बड़े सेनापतियों के पैर पकड़कर उसे श्रीराम के पास फेंक देते हैं, प्रभु उन्हें अपना परम पद दे देते हैं। सायं में वानर वीर लौट पड़े, परन्तु राक्षस उन पर धावा बोलते हैं। वानर वीर भी उनसे भिड़ गये, पर कोई हार नहीं मानता।

पल भर में अंधकार छा गया, अँधेरा देखकर वानर सेना में खलबली मच गयी। तब श्रीराम जी इस रहस्य को समझ गये। उन्होंने तुरत अग्निबाण चलाया, जिससे प्रकाश हो गया। घमासान युद्ध हुआ। राक्षसों में कुछ मारे गये, कुछ घायल हुए, कुछ भागकर गढ़ पर चढ़ गये, पर वानर वीर अपने बल से राक्षसों को छकाकर गरज रहे हैं।

माल्यवान का रावण को समझाना

रात होने पर सैन्य टुकड़ियाँ अपने-अपने शिविरों में लौट गईं। श्रीरामजी को देखते ही सब के सब श्रमहीन हो गये। लंका में रावण ने सब मंत्रियों को बुलाया और बताया कि हमारी आधी सेना का संहार वानरों ने कर दिया है, अब शीघ्र बताओ कि क्या उपाय किया जाये?

तब रावण के नाना और श्रेष्ठ मंत्री माल्यवान ने पवित्र नीति वचन कहे-'हे तात! मेरी बात ध्यान देकर सुनो, जब से तुम सीता को हर लाए हो, तब से भारी अपशकुन हो रहे हैं। श्रीराम से विमुख होकर किसी ने सुख नहीं पाया है। साक्षात् भगवान पृथ्वी पर प्रकट हुए हैं, जो काल के समान हैं, दुष्टों के समूह रूपी वन को ध्वस्त करने वाले, गुणों के धाम, ज्ञानी हैं, फिर उनसे वैर कैसा? मेरी मानो, तो वैर भाव त्यागकर उन्हें जानकी लौटा दो और परम कृपालु भगवान का भजन करो।'

मंत्री के ये वचन रावण को बाण के समान लगे, वह बोला, 'अरे अभागे! काला मुँह करके यहाँ से निकल जा। तू बूढ़ा है, नहीं तो तुझे अभी मार डालता। अब मेरी आँखों से दूर चला जा।' माल्यवान ने मन में विचार किया कि सचमुच रावण का अंत निकट है। वह रावण को दुर्वचन कहता हुआ सभा से उठकर चला गया। रावण ने तत्काल लंका की रक्षा का प्रबंध किया। उसने लंका की रक्षा के लिए पूर्व द्वार पर प्रहस्त, पश्चिम द्वार पर अपने पुत्र इन्द्रजीत, उत्तर द्वार पर शुक और सारण, दक्षिण द्वार पर महापार्श्च और महोदर को नियुक्त किया। नगर की बीच की छावनी पर बिरुपाक्ष को नियुक्त किया और स्वयं भी उत्तर द्वार पर डटने को कहा, तब रावण पुत्र मेघनाद क्रोधित होकर बोला, 'हे पिताश्री! सब कुछ भूल जाओ, कल के युद्ध में मेरा कमाल देखना।' रावण को पुत्र की बात पर भरोसा हो गया। प्रातः होते ही वानर योद्धा चारों द्वारों पर जा डटे और आक्रमण करने लगे।

मेघनाद का भयंकर युद्ध

मेघनाद डंका बजाकर किले से चला और पुकारकर कहने लगा-'कोसल के धनुर्धर दोनों भाई कहाँ हैं? नल, नील, द्विविद, सुग्रीव, अंगद और हनुमान कहाँ हैं? और भाई से द्रोह करने वाला विभीषण कहाँ है? आज मैं उन सबको मार डालूँगा। इतना कहकर वह दनादन बाण छोड़ने लगा, मानो बहुत पंखवाले सर्प दौड़े जा रहे हों। रीछ-वानर जहाँ-तहाँ भाग चले। सभी को उसने पूरी तरह छका दिया; फिर उसने सबको दस-दस बाण मारे, बाण लगते ही वानर वीर पृथ्वी पर गिर पड़े।

वानर सेना को बेहाल देखकर हनुमानजी क्रोध करके पहाड़ को उखाड़कर उसे मेघनाद के ऊपर छोड़ दिया, यह देखकर वह आकाश में उड़ गया। हनुमान जी के बार-बार ललकारने पर भी वह सामने नहीं आता है; फिर मेघनाद प्रभु को बुरा-भला कहने लगा, उन पर अस्त्र-शस्त्र चलाने लगा। प्रभु ने खेल ही में उन सब अस्त्र-शस्त्रों को काट डाला; फिर वह आकाश में जाकर अंगारे बरसाने लगा। कभी वह विष्टा, कभी पीब, खून, बग्ल और हड्डियाँ बरसाता और कभी पत्थरों की वर्षा करने लगता; फिर उसने धूल बरसाकर अँधेरा कर दिया। माया देखकर वानर व्याकुल हो गये, तब श्रीराम ने एक ही बाण से सब माया काट दी।

अब लक्ष्मणजी प्रभु की आज्ञा लेकर आगे बढ़े। फिर क्या था, वानर वीर राक्षसों पर टूट पड़े और उनका संहार करने लगे। मार-काट से खून गड्ढों में भर-भरकर जम गया। घमासान युद्ध में कोई किसी से नहीं जीतता है। राक्षस माया और छल-कपट का सहारा लेते हैं। क्रोध में आकर लक्ष्मणजी ने दुष्ट मेघनाद के रथ को तोड़ डाला। सारथि के टुकड़े-टुकड़े कर डाले।

लक्ष्मणजी को मूर्च्छा

लक्ष्मणजी उस पर अनेक प्रकार से प्रहार करने लगे। मेघनाद ने मन में विचार किया कि अब तो प्राण संकट में हैं, यह तो मेरे प्राण ही हर लेंगे। तब उसने वीरघातिनी शक्ति चलाई, जो लक्ष्मणजी की छाती में लगी। शक्ति लगने से उन्हें मूर्च्छा आ गयी। तब निर्भय होकर वह लक्ष्मणजी के पास चला आया। अगणित राक्षस योद्धा उन्हें उठाने की कोशिश कर रहे हैं, परन्तु जगत् के आधार शेषजी उनसे कैसे उठते? तब सबके सब लजाकर चले गये। संध्या होने पर दोनों ओर की सेनाएँ लौट पड़ीं। सेनापति अपनी-अपनी सेनाएं सँभालने लगे। तब करुणा के सागर श्रीरामजी ने पूछा कि लक्ष्मणजी कहाँ हैं? तब हनुमानजी उन्हें लेकर मूर्च्छित पड़े लक्ष्मण जी के निकट पहुँचे। छोटे भाई को मूर्च्छित देखकर श्रीरामजी को बड़ा दुःख हुआ।

जाम्बवंतजी बोले, 'यहाँ लंका में एक सुषेण वैद्य रहता है। उसे ले आने के लिए किसको भेजा जाये?' तब हनुमानजी लघु रूप धरकर सुषेण वैद्य को उसके घर से उठा लाए। सुषेण ने आकर प्रभु के चरणों में सिर नवाया। नाड़ी देखकर उसने पर्वत और औषधि का नाम बताया और कहा कि हे पवनपुत्र! प्रातः होने से पहले इस औषधि को ले आओ।

हनुमानजी का बूटी लेने जाना और कालनेमि की माया

हनुमानजी संजीवनी बूटी लेने चल पड़े, गुप्तचर ने सब हाल रावण को बताया तो रावण तुरंत कालनेमि के घर गया। रावण ने उसे सब हाल बताकर काम बताया। कालनेमि बोला, 'हे लंकेश! तुम्हारे देखते-देखते जिसने नगर जलाकर खाक कर दिया, उसका मार्ग भला कौन रोक सकता है?' उसने रावण को बहुत प्रकार से समझाया। इस पर रावण बहुत क्रोधित हुआ। कालनेमि ने सोचा कि इस दुष्ट के हाथों मरने से अच्छा है कि भगवान के दूत के हाथों मरूँ।

उसने मार्ग में जाकर माया रची। एक मंदिर, तालाब और सुंदर बाग बनाया। हनुमान वहाँ विश्राम करने के लिए उतरे। मुनि का वेष धरे कालनेमि बोला कि राम-रावण का युद्ध हो रहा है, निश्चय श्रीराम जीतेंगे, तुम सरोवर में स्नान करके आओ, मैं तुम्हें दीक्षा दूँगा। हनुमानजी सरोवर में स्नान करने उतरे, तो एक मगरी ने हनुमान जी का पैर पकड़ लिया। हनुमानजी ने उसे मार डाला, तब वह दिव्य रूप धारण करके आकाश में चली गयी। जाते-जाते उसने बताया, कि हे तात! यह मुनि नहीं, घोर निशाचर है।

हनुमान की भरतजी से भेंट

हनुमानजी निशाचर के पास लौटे और उसे अपनी पूँछ में लपेटकर पछाड़ डाला। मरते समय उसने राक्षस शरीर प्रकट किया, उसने 'राम-राम' कहकर प्राण त्याग दिए। हनुमानजी ने पर्वत को देखा, पर सुषेण द्वारा बताई औषधि को पहचान न सके। तब उन्होंने पर्वत को ही उखाड़ लिया। पर्वत लेकर हनुमानजी रात में ही आकाश मार्ग से दौड़ चले और अयोध्यापुरी के ऊपर पहुँचे। भरतजी ने कोई राक्षस जानकर बाण मारा तो हनुमानजी 'राम-राम' कहते मूर्च्छित होकर पृथ्वी पर गिर पड़े। रामनाम सुनकर भरतजी दौड़े और उनको व्याकुल देखकर हृदय से लगाया।

मूर्च्छा टूटने पर हनुमानजी ने लंका का सब हाल कह सुनाया। भरतजी मन में बड़े दुःखी हुए और पछताने लगे। तब भरतजी बोले, 'हे तात! तुम्हें देर होगी और सबेरा होने पर काम बिगड़ जायेगा, अतः तुम पर्वत सहित मेरे बाण पर बैठ जाओ, मैं तुम्हें अभी प्रभु के पास पहुँचा दूँगा।' तब हनुमानजी बोले कि प्रभु की कृपा से मैं सकुशल चला जाऊँगा, आप चिंता न करें। ऐसा कहकर और भरतजी के चरणों की वंदना करके हनुमानजी चल पड़े।

राम का करुण विलाप, रामदल में शोक

उधर लक्ष्मणजी की हालत देखकर श्रीरामजी साधारण मनुष्य के समान वचन बोले, 'आधी रात तो बीत चली, पर हनुमान नहीं लौटे।' उन्होंने लक्ष्मणजी को उठाकर हृदय से लगा लिया। फिर विलाप करते हुए बोले, 'हे भाई! तुम तो कभी मुझे दुःखी नहीं देख सकते थे। मेरे हित के लिए तो तुमने माता-पिता को भी छोड़ दिया और वन में जाड़ा, गरमी और आँधी का प्रकोप सहन किया। हे भाई! मेरे व्याकुल वचन सुनकर तुम उठते क्यों नहीं?'

जौं जनतेउँ बन बंधु बिछोहू।
पिता बचन मनतेउँ नहिं ओहू॥

'हे भाई! यदि मैं जानता कि वन में भाई का विछोह होगा, तो मैं पिता का वचन कभी न मानता। पुत्र, धन, स्त्री, घर और परिवार–ये जगत में बार-बार मिल जाते हैं, परन्तु सहोदर भाई बार-बार नहीं मिलता; तुम्हारे बिना मेरा जीवन बेकार ही है। पत्नी के लिए प्यारे भाई को खोकर मैं कौन-सा मुँह लेकर अयोध्या जाऊँगा।'

निज जननी के एक कुमारा। तासु तात तुम्ह प्रान अधारा॥
सौंपेसि मोहि तुम्हहि गहि पानी। सब बिधि सुखद परम हित जानी॥
उतरु काह दैहउँ तेहि जाई। उठि किन मोहि सिखावहु भाई॥

'हे तात! तुम अपनी माता के एक ही पुत्र और उसके प्राणाधार हो। सब प्रकार से सुख देने वाले और परम हितकारी जानकर उन्होंने तुम्हें हाथ पकड़कर मुझे सौंपा था। मैं अब जाकर उन्हें क्या उत्तर दूँगा? हे भाई! तुम उठकर मुझे धीर क्यों नहीं बँधाते?' सोच छुड़ाने वाले श्रीरामजी बहुत प्रकार से सोच करने लगे। उनके नेत्रों से अश्रु बह रहे हैं। प्रभु के प्रलाप को सुनकर वानर के समूह व्याकुल हो उठे। रामदल में शोक और मौन छाया है। इतने में ही हनुमान आ गये।

वैद्य जी ने तुरंत दवा पिलाई। लक्ष्मणजी उठ बैठे! प्रभु ने भाई को गले लगाया। वानर समूह हर्षित हो गया। हनुमानजी सुषेण वैद्य को पहुँचा आए। गुप्तचरों से यह सारा समाचार रावण ने सुना तो विषाद से अपना सिर पीट लिया। वह व्याकुल होकर कुंभकर्ण के पास गया।

कुंभकर्ण को जगाना और रणभूमि में जाना

बहुत उपाय और कोशिश करने पर ही कुंभकर्ण को जगाया जा सका। तब कुंभकर्ण ने पूछा, 'हे भाई! तुम्हारा मुख मलिन क्यों है? क्या बात है, तुम व्याकुल दिखाई दे रहे हो?' रावण ने सीताहरण से लेकर अब तक का सारा वृत्तांत कह सुनाया, फिर बोला, 'हे भाई! वानरों ने सब राक्षसों को मार डाला। बड़े-बड़े योद्धा भी खेत रहे। दुर्मुख, देवशत्रु, नरांतक, अतिकाय और अकंपन तथा महोदर आदि सब मारे गये।'

तब कुंभकर्ण बोला, 'हे भाई! सीता का हरण करके तुमने बहुत बुरा किया, फिर भी तुम कल्याण चाहते हो। तुमने उस परम देवता का विरोध किया, जिसके शिव, ब्रह्मा आदि देवता सेवक हैं। तुमने मुझे पहले क्यों नहीं जगाया; पर अब बहुत देर हो चुकी है। हे भाई, अब अंतिम बार गले मिल लो। मैं जाकर उन प्रभु के दर्शन करूँ। वह प्रभु के प्रेम में मग्न हो गया।

कुंभकर्ण-विभीषण संवाद

ऐसा सुनकर रावण ने मदिरा के घड़े और अनेक भैंसे मँगवाए। भैंसे खाकर और मदिरा पीकर कुंभकर्ण बिजली के समान गरजने लगा। मद से चूर हो बिना सेना लिये ही रणभूमि की ओर चल पड़ा। उसे देखकर विभीषण आगे आए और उसके चरणों में गिर पड़े। कुंभकर्ण ने छोटे भाई को उठाकर गले से लगा लिया। विभीषण ने कहा, 'हे तात! मैंने भाई रावण के हित की बात कही, उसे समझाया, पर उसने मुझे लात मारी। ग्लानि के मारे मैं रघुनाथजी की शरण में आ गया।'

कुंभकर्ण बोला, 'हे भाई! सुन, रावण तो काल के वश में हो गया है। वह कोई अच्छी बात नहीं मानेगा; पर हे विभीषण! तू धन्य है, तू राक्षस कुल का भूषण हो गया है। तूने अपने कुल को देदीप्यमान कर दिया, जो सुख के समुद्र श्रीरामजी की शरण में आया, तूने उन्हें भजा। हे भाई! मन, वचन और कर्म से कपट त्यागकर श्रीरामजी का भजन करना। अब तो मैं भी मृत्यु के निकट ही हूँ। मुझे अपना-पराया कुछ नहीं सूझ रहा है, इसलिए हे भाई! तुम अब जाओ।'

कुंभकर्ण का भीषण युद्ध और उसकी परमगति

भाई के वचन सुनकर विभीषण लौट आए; तब प्रभु से बोले, 'हे नाथ! पर्वत के समान विशाल शरीर वाला मेरा भाई कुंभकर्ण युद्ध के लिए आ रहा है।' इतना सुनते ही वानर वीर दाँत किटकिटाकर उसके ऊपर वृक्ष और पत्थर गिराने लगे, पर उनका कुंभकर्ण पर कोई असर नहीं हुआ; तब हनुमानजी ने उसे एक घूँसा मारा और वह व्याकुल होकर पृथ्वी पर गिर पड़ा। फिर उठकर उसने हनुमानजी को मारा, वे चक्कर खाकर गिर पड़े; फिर कुंभकर्ण ने नल, नील को पृथ्वी पर पछाड़ दिया और दूसरे योद्धाओं को भी पटक-पटककर मारने लगा, यह देखकर वानर सेना में भगदड़ मच गयी।

फिर सुग्रीव समेत अंगदादि वानरों को मूर्च्छित करके उसने सुग्रीव को अपनी काँख में दबा लिया। मूर्च्छा टूटने पर सब सुग्रीव को ढूँढ़ने लगे। आगे जाकर सुग्रीव उसकी काँख से गिर पड़े और उन्हें मृतक जानकर छोड़ दिया। उन्होंने उछलकर दाँतों से कुंभकर्ण के नाक-कान काट खाए, तब कुंभकर्ण को सुग्रीव के जीवित होने के बारे में पता चला और फिर सुग्रीव का पैर पकड़कर धरती पर पछाड़ दिया। किसी वानर वीर का कुंभकर्ण पर कोई वश नहीं चल रहा था, तब सब दौड़कर प्रभु श्रीराम के पास आए। कुंभकर्ण ने करोड़ों वानरों को मसल डाला, अनेक को धूल में मिला दिया। भयभीत होकर सब वानर योद्धा भाग खड़े हुए, उधर राक्षसों की सेना भी आ गयी। यह सब देखकर श्रीरामजी धनुष-बाण लेकर चले। श्रीराम राक्षस सेना का संहार करने लगे, फिर प्रभु ने एक लाख बाण छोड़े तो भयंकर राक्षस कट-कटकर गिरने लगे। प्रभु के बाणों ने क्षणमात्र में ही राक्षस सेना को काटकर रख दिया, और फिर वे बाण लौटकर तरकस में जा घुसे।

राक्षसों को मरते देख कुंभकर्ण क्रोधित होकर वानरों को मारने लगा। उसकी मार से सारे वानर वीर घबरा गये और आर्तवाणी से प्रभु को पुकारने लगे। तब प्रभु ने कान तक खींचकर सौ बाण संधान किए, जिनके लगते ही कुंभकर्ण चिंघाड़कर और मुँह फैलाकर दौड़ा। प्रभु ने उसके मुख को बाणों से भर दिया, फिर भी वह राक्षस नहीं गिरा। तब प्रभु श्रीराम ने क्रोध करके तीक्ष्ण बाण छोड़ा, जिससे उसका सिर कटकर रावण के आगे जाकर गिरा। उसे देखकर रावण व्याकुल हो गया। कुंभकर्ण का धड़ भी दौड़ने लगा, जिससे पृथ्वी धँसती मालूम हुई, तब प्रभु ने उसके धड़ के दो टुकड़े कर दिए। यह देखकर आकाश में देवता खुशी मनाने लगे। शिवजी कहने लगे-हे पार्वती! सुनो, कुंभकर्ण नीच राक्षस और पाप की खान था, उसे भी प्रभु ने परम धाम दे दिया। वे मनुष्य बड़े मंदबुद्धि हैं, जो श्रीराम को नहीं भजते हैं।

मेघनाद का युद्ध और नागपाश

कुंभकर्ण के मरने पर रावण ने बहुत विलाप किया। मेघनाद ने आकर उसे समझाया। इसी प्रकार बातें करते सबेरा हो गया। लंका के द्वारों पर वानर वीर जा डटे। मेघनाद मायावी रथ पर चढ़ आकाश में जाकर अट्टहास करने लगा; ऊपर से अस्त्र-शस्त्र की वर्षा करने लगा। उसने माया के बाणों से सबको बाँध दिया; फिर उसने लक्ष्मणजी, सुग्रीव और विभीषण को बाण मार-मारकर शरीरों को छलनी कर दिया। वह प्रभु श्रीराम पर बाण छोड़ता है, तो वे बाण साँप होकर लगते हैं। लीलाधारी प्रभु उसके नागपाश में बँध गये।

राक्षस के दुर्वचन सुनकर जाम्बवंत ने कहा, 'अरे दुष्ट! अभी मजा चखाता हूँ तुझे।' मेघनाद ने उन पर त्रिशूल चलाया। जाम्बवंत ने उसे बीच में ही पकड़कर उसकी छाती पर दे मारा; फिर जाम्बवंत ने उसको पैर पकड़कर घुमाया और

पृथ्वी पर पटक दिया। उधर श्रीराम को नागपाश में बँधा देखकर नारदजी ने गरुड़ को भेजा। गरुड़ जी तुरंत ही माया के सब सर्पों को पकड़कर खा गये। तब सब राक्षस की माया से मुक्त हो गये।

मेघनाद के यज्ञ का विध्वंश

मूर्च्छा दूर होने पर मेघनाद उठकर बैठ गया और फिर अजेय होने के लिए यज्ञ करने गुफा में चला गया। तब विभीषण ने प्रभु को सलाह दी, कि मेघनाद अपवित्र यज्ञ कर रहा है, यदि यज्ञ सफल हो गया, तो फिर सहज जीता न जा सकेगा। तब प्रभु ने सब वानर वीरों के साथ लक्ष्मणजी को वह यज्ञ विध्वंश करने के लिए भेजा। तब प्रभु को हृदय में धारण करके लक्ष्मणजी गंभीर वाणी में बोले–

जौं तेहि आजु बधें बिनु आवौं। तौ रघुपति सेवक न कहावौं।।
जौं सत संकर करहिं सहाई। तदपि हतउँ रघुबीर दोहाई।।

यदि आज मैं मेघनाद को बिना मारे आऊँ, तो श्रीरघुनाथजी का सेवक न कहलाऊँ। यदि सैकड़ों शंकर भी उसकी सहायता करें तो भी रघुवीरजी की दुहाई है, आज मैं उसे अवश्य मार डालूँगा। इतना कहकर श्रीलक्ष्मण जी अंगद, हनुमान, नील, मयंद तथा वानर सेना के साथ मेघनाथ से युद्ध करने चले। वानरों ने जाकर देखा तो वह राक्षस बैठा खून और भैंसे की आहुति दे रहा था। वानरों ने सब यज्ञ विध्वंश कर दिया, फिर भी वह न उठा। तब वानर उसके बाल खींच-खींचकर लात मारने लगे। वह त्रिशूल लेकर उनके पीछे दौड़ा और वहाँ गया, जहाँ लक्ष्मणजी खड़े थे। उसने लक्ष्मणजी पर प्रचंड त्रिशूल छोड़ा, लक्ष्मणजी ने बाण मारकर उसके दो टुकड़े कर दिए। लक्ष्मणजी बाण-पर-बाण छोड़ते हैं, पर शत्रु मारे नहीं मरता है, वह अंतर्धान हो जाता है।

मेघनाद का उद्धार

भीषण युद्ध करते हुए मेघनाद ने वानर सेना को भयभीत और व्याकुल कर दिया। इस योद्धा ने अद्‌भुत युद्धकला सीखी थी, इसी के बल पर उसने देवताओं के राजा इन्द्र को भी जीत लिया था, इसीलिए वह 'इन्द्रजीत' कहलाया। इस मौके पर जाम्बवंत सामने आये और मेघनाद को ललकारने लगे, तब मेघनाद ने त्रिशूल फेंककर मारा, परन्तु जाम्बवंत ने उसे पकड़कर उसी के सीने पद दे मारा और गुस्से में भरकर उसके पैर पकड़कर खूब घुमाया और फिर पृथ्वी पर पटक दिया, परन्तु वरदान के प्रताप से वह किसी भी प्रकार काबू में नहीं आ रहा था। अतः गुस्से में भरकर जाम्बवंत ने उसे इतने जोर से घुमाया कि वह लंका में जाकर गिरा। मूर्च्छा टूटने पर पिता को सम्मुख पाया तो उरो बड़ी लज्जा आगी।

अगले दिन वह पूरी तरह प्राणों की लगाने के लिए युद्धभूमि में उतरा। इधर प्रभु राम ने लक्ष्मणजी को युद्ध के लिए भेजा। आज लक्ष्मणजी ने शपथ ली कि यदि मैं आज मेघनाद को वध किये बिना युद्धभूमि से लौटूँ तो फिर प्रभु श्रीराम का सेवक नहीं कहलाऊँगा। आज तो सैकड़ों शंकरजी भी उसकी मदद करें, तो भी

उसे जीवित नहीं छोड़ूँगा। इधर अंगद, हनुमान आदि भी लक्ष्मण की सहायता के लिए समरभूमि में डटे हैं।

दोनों ओर से घनघोर बाण-वर्षा हो रही है। दोनों ओर से योद्धा अपना सर्वस्व कौशल दिखा रहे हैं। लक्ष्मणजी मंत्र पढ़-पढ़कर बाण चलाते हैं, परन्तु मेघनाद मारे नहीं मरता है। मेघनाद क्रोध में आकर काल के समान लक्ष्मणजी की ओर बढ़ा, तब लक्ष्मणजी भयानक बाण उसपर छोड़ देते हैं, परन्तु वह आकाश में अदृश्य हो गया, फिर तरह-तरह के रूप धारण करके युद्ध करने लगा। इस तरह वह कभी प्रकट तो कभी छिप जाता है। राक्षस काबू में न आता देख सारे भयभीत होने लगे, उनकी व्याकुलता और हताशा बढ़ने लगी। तब लक्ष्मणजी ने विचार किया कि अब देर करना ठीक नहीं। यह पापी अब तक अपने बहुत माया-प्रपंच दिखा चुका। तब शेषावतार को क्रोध आ गया। उन्होंने प्रभु श्रीरामजी का स्मरण करके तीक्ष्ण बाण चलाया। बाण सीधा मेघनाद की छाती के बीच लगा। बाण लगते ही वह पृथ्वी पर गिर पड़ा, मरते समय उसने छल-कपट सब त्याग दिया। चीत्कार करते हुए वह बोला, 'अरे राम के छोटे भाई लक्ष्मण, कहाँ हो? अरे राम कहाँ हैं? अरे दोनों मेरे सम्मुख तो आओ।' ऐसा कहकर उसने प्राण त्याग दिये। हनुमान कहने लगे, 'धन्य है तेरी माता! जिसने तेरे जैसे पुत्र को जन्म दिया और धन्य है तू भी, कि अपने अंत समय में श्रीराम और लक्ष्मण का उच्चारण किया।' इसके मरते ही राक्षस सेना भाग खड़ी हुई, तब हनुमानजी उसका पार्थिव शरीर उठाकर ले गये और लंका के द्वार पर रख आये। मेघनाद का मरण सुनकर देव-गंधर्व विमानों पर चढ़कर आकाश में आये और खुशी मनाते हुए पुष्पवर्षा करने लगे।

रावण का युद्ध के लिए प्रस्थान

हनुमानजी उसे उठाकर ले गये और लंका के दरवाजे पर रख आए। उसका मरना सुनकर देवता हर्षित होकर फूल बरसाने लगे। रावण ने पुत्रवध का समाचार सुना तो मूर्च्छित होकर पृथ्वी पर गिर पड़ा। माता मंदोदरी, पत्नी सुलोचना तथा अन्य सब स्त्रियाँ छाती पीट-पीटकर बहुत प्रकार से विलाप करने लगीं। रावण ने सब स्त्रियों को समझाया, उनको ज्ञान का उपदेश दिया। रात बीत चली, सबेरा हुआ। रावण ने सब योद्धाओं को बुलाकर कहा, 'युद्ध में जो मरने से डरता हो, अच्छा है, वह अभी भाग जाये। मैंने अपने बल भरोसे वैर ठाना है। मैं अकेला ही शत्रु को मुँहतोड़ जवाब दूँगा।' ऐसा कहकर उसने पवन के समान तेज चलने वाला रथ सजाया। अत्यंत गर्व के कारण उसने शकुन-अपशकुन पर विचार नहीं किया; राक्षसों की अपार सेना पर विचार नहीं किया; सेना उसके पीछे-पीछे चली। वहाँ पहुँचकर रावण बोला, 'राक्षसवीरो! तुम इन वानर-भालुओं को मसल डालो और मैं उन दोनों भाइयों से निपटता हूँ।'

उधर रावण की ललकार सुनकर अंगद और हनुमान भी दहाड़ने लगे। वानर-भालू राक्षसों को दाँतों से काटते, लातों से मसलते और फिर पृथ्वी में गाड़ देते हैं। वे राक्षसों अंतड़ियाँ निकालकर गले में पहन लेते हैं। रावण झपटकर वानरों

को मसलने लगा, उसने वानर सेना में त्राहि-त्राहि मचा दी; तब रघुवीर ने उस पर बाण छोड़े; फिर उसका सामना लक्ष्मणजी से हो गया। रावण ने उन पर अनेक अस्त्र-शस्त्र चलाए, लक्ष्मणजी ने उन सबको काट डाला; फिर अपने बाणों से उसके रथ को तोड़ डाला। रावण के दसों सिरों में सौ-सौ बाण मारे, फिर सौ बाण उसकी छाती में मारे। वह पृथ्वी पर गिर पड़ा, कुछ होश न रहा। मूर्च्छा के टूटने पर उसने ब्रह्माजी की दी हुई शक्ति चलाई। वह लक्ष्मणजी की छाती में लगी और लक्ष्मणजी व्याकुल होकर गिरे। तब रावण उन्हें उठाने लगा, पर उठा न सका।

यह देखकर हनुमानजी ने रावण पर घूँसे से वार किया। रावण ने भी घूँसे का प्रहार किया। तब हनुमान जी लक्ष्मणजी को उठाकर श्रीरामजी के पास ले गये। रघुनाथजी ने पुकारा तो लक्ष्मणजी उठ बैठे और धनुष-बाण लेकर फिर शत्रु के समक्ष जा डटे। उन्होंने रावण के रथ को चूर-चूर कर दिया। रावण के हृदय में सौ बाण मारे, जिससे रावण अत्यंत व्याकुल होकर पृथ्वी पर गिर पड़ा तब दूसरा सारथि दूसरे रथ में डालकर उसे वहाँ से ले गया। लंका में जाकर रावण की मूर्च्छा टूटी, तो वह एक यज्ञ करने लगा।

राम-रावण युद्ध

विभीषण ने जब यह खबर पाई तो तुरंत जाकर श्रीरामचन्द्रजी को निवेदित किया— 'प्रभु! रावण एक यज्ञ कर रहा है, उसके सिद्ध होने पर उसे मारना कठिन हो

जायेगा।' प्रातःकाल होते ही प्रभु ने वानर वीरों को भेजा। उसके महल में पहुँचकर अंगद बोला, 'अरे ओ निर्लज्ज! रणभूमि से भागकर, यहाँ बगुला भगत बना बैठा है, क्यों?' और फिर अंगद ने उसे एक लात मारी। कुछ बानर रावण के महल की स्त्रियों के बाल पकड़कर उन्हें बाहर घसीट लाये। स्वयं को अत्यंत दीन अवस्था में पाकर राक्षसियाँ सहायता के लिए रावण को पुकारने लगीं। वानरों ने लात-घूँसों से मार-मारकर उसका यज्ञ बीच में विध्वंश कर डाला। वानर वीर खुशी-खुशी प्रभु के पास लौट आए। इससे क्रोधित होकर रावण ने आदेश दिया- 'युद्ध का डंका बजाओ।' निशाचरों की अपार सेना रणभूमि की ओर चल पड़ी।

दोनों ओर से योद्धा पर्वतों का प्रहार करने लगे। ऐसा प्रतीत होने लगा मानो बारंबार वज्रपात हो रहा हो। रघुनाथजी ने क्रोध में आकर बाणों की झड़ी लगा दी। बाण लगते ही वीर चीत्कार कर उठते और चक्कर खाकर भूमि पर गिर पड़ते हैं। वीर धरती पर इस प्रकार गिर रहे थे, जैसे नदी किनारे वृक्ष ढह रहे हों। योगिनियाँ खप्परों में भर-भरकर खून जमा करने लगी; गीदड़ों के समूह कट-कट शब्द करते हुए मुरदों को काटते, खाते, हुआँ-हुआँ करने लगते। मुंड भी 'जय-जय' बोलते घूमने लगे; रावण ने मन में विचार किया कि राक्षसों का नाश हो गया। मैं अकेला हूँ और वानर-भालू असंख्य हैं, अतः अब माया रचकर ही लड़ूँ।

कैसी विसंगति है, रावण रथ पर है और प्रभु श्रीराम पैदल ही लड़ रहे थे, तब मातलि हर्ष के साथ इंद्र का रथ ले आया और सारथि बनकर प्रभु को उस पर चढ़ा लिया। प्रभु को रथारूढ़ देखकर सब वानर वीरों में जोश भर गया। रावण ने माया रची, वानरों ने अनेक राम-लक्ष्मणों को देखा; बहुत से राम-लक्ष्मण देखकर वानर-भालू बहुत ही डर गये; परन्तु श्रीराम ने सेना को आश्चर्यचकित देखकर धनुष पर बाण चढ़ाकर पल भर में सारी माया हर ली। वानर सेना हर्षित हो गयी। श्रीरामजी बोले कि वानर वीरो, तुम सब थक गये हो, अब मेरा और रावण का द्वंद्व युद्ध देखो। तब क्रोध में ललकारता हुआ रावण बोला, 'अरे तपस्वी! तुमने युद्ध में जिन योद्धाओं को जीता है, मैं वैसा शक्तिहीन नहीं हूँ। मेरा नाम रावण है, वह रावण, जिसके कैदखाने में लोकपाल बंद पड़े हैं।' श्रीरामजी हँसकर बोले, 'रावण! अपनी वीरता की कहानी मुझे मत सुनाओ, कुछ पौरुष करो तो देखूँ।'

तब रावण क्रुद्ध होकर वज्र के समान बाण छोड़ने लगा। रघुवीर ने अग्निबाण छोड़ा, रावण के सब बाण क्षणमात्र में नष्ट हो गये; फिर खिसियाकर रावण ने तीक्ष्ण शक्ति छोड़ी, श्रीरामजी ने बाण मारकर उसे वापस भेज दिया। तब रावण ने करोड़ों चक्र और त्रिशूल चलाए, परन्तु प्रभु ने पलक झपकते ही सबको काट डाला। अब उसने रामजी के सारथि को सौ बाण मारे। वह रामजी की जय बोलकर पृथ्वी पर गिर पड़ा। श्रीराम ने अपने सारथि को उठाया और क्रोध में आकर कान तक खींचकर बाण छोड़े, तो रावण का सारथि घोड़ों सहित मारा गया; फिर रथ को चूर-चूर कर उसकी ध्वजा-पताकाओं को गिरा दिया, तब रावण बड़े जोर से गरजा। उसने दस त्रिशूल चलाए और प्रभु के चारों घोड़ों को मार डाला।

श्रीरामचन्द्रजी ने उसके दसों सिरों में दस-दस बाण मारे, जो उसके आर-पार हो गये और सिरों से रक्त के पनाले बह निकले। वह श्रीराम की ओर दौड़ा। तब रघुवीर जी ने तीस बाण मारे और दसों सिर बीसों भुजायें कटकर धरती पर आ गिरीं; लेकिन यह क्या? तुरंत उसके नए सिर और भुजायें आ गईं। श्रीरामजी बार-बार उसके सिर और भुजाओं को काटते हैं, और वे नीचे न आकर आकाश में ही घूम रहे हैं। चारों ओर कटे हाथ और सिर ही दिखाई देते हैं।

रावण ने भी क्रोध करके बाण-वर्षा की और प्रभु के रथ को बाणों से ढक दिया; फिर रावण ने एक प्रचंड शक्ति विभीषण पर छोड़ी, रामजी ने विभीषण को पीछे कर लिया और उस शक्ति को अपने ऊपर ले लिया। प्रभु को घायल जान विभीषण गुस्से में रावण पर गदा लेकर दौड़े और रावण की छाती में मारकर उसे जमीन पर गिरा दिया। उसके दसों मुखों से रक्त बहने लगा। दोनों को भिड़ता देख हनुमानजी पर्वत उठाकर दौड़े और उसके सीने पर लात मारी। रावण ने उनकी पूँछ पकड़ ली, हनुमानजी उसे लेकर आकाश में उड़ गये। रावण ने माया रची, चारों ओर करोड़ों रावण दिखाई पड़ने लगे। वानर वीर डरकर भागने लगे। प्रभु ने क्षणभर में सब माया काट डाली। देखते-ही-देखते अंगद ने रावण के पैर पकड़कर उस धरती पर पटक दिया और राम के पास भाग आए। रावण धूल झाड़ता हुआ उठा। रावण ने क्रोध में आकर बाण मारा तो हनुमान सहित सब वानर मूर्च्छित हो गये। तब जाम्बवंत ने अपने दल को खतरे में देखकर रावण की छाती में अपनी लात का प्रचंड आघात किया। जिससे रावण व्याकुल होकर रथ से नीचे गिर पड़ा।

त्रिजटा-सीता संवाद

उसी रात त्रिजटा ने सीताजी के पास जाकर युद्ध की सब कथा कह सुनाई। रावण की नई भुजाओं के उगने का समाचार सुनकर सीताजी व्याकुल हो गईं। उनका मुख उदास हो गया; मन में चिंता पैदा हो गयी, तब सीताजी बोलीं, 'हे माता! अब क्या होगा? सब प्रकार से संसार को कष्ट देने वाला यह राक्षस किस प्रकार मरेगा? यह रघुनाथजी द्वारा सिर काटने पर भी नहीं मरता।' यह कहकर जानकी जी अनेक तरह से विलाप करने लगीं।

त्रिजटा ने कहा, 'हे राजकुमारी! देवताओं का शत्रु रावण हृदय में बाण लगते ही मर जायेगा। प्रभु उसे इसलिए नहीं मार रहे हैं, कि उसके हृदय में आप बसती हैं।' सीताजी के हृदय में बड़ा विषाद हुआ, तब त्रिजटा बोली, 'हे सुंदरी! सुनो, मैं बताती हूँ, वह कैसे मरेगा। सिरों के बार-बार कटने से वह व्याकुल हो जायेगा। और उसके हृदय से तुम्हारा ध्यान हट जायेगा। तब श्रीरामजी रावण के हृदय में बाण मारेंगे और वह मर जायेगा।' फिर उसने सीताजी को बहुत प्रकार से समझाया। जानकीजी श्रीराम के विरह में दु:खी होकर मन-ही-मन भारी विलाप करने लगी।

रावण का अंत

उधर आधी रात को रावण की मूर्च्छा हटी, तो वह अपने सारथि पर बहुत क्रोधित हुआ। सबेरा होते ही रावण रथ पर चढ़कर फिर रणभूमि की ओर दौड़ा। रावण का आना सुनकर वानर सेना में खलबली मच गयी। वानर-भालू पत्थर और वृक्ष उखाड़कर उस पर टूट पड़े। रावण माया से कभी आग तो कभी गरम बालू बरसाने लगा। लक्ष्मणजी और सुग्रीव सहित सभी वीर अचेत हो गये। रावण ने दूसरी माया रची और अनेक हनुमान पैदा कर दिए। तब रामजी ने क्रोध करके एक बाण मारा और एक निमेष में सारी माया काट दी।

श्रीराम ने बहुत बार उसकी भुजा और सिर काटे, पर रावण मरा नहीं। तब प्रभु ने विभीषण की ओर देखा। विभीषण ने बताया कि इसके नाभिकुंड में अमृत है। उसी के कारण यह मर नहीं रहा है। तब रघुनाथजी ने विकराल बाण हाथ में लिए और इकतीस बाण कान तक खींचकर छोड़े। एक बाण ने नाभि के अमृत को सोख लिया, बीस बाणों ने उसकी भुजाओं को काट डाला और दस बाणों ने उसके सिर काट डाले। प्रभु ने बाण मारकर उसके धड़ के भी दो टुकड़े कर दिए। रावण के गिरते ही धरती हिल गयी। रावण के सिर तथा भुजायें मंदोदरी के सामने जाकर गिरीं। ब्रह्माण्ड में रामजी की जय-जयकार होने लगी।

मंदोदरी का विलाप

पति के सिर को देखते ही मंदोदरी व्याकुल और मूर्च्छित होकर धरती पर गिर पड़ी। राक्षस स्त्रियाँ रोती हुई मंदोदरी को लेकर रावण के पास आईं। पति की दशा देखकर वे चीख-चीखकर रोने लगीं। उनके बाल बिखर गये, अपनी देह की सुध न रही। फिर मंदोदरी बोली, 'हे प्रियतम! तुम्हारा यह शरीर जन्म से ही दूसरों से द्रोह करता रहा; तुमने भगवान से द्रोह किया। इसी कारण तुम्हारा शरीर आज धूल धूसरित होकर पृथ्वी पर पड़ा है। तुमने वैर निभाने में कोई कसर न छोड़ी। इतने पर भी श्रीरामजी ने तुमको अपना धाम दिया, उनको मैं नमस्कार करती हूँ।'

घर की सब स्त्रियों को विलाप करता देखकर विभीषण को भारी दुःख हुआ। तब वह विलाप करती स्त्रियों के पास गये और भाई को पड़ा देखकर मन में बड़ा दुःख हुआ। तब रामचन्द्रजी ने लक्ष्मण जी को कहा कि विभीषण को धैर्य बँधाओ। लक्ष्मणजी ने उन्हें बहुत प्रकार से समझाया और कहा, 'सब शोक त्यागकर रावण का अंतिम संस्कार करो।' प्रभु की आज्ञा मान और हृदय में देश-काल का विचार करके विभीषण ने सब कार्य विधि-विधान से किए। मंदोदरी आदि सब स्त्रियाँ रावण को तिलांजलि देकर, मन में रघुनाथ का गुणगान करती हुई महल को लौट गयीं।

विभीषण का राज्याभिषेक

सब क्रिया-कर्म निपटाकर विभीषण ने प्रभु के चरणों में आकर सिर नवाया। तब प्रभु ने छोटे भाई लक्ष्मण को बुलाया। श्रीरामचन्द्रजी ने कहा, 'तुम, वानरराज सुग्रीव,

अंगद, नल, नील, जाम्बवंत और पवनपुत्र– सब नीति-निपुण लोग मिलकर लंका में जाओ और विधि-विधान से विभीषण का राजतिलक कर आओ। पिताजी के वचनों के कारण मैं नगर में नहीं जा सकता, पर आप सब मेरा यह काम पूरा करो।'

प्रभु के वचन सुनकर वानर तुरंत लंका में जाकर विभीषण के राजतिलक की सारी व्यवस्था की। विभीषण को आदरपूर्वक सिंहासन पर बिठाकर सब विधि-विधान से राजतिलक किया गया। सभी ने हाथ जोड़कर उन्हें सिर नवाए, फिर विभीषणजी के साथ सब रघुनाथजी के पास आए। प्रभु ने सब वानरों को बुलाकर बड़ी मधुर वाणी में कहा, 'हे भाइयो! आप सबके सहयोग और बल से ही रावण मारा गया तथा विभीषणजी को राजपद प्राप्त हुआ। इसी कारण तुम्हारा यश तीनों लोकों में नित्य बना रहेगा। जो लोग मेरे सहित तुम्हारी शुभ कीर्ति को परम प्रेम के साथ गायेंगे, वे बिना ही परिश्रम के संसार-सागर से पार उतर जायेंगे।' प्रभु के वचन सुनकर वानर समूह बार-बार प्रभु के चरणों में सिर नवाते हैं और उनके चरण-कमलों को पकड़ते हैं; फिर प्रभु ने हनुमानजी को बुलाकर कहा, 'हे पवनपुत्र! तुम लंका जाओ और जानकीजी को सब समाचार सुनाकर उनका कुशल-समाचार लेकर आओ!'

हनुमानजी का सीताजी की कुशल-क्षेम जानना

हनुमानजी रघुनाथजी की आज्ञा पाकर लंका नगरी में आए। यह सुनकर सब राक्षस-राक्षसी उनके स्वागत के लिए दौड़े और उन्हें जानकीजी के पास ले गये। हनुमान ने उनको दूर से ही प्रणाम किया। जानकीजी ने पूछा, 'हे तात! बताओ, कृपा के धाम मेरे प्रभु छोटे भाई और वानरों की सेना सहित कुशल से तो हैं?' हनुमानजी बोले, 'हे माता! रघुनाथजी सब प्रकार से कुशल हैं। उन्होंने संग्राम में रावण को जीत लिया है और विभीषण को लंका का राजतिलक हुआ है।' ये वचन सुनकर सीताजी को हृदय में बड़ा हर्ष हुआ। उनका शरीर पुलकित हो गया। नेत्रों में आनंदाश्रु छा गये। सीताजी बार-बार कहती हैं, 'हे हनुमान! मैं तुझे क्या दूँ? इस शुभ समाचार के बराबर तो तीनों लोकों में कुछ भी नहीं है।'

प्रसन्न मन से हनुमानजी बोले,'हे माता! रणक्षेत्र में शत्रु को जीतकर भाई सहित प्रभु का दर्शन मुझे मिल रहा है, मेरे लिए इससे बढ़कर कुछ भी नहीं है।' तब जानकीजी बोलीं, 'हे पुत्र! दुनिया के समस्त गुण तुम्हारे हृदय में बसें और लक्ष्मण सहित रघुनाथजी सदा तुम पर प्रसन्न रहें। हे तात! अब ऐसा उपाय करो, जिससे मैं प्रभु रघुनाथजी के दर्शन कर सकूँ।'

हनुमानजी ने रघुवीरजी के पास लौटकर सीताजी का कुशल-समाचार सुनाया। समाचार पाकर प्रभु ने युवराज अंगद और लंकापति विभीषण को बुलाकर कहा, 'तुम दोनों पवनपुत्र के साथ जाओ और जानकीजी को आदर सहित लिवा लाओ।'

सीताजी का आगमन और अग्नि-परीक्षा

प्रभु की आज्ञा पाकर तीनों तुरंत सीताजी के पास गये। राक्षसियाँ सब प्रकार से उनकी सेवा कर रही थीं। विभीषणजी ने तुरंत उनको सब बात समझा दी।

राक्षसियों ने सीताजी को स्नान कराया, बहुत प्रकार के गहने पहनाए, फिर एक सुंदर पालकी सजाकर ले आए। सीताजी प्रसन्न होकर प्रियतम श्रीराम का स्मरण करके पालकी पर हर्ष के साथ चढ़ गयीं। रक्षक दोनों ओर पंक्ति बनाकर चले। सब के मन में परम उल्लास है। रीछ-वानर सब उनके दर्शन करने आए, रक्षकों ने उन्हें रोका।

तब प्रभु रघुनाथजी ने कहा,'हे मित्र! मेरी मानो तो सीताजी को पैदल ही ले आओ, जिससे वानर उन्हें माता की तरह देख सकें, उनके दर्शन कर सकें।' चूँकि प्रभु अग्निवाली सीताजी को प्रत्यक्ष लाना चाहते हैं, अत: लीला स्वरूप कुछ कड़े वचन बोले कि सीताजी को अग्नि-परीक्षा देनी होगी। ये वचन राक्षसियों को बड़े विषाद भरे लगे।

रघुनाथजी के वचनों को शिरोधार्य कर मन, वचन और कर्म से पवित्र सीताजी बोलीं,'हे लक्ष्मण! तुम मेरे इस कार्य में सहायक बनो और तुरंत चिता तैयार करो।' ये वचन सुनकर लक्ष्मणजी की आँखों में आँसू आ गये। वे तो हाथ जोड़कर खड़े रहे, प्रभु के सामने कुछ कह तो सकते नहीं थे। रामजी का रुख देखकर लक्ष्मण दौड़कर बहुत सी लकड़ियाँ ले आए। जब लकड़ियों में आग धधकने लगी तो सीताजी बोलीं,'यदि मन, वचन और कर्म से मेरे हृदय में रघुनाथजी को छोड़कर परपुरुष का स्मरण मात्र नहीं है, तो सबके मन की गति जानने वाले अग्निदेव चंदन के समान शीतल हो जायें।'

देवताओं द्वारा स्तुति व इंद्र द्वारा अमृत-वर्षा

रघुनाथजी को हृदय में धारण करके तथा शिवजी की वंदना करके सीताजी ने अग्नि में प्रवेश किया। सीताजी की प्रतिमूर्ति तो अग्नि में जल गयी और असली सीताजी सुरक्षित अग्नि से बाहर आ गयीं। प्रभु के इस रहस्य को कोई न जान पाया। तब अग्निदेव ने शरीर धारण करके सीताजी का हाथ पकड़कर उन्हें श्रीरामजी को वैसे ही समर्पित किया, जैसे क्षीर सागर ने विष्णुजी को लक्ष्मीजी समर्पित की। देवता हर्षित होकर फूल बरसाने लगे। रीछ-वानर हर्षित होकर रघुनाथजी की जय-जयकार करने लगे।

अब रामचन्द्रजी की आज्ञा पाकर इंद्र का सारथि मातलि चरणों में सिर नवाकर चला गया; फिर देवता आकर कहने लगे– हे दीनबंधु! आपने देवताओं पर बड़ी कृपा की। पापी रावण का वध करके पृथ्वी का भार हर लिया। आप समरूप, अविनाशी, नित्य, एक रस, शत्रु-मित्र भावरहित, अखंड, निर्गुण, अजन्मा, निष्पाप, निर्विकार, अजेय, अमोघशक्ति और दयामय हैं।

प्रेम से पुलकित होकर ब्रह्माजी बोले, 'हे सुख के धाम! दु:खों को हरनेवाले हरि! आपकी जय हो। हे प्रभु! आप जन्म-मरण रूपी हाथी को विदीर्ण करने के लिए सिंह के समान हैं। हे सर्वव्यापक! आप गुणों के समुद्र एवं परम चतुर हैं। सिद्ध-मुनीश्वर आपके गुण गाते रहते हैं। आपका यश पवित्र है।'

अंत में देवराज इंद्र प्रभु की स्तुति करने लगे, बोले, 'द्वंद्वों का नाश करने वाले श्रीरामजी मैं आपको नमस्कार करता हूँ। अब मुझे आज्ञा दें, कि मैं आपकी क्या सेवा करूँ?' तब प्रभु बोले, 'हे देवराज! निशाचरों ने हमारे बहुत से वानर-भालुओं को मार डाला है। इन्होंने मेरे हित के लिए अपने प्राण त्याग दिए, अतः इन सब को पुनः जिंदा कर दीजिए।' तब इंद्र ने अमृत बरसाकर वानर-भालुओं को जिंदा कर दिया। अमृत-वर्षा से केवल रीछ-वानर जीवित हुए राक्षस नहीं। सब हर्षित होकर प्रभु के पास आए और प्रभु के गुणों का बखान करने लगे।

विभीषण की प्रार्थना

विभीषण प्रभु को अपने महल में चलने के लिए प्रार्थना करने लगे कि स्नान कर विश्राम कर लें और सारा खजाना और संपत्ति का निरीक्षण कर वानर-भालुओं में बाँट दीजिए। श्रीरामजी बोले, 'मित्र वह सब तो ठीक है, पर उधर भरतजी की दशा को स्मरण करके एक-एक पल कल्प समान बीत रहा है। मैं तुमसे आग्रह करता हूँ कि शीघ्र ऐसा कोई उपाय करो, जिससे मैं शीघ्रातिशीघ्र भरत को देख सकूँ। यदि अवधि बीत जाने पर वहाँ गया तो भाई भरत को जीवित न पाऊँगा।'

प्रभु के वचन सुनकर विभीषण ने हर्षित होकर प्रभु के चरण पकड़ लिये। फिर विभीषण महल में गये और मणियों, रत्नों और वस्त्रों से विमान को भर लिया। फिर प्रभु की आज्ञा से आकाश में जाकर उन सब गहनों-वस्त्रों की वर्षा कर दी। उन सब को वानर-भालुओं ने लपक लिया। उन्हें पहन-पहनकर वे श्रीरामजी के पास आए। रघुनाथजी ने कृपादृष्टि से देखकर सब पर दया की, फिर बोले, 'हे भाइयो! तुम सबने मेरा बड़ा हित किया, अब आप सब अपने-अपने घरों को लौट जाइए।'

पुष्पक विमान से अयोध्या लौटना

प्रभु के इन वचनों को सुनकर सभी वानर-भालू बोले, 'प्रभु! हमें अनाथ मत कीजिए।' फिर प्रभु को हृदय में धारण करके, विनती करते हुए अपने घरों को लौट चले। कुछ तो प्रभु को अपलक निहारे जा रहे थे। वानरराज सुग्रीव, जाम्बवंत, नल, नील, अंगद, हनुमान तथा विभीषण सबका अतिशय स्नेह देखकर प्रभु ने उन्हें भी विमान पर चढ़ा लिया। विमान उत्तर दिशा की ओर चल पड़ा, सब प्रभु की जय-जयकार कर रहे हैं। सुंदर विमान शीघ्रता से चल पड़ा। तीन तरह की वायु बहने लगी। रघुनाथजी ने कहा,'हे सीते! वह रणभूमि देखो, जहाँ लक्ष्मण ने मेघनाद को मारा था।'

'देव-मुनियों को दुःख देने वाले कुंभकर्ण और रावण यहाँ मारे गये थे। मैंने यह पुल बँधवाया और शिवजी की स्थापना की।' तब दोनों ने रामेश्वर महादेव को प्रणाम किया। वन में जहाँ-जहाँ श्रीराम ने विश्राम और निवास किया था, उन सब को रघुनाथजी ने सीताजी को दिखाया और वहाँ के नाम बताए। फिर विमान दंडक वन अगस्त्य आश्रम में उतरा, ऋषियों के आशीर्वाद प्राप्त कर तेजी से आगे बढ़े

और यमुनाजी के दर्शन किए, फिर पवित्र गंगाजी के दर्शन कर उन्हें प्रणाम किया; फिर तीर्थराज प्रयाग को देखा, फिर परम पवित्र त्रिवेणी के दर्शन किए। इस प्रकार शीघ्रता करते हुए रघुनाथजी बोले, 'सीताजी, अब हम अवधपुरी को प्रणाम करेंगे।' आँखों में आनंदाश्रु भरकर पुलकित शरीर प्रभु बड़े हर्षित हो रहे थे।

इसके बाद रघुनाथजी ने हनुमानजी को समझाकर कहा,'हे तात! तुम ब्रह्मचारी का वेश धरकर अवधपुरी जाओ। वहाँ भरत को हमारा कुशल समाचार सुनाना और फिर उनका समाचार लेकर चले आना।' पवनपुत्र तुरंत चल दिए। तब प्रभु भरद्वाज ऋषि के पास गये। मुनि ने अनेक प्रकार उनकी पूजा की और स्तुति करते हुए उन्हें आशीर्वाद दिया। वहाँ से प्रभु विमान पर चढ़े तो निषादराज को पता चल गया। प्रभु ने गंगा पार कर किनारे पर विमान रुकवाया। तब सीताजी बहुत प्रकार से गंगाजी की पूजा करके उनके चरणों में गिर पड़ीं। गंगाजी ने उन्हें

आशीर्वाद दिया– 'हे सीते! तुम्हारा सुहाग अटल हो।' निषाद दौड़कर प्रभु के पास आया। आनंद में मग्न हो पृथ्वी पर गिर गया, तब प्रभु उसे हृदय से लगा लिया। कृपानिधान भगवान ने उसे निकट बैठाकर उसकी कुशलता पूछी। विनती करते हुए वह बोला,'आपके जो चरण ब्रह्माजी और शंकरजी द्वारा सेवित हैं, उनके दर्शन करके मैं सब प्रकार से कुशल हूँ। हे सुखधाम! हे पूर्णकाम श्रीरामजी! मैं आपको नमस्कार करता हूँ।'

सब प्रकार से नीच उस निषादराज को प्रभु श्रीराम ने भरत की भाँति हृदय से लगा लिया। श्रीराम का चरित्र कामादि विकारों को हरनेवाला और भगवान के स्वरूप का विशेष ज्ञान उत्पन्न करने वाला है। देवता, सिद्ध और मुनि आनंदित होकर इसे गाते हैं।

समर बिजय रघुबीर के चरित जे सुनहिं सुजान।
बिजय बिबेक बिभूति नित तिन्हहि देहिं भगवान॥

अर्थात् जो सुजान लोग रघुनाथजी की समर-विजय-लीला को प्रेमपूर्वक सुनते हैं, उनको प्रभु नित्य विजय, विवेक और ऐश्वर्य प्रदान करते हैं।

यह कलिकाल मलायतन मन करि देखु बिचार।
श्रीरघुनाथ नाम तजि नाहिन आन अधार॥

अरे मन! विचार करके देख ले, यह कलिकाल पापों का घर है। इसमें पापों से बचने के लिए श्रीरघुनाथजी के नाम को छोड़कर अन्य कोई दूसरा आधार नहीं है।

॥ श्रीसीतारामाय नमः ॥

सप्तम सोपान

उत्तरकाण्ड

केकीकण्ठाभनीलं सुरवर विलसद्विप्रपादाब्जचिह्नं
शोभाढ्यं पीतवस्त्रं सरसिजनयनं सर्वदा सुप्रसन्नम्।
पाणौ नाराचचापं कपिनिकरयुतं बन्धुना सेव्यमानं
नौमीड्यं जानकीशं रघुवरमनिशं पुष्पकारूढरामम्॥

मोरकंठ की आभा के समान हरिताभ-नीलवर्ण, देवताओं में श्रेष्ठ, ब्राह्मण (भृगुजी) के चरण कमल के चिह्न से सुशोभित, शोभा से पूर्ण, पीतांबरधारी, कमलनेत्र, सदा परम प्रसन्न, हाथों में धनुष और बाण धारण किए हुए, वानर समूह से युक्त, भाई लक्ष्मणजी से सेवित, स्तुति करने योग्य, श्रीजानकीजी के पति, रघुकुलश्रेष्ठ, पुष्पक विमान पर सवार श्रीरामचन्द्रजी को मैं निरंतर नमस्कार करता हूँ।

कुन्दइन्दुदरगौरसुन्दरं अम्बिकापतिम भीष्टसिद्धिदम्।
कारुणीककलकञ्जलोचनं नौमि शङ्करमनङ्गमोचनम्॥

कुंद के फूल, चंद्रमा और शंख के समान सुंदर गौर वर्ण, जगज्जननी श्रीपार्वतीजी के पति, वांछित फल देने वाले, दु:खियों पर सदा दया करने वाले, सुंदर कमल के समान नेत्रवाले, कामदेव से छुड़ाने वाले, कल्याणकारी श्रीशंकर को मैं नमस्कार करता हूँ।

भरत-विरह तथा श्रीराम की वापसी

भगवान श्रीराम के वनवास से लौटने की अवधि का अब मात्र एक दिन शेष रह गया है। अत: नगर के नर-नारी बड़े अधीर हो रहे हैं। रामजी के वियोग में दुबले हो गये स्त्री-पुरुष जहाँ-तहाँ सोच-विचार कर रहे हैं, कि पता नहीं क्या बात हुई, प्रभु श्रीराम अभी तक क्यों नहीं आए हैं? क्या कारण हो सकता है। इतने में ही शुभ शकुन होने लगे और सबके मन प्रसन्न हो गये हैं। नगर भी चारों ओर से रमणीक दिखाई पड़ने लगा है, मानो ये सबके सब चिह्न प्रभु के शुभ आगमन को ही इंगित कर रहे हैं।

कौसल्यादि सब माताओं के मन में ऐसा आनंद हो रहा है, जैसे अभी कोई कहना ही चाहता है, कि सीताजी और लक्ष्मण सहित प्रभु श्रीराम आ गये। भरतजी की दाहिनी आँख और दाहिनी भुजा बार-बार फड़क रही है। इसे शुभ शकुन जानकर उनके मन में अत्यंत हर्ष हुआ और वे विचार करने लगे- प्राणों की आधार रूप अवधि का एक ही दिन शेष रह गया है। यह सोचते ही भरतजी के मन में अपार दुःख हुआ। क्या कारण हुआ कि प्रभु लौटकर नहीं आए? प्रभु ने कुटिल जानकर या मेरी माता के बुरे कर्मों की वजह से मुझे भुला तो नहीं दिया!

अहा! हम भाइयों में लक्ष्मणजी कितने भाग्यशाली हैं, जो श्रीरामचन्द्रजी के चरणों के प्रेमी हैं, प्रभु उन्हें अपने साथ ले गये। मुझे तो प्रभु ने कपटी और कुटिल जान लिया, इसलिए प्रभु ने मुझे साथ नहीं लगाया और यह भी ठीक ही किया, क्योंकि यदि प्रभु मेरी करनी पर ध्यान दें, तो सौ करोड़ यानी असंख्य कल्पों तक भी मेरा छुटकारा नहीं हो सकता; परन्तु खुशी की बात इतनी ही है, कि प्रभु इस सेवक के अवगुण कभी नहीं मानते। वे तो दीनबंधु हैं और अत्यंत कोमल स्वभाव के हैं। अतः मेरे मन में पक्का भरोसा है कि श्रीरामजी अवश्य मिलेंगे, क्योंकि मुझे शुभ शकुन भी हो रहे हैं; किंतु अवधि बीत जाने पर यदि मेरे प्राण रह गये, तो इस संसार में मेरे समान नीच कौन होगा?

हनुमानजी का प्रभु-संदेश लेकर आना

भगवान श्रीराम के विरह-समुद्र में भरतजी का मन डूब रहा है, उसी समय हनुमानजी ब्राह्मण का रूप धरकर इस प्रकार अवतरित हो गये, मानो उन्हें डूबने से बचाने के लिए नाव आ गयी हो। हनुमानजी ने दुर्बल शरीर भरतजी को जटाओं का मुकुट बनाए, 'राम-राम रघुपति' जपते और कमल के समान नेत्रों से अश्रु बहाते हुए कुश के आसन पर बैठे देखा। उन्हें देखते ही हनुमानजी अत्यंत हर्षित हुए, उनका शरीर पुलकित हो गया, नेत्रों से प्रेमाश्रुओं का जल बरसने लगा। मन में अत्यंत प्रसन्न होकर वे बड़ी मधुर वाणी में बोले, 'आप जिनके विरह में दिन-रात घुलते रहते हैं और जिनके गुणों को निरंतर गाते रहते हैं, वे रघुकुल तिलक, सज्जनों को सुख देनेवाले, देवताओं और मुनियों के रक्षक श्रीरामजी सकुशल लौट आए हैं।'

'शत्रु को युद्ध में जीतकर सीताजी और लक्ष्मणजी सहित प्रभु श्रीराम आ रहे हैं। देवता उनका सुंदर यशगान कर रहे हैं।' ये वचन सुनते ही भरतजी सारे दुःख भूल गये। जैसे प्यासा आदमी अमृत पाकर प्यास के दुःख को भूल जाता है। तब भरतजी ने पूछा,'तात! आप कौन हैं? आपने मुझे बड़े ही प्रिय वचन सुनाए।'

यह सुनकर हनुमानजी बोले, 'मैं पवन का पुत्र और जाति का वानर हूँ; मेरा नाम हनुमान है। मैं दीनबंधु श्रीरघुनाथजी का दास हूँ।' यह सुनते ही भरतजी उठकर आदरपूर्वक गले मिले, मिलते समय प्रेम हृदय में समा नहीं रहा है। नेत्रों से आनंद के अश्रु बहने लगे; शरीर पुलकित हो गया। भरतजी ने कहा,'हे हनुमान! तुम्हारे दर्शन मात्र से मेरे सभी दुःखों का अंत हो गया; तुम्हारे रूप में आज मुझे

प्यारे रामजी ही मिल गये।' भरतजी ने बार-बार कुशल पूछी और कहा, 'हे भाई! इस शुभ समाचार के बदले में मैं तुम्हें क्या दूँ? इस संदेश के समान कीमती संसार में कुछ भी नहीं है, इसलिए हे तात! मैं तुमसे किसी प्रकार भी उऋण नहीं हो सकता। अब मुझे श्रीरामजी का कुशल-क्षेम बताओ!'

तब हनुमानजी ने भरतजी के चरणों में मस्तक नवाकर श्रीरघुनाथजी की सारी गुणगाथा कह सुनाई; फिर भरतजी ने पूछा, 'हे हनुमान! यह बताओ कि प्रभु श्रीराम कभी मुझे अपने दास की तरह याद करते हैं?' भरतजी के विनम्र वचन सुनकर हनुमानजी ने कहा, 'हे नाथ! आप तो श्रीरामजी को प्राणों के समान प्रिय हैं। हे तात! मैं बिल्कुल सत्य कह रहा हूँ।' यह सुनकर भरतजी हनुमानजी के बार-बार गले मिलते हैं। असीम प्रेम हृदय में समा नहीं रहा है। इसके बाद हनुमानजी भरतजी के चरणों में सिर नवाकर तुरंत ही प्रभु श्रीराम के पास लौट गये। वहाँ जाकर उन्होंने अयोध्या की सब कुशल सुनाई। तब प्रभु हर्षित मन विमान पर चढ़कर चले।

श्रीरामजी के स्वागत की तैयारियाँ

इधर भरतजी प्रसन्न मन नंदीग्राम से अयोध्या में आए और गुरुजी को सब समाचार सुनाया; फिर राजमहल में खबर भेजी कि रघुनाथजी सकुशल नगर को आ रहे हैं। समाचार सुनते ही सब माताएँ उठ दौड़ीं। भरतजी ने प्रभु का कुशल कहकर सबको समझाया। नगर निवासियों ने यह समाचार पाया तो स्त्री-पुरुष सभी हर्षित होकर दौड़ पड़े। रघुनाथजी के स्वागत के लिए दही, दूब, गोरोचन, फल, फूल और मंगल के मूल ताजा तुलसीदल आदि वस्तुएँ सोने के थाल में भर-भरकर सौभाग्यवती स्त्रियाँ उन्हें लेकर गाती हुई चलीं। जो जहाँ थी, वहीं से उठकर दौड़ पड़ी। देर न हो जाये, इस डर से कोई बूढ़े और बच्चों को साथ नहीं लगा रहा है। सब एक-दूसरे को पूछ रहे हैं– भाई! तुमने दयालु रघुनाथजी को देखा है?

प्रभु का आगमन सुनकर अयोध्या संपूर्ण शोभाओं की खान हो गयी। सरयूजी का जल अत्यंत निर्मल हो गया। गुरु वसिष्ठजी, कुटुंबी, छोटे भाई शत्रुघ्न तथा ब्राह्मणों के समूह के साथ भरतजी अत्यंत हर्षित होकर प्रभु श्रीराम की अगवानी के लिए चले। बहुत सी स्त्रियाँ अटारियों पर चढ़कर आकाश में विमान को देख रही हैं, और उसे देखकर हर्षित मन से मंगलगीत गा रही हैं।

उधर विमान पर से रघुनाथजी वानरों को मनोहर अवधपुरी को दिखला रहे हैं। कह रहे हैं–'हे सुग्रीव, अंगद! हे लंकापति विभीषण! यह पुरी पवित्र है और यह देश अत्यंत सुंदर है। यद्यपि सबने वैकुंठ की बड़ाई की है, परन्तु मुझे वह अवधपुरी के समान प्रिय नहीं है। यह भेद कोई कोई ही जानता है। यह सुहावनी पुरी मेरी जन्मभूमि है। इसके उत्तर दिशा में जीवों को पवित्र करने वाली सरयू नदी है, जिसमें स्नान करने से मनुष्य बिना परिश्रम के ही मुक्ति पा जाते हैं।

'यहाँ के निवासी मुझे अत्यंत प्रिय हैं। यह पुरी सुख की खान, और मेरे परमधाम को देनेवाली है।' प्रभु की वाणी सुनकर सब वानर हर्षित हुए और कहने लगे कि जिस अवध की स्वयं श्रीरामजी ने प्रशंसा की है, वह अवश्य ही धन्य है। कृपा के सागर श्रीरामजी ने सब लोगों को आते देखा, तो प्रभु ने विमान को नगर के समीप उतरने की प्रेरणा दी, तब वह पृथ्वी पर उतर गया। विमान से उतरकर प्रभु ने पुष्पक विमान से कहा कि अब तुम कुबेर के पास चले जाओ। प्रभु के आदेश पर वह चला गया।

श्रीरामजी का स्वागत तथा भरत-मिलाप

भरतजी के साथ सब लोग आगे बढ़े। प्रभु ने धनुष-बाण पृथ्वी पर रखकर लक्ष्मणजी सहित दौड़कर गुरु वसिष्ठ, नामदेव आदि मुनियों के चरण पकड़ लिए। मुनिराज ने वसिष्ठ ने उन्हें उठाकर गले से लगाकर कुशल पूछी; तब प्रभु ने कहा कि सब आपकी दया है। रघुकुल के स्वामी श्रीरामजी ने सब ब्राह्मणों से मिलकर उन्हें मस्तक नवाया; फिर भरतजी ने प्रभु के चरण पकड़ लिए, जिन्हें देवता, मुनि, शंकर और ब्रह्माजी भी नमस्कार करते हैं। भरतजी भूमि पर पड़े हैं, उठाए नहीं उठते हैं। तब प्रभु ने उन्हें जबरदस्ती उठाकर हृदय से लगा लिया। उनके साँवले शरीर पर रोएँ खड़े हो गये, नेत्रों में आँसुओं की बाढ़ आ गयी। प्रभु ने भरतजी को बड़े प्रेम के साथ हृदय से लगा लिया।

कृपानिधान श्रीराम भरतजी से कुशल पूछ रहे हैं, परन्तु आनंद के अतिरेक में भरतजी के मुख से वचन नहीं निकल रहे हैं। शिवजी कहने लगे– 'हे पार्वती! सुनो, वह सुख, जो उस समय भरतजी को मिल रहा था, वचन और मन से परे है। उसे तो वही जानता है, जो उसे पाता है।' भरतजी बोले, 'हे प्रभु! आपने दु:खी जानकर दास को दर्शन दिए। विरह-समुद्र में डूबते हुए मुझको कृपानिधान ने हाथ पकड़कर बचा लिया।'

फिर प्रभु हर्षित होकर शत्रुघ्न को हृदय से लगाकर मिले, तब लक्ष्मणजी और भरतजी दोनों भाई परस्पर बड़े प्रेम से गले मिले। इस प्रकार विरह से उत्पन्न दु:सह दु:ख का नाश हो गया, फिर भाई शत्रुघ्न को साथ लेकर भरतजी ने सीताजी के चरणों में सिर नवाया और परम सुख प्राप्त किया। प्रभु को देखकर अयोध्यावासी हर्षित हो गये। सब को मिलने के लिए व्याकुल देखकर प्रभु ने एक चमत्कार किया कि प्रभु श्रीराम असंख्य रूपों में प्रकट हो गये। सबसे यथायोग्य मिले। भगवान क्षणमात्र में सबसे मिल लिये, पर इस रहस्य को कोई नहीं जान सका। कौसल्यादि माताएँ प्रेम से भाव विह्वल होकर प्रभु श्रीराम की ओर बढ़ीं। प्रभु ने अत्यंत प्रेम से सब माताओं से मिलकर बहुत प्रकार से कोमल वचन कहे। वियोग से उत्पन्न भयानक विपत्ति दूर हो गयी।

माता सुमित्रा प्रभु से मिलीं, पर कैकेयी रघुनाथजी से मिलने पर बहुत सकुचाई। लक्ष्मणजी सब माताओं से मिलकर, उनके आशीर्वाद पाकर मन में बड़े

हर्षित हुए। जानकीजी सब सासुओं से मिलीं; उनके चरण लगकर उन्हें अत्यंत हर्ष हुआ। सासुएँ कुशल पूछकर आशीष दे रही हैं कि तुम्हारा सुहाग अचल हो। सब माताएँ रामजी का कमल सा मुख देख रही हैं। नेत्रों में प्रेमाश्रु उमड़ आए हैं। सोने के थाल से उनकी आरती उतारती हैं, बार-बार प्रभु को निहारती हैं। अनेकों प्रकार निछावरें करती हैं, हृदय में परम आनंद छा गया है। कौसल्याजी बार-बार कृपा के समुद्र रघुवीरजी को देख रही हैं और बार-बार मन में विचारती हैं कि इन सुकुमार ने लंकापति रावण को कैसे मारा? मेरे ये दोनों ही बच्चे तो बड़े ही कोमल और सुकुमार हैं और राक्षस तो विशाल शरीरधारी योद्धा थे।

लंकापति रावण, वानरराज सुग्रीव, नल, नील, जाम्बवंत, अंगद तथा हनुमान आदि सब उत्तम स्वभाव वाले वानर वीरों ने मनुष्य के मनोहर शरीर धारण कर लिए हैं। वे सब भरतजी के प्रेम, सुंदर स्वभाव, व्रत और नियमों की प्रेमपूर्वक प्रशंसा कर रहे हैं। नगर निवासियों की विनय, शील और प्रेम देखकर प्रभु के चरणों में उनके प्रेम की सराहना कर रहे हैं।

फिर श्रीरामचन्द्रजी ने अपने सब सखाओं को बुलाया और गुरु के चरणों में दंडवत् करवाया और बताया कि ये गुरु वसिष्ठजी हमारे कुल के पूज्य हैं। इनकी ही कृपा से रण में राक्षस मारे गये। फिर गुरुजी से कहा,'हे मुनिराज! ये सब मेरे सखा हैं। ये सब संग्राम रूपी समुद्र में मेरे लिए जहाज के समान हुए। मेरे हित के लिए इन्होंने अपने प्राणों को भी दाँव पर लगा दिया। ये सब मुझे भरत से भी प्रिय हैं। प्रभु के वचन सुनकर सब आनंदमग्न हो गये; फिर उन सब ने कौसल्या माता के चरणों में सिर नवाया; कौसल्याजी के हर्षित होकर ढेरों आशीष दीं कि तुम मुझे रघुनाथ के समान प्यारे हो।

आनंद के सागर श्रीरामजी अपने महल में गये, नगर के स्त्री-पुरुष अटारियों पर चढ़-चढ़कर उनके दर्शन कर रहे हैं। नगरवासियों ने सोने के कलशों को विचित्र रीति से सजाकर अपने-अपने दरवाजों पर रख लिया है। सब लोगों ने रामजी के स्वागत में बंदनवार, ध्वजा और पताकाएँ लगायीं। सब गलियाँ सुगंधित द्रव्यों से सींची गयीं। गज मुक्ताओं से रचकर बहुत से चौक पुराए गये। अनेकों प्रकार से सुंदर मंगल साज सजाये गये। पूरे नगर में खुशी के डंके बज रहे हैं।

नगर की स्त्रियाँ जहाँ-तहाँ निछावर कर रही हैं और हृदय में हर्षित होकर अनेकों आशीर्वाद दे रही हैं। बहुत सी सौभाग्यवती स्त्रियाँ सोने के थालों में अनेक प्रकार की आरती सजाकर मंगलगान कर रही हैं।

राजतिलक की तैयारियाँ

अवधपुरी में अनेक प्रकार के शुभ शकुन हो रहे हैं। आकाश में नगाड़े बज रहे हैं। शिवजी कहने लगे– हे पार्वती! प्रभु श्रीराम ने जान लिया कि माता कैकेयी लज्जित हो रही हैं, इसलिए वे पहले उन्हीं के महल में गये और उन्हें समझा-बुझाकर प्रसन्न किया, फिर अपने महल को गये। उनके दर्शन मात्र से नगर के सब स्त्री-पुरुष परम सुखी हो गये हैं।

अब गुरु वसिष्ठजी ने ब्राह्मणों को बुलाया और बोले, 'आज बड़ा शुभ दिन हैं, शुभ घड़ी है, सभी योग शुभ हैं। अब आप हर्षित होकर आज्ञा दीजिए, कि श्रीरामचन्द्रजी सिंहासन पर विराजमान हों।' गुरुजी के वचन सब ब्राह्मणों को बड़े प्रिय लगे। सब ब्राह्मणों ने एक स्वर से कहा कि श्रीरामजी का राज्याभिषेक संपूर्ण जगत् को आनंद देने वाला है। हे मुनि श्रेष्ठ अब विलंब न कीजिए और महाराज श्रीराम का तिलक शीघ्र कीजिए।

ब्राह्मणों का रुख पाकर गुरु वसिष्ठजी मंत्री सुमंत्र को कहा, वे सुनते ही हर्षित होकर दौड़ पड़े। उन्होंने तुरंत ही जाकर अनेकों रथ, घोड़े और हाथी सजाये। जहाँ-तहाँ सूचना देने वाले दूतों को भेजकर मांगलिक वस्तुएँ मँगाकर जल्दी-जल्दी आकर फिर वसिष्ठजी के चरणों में सिर नवाया। अवधपुरी को दुल्हन की तरह सजाया गया। देवताओं ने तो पुष्पवर्षा की झड़ी लगा दी। श्रीरामजी ने सेवकों को बुलाकर कहा कि तुम लोग पहले मेरे सखाओं को स्नान कराओ। आदेश पाते ही सेवकों ने सबको स्नान कराया।

फिर प्रभु ने भरतजी को बुलाया और उनकी जटाओं को अपने हाथों से सुलझाया; फिर रघुनाथजी ने तीनों भाइयों को स्नान कराया। तदनंतर प्रभु ने अपनी जटाएँ खोलीं और गुरुजी की आज्ञा पाकर स्नान किया। स्नान के बाद प्रभु ने आभूषण धारण किए। उनके अंगों को देखकर असंख्य कामदेव भी लजा गये। उधर सासुओं ने जानकीजी को सादर स्नान कराया और उनके अंग-अंग में दिव्य आभूषण पहना दिए।

श्रीरामजी के बाईं ओर रूप और गुणों की खान जानकीजी शोभित हो रही हैं। उन्हें देखकर सब माताएँ अपना जीवन सफल समझ रही हैं। काकभुशुंडिजी कहते हैं—हे गरुड़जी सुनिए, उस समय पर ब्रह्माजी, शिवजी और मुनियों के समूह तथा विमानों पर चढ़कर देवता प्रभु श्रीराम के दर्शन करने आए।

श्रीरामजी का राजतिलक

प्रभु श्रीराम को देखकर मुनि वसिष्ठजी के मन में प्रेम उमड़ आया। उन्होंने तुरंत ही दिव्य सिंहासन मँगवाया, जिसका तेज सूर्य के समान था। ब्राह्मणों को सिर नवाकर श्रीरामचन्द्रजी उस पर विराजे। जानकीजी के साथ उनकी शोभा अवर्णनीय है। तब ब्राह्मणों ने वेद मंत्रों का उच्चारण किया। आकाश में देवता 'जय हो, जय हो' की पुकार करने लगे। सबसे पहले गुरु वसिष्ठ ने तिलक किया, फिर उन्होंने सब ब्राह्मणों को तिलक करने की आज्ञा दी। पुत्र को सिंहासन पर विराजमान देखकर माताएँ बड़ी हर्षित हैं और बार-बार आरती उतार रही हैं।

माताओं ने ब्राह्मणों को अनेक प्रकार से दान दिए और सब याचकों को मालामाल कर दिया। त्रिभुवन के स्वामी श्रीरामचन्द्रजी को अयोध्या के सिंहासन पर विराजमान देखकर देवताओं ने खुश होकर नगाड़े बजाये। गंधर्व और किन्नर गा रहे हैं। अप्सराओं के झुंड के झुंड नाच रहे हैं भरत लक्ष्मण और शत्रुघ्नजी,

विभीषण, अंगद, हनुमान और सुग्रीव आदि क्रमशः छत्र, चँवर, पंखा, धनुष, तलवार, ढाल और शक्ति लिये हुए सुशोभित हैं। प्रभु श्रीरामजी की स्तुति सब देवता अलग-अलग स्तुति करके अपने-अपने लोक को चले गये। तब भाटों को रूप धरकर चारों वेद वहाँ आए और प्रभु के गुणों का गान करने लगे। प्रभु ने उन्हें पहचान लिया और भरपूर आदर किया। वेद गुणगान करने लगे–

जय सगुन निर्गुन रूप रूप अनूप भूप सिरोमने।
दसकंधरादि प्रचंड निसिचर प्रबल खल भुजबल हने॥
अवतार नर संसार भार बिभंजि दारुन दुख दहे।
जय प्रनतपाल दयाल प्रभु संजुक्त सक्ति नमामहे॥

हे सगुण और निर्गुण रूप! हे अनुपम रूप लावण्ययुक्त! हे राजाओं के शिरोमणि! आपकी जय हो! आपने रावण आदि प्रचंड, प्रबल और दुष्ट निशाचरों को अपनी भुजाओं के बल से मार डाला। आपने मनुष्य-अवतार लेकर संसार के भार को नष्ट करके अत्यंत कठोर दुःखों को भस्म कर दिया। हे दयालु! हे शरणागत की रक्षा करनेवाले प्रभु! आपकी जय हो! मैं शक्ति (सीताजी) सहित शक्तिमान आपको नमस्कार करता हूँ।

प्रभु की विनती करके वेद अंतर्धान हो गये और ब्रह्मलोक को चले गये। फिर शिवजी वहाँ आए और गद्गद वाणी से रघुवीरजी की स्तुति करने लगे–

जय राम रमारमनं समनं। भवताप भयाकुल पाहि जनं॥
अवधेस सुरेस रमेस बिभो। सरनागत मागत पाहि प्रभो॥
दससीस बिनासन बीस भुजा। कृति दूरि महा महि भूरि रुजा॥
रजनीचर बृंद पतंग रहे। सर पावक तेज प्रचंड दहे॥

हे राम! हे रमारमण! हे जन्म-मरण के संताप का नाश करने वाले! आपकी जय हो! आवागमन के भय से व्याकुल इस सेवक की रक्षा कीजिए। हे अवधपति! हे देवताओं के स्वामी! हे रमापति! हे विभो! मैं शरणागत आप से यही माँगता हूँ, कि हे प्रभो! मेरी रक्षा कीजिए।

हे दस शीश और बीस भुजाओं वाले रावण का विनाश करके पृथ्वी के सब महान् रोगों को दूर करनेवाले श्रीरामजी! राक्षस समूह रूपी जो पतंगे थे। वे सब आपके बाण रूपी अग्नि के प्रचंड तेज से भस्म हो गये। आप गुण, शील और कृपा के परम स्थान हैं। आप लक्ष्मीपति हैं। मैं आपको निरंतर प्रणाम करता हूँ। मैं आपसे बार-बार यही वरदान माँगता हूँ, कि मुझे आपके चरणकमलों की अचल भक्ति तथा आपके भक्तों का सत्संग प्राप्त हो। हे लक्ष्मीपति! हर्षित होकर मुझे तो यही वरदान दीजिए। श्रीरामचन्द्रजी के गुणों का बखान करके उमापति महादेव हर्षित होकर कैलास को चले गये। तब प्रभु श्रीराम ने वानरों को सब प्रकार से सुखदायक निवास स्थान दिलवाए।

रामकथा का महत्त्व

हे गरुड़जी! ध्यान देकर सुनिए, काकभुशुंडि बोले कि यह रामकथा कितने महत्त्व की है। यह सबको पवित्र करनेवाली है; दैहिक, दैविक और भौतिक तीनों तापों का जन्म-मरण के भय का नाश करनेवाली है। भगवान श्रीरामचन्द्रजी के कल्याणमय राज्याभिषेक चरित्र को निष्काम भाव से सुनकर मनुष्य वैराग्य और ज्ञान प्राप्त करते हैं और जो मनुष्य इसे सकाम भाव से सुनते और गाते हैं, वे अनेकों प्रकार के सुख और संपत्ति पाते हैं। वे संसार में देवदुर्लभ सुखों का उपभोग करके अंत समय में रघुनाथजी के परम धाम को जाते हैं।

इस रामकथा को जो जीवनमुक्त, विरक्त और विषयी सुनते हैं; वे क्रमशः भक्ति, मुक्ति और नवीन संपत्ति पाते हैं। हे पक्षिराज गरुडजी! मैंने अपनी बुद्धि की पहुँच तक, जितनी मेरी सामर्थ्य थी, रामकथा का वर्णन किया है, जो जन्म-मरण के भय और दुःख को हरने वाली है। यह कथा वैराग्य, विवेक और भक्ति को दृढ़ करने वाली है तथा मोहरूपी नदी को पार करने के लिए सुंदर नाव है। अवध पुरी में नित नए मंगलोत्सव होते हैं। सभी वर्गों के लोग बड़े हर्षित हैं।

वानरों आदि की विदाई

श्रीरामचन्द्रजी के चरण-कमलों में, जिन्हें श्रीशिव, मुनिगण और ब्रह्माजी भी नमस्कार करते हैं, सब की उनमें बड़ी प्रीति है। भिक्षुओं को वस्त्राभूषण पहनाए गये और ब्रह्मणों को अनेक प्रकार से दान आदि दिए गये। सब वानर भी ब्रह्मानंद में मग्न हैं। प्रभु के चरणों में सबका गहरा प्रेम है। इस तरह सुखपूर्वक छह माह कब बीत गये, पता ही नहीं चला। वे सब लोग तो अपने घरों को भी भूल गये; उन्हें स्वप्न में भी अपने घर की याद नहीं आती है, जैसे संतों के मन में दूसरों से द्रोह करने की बात नहीं आती है। श्रीरघुनाथजी ने सब सखाओं को बुलाया। सबने आकर आदर सहित सिर नवाया। फिर प्रभु ने बड़े प्रेम से उन्हें अपने पास बैठाया और कोमल वचन कहे– 'तुम सब ने मेरी बड़ी सेवा की है। मैं तुम्हारे मुँह पर तुम्हारी प्रशंसा कैसे करूँ? मेरे हित के लिए तुम सब ने अपने घरों तथा सब प्रकार के सुखों का त्यागकर दिया। इससे तुम सब मुझे अत्यंत प्रिय लग रहे हो।'

'हे सखाओ! छोटे भाई, राज्य, संम्पत्ति, जानकी, अपना शरीर, घर, कुटुंब और मित्र-ये सभी मुझे प्रिय हैं, परन्तु तुम्हारे समान नहीं। मैं असत्य नहीं कहता हूँ, यह मेरा स्वभाव है। सेवक सभी को प्यारे लगते हैं, ऐसी नीति है, पर मेरा तो दास पर स्वाभाविक ही विशेष प्रेम है। हे मेरे प्रिय सखाओ! अब तुम सब लोग अपने घरों को जाओ, वहीं पर नियमपूर्वक मुझे भजते रहो। मुझे सदा सर्वव्यापक और सबका हित करने वाला जानकर अत्यंत प्रेम करना।'

रघुनाथजी के वचन सुनकर सब प्रेममग्न हो गये। राम कौन हैं और कहाँ से आए हैं, यह सुधि भी नहीं रही। वे तो प्रभु के सामने हाथ जोड़े टकटकी लगाए देखते ही खड़े रह गये। अत्यधिक प्रेम के कारण उन्हें कुछ कहते नहीं बनता।

तब प्रभु ने अनेक रंगों के सुंदर कपड़े-गहने मँगवाए। सबसे पहले भरतजी ने अपने हाथ से सुग्रीवजी को वस्त्राभूषण पहनाए; फिर लक्ष्मणजी ने विभीषणजी को गहने-कपड़े पहनाए, जो रघुनाथजी के मन को बहुत अच्छे लगे। जाम्बवंत, नील, नल आदि सबको रघुनाथजी ने स्वयं भूषण-वस्त्र पहनाए। सभी अपने हृदय में श्रीरामजी को धारण करके उनके चरणों में मस्तक नवाकर चले।

तब अंगद हाथ जोड़कर बोले, 'हे सर्वज्ञ! हे दीनों पर दया करने वाले! हे नाथ! मरते समय मेरे पिता बाली मुझे आपकी गोद में डाल गये थे, अतः वह सब याद करके मुझे त्यागिये मत। मेरे तो स्वामी, गुरु, पिता-सबकुछ आप ही हैं। आपके चरणों को छोड़कर मैं कहाँ जाऊँ? हे नाथ! मैं घर की छोटी से छोटी सेवा करूँगा और आपके चरणकमलों को देखकर भवसागर से तर जाऊँगा। हे प्रभु! मेरी रक्षा कीजिए और यह मत कहिए कि तू अपने घर जा।' अंगद के विनम्र वचन सुनकर प्रभु श्रीरामजी ने उनको हृदय से लगा लिया। उनके नेत्रकमलों में जल भर आया।

रघुवीरजी ने अपने हृदय की माला, वस्त्र, और रत्नों के आभूषण अंगद को पहनाकर तथा बहुत प्रकार से समझाकर विदाई दी। उन सब की सेवा को याद करके भरतजी, शत्रुघ्न और लक्ष्मण सहित उनको विदा करने गये। अंगदजी बार-बार मुड़कर रामजी की ओर देखते जाते हैं और बार-बार दंडवत् करते हैं। अत्यंत आदर के साथ सबको पहुँचाकर भरतजी भाइयों सहित लौट आए, हनुमानजी ने सुग्रीव के चरण पकड़कर विनती की- 'हे देव! कुछ दिन रघुनाथजी के चरणों की सेवा करके कर, मैं वहाँ आकर आपके चरणों का दर्शन करूँगा।'

सुग्रीव बोले, 'हे पवन कुमार! तुम कितने पुण्यशाली हो कि प्रभु ने तुम्हें अपनी सेवा में रख लिया। तुम मन लगाकर प्रभु श्रीराम की सेवा करो।' अंगद ने कहा,'हे हनुमान! मैं तुमसे हाथ जोड़कर विनती करता हूँ कि प्रभु से मेरी दंडवत् कहना और प्रभु को बार-बार मेरी याद कराते रहना।' इतना कहकर बालिपुत्र अंगद चले और हनुमानजी लौट आए; फिर कृपालु भगवान ने निषादराज को बुला और उसे भूषण, वस्त्र देकर प्रभु ने कहा,' हे सखा! अब तुम भी अपने घर जाओ, वहाँ मेरा स्मरण करते रहना और मन, वचन और कर्म से धर्म के अनुसार चलना। तुम मेरे मित्र हो और भरत के समान प्रिय भाई हो। अयोध्या में आते रहना।' यह सुनते ही गुह आँखों में आँसू लाकर उनके पैरों में गिर पड़ा; फिर प्रभु को हृदय में धारण करके अपने घर को लौट आया। वहाँ आकर अपने कुटुंबियों को प्रभु का सब हाल सुनाया।

रामराज्य का माहात्म्य

रघुनाथजी के साथ आये सब सखा एक-एक करके विदा हो गये। केवल हनुमान जी प्रभु की सेवा में रह गये। उनमें से जाने का मन तो किसी का नहीं था, सब प्रभु की सेवा में रहना चाहते थे। प्रभु ने अयोध्या का राजकाज सँभाल लिया। पूरे कोसलराज में अपूर्व सुख-शांति छा गयी। रामराज्य की महिमा चारों दिशाओं में फैल गयी।

राम राज बैठें त्रैलोका। हरषित भए गये सब सोका।।
बयरु न कर काहू सन कोई। राम प्रताप बिषमता खोई।।
दैहिक दैविक भौतिक तापा। राम राज नहिं काहुहि ब्यापा।।
सब नर करहिं परस्पर प्रीती। चलहिं स्वधर्म निरत श्रुति नीती।।

श्रीरामजी के अयोध्या के सिंहासन पर आरूढ़ होते ही तीनों लोक हर्षित हो गये, उनके सब शोक जाते रहे, कोई किसी से वैर नहीं करता। श्रीरामचन्द्रजी के प्रताप से सबकी विषमता यानी कि आंतरिक भेदभाव मिट गये। सब लोग अपने-अपने वर्ण और आश्रम के अनुकूल धर्म में तत्पर रहते हुए सदा वेद के बताए मार्ग पर चलते हैं और सुख पाते हैं। किसी प्रकार का कोई भय नहीं है, न ही शोक और न कोई राग ही सताता है। ऐसा है रामराज्य।

राम के राज्य में दैहिक, दैविक और भौतिक ताप किसी को नहीं व्यापते हैं। सब लोग आपस में प्रेम करते हैं और वेदों में वर्णित मर्यादा में रहकर अपने-अपने धर्म का पालन करते हैं। धर्म अपने चारों चरण-सत्य, शौच, दया और दान - से संसार में परिपूर्ण हो रहा है; स्वप्न में भी कहीं पाप नहीं है। पुरुष और स्त्री सभी रामभक्ति में निमग्न हैं और सभी मोक्ष के अधिकारी हैं। सबके सब परम गति को पाने वाले हैं।

अल्पमृत्यु नहिं कवनिउ पीरा। सब सुंदर सब बिरुज शरीरा।।
नहिं दरिद्र कोउ दुःखी न दीना। नहिं कोउ अबुध न लच्छन हीना।।

रामजी के राज में छोटी आयु में किसी की मृत्यु नहीं होती है, न किसी को किसी प्रकार की पीड़ा होती है। सभी के शरीर सुंदर तथा निरोग हैं, कोई बीमार नहीं है, रामराज्य में न कोई दरिद्र है, न कोई दुःखी है और न ही दीन है। इतना ही नहीं, न तो कोई मूर्ख है, और न ही शुभ लक्षणों से रहित है, किसी को किसी प्रकार का घमंड नहीं है। सब के सब धर्मपरायण और धर्मात्मा हैं, पुण्यात्मा हैं। पुरुष और स्त्री सभी बुद्धिमान और गुणवान हैं। सभी लोग गुणों का आदर करने वाले और पंडित हैं तथा सभी ज्ञानी हैं। सब लोग दूसरे के उपकार को मानने वाले हैं, कृतज्ञ हैं; कपट और धूर्तता किसी में नहीं है।

काकभुशुंडि कहने लगे- 'हे गरुड़जी! सुनिए, रामराज्य में जड़, चेतन सारे संसार में काल, कर्म, स्वभाव और गुणों से उत्पन्न हुए दुःख किसी को भी नहीं सताते हैं। अयोध्या में रघुनाथजी सात समुद्रों की मेखला वाली पृथ्वी के एकमात्र राजा हैं, जिनके एक-एक रोम में अनेकों ब्रह्मांड हैं, जिनके लिए यह सात द्वीपों की प्रभुता कुछ अधिक नहीं। हे गरुड़जी! जिन्होंने वह महिमा जान भी ली, वे भी इस लीला में बड़ा आनंद लेते हैं, क्योंकि उस महिमा को भी जानने का फल यह लीला ही है। रामराज्य की सुख-संपत्ति का वर्णन शेषजी और सरस्वतीजी भी नहीं कर सकते।

सब उदार सब पर उपकारी। बिप्र चरन सेवक नारी।।
एकनारि ब्रत रत सब झारी। ते मन बच क्रम पति हितकारी।।

राम के राज्य में सभी नर-नारी उदार हैं, सभी परोपकारी हैं और सभी ब्राह्मणों के चरणों के सेवक हैं। सभी पुरुष एक पत्नीव्रती हैं। इसी प्रकार स्त्रियाँ भी मन, वचन और कर्म से पति का हित करने वाली हैं। श्रीरामजी के राज में दंड केवल संन्यासियों के हाथों में है और भेद नाचने वालों के नृत्यसमाज में है तथा रामराज्य में कोई शत्रु नहीं है, इसलिए 'जीतो' शब्द केवल मन को जीतने के लिए सुनाई पड़ता है। कोई वहाँ चोर आदि नहीं है, तो दंड की भी आवश्यकता नहीं होती है। कोई किसी का शत्रु भी नहीं है और वैमनस्य भी नहीं है।

फूलहिं फरहिं सदा तरु कानन। रहहिं एक सँग गज पंचानन।।
खग मृग सहज बयरु बिसराई। सबन्हि परस्पर प्रीति बढ़ाई।।

रामराज्य में वनों में वृक्ष सदा फूलते और फलते रहते हैं। हाथी और सिंह वैर भुलाकर एक साथ रहते हैं। पक्षी और पशु सभी ने स्वाभाविक वैर भुलाकर आपस में प्रेम बढ़ा लिया है। पक्षी मीठी बोली बोलते हैं। भाँति-भाँति के पशुओं के झुंड वन में निर्भय विचरते हैं और खूब आनंद करते हैं। शीतल, मंद, सुगंधित पवन चलता रहता है। भौंरे पुष्पों का रस लेकर गुंजार करते फिरते हैं। बेलें और वृक्ष माँगने से ही मकरंद टपका देते हैं। गौएँ मनचाहा दूध देती हैं। धरती सदा खेतों से हरी-भरी रहती है।

राम के राज में पर्वतों ने अनेक प्रकार की खानें प्रकट कर दीं। समुद्र सदा अपनी मर्यादा में रहता है। उनकी लहरों से अनेक रत्न किनारों पर पड़े रह जाते हैं, जिन्हें मनुष्य प्रसन्नतापूर्वक उठा लाते हैं। सब नदियाँ स्वच्छ, शीतल और स्वादिष्ट जल बहाकर लाती हैं। चंद्रमा अपनी किरणों से पृथ्वी को जगमग कर देता है। सूर्य उतना ही ताप छोड़ता है, जितने की आवश्यकता होती है और मेघ तो इच्छा करने पर ही बरस पड़ते हैं।

राजा रामचन्द्रजी ने करोड़ों अश्वमेध यज्ञ किए और ब्राह्मणों को अनेक प्रकार के दान किए। रघुनाथजी तो वेदों के बताए मार्ग पर चलने वाले, धर्म की धुरी को धारण करने वाले, सत्त्व, रज, और तम-तीनों गुणों से ओतप्रोत तथा ऐश्वर्य में इंद्र के समान हैं। शोभा की खान, सुशील और विनम्र सीताजी सदा पति के अनुकूल रहती हैं। वे कृपासागर श्रीराम की महिमा को जानती हैं और मन लगाकर प्रभु के चरणों की सेवा करती हैं।

हालाँकि घर में बहुत से दास और दासियाँ हैं और वे सब के सब सेवा कार्य में कुशल हैं, फिर भी सीताजी घर की सेवा तथा कार्य अपने ही हाथों से करती हैं और सदैव श्रीरामचंद्रजी की आज्ञा का अनुसरण करती हैं। कृपा के धाम प्रभु को जिस-जिस कार्य में सुख मिलता, सीताजी वही सब करती हैं, क्योंकि वे सेवा

कार्य में बड़ी होशियार हैं। उनमें किसी बात का कोई घमंड नहीं है। रामराज्य का ऐसा प्रभाव है कि सब भाई प्रभु की सतत सेवा करते हैं। श्रीरामजी के चरणों में उन की बड़ी प्रीति है। वे तो सदा प्रभु का मुखारविंद ही निहारते रहते हैं कि कृपालु भगवान कब हमें कुछ सेवा करने का अवसर दें।

राम करहिं भ्रातन्ह पर प्रीती। नाना भाँति सिखावहिं नीती।।
हरषित रहहिं नगर के लोगा। करहिं सकल सुर दुर्लभ भोगा।।

अर्थात् रघुनाथजी भी अपने भाइयों पर प्रेम दर्शाते हैं, उन्हें नाना प्रकार की नीतियाँ सिखाते हैं। नगर के लोग प्रसन्न रहते हैं और सब प्रकार के देव-दुर्लभ भोगों को भोगते हैं। प्रभु प्रातःकाल सरयू में स्नान करके ब्राह्मणों और सज्जनों के साथ सभा में बैठते हैं। मुनि वसिष्ठजी वेद और पुराणों की कथाएँ सुनाते हैं। प्रभु सब भाइयों को साथ लेकर भोजन करते हैं। उन्हें देखकर सभी माताएँ आंनद से भर जाती हैं। भरत और शत्रुघ्न, दोनों भाई हनुमान को साथ लेकर उपवन में बैठकर श्रीराम के गुणों की कथाएँ सुनते हैं।

अयोध्या की रमणीयता

रामराज्य में सबके घरों में पुराणों तथा अनेक प्रकार से सुंदर रामचरित्र की कथाएँ होती हैं, स्त्री-पुरुष सभी रामचन्द्रजी का गुणगान करते हैं और दिन-रात मगन रहते हैं। अरे, जहाँ भगवान श्रीराम स्वयं राजा हैं। उस अवधपुरी के निवासियों के सुख-संपत्ति के समुदाय का वर्णन तो शेषजी भी नहीं कर सकते।

नारद और सनक आदि मुनीश्वर कोसलराज प्रभु श्रीराम के दर्शन करने के लिए रोजाना अयोध्या आते हैं और उस नगर को देखकर वैराग्य को भुला बैठते हैं। स्वर्ण और रत्नों से बनी हुई अटारियाँ हैं। उनमें मणि-रत्नों की अनेक प्रकार की सुंदर ढली हुई फर्शें हैं। नगर के चारों ओर अत्यंत सुंदर परकोटा है,जिस पर सुंदर रंग-बिरंगे कँगूरे बने हैं। मानो नव ग्रहों ने बड़ी भारी सेना बनाकर अमरावती को घेर लिया हो; सड़कों पर अनेकों रंगों के दिव्य रत्नों की ढलान बनाई गयी हैं, जिन्हें देखकर मुनियों का मन भी नाच उठता है।

अयोध्या का उज्ज्वल प्रताप आकाश को चूम रहा है। महलों पर जो कलश लगे हैं, वे अपने प्रकाश से मानो सूर्य, चंद्रमा के प्रकाश का तिरस्कार करते प्रतीत होते हैं। महलों में बहुत-सी माणियों से रचे हुए सुंदर झरोखे सुशोभित हैं और घर-घर में मणियों के दीपक शोभा पा रहे हैं। इतना ही नहीं, मूँगों की बनी देहलियाँ चमक रही हैं। घरों में मणियों के खंभे लगे हैं, मरकत मणियों यानी पन्नों से जड़ी सोने की दीवारें ऐसी सुंदर हैं, मानो ब्रह्मा ने उन्हें खास तौर से बनाया हो। सारे महल सुंदर, मनोहर और विशाल हैं। उनमें सुंदर स्फटिक के आँगन बने हुए हैं, हर द्वार पर बहुत से खरादे गये हीरों से जड़े हुए सोने के किवाड़ लगे हैं। वहाँ के घरों में सुंदर चित्रशालाएँ हैं, जिनमें श्रीरामजी के चरित्र बड़ी

सुंदरता के साथ सँवारकर अंकित किए हैं। ये मुनियों के चित्त को चुरा लेते हैं। पावन नगरी अयोध्या में सब लोगों ने तरह-तरह की पुष्प वाटिकाएँ लगा रखी हैं, जिनमें अनेक जातियों की लताएँ सदा फूलती रहती है। उन पर भौंरे गुंजार करते रहते हैं। सदा शीतल मंद, सुगंधित वायु बहा करती हैं। बालकों ने नाना प्रकार के पक्षी पाल रखे हैं, जो मीठी बोली में बोलते हैं और उड़ते हुए सुंदर दिखाई पड़ते हैं। मोर, हंस, सारस और कबूतर घरों के ऊपर शोभा पा रहे हैं। वे पक्षी जहाँ-तहाँ दीवारों में अपनी परछाईं देखते हैं। वे बड़ी मधुर बोली बोलकर नृत्य करते हैं। अयोध्या की गलियाँ, बाजार और चौराहे सभी सुंदर हैं और नाना प्रकार के सामानों से भरे पड़े हैं।

अयोध्याजी के उत्तर दिशा में सरयूजी बह रही हैं, उसमें निर्मल जल बह रहा है। घाट बड़े ही मनोहर हैं, कहीं जरा भी कीचड़ नहीं है, कुछ दूरी पर वह सुंदर घाट है, जहाँ घोड़े और हाथियों के झुंड जल पिया करते हैं। पानी भरने के लिए बहुत से जनाने घाट बने हैं, जो बड़े ही मनोहर हैं, वहाँ पुरुष स्नान नहीं करते। राजघाट सब प्रकार से सुंदर और श्रेष्ठ हैं, जहाँ चारों वर्णों के पुरुष स्नान करते हैं। सरयूजी के किनारे-किनारे देवताओं के मंदिर हैं, जिनके चारों ओर सुंदर-सुंदर बगीचे हैं।

सरयूजी के किनारे कहीं-कहीं विरक्त और ज्ञान-परायण मुनि तथा संन्यासी निवास करते हैं। तट पर किनारे-किनारे तुलसीजी के झुंड-के-झुंड बहुत से पौधे मुनियों ने लगा रखे हैं। अयोध्या नगरी की शोभा तो कुछ कही नहीं जाती। नगर के बाहर भी परम सुंदरता है। ऐसी अयोध्यापुरी के दर्शन करते ही संपूर्ण पाप दूर भाग जाते हैं। वहाँ भी वन, उपवन, बावलिया और सरोवर सुशोभित हैं।

रमानाथ जहँ राजा सो पुर बरनि कि जाइ।
अनिमादिक सुख संपदा रहीं अवध सब छाइ॥

अर्थात् स्वयं लक्ष्मीपति भगवान जिस अयोध्यापुरी के राजा हैं, उस नगर वर्णन किया जा सकता है? अणिमा, अठिमा आदि आठों सिद्धियाँ और समस्त सुख-संपत्तियाँ अयोध्या में छा रही हैं। लोग जहाँ-तहाँ रघुनाथजी के गुण गाते हैं और बैठकर एक-दूसरे को यही सीख देते हैं कि अपने सेवकों की रक्षा करने वाले प्रभु को भजो। कमलनयन और साँवले शरीर वाले को भजो। काल रूपी भयानक सर्प के भक्षण करने वाले श्रीराम रूप गरुड़जी को भजो। संशय और शोक रूपी घने अंधकार के नाश करने वाले श्रीराम रूप सूर्य को भजो। संशय और शोक रूपी भयानक सर्प के भक्षण करने वाले श्रीराम रूप गरुड़जी को भजो। संशय और शोक रूपी घने अंधकार के नाश करने वाले श्रीराम रूपी सूर्य को भजो। जन्म-मृत्यु के भय का नाश करने वाले श्रीजानकी समेत श्रीरघुवीरजी को ही भजो।

सनकादि मुनि का आना

एक बार तीनों भाइयों सहित रघुनाथजी परम प्रिय हनुमानजी को साथ लेकर सुंदर उपवन देखने गये। वहाँ के सब वृक्ष फूले हुए व कोंपलों से युक्त थे। सुअवसर जानकर सनकादि मुनि वहाँ आए। मानो चारों वेद ही बालक रूप धारण करके आ गये हों। वे मुनि समदर्शी और भेद-रहित हैं, दिशाएँ ही उनके वस्त्र हैं। सनकादि मुनियों को आते देखकर श्रीरामचन्द्रजी ने हर्षित होकर दंडवत् किया और उनकी कुशल पूछकर प्रभु ने बैठने के लिए अपना पीतांबर बिछा दिया।

फिर हनुमानजी सहित तीनों भाइयों ने दंडवत् प्रणाम किया। वे तो प्रभु को अपलक निहारते ही रह गये, तदनंतर प्रभु ने उनका हाथ पकड़कर उनको बैठाया और फिर मनोहर वचन वोले, 'हे मुनीश्वरो। आज मैं तो धन्य हो गया। आपके तो दर्शन मात्र से ही पाप नष्ट हो जाते हैं। बड़े ही भाग्य से सत्संग की प्राप्ति होती है, जिससे बिना किसी परिश्रम के जन्म-मरण का चक्र नष्ट हो जाता है। संत् का संग मोक्ष का और कामी का संग जन्म-मृत्यु के बंधन में पड़ने का मार्ग है। संत कवि और पंडित तथा वेद-पुराण सद्ग्रंथ ऐसा कहते हैं।' प्रभु के वचन सुनकर चारों मुनि हर्षित होकर पुलकित शरीर से स्तुति करने लगे-

जय भगवंत अनंत अनामय । अनघ अनेक एक करुनामय ॥
जय निर्गुन जय जय गुन सागर । सुख मंदिर सुंदर अति नागर ॥
जय इंदिरा रमन जय भूधर । अनुपम अज अनादि शोभाकर ॥

हे प्रभु श्रीराम! आपकी जय हो! आप अंतररहित, विकाररहित, पापरहित, अनेक रूपों में प्रकट, एक अद्वितीय करुणामय हैं। हे निर्गुण! आपकी जय हो। हे गुण के समुद्र! आपकी जय हो, जय हो! आप सुख के धाम अत्यंत सुंदर और चतुर हैं। हे लक्ष्मीपति! आपकी जय हो! हे पृथ्वी को धारण करने वाले! आपकी जय हो। आप उपमारहित, अजन्मा, अनादि और शोभा की खान हैं।

हे रघुनंदन! आप ज्ञान के भण्डार हैं, आप स्वयं मानरहित और दूसरों को मान देने वाले हैं। वेद और पुराण आपका पावन यश गाते हैं, आप तत्त्व को जानने वाले हैं और अज्ञान का नाश करने वाले हैं। हे निरंजन! आपके अनेकों नाम हैं, और आप सब नामों के परे भी हैं। आप तो सर्वरूप और सब में व्याप्त हैं। आप हमारा परिपालन कीजिए। हे रामजी! आप हमारे हृदय में बसकर काम और मद का नाश कीजिए।

हे रघुनाथजी! आप हमें अपनी पवित्र करने वाली और तीनों प्रकार के तापों तथा जन्म-मरण के क्लेशों का नाश करने वाली भक्ति दीजिए। हे प्रभु! प्रसन्न होकर हमें तो वर दीजिए। इस प्रकार बार-बार स्तुति करके और सिर नवाकर तथा अपना मनचाहा वर पाकर सनकादि मुनि ब्रह्मलोक को लौट गये।

भरत के प्रश्नों के उत्तर में उपदेश

उनके जाने के बाद तीनों भाइयों ने प्रभु के चरणों में सिर नवाया। सब भाई पूछने में सकुचा रहे हैं और हनुमानजी की ओर देख रहे हैं। प्रभु उनके मन की बात समझ गये और बोले, 'क्या बात हैं हनुमान, कहो तो!' तब हनुमानजी हाथ जोड़कर बोले, 'प्रभु! भरतजी कुछ पूछना चाहते हैं, पर प्रश्न करने में सकुचा रहे हैं।' श्रीरघुनाथजी के बहुत प्रकार से समझाने और आग्रह करने पर भरतजी प्रभु के चरण पकड़कर बोले, 'हे नाथ! वेद-पुराणों में संतों की महिमा बहुत प्रकार से गायी गयी है। हे प्रभु! मैं उसके लक्षण सुनना चाहता हूँ।'

संतों के लक्षण

इस पर रघुनाथजी बोले, 'हे भाई! संतों के लक्षण तो असंख्य हैं। संत लोग कभी विषयों में लिप्त नहीं होते हैं। उनको दूसरों का दुःख देखकर दुःख तथा सुख देखकर सुख मिलता है। वे सर्वत्र सब समय समता रखते हैं, उनके मन में उनका कोई शत्रु नहीं है, वे तो मद से रहित और वैरागी होते हैं। इतना ही नहीं, लोभ, क्रोध, ईर्ष्या और भय का त्याग किए रहते हैं।

हे भाई! सुनो, संत जनों का हृदय बड़ा कोमल होता है। वे दीनों पर दया करने वाले होते हैं तथा मन, वचन और कर्म से मेरी निष्कपट भक्ति करते हैं। सभी को सम्मान देते हैं, पर स्वयं मान-सम्मान से विरत रहते हैं। हे भरत! ऐसे संत जन मुझे प्राणों के समान प्रिय हैं। संत जनों के मन में कोई कामना नहीं होती, वे तो मेरे नाम के परायण होते हैं। शांति, वैराग्य, विनय और प्रसन्नता के आगार होते हैं। उनमें शीतलता, सरलता, सब के प्रति मित्र भाव और ब्राह्मणों के चरणों में प्रीति होती है, जो धर्मों को उत्पन्न करने वाली है।

हे तात! ये सब लक्षण जिसके हृदय में बसते हैं, उसको सदा सच्चा संत समझना चाहिए। जो मन के निग्रह, इंद्रियों के निग्रह, नियम और नीति से कभी विचलित नहीं होते तथा मुख से कभी कठोर वचन नहीं बोलते, जिनके लिए निंदा और प्रशंसा दोनों समान हैं तथा मेरे चरण कमलों में जिसकी ममता है, वे गुणों के धाम और सुख की राशि संत जन अत्यंत प्रिय हैं।

असंतों के लक्षण

हे प्रिय भरत! अब असंतों यानी दुष्टों के स्वभाव के बारे में सुनो, और हाँ, कभी भूलकर भी उनकी संगति मत करना और किसी को नहीं करनी चाहिए। उनका संग-साथ हमेशा दुःख देने वाला होता है। दुष्ट स्वभाव के लोगों में बड़ा संताप रहता है। वे दूसरों के सुख को देखकर हमेशा जलते रहते हैं। दूसरों की निंदा सुनते ही वे ऐसे खुश हो जाते हैं, जैसे रास्ते में पड़ा कोई खजाना मिल गया हो!

> ***काम क्रोध मद लोभ परायन। निर्दय कपटी कुटिल मलायन ॥***
> ***बयरु अकारन सब काहू सों। जो कर हित अनहित ताहू सों ॥***

हे प्रिय भरत! दुष्ट लोग काम, क्रोध, मद और लोभ के परायण एवं निर्दयी, कपटी, कुटिल और पापों के घर होते हैं। वे बिना कारण के ही किसी से भी वैर ठान लिया करते हैं। जो भलाई करता है, उसके साथ भी बुराई करते हैं। उनका तो झूठा लेना और झूठा ही देना, झूठा ही भोजन होता और झूठा ही चबेना होता है। यानी हर कार्य में वे झूठ का सहारा लिया करते हैं। मुँह से तो बड़ा मीठा बोलते हैं, पर हृदय के बड़े निर्दयी होते हैं।

दुष्ट लोग दूसरों से द्रोह करते हैं। पराई स्त्री, पराया धन तथा पराई निंदा में बड़ी आसक्ति रखते हैं। वे पामर और पापी लोग मानो मनुष्य-शरीर में राक्षस हैं। वे तो लोभ को ही ओढ़ते हैं, लोभ को ही बिछाते हैं, अर्थात् सब कुछ लोभ के वशीभूत होकर करते हैं। वे दुष्ट पशुओं के समान आहार और मैथुन में रत रहते हैं, उन्हें यमपुर का डर नहीं होता। यदि वे किसी की प्रशंसा सुन लें तो ऐसी दुःख भरी साँस लेते हैं, मानो बुखार चढ़ आया हो।

हे तात! दुष्ट जन किसी को विपत्ति में देखते हैं, तो बड़े प्रसन्न होते हैं। मानो संसार भर के राजा बन गये हों। वे तो स्वार्थी, परिवारवालों के धुर विरोधी, काम और लोभ के कारण लंपट तथा अत्यंत क्रोधी होते हैं। अरे भाई! वे दुष्ट तो माता-पिता, गुरु और ब्राह्मण किसी को भी नहीं मानते। खुद तो बरबाद हुए रहते हैं, दूसरों को भी बरबाद करते हैं या करने में लगे रहते हैं। मोह के कारण दूसरों से द्रोह करते हैं। उन्हें संतों का संग बिल्कुल अच्छा नहीं लगता, न उन्हें भगवान की कथा-कीर्तन ही सुहाते हैं।

हे भरत! वे दुष्ट अवगुणों के समुद्र, मंदबुद्धि, कामी, वेदों की निंदा करने वाले और पराए धन को लूटनेवाले होते हैं। ब्राह्मणों से वे विशेष द्रोह करते हैं। उनके हृदय में दंभ और कपट भरा रहता है, परन्तु ऊपर से बड़े सज-धजकर यानी दिखावटी बनकर रहते हैं। हे भाई! ऐसे नीच और दुष्ट मनुष्य सत्ययुग और त्रेता में नहीं होते। द्वापर में जरूर थोड़े से होंगे, परन्तु कलियुग में तो इनके झुंड-के-झुंड होंगे।

पर हित सरिस धर्म नहिं भाई । पर पीड़ा सम नहिं अधमाई ॥
निर्नय सकल पुरान बेद कर । कहेउँ तात जानहिं कोबिद नर ॥

हे भाई! सुनो, दूसरों की भलाई के समान कोई धर्म नहीं है और दूसरों को दुःख पहुँचाने के समान कोई पाप नहीं है। हे तात! समस्त पुराण और वेदों का यह निर्णय है, निश्चित सिद्धांत है और सब ज्ञानी जन इसको जानते हैं। मनुष्य शरीर धारण करके जो लोग दूसरों को दुःख पहुँचाते हैं, उनको जन्म-मृत्यु के महान संकट झेलने पड़ते हैं। मोह के वश में होकर मनुष्य अनेक पाप करते हैं, इसी से उनका परलोक नष्ट हो जाता है।

हे तात! ऐसे लोगों के लिए मैं कालरूप हूँ और उनके अच्छे-बुरे कर्मों का फल देने वाला हूँ। ऐसा विचारकर चतुर लोग उसे ही भजते हैं। हे भाई! इस प्रकार मैंने संतों और असंतों के गुण बतलाए। जिन लोगों ने इन लक्षणों को समझ लिया है, वे जन्म-मरण के चक्कर से बच जाते हैं। प्रभु के श्रीमुख से ये वचन सुनकर भाई हर्षित हो गये। इस तरह प्रभु नित्य नई लीला करते हैं। मुनिजन यहाँ का हाल ब्रह्मलोक में जाकर सुनाते हैं। भगवान के श्रीमुख से ये वचन सुनकर सब भाई हर्षित हो गये। तदनंतर श्रीरामचन्द्रजी अपने महल को गये।

श्रीराम का नगरवासियों को उपदेश

एक बार रघुनाथजी के बुलाने पर वसिष्ठजी, ब्राह्मण और सब नगरवासी सभा में आए। तब प्रभु उनसे बोले, 'हे समस्त नगरवासियो! मेरी बात सुनिए। मेरा सेवक वही है और प्रिय भी है, जो मेरी बात माने। अगर मैं कोई अनीति की बात कहूँ, तो मुझे बेखटके टोक देना। यह मनुष्य शरीर बड़े भाग्य से मिला है। सब ग्रंथों ने यही कहा है कि यह शरीर देवताओं को भी दुर्लभ है। यह साधन का धाम तथा मोक्ष का दरवाजा है। इसे पाकर भी जिसने अपना परलोक न बनाया, वह परलोक में दुःख पाता है, सिर पीट-पीटकर पछताता है तथा अपना दोष न मानकर काल, कर्म और ईश्वर पर मिथ्या दोष लगाता है।

हे भाइयो! इस शरीर का मुख्य काम विषय भोग नहीं है। अतः जो लोग मनुष्य शरीर पाकर विषयों में मन लगाए रखते हैं, वे मूर्ख अमृत को विष बना डालते हैं। अरे! जो पारसमणि को खोकर बदले में घुँघची ले लेता है, उसको भला कोई बुद्धिमान कहता है? यह अविनाशी जीव अंडज, स्वेदज, जरायुज और उद्भिज्ज इन चारों खानों और चौरासी लाख योनियों में चक्कर लगाता रहता है। माया की प्रेरणा से काल, कर्म, स्वभाव और गुण से घिरा हुआ सदा भटकता रहता है। दयालु प्रभु विरले ही दया करके इसे मनुष्य शरीर देते हैं।

हे प्रियेजनो! यह मनुष्य शरीर भवसागर से तरने के लिए जहाज है। जो मनुष्य ऐसे साधन को पाकर भी भवसागर से न तरे, तो वह कृतघ्न और मंदबुद्धि है और वह आत्महत्या करने वाले की गति को प्राप्त होता है।

हे प्रियेजनो! यदि परलोक और इहलोक में, यानी दोनों जगह सुख चाहते हो, तो मेरे वचन सुनकर उन्हें हृदय में दृढ़ता से धारण कर लो। हे भाइयो! मेरी भक्ति का मार्ग सहज सुलभ और बड़ा ही सुखदायक है, पुराणों और वेदों में इसे बार-बार गाया गया है। भक्ति स्वतंत्र है और सब सुखों की खान है; परन्तु सत्संग के बिना प्राणी इसे पा नहीं सकता और बिना पुण्य के संत नहीं मिलते हैं।

हे भाइयो! इस संसार में एक ही पुण्य है और वह है– मन, कर्म और वचन से ब्राह्मणों के चरणों की पूजा करना। जो छल-कपट को त्यागकर ब्राह्मणों की सेवा करता है, उस पर मुनिजन और देवता सदा प्रसन्न रहते हैं।

> *औरउ एक गुपुत मत सबहि कहउँ कर जोरि।*
> *संकर भजन बिना नर भगति न पावइ मोरि॥*

और एक गुप्त रहस्य की बात मैं आप सबको हाथ जोड़कर कहता हूँ, कि भगवान शंकर के भजन के बिना मनुष्य मेरी भक्ति को कदापि नहीं पा सकता। अब बताओ जरा, मैंने जो भक्तिमार्ग आपको बताया, इसमें कौन-सा बड़ा परिश्रम है? न तो इसमें योग की आवश्यकता है, न यज्ञ, तप, जय और उपवास की। यहाँ तो बस इतना ही चाहिए कि व्यक्ति सरल स्वभाव का हो, उसके मन में कुटिलता न हो, जो मिल जाये, उसी में संतोष करे।

हे नगरजनो! और सुनो, व्यक्ति न तो किसी से वैर भाव रखे, न लड़ाई-झगड़ा करे, न किसी प्रकार की अपेक्षा करे, न ही किसी प्रकार का भय माने, ऐसे व्यक्ति के लिए सभी दिशाएँ अर्थात् सब जगह सुख-ही-सुख होता है। संत जनों के संग रहना जिसको अच्छा लगता है, जिसके मन में सब विषय तृण के समान है, जो भक्ति के पक्ष में रहता है, कुतर्क से सदा बचता है, जो मेरे गुणों का तथा मेरे नाम का पारायण करता है और जो मोह से रहित है, वे सभी जन मुझे बड़े प्रिय हैं। उनकी सब कठिनाइयों को मैं अपने ऊपर लेता हूँ।

श्रीरघुनाथ के वचन सुनकर सब ने प्रभु के चरण पकड़ लिए और बोले,'हे कृपानिधान! आप हमारे माता-पिता, गुरु, भाई सब कुछ हैं और हमें प्राणों से भी प्रिय हैं।' श्रीरामचन्द्रजी की स्तुति करते हुए सब अपने-अपने घरों को चले गये।

श्रीराम-वसिष्ठ संवाद

एक बार मुनि वसिष्ठ राजा रामचन्द्रजी के पास आए। रघुनाथजी ने उनका बहुत आदर-सत्कार किया और उनके चरण धोकर चरणामृत लिया; फिर मुनि नें हाथ जोड़कर कहा, 'हे श्रीरामजी! आपके मानवोचित चरित्रों को देख-देखकर मेरे मन में बड़ा संशय होता है। आपकी महिमा असीम है। हे प्रभो! अनेक तंत्र, वेद और पुराणों के पढ़ने और सुनने का सर्वोत्तम फल एक ही है कि आपके चरणकमलों में सदा-सर्वदा प्रेम हो। मैल धोने से क्या मैल छूटता है? जल के मथने से क्या कोई घी पा सकता है? उसी प्रकार हे रघुनाथजी! प्रेम-भक्ति रूपी निर्मल जल के बिना अंत:करण का मल कभी नहीं जाता।'

'हे प्रभु! वही जन सर्वज्ञ है, तत्वज्ञ और पंडित है, वही गुणों का घर और अखंड विज्ञानवान् है; वही चतुर और सब सुलक्षणों से युक्त है, जिसका आपके चरणकमलों में प्रेम है। हे श्रीरामजी! मैं आपसे एक वर माँगता हूँ कि आपके चरणों में मेरा प्रेम जन्म-जन्मांतर तक कभी न घटे।' ऐसा कहकर मुनि वसिष्ठ अपने घर आ गये। प्रभु को उनके वचन बड़े प्रिय लगे।

नारदजी का प्रभु की स्तुति करना

इसके बाद सेवकों को सुख देने वाले रघुनाथजी हनुमानजी तथा भरतजी सहित

सब भाइयों को लेकर नगर के बाहर शीतल अमराई में गये। वहाँ भरतजी ने अपना वस्त्र बिछा दिया, प्रभु उस पर बैठ गये और सब भाई उनकी सेवा करने लगे। पवनपुत्र उनके लिए पंखा झलने लगे। उनका मन पुलकित हो गया। शिवजी कथा सुनाते हुए बोले, 'हे पार्वती! हनुमानजी के समान न तो कोई भाग्यशाली है और न ही श्रीरामजी के चरणों का प्रेमी ही है, जिनके प्रेम और सेवा की स्वयं प्रभु अपने श्रीमुख से बार-बार प्रशंसा करते हैं।' ठीक इसी अवसर पर नारद मुनि हाथ में वीणा लिये उपस्थित हुए और श्रीरामचन्द्रजी की नित्य नवीन कीर्ति गाने लगे– 'दर्शन मात्र से शोक को दूर कर देने वाले हे कमलनयन! मुझ पर भी अपनी कृपा दृष्टि डालिए। हे हरि! आप नीलकमल के समान श्यामवर्ण और कामदेव के शत्रु, महादेवजी के हृदय-कमल के मकरंद का पान करने वाले भ्रमर हैं।'

जातुधान बरूथ बल भंजन । मुनि सज्जन रंजन अघ गंजन ॥
भूसुर ससि नव बृंद बलाहक । असरन सरन दीन जन गाहक ॥

आप राक्षसों की सेना के बल को तोड़ने वाले हैं। मुनियों तथा संतजनों को आनंद देने वाले तथा पापों का नाश करने वाले हैं। ब्राह्मण रूपी खेती के लिए आप नये मेघ समूह हैं और शरणहीनों को शरण देने वाले तथा दीनजनों को अपने आश्रय में लेने वाले हैं। आपकी जय हो! आपका सुंदर यश पुराणों, वेदों और तंत्रादि शास्त्रों में प्रकट है। देवता, मुनि और संतों के समुदाय उसका नित्य गायन करते हैं। आप करुणा करने वाले हैं और झूठ का नाश करने वाले एवं सब प्रकार से निपुण अयोध्याजी के भूषण हैं। आपका नाम कलियुग के पापों को मथने वाला और ममता को मारने वाला है। हे तुलसीदास के प्रभु! शरणागत की रक्षा कीजिए।'

इस प्रकार श्रीरामचन्द्रजी के गुणों का प्रेमपूर्वक वर्णन करके नारदजी प्रभु को हृदय में धारण कर ब्रह्मलोक को चले गये। शिवजी कहने लगे– 'हे गिरजे! मैंने यह उज्ज्वल रामकथा, जैसी मेरी बुद्धि में आई, वह तुम्हें सुना दी। श्रीरामजी का चरित्र अपार है। श्रुति और शारदा भी उनका वर्णन नहीं कर सकते। भगवान श्रीराम अनंत हैं, उनके गुण अनंत हैं।'

यह पवित्र रामकथा भगवान के परम पद को देने वाली है। इसके सुनने से अविचल भक्ति प्राप्त होती है। हे उमा! मैंने वह मनोहर कथा तुम्हें सुनाई, जो काकभुशुंडिजी ने गरुड़जी को कही थी। मैंने तो श्रीरामजी के थोड़े से गुणों का बखान किया है। श्रीरामजी की कल्याणकारी कथा सुनकर पार्वतीजी अत्यंत प्रसन्न हो गयीं, फिर हर्षित होकर अत्यंत विनम्र वाणी में बोलीं, 'हे त्रिपुरारि! मैं धन्य हो गयी, जो आपसे जन्म-मृत्यु के भय का नाश करने वाली रामकथा सुनी।'

पार्वती द्वारा रामकथा की प्रशंसा

पार्वती रामकथा सुनकर कहने लगीं, कि हे कृपानिधान! अब मैं आपकी कृपा से कृतकृत्य हो गयी हूँ, अब मेरा मोह जाता रहा। मैं सच्चिदानंद प्रभु श्रीरामजी के

प्रताप को जान गयी हूँ। हे नाथ! आपका मुखरूपी चन्द्रमा श्रीरघुवीरजी की कथा रूपी अमृत बरसाता है। हे मतिधीर! मेरा मन कानों से उसे पीकर तृप्त हो गया है। श्रीरामजी के चरित्र सुनते-सुनते जो तृप्त हो जाते हैं या कथा सुनना बंदकर देते हैं, उन्होंने तो उसका विशेष रस जाना ही नहीं। जो जीवन्मुक्त यशमुनि हैं, वे भी भगवान के गुण निरंतर सुनते रहते हैं।

भव सागर चह पार जो पावा। राम कथा ता कहँ दृढ़ नावा॥
बिषइन्ह कहँ पुनि हरि गुन ग्रामा। श्रवन सुखद अरू मन अभिरामा॥

फिर पार्वतीजी बोलीं–'जो भी कोई संसार रूपी सागर का पार पाना चाहता है, उसके लिए रामकथा एक मजबूत नौका के समान है। श्रीहरि के गुण तो विषयी लोगों के लिए भी कानों को सुख देने वाले और मन को आनंद देने वाले हैं। इस संसार में ऐसा कौन है, जो प्रभु का चरित्र सुनना न चाहता हो, या जिसे अच्छा न लगता हो। हे भोलेनाथ! आपने श्रीरामकथा का गान किया, उसे सुनकर मैंने अपार सुख पाया। हे नाथ! आपने कहा कि काकभुशुंडिजी ने गरुड़जी को यह कथा सुनाई थी, सो कौए का शरीर पाकर भी काकभुशुंडि वैराग्य, ज्ञान और विज्ञान में सम्पन्न है, उनका श्रीरामजी के चरणों में अत्यंत प्रेम है और उन्हें श्रीरघुनाथजी की भक्ति भी प्राप्त है, इस बात पर मुझे बड़ा संदेह हो रहा है।'

हे त्रिपुरारि! सुनिए, हजारों मनुष्यों में कोई एक धर्म के व्रत को धारण करनेवाला होता है और करोड़ों धर्मात्माओं में कोई एक विषयों का त्यागी और वैराग्यपरायण होता है। श्रुति कहती है कि करोड़ों विरक्तों में कोई एक ही यथार्थ ज्ञान को प्राप्त करता है और करोड़ों ज्ञानियों में कोई एक ही जीवन्मुक्त हो पाता है। हजारों जीवन-मुक्तों में भी सब सुखों की खान, ब्रह्म में लीन विज्ञानवान् पुरुष और भी दुर्लभ है। धर्मात्मा, वैराग्यवान्, ज्ञानी जीवनयुक्त और ब्रह्मलीन–इन सब में भी देवाधिदेव महादेवजी! वह प्राणी अत्यंत दुर्लभ है, जो मद और माया से रहित होकर श्रीरामजी की भक्ति के परायण हो। हे विश्वनाथ! ऐसी दुर्लभ हरिभक्ति को एक कौआ कैसे पा गया, यह सब मुझे समझाकर कहिए। बताइए कि काकभुशुंडि ने कौए का शरीर क्यों कर धारण किया? यह भी बताइए कि प्रभु का यह पावन चरित्र कौए ने कहाँ पाया? और आपने इसे किस प्रकार सुना? मुझे यह सब सुनने का बड़ा भारी कौतूहल हो रहा है।

काकभुशुंडि के जीवन की कथा

यह सुनकर शिवजी प्रसन्न होकर बोले, हे सती! तुम धन्य हो। तुम्हारी बुद्धि अत्यंत पवित्र है। पक्षीराज गरुड़जी ने भी काकभुशुंडि से कुछ ऐसे ही प्रश्न किए थे। मैं वह सब बताता हूँ, तुम ध्यान लगाकर सुनो–

हे सुमुखी! पहले तुम्हारा अवतार राजा दक्ष के यहाँ हुआ था, तब तुम्हारा नाम सती था। उसके बाद का सारा प्रसंग तुम जानती ही हो। तुम्हारे प्राण त्याग

देने पर मैं तुम्हारे वियोग में दुःखी और मारा-मारा फिरता था। तब घूमते-फिरते नील पर्वत पर पहुँचा, उसके चार सुंदर शिखर मुझे बहुत अच्छे लगे। उन शिखरों में एक-एक पर बरगद, पीपल, पाकर और आम का एक-एक विशाल वृक्ष था। पर्वत पर एक सुंदर तालाब भी शोभित था। उसका शीतल जल मीठा था और उसमें अनेक कमल खिले हुए थे। फूलों पर भौंरे गुंजार कर रहे थे।

वहीं पर काकभुशुंडि पक्षी रहता है। उसका नाश कल्प के अंत में भी नहीं होता। वह पक्षी पीपल के वृक्ष के नीचे ध्यान लगाता है। पाकर के नीचे जपयज्ञ करता है। आम की छाया में मानसिक पूजा करता है। श्रीहरि के भजन को छोड़कर उसे दूसरा कोई काम नहीं है। बरगद के नीचे वह श्रीहरि की कथाओं को कहता है। वहाँ अनेकों पक्षी आकर कथा सुनते हैं। वह विचित्र रामचरित्र का अनेक प्रकार से गान करता है। तालाब के हंस भी उस कथा को सुनते हैं। जब यह सब कौतुक मैंने देखा, मेरे मन में बड़ा आनंद हुआ। तब मैंने हंस का शरीर धारण करके कुछ समय तक वहाँ निवास किया और रघुनाथजी के गुणों को आदरपूर्वक सुनकर फिर कैलास पर लौट आया। अब गरुड़जी उस काक के पास क्यों गये? वह भी सुनो।

गरुड़ का काकभुशुंडि से रामकथा सुनना

जब रघुनाथजी ने ऐसी लीला रची कि युद्ध में मेघनाद के हाथों अपने आपको नागपाश में बँध जाने दिया। तब नारद मुनि ने गरुड़ को भेजा। सर्पों के भक्षक गरुड़जी उनके बंधन काटकर आए, तब उनके मन में बड़ा भारी विषाद हुआ। वे सोचने लगे– जगत् का कल्याण करनेवाले श्रीराम यदि अवतारी पुरुष हैं, तो मैंने अवतार जैसा तो कुछ नहीं देखा। जिनका नाम जपकर लोग संसार के बंधन से छूट जाते हैं, उन्हीं राम को एक तुच्छ राक्षस ने नागपाश में बाँध लिया। गरुड़ ने अनेक प्रकार से अपने मन को समझाया, पर उन्हें ज्ञान नहीं हुआ, बल्कि और भी भ्रम छा गया। वे दुःख से दुःखी होकर मोह में पड़ गये।

गरुड़जी व्याकुल होकर देवर्षि नारद के पास गये और अपने मन का सारा संदेह उनको कह सुनाया। सुनकर नारदजी को उन पर बड़ी दया आई, नारदजी ने समझाया–'हे गरुड़! रामजी की माया बड़ी बलवती है। आपके मन में भारी मोह उत्पन्न हो गया है। मेरे समझाने पर नहीं मिटेगा, अतः आप ब्रह्माजी के पास जाइए।' नारदजी तो इतना कहकर चलते बने।

तब पक्षीराज गरुड़ ब्रह्माजी के पास गये और उन्हें भी अपना संदेह कह सुनाया। तब ब्रह्माजी ने श्रीरामचन्द्रजी को सिर नवाया और उनके प्रभाव को समझकर बड़े मुदित हुए। फिर सोच विचार कर बोले, 'हे पक्षीराज! श्रीरामजी की महिमा तो महादेवजी जानते हैं, अतः तुम शंकरजी के पास जाओ।' ब्रह्माजी के वचन सुनकर गरुड़जी चल पड़े और बड़ी उतावली में मेरे पास आए। हे उमा! उस समय मैं कुबेर के घर जा रहा था और तुम कैलास पर थीं। गरुड़ ने आदरपूर्वक मेरे चरणों में सिर नवाया, फिर मुझे अपना संदेह सुनाया।

हे भवानी! उनकी विनती सुनकर मैंने प्रेम सहित कहा, 'हे गरुड़! तुम मुझे रास्ते में मिले हो, राह चलते मैं तुम्हें किस प्रकार समझाऊँ? तुम्हारे संदेह तो तभी मिटेंगे, जब लंबे समय तक सत्संग किया जाये। हे भाई! जहाँ प्रतिदिन हरिकथा होती है, मैं तुम्हें वहाँ भेजता हूँ। तुम जाकर उसे सुनो, तुम्हारे सारे संदेह मिट जायेंगे।'

नील पर्वत पर काकभुशुंडिजी रहते हैं। वे रामभक्ति के मार्ग में परम प्रवीण हैं, ज्ञानी हैं, गुणों के धाम हैं और बहुत पुराने हैं। वे निरंतर रामकथा कहते रहते हैं, जिसे सब पक्षी बड़े प्रेम के साथ सुनते हैं। तुम वहाँ जाकर रामकथा का श्रवण करो। उसके सुनने से तुम्हारा सब मोह जाता रहेगा। तब गरुड़ मेरे पैरों में सिर नवा, हर्षित होकर चला गया।

हे उमा! मैंने स्वयं उसे इसलिए नहीं समझाया कि मैं प्रभु की कृपा से उसका मर्म समझ गया था, कि उसने कभी अभिमान किया होगा, जिसको प्रभु उसके अंदर से मिटाना चाहते हैं। फिर इस कारण भी उसे मैंने अपने पास नहीं रखा कि पक्षी पक्षी की बोली भली-भाँति समझते हैं। हे भवानी! प्रभु की माया बड़ी बलवती है।

हे उमा! गरुड़जी नील पर्वत पर काकभुशुंडि के पास जा पहुँचे। वह तालाब में स्नान करके प्रसन्न चित्त से वट वृक्ष के नीचे गये, जहाँ रामकथा सुनने के लिए बूढ़े-बूढ़े पक्षी आए हुए थे। कथा शुरू होने ही वाली थी कि गरुड़जी को वहाँ देखकर काकभुशुंडि सहित सारा पक्षी समाज हर्षित हो गया। सब ने उनका आदर-सत्कार किया; फिर काकभुशुंडि बड़े मधुर वचन बोले, 'हे पक्षीराज! आपके दर्शन पाकर मैं कृतार्थ हो गया। अब आज्ञा करें, हे प्रभो आप किस कार्य से यहाँ आए हैं?'

गरुड़जी बोले, 'हे तात! वैसे तो यहाँ आकर मुझे कोई कष्ट नहीं रहा; पर मैं यहाँ पर मन को पवित्र करने वाली श्रीरामकथा सुनने आया हूँ। मैं आपसे विनती करता हूँ कि सदा सुख देनेवाली वह कथा प्रेमपूर्वक मुझे सुनाइए।' गरुड़ का परम प्रेम और आग्रह सुनकर काकभुशुंडि बड़े उत्साह से रघुनाथजी के गुणों की कथा कहने लगे। हे उमा! उन्होंने गरुड़ को शुरू की सब कथा कही, फिर उनके अवतार की, इसके बाद बाल लीलाएँ कहकर उनके विवाहादि का सब वृत्तांत सुनाया। यहाँ तक कि वनगमन, राक्षसों का नाश, बाली का उद्धार, विभीषण का राजतिलक, फिर प्रभु की वापसी से लेकर राज्याभिषेक की कथा प्रेमपूर्वक सुनाई। हे भवानी! सारी कथा सुनकर पक्षीराज गरुड़ बोले कि प्रभु के सब चरित्र सुनकर मेरे सारे संदेह दूर हो गये; श्रीरामजी के चरणों में मेरा प्रेम हो गया।

'जो धूप से अत्यंत व्याकुल होता है, वही वृक्ष की छाया का सुख जानता है। हे तात! यदि मुझे अत्यंत मोह न होता तो मैं आपसे क्यों कर मिलता? और कैसे यह अत्यंत पावन हरिकथा को सुनता। सच्चे संत उसी को मिलते हैं, जिसके ऊपर श्रीरामजी कृपा करते हैं। पक्षीराज गरुड़ की विनय और मधुर वाणी सुनकर काकभुशुंडिजी का शरीर पुलकित हो गया।

गरुड़ द्वारा रघुनाथजी की प्रभुता का वर्णन

काकभुशुंडि बोले, 'हे गरुड़जी अब प्रभु श्रीरामजी की प्रभुता सुनिए। मुझे मोह कैसे हुआ, वह सब भी बताता हूँ। प्रभु का सहज स्वभाव है कि वे भक्तों में अभिमान कभी नहीं रहने देते, क्योंकि यह अनेक प्रकार के क्लेशों को देने वाला है। जैसे बच्चे के शरीर में फोड़ा हो जाता है, तो माँ बच्चे के बहुत रोने पर भी उसमें चीरा लगाकर मवाद निकाल देती है, उसी तरह रघुनाथजी भी भक्त का अभिमान उसके हित के लिए ही दूर करते हैं।'

'हे पक्षीराज! जब-जब प्रभु मानवलीला करते हैं, तब-तब मैं अयोध्यापुरी जाकर उनके दर्शन करता हूँ। लड़कपन में उनके आँगन में उनकी जूठन खाकर प्रसन्न होता हूँ। श्रीरामजी का चरित्र सेवकों को सुख देनेवाला है। अयोध्या का राजमहल सब प्रकार से सुदर हैं। बाल-क्रीड़ा करते हुए मैं उनके निकट जाता हूँ तो प्रभु किलकारी मारकर पकड़ने दौड़ते हैं। मेरे निकट आने पर प्रभु हँसते हैं और दूर जाने पर रोते हैं और मैं उनका चरण स्पर्श करने के लिए उनके पास जाता हूँ तो पीछे बार-बार देखते हुए भाग आते हैं। इसी से मुझे भी बड़ा भ्रम पैदा हुआ। श्रीरामजी ने मुझे भ्रम से चकित देखा तो खूब हँसे। इस लीला का मर्म किसी ने न जाना। तब बालरूप श्रीराम मुझे पकड़ने दौड़े।

हे गरुड़जी मैं भाग चला। मैं आकाश में उड़ गया, प्रभु की भुजा वहाँ भी पहुँची। मैं जहाँ जाता, भुजा मुझे दिखाई देती। मैं ब्रह्मलोक तक गया। जब उड़ते हुए मैंने पीछे देखा तो प्रभु की भुजा मेरे दो अंगुल पीछे ही थी। जितनी मेरी गति थी, जितनी मेरी सामर्थ्य थी, सातों अवतारों को भेदकर वहाँ तक मैं गया, पर वहाँ भी भुजा मेरे पीछे थी। यह देखकर मैं व्याकुल हो गया। जब मैं ज्यादा भयभीत हो गया तब मैंने आँखें बंद कर लीं। फिर आँखें खोलते ही मैं अवधपुरी पहुँच गया। मुझे देखकर रामजी मुसकराने लगे। उनके हँसते ही मैं तुरंत उनके मुख में चला गया। मैंने उनके पेट में बहुत से ब्रह्मांड देखे। वहाँ अनेकों विचित्र लोक थे, जिनकी रचना एक से बढ़कर एक थी। वहाँ करोड़ों ब्रह्माजी, शिवजी, अनगिनत तारागण, सूर्य और चंद्रमा, अनगिनत लोकपाल, यम और काल, अनगिनत विशाल पर्वत और भूमि, असंख्य समुद्र, नदी, तालाब, वन तथा और भी नाना प्रकार की सृष्टि का विस्तार देखा। देवता, मुनि, सिद्ध, नाग, मनुष्य, किन्नर तथा चारों प्रकार के जड़ और चेतन जीव देखे।

हे गरुड़जी! जो कभी न देखा था, न सुना था और जो मन में भी नहीं समा सकता, जिसकी कल्पना भी नहीं की जा सकती, वही सब अद्‌भुत सृष्टि मैंने देखी। मैं एक-एक ब्रह्मांड में एक-एक सौ वर्ष तक रहा। इस प्रकार मैंने अनेकों ब्रह्मांड देखे। प्रत्येक ब्रह्मांड में मैंने अपना रूप देखा तथा अनेकों अनुपम वस्तुएँ देखीं। प्रत्येक भुवन में अलग ही अवधपुरी, भिन्न सरयू और भिन्न प्रकार के नर-नारी थे। श्रीरामजी के पेट में मैंने अनेक जगत् देखे, जो देखते ही बनते थे।

यह सब मैंने दो घड़ी के अंदर देखा। मन विशेष के कारण मैं थक गया। मुझे व्याकुल देखकर कृपालु रघुवीर हँस दिए और उनके हँसते ही मैं उनके मुख से बाहर आ गया। श्रीरामजी फिर से वही लड़कपन करने लगे। यह सब देखकर 'रक्षा कीजिए, रक्षा कीजिए,' कहता हुआ मैं पृथ्वी पर गिर पड़ा।

हे पक्षीराज! अत्यंत व्याकुल जानकर प्रभु ने अपना हाथ मेरे सिर पर रखा, फिर दीनदयालु ने मेरा सब दुःख हर लिया। सेवकों को सुख देने वाले प्रभु ने मुझे सर्वथा मोहरहित कर दिया। उनकी प्रभुता याद कर-करके मेरे मन में बड़ा हर्ष हुआ; फिर मैंने बहुत प्रकार से उनकी स्तुति की। मेरी विनती सुनकर प्रभु बोले, 'काकभुशुंडि! तू मुझे प्रसन्न जानकर कोई वर माँग। अणिमा आदि अष्ट सिद्धियाँ, दूसरी सिद्धियाँ तथा सम्पूर्ण जगत् की खान मोक्ष, ज्ञान, विवेक, वैराग्य, तत्त्वज्ञान और वे अनेकों गुण, जो इस संसार में मुनियों के लिए भी दुर्लभ हैं, वे सब आज मैं तुझे दूँगा, जो तेरे मन में आए, सो तू माँग ले।'

प्रभु के वचन सुनकर मैं प्रेम में भर गया। मैंने सोचा, प्रभु ने सब सुखों के देने की बात कही, पर भक्ति की नहीं। तब मैं बोला, 'हे प्रभो! यदि आप मेरे ऊपर प्रसन्न हैं, तो जिसे योगीश्वर मुनि खोजते हैं, दया करके मुझे अपनी वही भक्ति दीजिए।' 'एवमस्तु' कहकर प्रभु ने कहा कि हे काक! तू स्वभाव से ही बुद्धिमान है। तूने सब सुखों की खान भक्ति माँग ली। जगत् में तेरे समान भाग्यशाली कोई नहीं है। यह सारा संसार माया से उत्पन्न है, सभी जीव मुझे प्रिय हैं, क्योंकि सब मेरे उत्पन्न किए हुए हैं।

कलिकाल का वर्णन/लक्षण

हे गरुड़जी! अब मैं कलिकाल के बारे में कुछ बताता हूँ, जो मैंने देखा था। कलिकाल में पापों ने सब धर्मों को ग्रस लिया। उसमें सब स्त्री-पुरुष पापों में लिप्त थे। सद्ग्रंथ लुप्त हो गये थे। दंभी लोगों ने अपनी बुद्धि की कल्पना से बहुत से पंथ चला डाले। सभी लोग मोह के वश हो गये, लोभ सब शुभ कर्मों को खा गया। कलियुग में न तो वर्णधर्म रहता है और न आश्रम रहते हैं। सब लोग वेद के विरोध में लगे रहते हैं। ब्राह्मण ही वेदों को बेच डालते हैं और राजा स्वयं प्रजा को खा जाता है। वेद की आज्ञा कोई नहीं मानता है।

कलिकाल में तो जिसको जो अच्छा लग जाये, वही मार्ग है। जो डींग मारता है, वही पंडित है, और जो आडंबर रचता है और दंभी है, उसी को संत कहा जाता है, जो दूसरे का धन हड़प कर जाये, वही बुद्धिमान कहलाता है। जो दंभ करता है, वह सदाचारी कहलाता है। जो झूठ बोलता है और हँसी-दिल्लगी करने में माहिर है, वही गुणवान कहा जाता है।

हे पक्षीराज! कलियुग में जो आचरणहीन है और वेद मार्ग को त्यागे हुए है, वही तो ज्ञानी और वैरागी कहा जाता है। जिसे लंबे-लंबे नख और बड़ी-बड़ी जटाएँ हैं, वही तपस्वी कहलाता है। जो अमंगल वेष और अमंगल भूषण धारण

करते हैं और भक्ष्य-अभक्ष्य सब कुछ खा लेते हैं, वे ही भोगी हैं और वे ही सिद्ध पुरुष माने जाते हैं और कलियुग में इन्हीं लोगों की पूजा होती है। जो हमेशा दूसरों का अहित करने में लगे रहते हैं, उन्हीं की बड़ी महिमा गायी जाती है, उन्हीं का सम्मान भी होता है। जो एक नंबर झूठे हैं, वे कलियुग में वक्ता माने जाते हैं।

हे गरुड़जी! कलियुग में सभी मनुष्य स्त्रियों के वश में रहते हैं, और मदारी के बंदर की तरह नाचते रहते हैं। शूद्र लोग ब्राह्मण को ज्ञान का उपदेश देते हैं और गले में जनेऊ धारण करते हैं, सभी मनुष्य काम और लोभ के वशीभूत क्रोधी होते हैं। वे देवता, संत, ब्राह्मण और वेदों के विरोधी होते हैं। अभागिन स्त्रियाँ गुणगान पति को छोड़कर परपुरुष का साथ करती हैं। कलियुग में सुहागिन स्त्रियाँ उतना शृंगार नहीं करतीं, जितना विधवा करती हैं। गुरु और शिष्य में अंधे और बहरे की सी स्थिति होती है। एक शिष्य गुरु का उपदेश सुनता नहीं, गुरु उसे देखता नहीं।

हे पक्षीराज! जो गुरु शिष्य का धन हड़प लेता है, पर उसके शोक का हरण नहीं करता, वह तो घोर नरक में पड़ता है। कलियुग में माता-पिता अपने बच्चों को वही धर्म सिखाते हैं, जिससे पेट भरे, यानी इन्हें कमाने-खाने का ही उपदेश करते हैं, धर्म-कर्म और सेवा आदि का नहीं करते।

कलियुग में स्त्री-पुरुष सीधे ब्रह्मज्ञान की बात करते हैं, परन्तु लोभ के कारण थोड़े से लालच में गुरु और ब्राह्मण की हत्या करने से नहीं चूकते हैं। जो पराई स्त्री में आसक्त, कपट करने में चतुर और मोह, द्रोह और ममता में लिपटे हैं, वे ही ब्रह्मज्ञानी कहे जाते हैं। मैंने कलियुग का ऐसा चरित्र देखा है। वे स्वयं तो भ्रष्ट रहते हैं, जो कोई सन्मार्ग पर चले, तो उसको भी भ्रष्ट कर देते हैं। हे तात! जो लोग तर्क करके वेद की निंदा करते हैं, वे कल्प-कल्प तक नरक में पड़े रहते हैं।

कलिकाल में तेली, कुम्हार, चांडाल, कोल और कलवार आदि अपनी स्त्री के मरने पर या घर की संपत्ति नष्ट हो जाने पर सिर मुँड़ाकर संन्यासी हो जाते हैं, फिर वे ब्राह्मणों से अपनी पूजा करवाते हैं और फिर अपने ही हाथों दोनों लोकों को नष्ट कर लेते हैं। ब्राह्मण भी अनपढ़, लोभी, कामी, आचरणहीन, मूर्ख और नीची जाति की व्यभिचारिणी स्त्रियों के स्वामी होते हैं। शूद्र नाना प्रकार के जप, तप और व्रत करके, व्यासगद्दी पर बैठकर कथा-वक्ता बनते हैं। सब लोग मनमाना आचरण करते हैं, अनीति का कितना वर्णन करूँ?

हे पक्षीराज! कलियुग में सब लोग वर्णसंकर और मर्यादा से च्युत हो गये। वे पाप कर्म करते हैं, परिणामस्वरूप दुःख, भय, रोग, शोक और वियोग पाते हैं। लोग मोहवश सन्मार्ग पर नहीं चलते, बल्कि अनेक नये-नये पंथ बना लेते हैं। कलियुग में संन्यासी अपने शानदार मकान बनाते हैं, उनमें वैराग्य नहीं रहता। तपस्वियों के पास अपार धन होते हैं, पर गृहस्थ बेचारे निर्धन होते हैं। हे तात! कलियुग की लीला बड़ी निराली है।

इतना ही नहीं, कुलवती और सती स्त्री को पुरुष घर से निकाल देते हैं और दुश्चरित्र तथा दासी को घर में रख लेते हैं। पुत्र अपने माता-पिता को तभी तक मानता हैं, जब तक उसकी शादी नहीं हो जाती, स्त्री का मुख देखने पर वह माता-पिता से विमुख हो जाता है। उसे ससुराल प्यारी लगने लगती है और कुटुंबी जन शत्रु मालूम पड़ते हैं। राजा लोग पाप में निमग्न हो धर्म को छोड़ बैठते हैं तथा प्रजा को बिना अपराध के नित्य सताया करते हैं। धनी लोग नीच होने पर भी कुलीन माने जाते हैं। द्विज की पहचान मात्र जनेऊ और तपस्वी नंगे बदन जो वेद-पुराणों को नहीं मानते, कलियुग में वे ही हरिभक्त और सच्चे संत कहे जाते हैं।

कलियुग में गुण में दोष लगाने वाले बहुत होते हैं, पर गुणी कोई नहीं होता। कलियुग में बार-बार अकाल पड़ता है, अन्न के बिना लोग भूखों मर जाते हैं। गरुड़जी! कलियुग में कपट, हठ यानी दुराग्रह, दंभ, द्वेष, पाखंड, मान, मोह और काम आदि तथा मद सारे संसार में व्याप्त हो गये। मनुष्य जप, तप, यज्ञ, व्रत, दान आदि तामसी भाव से करने लगते हैं। देवता पृथ्वी पर जल नहीं बरसाते और फिर बोया हुआ अन्न उगता नहीं।

हे गरुड़जी! कलियुग में स्त्रियाँ बालों को सर्वाधिक सँवारकर रखती हैं, उन्हें भूख भी ज्यादा लगती है, यानी वे सदा अतृप्त ही रहती हैं। वे धन के बिना तथा लोभवश दुःखी रहती हैं। वे सुख तो चाहती हैं, पर धर्म-कर्म में विश्वास नहीं रखतीं। उनमें बुद्धि और कोमलता की कमी रहती है। कलियुग के मनुष्य रोगों से पीड़ित रहते हैं, सुख उनको कही भी नहीं। बिना किसी कारण के विरोध और अपमान करते हैं, आयु कम होती है, पर घमंड सिर पर चढ़कर बोलता है।

कलियुग मनुष्य को अस्तव्यस्त कर डालता है। कोई बहन-बेटी का भी विचार नहीं करता। लोगों में न संतोष है, न विवेक और न सहनशीलता है। सभी जाति के लोग भीख माँगने वाले हो जाते हैं, ईर्ष्या-द्वेष, कटु वचन और लालच खूब बढ़ जाते हैं, लोगों के बीच भारी असमानता हो जाती है, कोई दरिद्र तो कोई कुबेर, सबके अंदर शोक और वियोग भरा रहता है। वर्णाश्रम धर्म के सब आचरण नष्ट हो गये हैं। इंद्रियों का दमन, दान, दया और समझदारी किसी में नहीं रहता है। मूर्खता करना और दूसरे को ठगना बहुत बढ़ जाता है। स्त्री-पुरुष मात्र शरीर के पालन-पोषण में ही लगे रहते हैं, सब ओर दूसरों की निंदा करने वालों का ही बोलबाला रहता है।

हे गरुड़जी! सुनिए, कलियुग पाप और अवगुणों का घर है, परंतु एक बड़ी अच्छी बात है कि बिना किसी परिश्रम के भव-बंधन से छुटकारा मिल जाता है। सतयुग, त्रेता और द्वापर में जो गति पूजा, यज्ञ और योग से होता है, वही गति कलियुग में मनुष्य मात्र भगवान के नाम स्मरण मात्र से पा जाते हैं। सतयुग में सब योगी और विज्ञानी होते हैं। हरि का ध्यान करके सब प्राणी भवसागर से तर जाते हैं। त्रेता में मनुष्य अनेक प्रकार के यज्ञ करते हैं और सब कर्मों को प्रभु को अर्पण करके भवसागर की थाह पा जाते हैं।

> *कलियुग जोग न जग्य न ग्याना । एक अधार राम गुन गाना ॥*
> *सब भरोस तजि जो भज रामहि । प्रेम समेत गाव गुन ग्रामहि ॥*

कलियुग में तो न योग है और न यज्ञ। न ही ज्ञान है। बस रामजी का गुणगान ही एकमात्र आधार है। अत: सब आश्रयों को त्यागकर जो श्रीरामजी को भजता है और प्रेमपूर्वक उनके गुणों को गाता है, वही भवसागर से तर जाता हैं, इसमें जरा भी संदेह नहीं है। प्रभु के नाम का प्रताप कलियुग में प्रत्यक्ष है। यदि मनुष्य विश्वास करे तो कलियुग के समान कोई अच्छा युग नहीं है, क्योंकि कलियुग में तो श्रीराम के नाम को स्मरण करके, उसका गान करके मनुष्य बिना कोई परिश्रम किए संसार रूपी सागर से तर जाता है।

रुद्राष्टक (शिव स्तुति)

ब्राह्मण देव श्रीशिव के समक्ष हाथ जोड़कर गद्‌गद वाणी से स्तुति करने लगे–

> *नमामीशमीशान निर्वाणरूपं । विभुं व्यापकं ब्रह्म वेद स्वरूपं ॥*
> *निजं निर्गुणं निर्विकल्पं निरीहं । चिदाकाशमाकाशवासं भजेऽहं ॥*

हे मोक्षस्वरूप, विभु, व्यापक, ब्रह्म और वेद स्वरूप, ईशान दिशा के ईश्वर तथा सबके स्वामी श्रीशिव! मैं आपको नमस्कार करता हूँ। निज स्वरूप में मायादि रहित, गुणों से रहित, भेदरहित, इच्छारहित, चेतन, आकाश रूप एवं आकाश को ही वस्त्र रूप में धारण करने वाले दिगंबर आपको मैं भजता हूँ।

> *निराकारमोंकारमूलं तुरीय । गिरा ग्यान गोतीतमीशं गिरीशं ॥*
> *करालं महाकाल कालं कृपालं । गुणागार संसारपारं नतोऽहं ॥*
> *तुषाराद्रि संकाश गौरं गभीरं । मनोभूत कोटि प्रभा श्री शरीरं ॥*
> *स्फुरन्मौलि कल्लोलिनी चारुगंगा । लसद्भालबालेन्दु कंठे भुजंगा ॥*

हे निराकार, ओंकार के मूल, तीनों गुणों से अतीत, वाणी, ज्ञान और इंद्रियों से परे, कैलासपति, विकराल, महाकाल के भी काल, कृपालु, गुणों के धाम, संसार से परे आप परमेश्वर को मैं नमस्कार करता हूँ। जो हिमाचल के समान गौर वर्ण तथा गंभीर है, जिनके शरीर में करोड़ों कामदेवों की ज्योति एवं शोभा है, जिनके सिर पर सुंदर पावन गंगा विराजमान हैं, जिनके ललाट पर द्वितीया का चंद्रमा और गले में सर्प सुशोभित हैं।

> *चलत्कुंडलं भ्रू सुनेत्रं विशालं । प्रसन्नाननं नीलकंठं दयालं ॥*
> *मृगाधीशचर्माम्बरं मुण्डमालं । प्रियं शंकरं सर्वनाथं भजामि ॥*
> *प्रचंडं प्रकृष्टं प्रगल्भं परेशं । अखंडं अजं भानुकोटिप्रकाशं ॥*
> *त्रयः शूल निर्मूलनं शूलपाणिं । भजेऽहं भवानीपतिं भावगम्यं ॥*

जिनके कानों में कुंडल हिल रहे हैं; सुन्दर भृकुटि और विशाल नेत्र हैं; जो प्रसन्न मुख नीलकंठ और दयालु हैं; सिंहचर्म का वस्त्र धारण किए हुए और मुंडमाला पहने हैं; उन सबके प्यारे और सबके नाथ श्री शंकरजी को मैं भजता हूँ। रुद्ररूप, श्रेष्ठ, तेजस्वी, परमेश्वर, अखंड, अनन्य, करोड़ों सूर्यों के समान प्रकाश वाले, तीनों प्रकार के शूलों का निर्मूल करने वाले, हाथ में त्रिशूल धारण किए, प्रेम के द्वारा प्राप्त होने वाले भवानी के पति श्रीशंकर को मैं भजता हूँ।

कलातीत कल्याण कल्पान्तकारी । सदा सज्जनानन्ददाता पुरारी ।।
चिदानंद संदोह मोहापकारी । प्रसीद प्रसीद प्रभो मन्मथारी ।।
न यावद् उमानाथ पादारविंदं । अजंतीह लोके परे वा नराणां ।।
न तावत्सुखं शान्ति सन्तापनाशं । प्रसीद प्रभो सर्वभूताधिवासं ।।

हे प्रभु! कलाओं से परे, कल्याण स्वरूप, कल्प का अंत, अर्थात् प्रलय करने वाले, सज्जनों को सदा आनंद देने वाले, त्रिपुरारि के शत्रु, सच्चिदानंदघन, मोह को हरने वाले, मन को मथ डालने वाले, कामदेव के शत्रु, हे प्रभो! प्रसन्न होइए, प्रसन्न होइए! हे पार्वती के पति! जब तक मनुष्य आपके चरण कमलों को नहीं भजते, तब तक उन्हें न तो इहलोक और न परलोक में सुख-शांति मिलती है और उनके तापों का नाश होता है। अतः समस्त जीवों के अंदर निवास करने वाले हे प्रभो! प्रसन्न होइए!

न जानामि योगं जपं नैव पूजां । नतोऽहं सदा सर्वदा शंभु तुभ्यं ।।
जरा जन्म दुःखौघ तातप्यमानं । प्रभो पाहि आपन्नमामीश शंभो ।।

मैं न तो योग जानता हूँ, न जप और न पूजा ही। हे शंभो! मैं तो सदा-सर्वदा आपको ही नमस्कार करता हूँ। हे प्रभो! बुढ़ापा तथा जन्म-मृत्यु के दुःखों से पीड़ित मुझ दुःखी की दुःखों से रक्षा कीजिए। हे ईश्वर! हे शंभो! मैं आपको नमस्कार करता हूँ। जो मनुष्य इस रुद्राष्टक को भक्तिपूर्वक पढ़ते हैं, उन पर भगवान शंकर प्रसन्न होते हैं।

गरुड़जी के सात प्रश्न

गरुड़जी बोले, 'हे प्रभो! वैसे तो मेरे सब संदेह दूर हो गये हैं। लेकिन यह बताइए कि ज्ञान और भक्ति में कितना अंतर है?' गरुड़जी के प्रश्न के उत्तर में काकभुशुंडि बोले, 'हे तात! भक्ति और ज्ञान में कुछ भी भेद नहीं है। दोनों ही संसार से उत्पन्न क्लेशों को हर लेते हैं; फिर भी मुनिजनों ने कुछ अंतर बतायें हैं, उन्हें ध्यान लगाकर सुनिए।'

हे पक्षीराज! ज्ञान, वैराग्य, योग, विज्ञान- ये सब पुरुष हैं, पुरुष का प्रताप सब प्रकार से प्रबल होता है। अबला (माया) स्वाभाविक ही निर्बल और जन्म से ही मूर्ख होती है; परन्तु जो वैराग्यवान् और धीरबुद्धि पुरुष हैं, वही स्त्री का त्याग कर सकते हैं, न कि वे कामी पुरुष, जो विषयों के वश में हैं और रघुनाथजी के

चरणों से विमुख हैं, ज्ञान के भंडार वे मुनि भी मृगनयनी के चंद्रमुख को देखकर उसके अधीन हो जाते हैं। माया और भक्ति, दोनों ही स्त्री वर्ग की हैं, यह सब कोई जानता है; परन्तु रघुवीरजी को भक्ति प्यारी है। माया बेचारी तो नहिनी मात्र है। अब काकजी यह बताइए कि सबसे दुर्लभ शरीर कौन-सा है? फिर सबसे बड़ा दु:ख कौन-सा है, और सबसे बड़ा सुख कौन-सा है, इन सबको संक्षेप में बता दीजिए। संत और असंत के भेद बताइए। श्रुतियों में सबसे महान् पुण्य कौन-सा है और सबसे भयंकर पाप कौन-सा है? फिर मानस रोगों को समझाकर कहिए। आप सर्वज्ञ हैं और आपकी मेरे ऊपर कृपा है।' काकभुशुंडि बोले, हे तात मैं सबको संक्षेप में कहता हूँ। लो सुनो-

नर तन सम नहिं कवनिउ देही। जीव चराचर जाचत तेही ॥
नरक स्वर्ग अपबर्ग निसेनी । ग्यान बिराग भगति सुभ देनी ॥

हे गरुड़जी! मनुष्य शरीर नरक, स्वर्ग और मोक्ष की सीढ़ी है तथा कल्याणकारी ज्ञान, वैराग्य और भक्ति को देने वाला है; ऐसे मनुष्य शरीर को धारण करके भी जो श्रीहरि को नहीं भजता है, वह इस चराचर में नीच है।

नहिं दरिद्र सम दु:ख जग माहीं । संत मिलन सम सुख जग नाहीं ॥
पर उपकार बचन मन काया । संत सहज सुभाउ खगराया ॥

हे पक्षीराज! इस संसार में दरिद्रता के समान कोई दु:ख नहीं है और संतों के मिलने के समान कोई सुख नहीं हैं। मन, वचन और शरीर से परोपकार करना तो संतों का सहज स्वभाव होता है। संत दूसरों की भलाई के लिए दु:ख सहते हैं और असंत दूसरों को दु:ख पहुँचाने के लिए। कृपालु संत तो भोजवृक्ष के समान अपनी खाल तक उधड़वा लेते हैं।

परन्तु दुष्ट लोग सन की तरह दूसरों को बँधवाकर कष्ट देते हैं। दुष्ट लोग बिना किसी स्वार्थ के साँप और चूहे के समान अकारण ही दूसरों का बुरा करते हैं। वे पराई संपत्ति को नष्ट करके स्वयं नष्ट हो जाते हैं। जैसे खेती का नाश करके ओले नष्ट हो जाते हैं। वेदों में अहिंसा को परम धर्म माना गया है और परनिंदा के समान भारी पाप नहीं है। शंकरजी और गुरु की निंदा करने वाला मनुष्य अगले जन्म में मेढक होता है। ब्राह्मणों की निंदा करने वाला बहुत से नरक भोगकर फिर संसार में कौए का जन्म पाता है। अभिमानी लोग, जो वेदों और देवताओं की निंदा करते हैं, वे सब रौरव नरक में पड़ते हैं। संतों की निंदा करने वाले उल्लू बनते हैं और जो मूर्ख बाकी की निंदा करते हैं, वे सब चमगादड़ का जन्म पाते हैं। हे तात! अब मानस रोग के बारे में सुनिए।

हे पक्षीराज! सब रोगों की जड़ अज्ञान है। उन व्याधियों से फिर और बहुत शूल उत्पन्न होते हैं। काम वात है, लोभ बढ़ा हुआ कफ है, और क्रोध पित्त है, जो सदा छाती जलाता रहता है। यदि ये तीनों भाई ही प्रीति कर लें, यानी मिल

जायँ तो सन्निपात रोग उत्पन्न होता है। ममता दाद की तरह है, ईर्ष्या खुजली है, हर्ष-विषाद गजगंड, कंठमाला (घेंघा) रोग है, पराए सुख को देखकर जलना क्षय रोग है। दुष्टता और मन की कुटिलता कोढ़ के समान है।

हे तात! अहंकार अत्यंत कष्ट देने वाला गाँठ का रोग है। दंभ, कपट, मद और भान नहरूआ यानी नसों का रोग है। तृष्णा जलोदर के रोग के समान है। मत्सर और अविवेक दो प्रकार के ज्वर हैं; इस प्रकार अनेकों बुरे रोग हैं, जिनका वर्णन नहीं हो सकता। आदमी तो एक ही रोग से मर जाता है, फिर ये तो बहुत से असाध्य रोग हैं। ये जीवन को निरंतर कष्ट देते रहते हैं, तब मनुष्य शांति कैसे प्राप्त कर सकता है? हालाँकि नियम, धर्म उत्तम तप, ज्ञान, यज्ञ, जप, दान तथा और भी करोड़ों औषधियाँ हैं; परन्तु हे तात! उनसे ये रोग नहीं जाते। इस प्रकार ये मैंने थोड़े से मानस रोग कहे हैं।

हे गरुड़जी! यदि श्रीरामजी की कृपा से इस प्रकार का संयोग बन जाये तो ये सब रोग नष्ट हो जाते हैं। मनुष्य रोगी सद्गुरु रूपी वैद्य पर विश्वास करें। विषयों से दूर रहें, यह संयम का परहेज है। श्रीरामजी की भक्ति संजीवनी जड़ी है। हे गोसाईं! मन को निरोग तब जानना चाहिए, जब हृदय में वैराग्य की तीव्रता बढ़ जाये और विषयों की आशा रूपी दुर्बलता मिट जाये, तब उसके हृदय में रामभक्ति छा जाती है। जो श्रीहरि का भजन करते हैं, वे विकट संसार-सागर को सहज ही पार कर लेते हैं।

इसके बाद गरुड़जी बोले, 'हे काकभुशुंडि! आपकी रसमयी वाणी में श्रीरघुनाथ जी के गुण सुनकर मैं कृत-कृत्य हो गया हूँ। श्रीरामजी के चरणों में मेरी प्रीति बढ़ गयी है। मेरा जन्म सफल हो गया है। उनके चरणों में सिर नवाकर और हृदय में रघुवीरजी को धारण करके गरुड़जी वैकुंठ को चले गये।' हे गिरिजे! सत्संग के समान कोई दूसरा कार्य नहीं है; पर सत्संग भी श्रीहरि की कृपा के बिना नहीं हो सकता-वेद-पुराणों में ऐसा कहा गया है।

रामकथा का माहात्म्य

पार्वती कहने लगीं-'हे विश्वनाथ! आपकी कृपा से अब मैं कृतार्थ हो गयी हूँ। मुझ में दृढ़ रामभक्ति उत्पन्न हो गयी है। मेरे संपूर्ण क्लेश मिट गये हैं।' शंभुजी द्वारा रामकथा के रूप में पार्वती जी को कहा गया, समस्त संवाद परम सुख देने वाला है और शोक का नाश करने वाला है। जन्म-मरण से छुटकारा दिलानेवाला, संदेह और संशयों को मिटाने वाला, भक्तों को आनंद देनेवाला और संत-साधु जनों को अत्यंत प्रिय है।

राम उपासक जे जग माहिं। एहि सम प्रिय तिन्ह कें कछु नाहीं॥
रघुपति कृपाँ जथामहि गावा। मैं यह पावन चरित्र सुहावा॥

संसार में जितने भी उपासक हैं, उनको इस रामकथा के समान दूसरा कुछ भी प्रिय नहीं है। श्री रघुनाथजी की कृपा से मैंने यह सुंदर और पवित्र करने वाली रामकथा कही। इस संसार में योग, जप, यज्ञ, तप, व्रत और पूजन आदि कोई अन्य साधन नहीं है। बस, श्रीरामजी का स्मरण करना, श्रीरामजी के गुणों का बखान करना और निरंतर उनकी पावन कथा को सुनना चाहिए।

पतितों को पवित्र करना जिनका स्वभाव है– ऐसे कवि, वेद, संत और पुराण कहते हैं। अतः मन! सब कुछ त्यागकर श्रीराम का भजन कर, इसी में भलाई है। पतितों को भी पावन करने वाली श्रीराम की कथा को, प्रभु को भजकर, किसने परम गति नहीं पाई है? गणिका, अजामिल, गीध, गज आदि बहुत से दुष्टों को भी प्रभु ने तार दिया। आभीर, यवन, किरात, खस, चांडाल आदि जो अत्यंत पापी हैं, वे भी जिनका एक बार नाम लेकर पवित्र हो जाते हैं, उन श्रीरामजी को मैं नमस्कार करता हूँ।

जो भी कोई श्रीरामजी का यह पावन चरित्र कहते, सुनते हैं, सुनाते हैं, गाते हैं, वे सब कलियुग के पाप और मन के मल को धोकर बिना किसी परिश्रम के श्रीरामजी के परम धाम को चले जाते हैं। ज्यादा क्या कहा जाये, व्यक्ति अगर इसे थोड़ा–सा पढ़कर भी आत्मसात् कर लेता है, तो प्रभु उसके अज्ञान और अन्य सब विकारों को स्वयं हरण कर लेते हैं।

परम सुंदर, सुजान और कृपानिधान तथा जो अनाथों पर प्रेम करते हैं; सब देवताओं में ऐसे एक रामजी ही हैं। इनके समान निष्काम–निःस्वार्थ हित करने वाला और मोक्ष देने वाला दूसरा कोई नहीं है। जिनकी जरा सी कृपा से मंदबुद्धि तुलसीदास ने भी परम शांति प्राप्त कर ली, उन प्रभु श्रीरामजी के समान ईश्वर कहीं दूसरा नहीं है।

एक बात पक्की है कि श्रीरामजी की भक्ति के बिना कहीं सुख नहीं है। भले ही कछुए की पीठ पर बाल उग आए, बाँझ के पुत्र हो जाये, आकाश में चाहे अनेक प्रकार के फूल खिल उठें–परन्तु श्रीहरि से विमुख रहकर कोई जीव सुख प्राप्त नहीं कर सकता। मृगतृष्णा के जल के पीने से भले प्यास बुझ जाये, भले ही खरगोश के सिर पर सींग निकल आयें, अंधकार भले ही सूर्य का नाश कर दे–परन्तु श्रीरामजी से विमुख होकर किसी को सुख प्राप्त नहीं हो सकता।

इतना ही नहीं, भले ही बर्फ से अग्नि प्रकट हो जाये, जल को मथने से भले ही घी उत्पन्न हो जाये, बालू पेरने से भले ही तेल निकल आए, ये सारी अनहोनी बातें हो जायें–परन्तु श्रीहरि के बिना, रामकथा श्रवण और गुणगान किए बिना संसार रूपी भवसागर से तरा नहीं जा सकता।

कहेउँ नाथ हरि चरित अनूपा । ब्यास समान स्वमति अनुरूपा ॥
श्रुति सिद्धांत इहइ उरगारी । राम भजिअ सब काज बिसारी ॥

अर्थात् काकभुशुंडि कहने लगे–'हे नाथ! मैंने श्रीहरि का अनुपम चरित्र अपनी बुद्धि के अनुसार कहीं तो विस्तार से और कहीं संक्षेप में कहा। हे गरुड़जी! श्रुतियों का यही कहना है कि सब को भुलाकर यानी सब कुछ छोड़कर श्रीरामजी का भजन करना चाहिए।

पुण्यं पापहरं सदा शिवकरं विज्ञानभक्तिप्रदं
मायामोहमलापहं सुविमलं प्रेमाम्बपूरं शुभम् ।
श्रीमद्रामचरित्रमानसमिदं भक्त्यावगाहन्ति ये
ते संसार पतंग घोर किरणैर्दह्यन्ति नो मानवाः ॥

अर्थात् यह रामकथा, श्रीराम का चरित्र पुण्य रूप, पापों का नाश करने वाला, सदा कल्याणकारी, विज्ञान और भक्ति को देने वाला; माया, मोह और मल का नाश करनेवाला, परम निर्मल प्रेम रूपी फल से परिपूर्ण तथा मंगलमय है। जो मनुष्य भक्तिपूर्वक इस रस रामकथा का अवगाहन करेंगे, वे संसार रूपी सूर्य की अत्यंत प्रचंड किरणों के ताप से नहीं जलते।

मो सम दीन न दीन हित तुम्ह समान रघुवीर ।
अस बिचारि रघुबंस मनि हरहु बिषम भवभीर ॥

हे रघुवीर! मेरे समान कोई दीन नहीं है, आपके समान कोई दीनों का हित करने वाला नहीं है। ऐसा विचारकर हे रघुनाथजी! मेरे जन्म-मरण के भयानक दुःख का हरण कर लीजिए। मुझ दीन को अपनी शरण में ले लीजिए।

॥ श्री सीतारामाय नमः ॥

अष्टम सोपान

लवकुशकाण्ड

शौर्य प्रसिद्धं कमनीय गात्रं महानुभावं रघुवंश केतुम् ।
स्वयं प्रभुः सद्विनया दिसिन्धुः सीतासुनामं प्रणमामि रामम् ॥

शौर्य-वीरता में प्रसिद्ध, कोमल शरीर वाले, परम उदार, रघुवंश के ध्वजा स्वरूप स्वयं प्रभु विनयादि के समुद्र और वाम भाग में श्रीसीताजी सहित सुशोभित श्रीरामचन्द्रजी को मैं प्रणाम करता हूँ।

प्रभुल्लनालोत्पललोचनं बिधुप्रतिद्वेष मुखाम्बुज द्युतिम्।
शिरसिपुष्प प्रभु कोमलाच्छबि नमामिरामं ह्यमेधकृत्परम्॥

जिनका शरीर प्रफुल्लित तथा नेत्र नीलकमल के समान सुंदर है, चंद्रमा भी जिनके मुखारविन्द की कांति से द्वेष मानता है। जिनके कोमल अंगों की छवि शिरस के पुष्प के समान है तथा जो अश्वमेध करने में श्रेष्ठ हैं, ऐसे रामचन्द्रजी प्रभु को मैं नमस्कार करता हूँ।

पवित्र रामकथा सुनकर गरुड़जी परम तृप्त हो गए। प्रभु के समस्त गुणों को सुनकर उनके मनोरथ पूर्ण हो गए; परन्तु उनका मन रामकथा सुनते नहीं अघा रहा है। सुख के धाम प्रभुराम अयोध्या में निवास कर रहे हैं, तब काकभुशुंडिजी प्रेम से आगे की कथा सुनाने लगे–

अयोध्या में रामराज्य

भगवान राम के राजतिलक के बाद उनके गुहादि मित्र गण कुछ दिनों तक अयोध्या में निवास कर अपने-अपने देश को लौट गए। राम को राजा के रूप में पाकर प्रजा बड़ी प्रसन्न थी। तीनों भाई प्रभु राजा रामचन्द्र की सेवा में सदा तत्पर रहते। प्रभु के शयन के बाद ही सोने जाते तथा प्रभु के जागने से पूर्व ही जागकर सेवा में उपस्थित हो जाते और ऐसा कर वे परम सुख का अनुभव करते।

तीनों लोकों के स्वामी राजा राम के सिंहासन पर बैठते ही तीनों प्रकार के दुख–दैहिक, दैविक और भौतिक–दूर हो गये। प्रजा में कोई दरिद्र नहीं रहा। अयोध्या के प्रजा जनों में आपस में बड़ी प्रीति है, किसी का किसी से कोई वैर और मन–मुटाव नहीं है। सभी जन अपने–अपने धर्म और कर्तव्यों का पालन बड़ी कर्मठता से करते हैं। इतना ही नहीं, रामराज्य का ऐसा प्रभाव है, कि अयोध्या में किसी की अकाल मृत्यु नहीं होती है। किसी को किसी प्रकार की पीड़ा नहीं रह गई। सब अयोध्यावासी बिल्कुल निरोग और स्वस्थ रहते हैं। सबके सब जन सुन्दर स्वरूप वाले हैं। इस प्रकार से वहाँ चहुँओर मंगल–ही–मंगल दिखाई देता है। दरिद्रता तो ढूँढ़ने–खोजने पर भी दिखाई नहीं देती है।

सीताजी का निष्कासन

भगवान विष्णु तो राम का शरीर धारण कर नरलीला कर सभी सम्बन्धों का आदर्श उपस्थित करने के लिए भू पर अवतरित हुए। अब आगे की लीला अयोध्या में शुरू कर दी। भगवान राम के गुप्तचर प्रजा के बीच रहकर और राज्य के कोने–कोने में घूमकर प्रजा के सुख–दुःख तथा राज्य के विरुद्ध किसी भी प्रकार के षड्यंत्र की सूचना देते थे। राजा राम प्रजा का कोई कष्ट और शिकायत दूर करने में तनिक भी विलंब नहीं करते थे। एक रात्रि को गुप्तचर ने एक धोबी की बात सुनी, तो वह सन्न रह गया। एक धोबी अपनी धोबिन को पीट रहा था और पीटते हुए उच्च स्वर में कह रहा था– 'मैं कोई राजा रामचन्द्र नहीं हूँ, जो रावण के घर में रहकर आई पत्नी को घर में रख लिया। अभी निकल जा मेरे घर से और फिर कभी लौटकर मत आना।' धोबिन का कसूर केवल इतना था कि राज्य के समारोह से रात्रि को घर न आ सकी थी। वह रोते–कलपते अपने पति से अनुनय–विनय कर रही थी, फिर भी वह उसे पीट रहा था।

प्रातः गुप्तचरों ने यह बात बड़े ही संकोच के साथ राजा रामचन्द्रजी को बताई। प्रभु विचारमग्न हो गए; परन्तु वाल्मीकि रामायण के अनुसार प्रजा का दुःख सुख जानने के लिए, राजा रामचन्द्र स्वयं ही भेष बदलकर प्रजा के बीच भ्रमण किया करते थे; और उन्होंने स्वयं ही धोबी का वह लीला–कौतुक देखा था। दूसरे प्रभु अब मानव–लीला को समेटकर अपने लोक को जाना चाहते थे, सो उन्होंने मन–ही–मन निश्चय किया। वे प्रजा के कष्ट को पारिवारिक सुखों और से ऊपर रखते थे। एक राजा ही प्रजा का पालक और पिता होता है। कोई भी प्रजा राजा से असंतुष्ट नहीं होना चाहिए। मर्यादा पुरुषोत्तम राम ने मर्यादा पालन के लिए सीताजी के परित्याग का निश्चय कर लिया।

लक्ष्मण का सीताजी को वन में छोड़ना

अगले दिन श्रीराम ने अपने मन और दिल पर पत्थर रखकर छोटे भ्राता को राजाज्ञा सुनाई– 'लक्ष्मण! धैर्य के साथ मेरी बात सुनो। महारानी सीता को वन–विहार के

बहाने वन में ले जाकर छोड़ आओ। मैंने रघुकुल की मर्यादा की रक्षा करते हुए और एक राजा के कर्तव्य का निर्वहन करते हुए सीताजी का परित्याग कर दिया है। यह अयोध्या के राजा रामचन्द्र का आदेश है।'

यह राजाज्ञा सुनते ही लक्ष्मण भाव-विह्वल होकर जड़वत् हो गए। वे अपने आप को समझा नहीं पा रहे थे कि जिन सीताजी के हरण के समय श्रीराम पत्नी-वियोग में बिलख-बिलखकर रोए थे और इस अपराध के लिए लंका के राजा रावण का कुल सहित सर्वनाश कर दिया था। आज एक साधारण से प्रजा जन के अंगुली उठाने पर प्रभु ने अयोध्या की श्री का त्याग कर दिया है।

अयोध्यावासी भी यह सब सुनकर महादुखी हो गये। सीताजी तो अग्नि-परीक्षा देकर ही अयोध्या आई थीं, वे तो सब प्रकार से पवित्र और निरपराध हैं। फिर भी लक्ष्मणजी ने राजा की आज्ञा को शिरोधार्य किया और सीताजी को वन-विहार के बहाने वन को लेकर चले। सीताजी अपने परित्याग के बारे में कुछ नहीं जानती थीं। गर्भवती सीता वन में भ्रमण करते हुए अत्यधिक प्रसन्न थीं। वह तो धरती की पुत्री थीं, अतः वन-जंगल उन्हें बहुत प्रिय थे। काफी विलंब होने पर लक्ष्मण ने बड़े भारी मन से राजाज्ञा सुनाई। सीताजी सुनते ही नाना प्रकार से विलाप करने लगीं। अपने आपको कोसने लगीं। लक्ष्मण उन्हें गंगा के किनारे वन में छोड़कर अयोध्या लौट आए।

वाल्मीकि के आश्रम में लव-कुश का जन्म

जब सीताजी गंगा किनारे करुण-क्रंदन और विलाप कर रहीं थीं तब कुछ ऋषिकुमारों ने उन्हें देख लिया और तुरंत जाकर ऋषि वाल्मीकि को बताया- 'ऋषिवर, एक युवती आश्रम के उस छोर पर रो-रोकर अधीर हो रही है। आप शीघ्र ही वहाँ चलिए।'

वाल्मीकि ऋषिकुमारों के साथ सीताजी के समीप आए। उन्हें बहुत प्रकार से नीति और सांसारिक बातें कहकर समझाया और सांत्वना देकर उन्हें अपने आश्रम में ले आए। उन्होंने कुछ तापसियों तथा वनदेवियों को सीताजी की सेवा में लगा दिया।

सीताजी वाल्मीकि-आश्रम में रहने लगीं, वे पूरा दिन भजन-संध्या-पूजा में मन लगातीं। ऋषि के उपदेश उन्हें अमृत सरीखे लगते। जल्दी ही वनदेवियाँ भी उनकी सखी बन गई और सीताजी को हर प्रकार से शोक और चिंता से दूर रखने की कोशिश करतीं। ऋषि वाल्मीकि होने वाली संतान की सकुशलता के बारे में उन्हें नाना उपदेश देकर समझाते। गर्भकाल पूरा होने पर सीताजी ने दो जुड़वाँ कुमारों को जन्म दिया। प्रसूति-काल के समाप्त होने पर ऋषि ने नवजात का नाम संस्कार किया। पूरे विधि-विधान के प्रथम कुमार का नाम 'लव' तथा दूसरे का नाम 'कुश' रखा।

लव-कुश की शिक्षा-दीक्षा

अब सीताजी का पूरा दिन दोनों कुमारों के लालन-पालन में व्यतीत होता। दोनों शिशु बड़े ही चपल थे। सीताजी के वात्सल्य और मातृत्व की छाँव तथा वन-देवियों के लाड़-दुलार में बच्चे बड़े होने लगे। दोनों कुमारों की बाल-क्रीड़ाओं से आश्रम जीवंत हो उठा था। वन आश्रम के पशु-पक्षी भी इस आनंद में शामिल होते। समय आने पर ऋषि ने अपनी देखरेख में उनकी शिक्षा की व्यवस्था कर दी।

शास्त्रों की शिक्षा के साथ-साथ उन्हें शस्त्र विद्या भी सिखाई जाती। ऋषिवर उन्हें सभी विद्याओं में पारंगत करना चाहते थे। अतः संगीत और गान विद्या भी सिखाई गई। दोनों ही कुमार बड़े मेधावी और बुद्धिमान थे। जैसे ब्रह्मज्ञानी गुरु वैसे ही उनके शिष्य। अल्पकाल में ही दोनों सब विद्याओं में निपुण हो गए। इतना ही नहीं, ऋषि वाल्मीकि उन दिनों राम चरित्र यानी रामायण लिख रहे थे, उसे भी वे अपने शिष्यों को कंठस्थ करा देते। सीताजी आश्रम के कार्यों में ज्यादा व्यस्त रहतीं। दोनों पुत्र शिक्षा पाने के बाद देर तक अभ्यास करते। कुछ भी सीख लेने की उनमें बड़ी लगन और जिज्ञासा थी।

राम-दरबार में च्यवन आदि ऋषियों का आगमन

एक दिन भृगुपुत्र च्यवन अन्य ऋषियों के साथ अयोध्या श्रीराम के दरबार में एक विनती लेकर आए। राजा श्रीराम ने उन्हें उत्तमोत्तम आसनों पर बिठाकर उनका यथायोग्य स्वागत सत्कार किया; फिर बोले, 'हे ऋषिवर! मेरा जन्म तो ब्राह्मणों और साधु-संतों की सेवा के लिए ही हुआ है।' ऋषियों ने अपनी विनती प्रभु को सुनाई और उनसे अपनी रक्षा की गुहार लगायी कि बल-विक्रम से संपन्न मधु और लवणासुर साधु-संतों पर बड़े अत्याचार करता है। तभी विभीषणजी ने बताया कि मेरी सौतेली बहन कुंभनसी को रावण ने मधु दैत्य को दे दिया था। उसका पुत्र ही लवणासुर है, वह बल-पराक्रम में अपने आगे किसी को नहीं गिनता।

फिर ऋषि च्यवन बोले, 'हे नाथ! आपने सेना सहित रावण का संहार कर डाला, अतः आप रक्षा करने में समर्थ हैं। अतः हमारी इच्छा है कि आप भयभीत महर्षियों की लवणासुर से रक्षा कर हमें भयमुक्त कीजिए।'

लवण-वध के लिए शत्रुघ्न को भेजना

ऋषियों की विनती सुन राजा रामचन्द्र ने बिना देर किए लवणासुर के वध के लिए शत्रुघ्न को नियुक्त कर दिया। उन्होंने कहा, 'हे शत्रुघ्न! तुम मधु के पुत्र लवणासुर को मारकर धर्म के अनुसार वहाँ के राज्य का शासन सँभालो। वसिष्ठ आदि मुख्य-मुख्य ऋषि पूरे विधि-विधान और मंत्रोच्चार से तुम्हारा अभिषेक करेंगे।' बड़े भ्राता और राजा रामचन्द्र की आज्ञा शिरोधार्य कर शत्रुघ्न प्रयाण की तैयारी करने में जुट गए। कूच करने से पूर्व जैसे पुरा काल में इंद्र आदि देवताओं ने स्कंद का देवसेना के पद पर अभिषेक किया था, उसी प्रकार श्रीराम आदि वहाँ शत्रुघ्न का राजा के पद पर अभिषेक कर दिया। फिर अपने निकट बुलाकर शत्रुघ्न को एक दिव्य बाण दिया। भाई को समझाते हुए प्रभु बोले, 'शत्रुघ्न! यह वही बाण है, जिससे नारायण ने मधु, कैटभ तथा अन्य राक्षसों का वध किया था। मैंने इसे रावण-वध के लिए भी प्रयोग में नहीं लिया, क्योंकि इसके द्वारा बहुत से प्राणियों के नष्ट हो जाने की आशंका थी। लवणासुर के पास एक शूल है, उसको सामने रखकर ही वह शत्रु को ललकारता है और उसे भस्म कर देता है। तुम उसे महल में घुसने से पूर्व ही युद्ध के लिए ललकारना, तब तुम उसका वध अवश्य कर सकोगे।'

लवणासुर का अन्त

भारी सैन्य बल के साथ शत्रुघ्न लवणासुर का वध करने निकल पड़े। मार्ग में रात्रि विश्राम के लिए वे वाल्मीकि ऋषि के आश्रम में ठहरे। भोजनादि के बाद ऋषि ने वहाँ के तप प्रभाव की बड़ी सुन्दर-सुन्दर कथाएँ सुनाईं। साथ ही वीर सौदास की कथा सुनाई। प्रातः उठकर शत्रुघ्न ने सेना को कूच का आदेश दिया। अगले प्रवास में ऋषि च्यवन ने लवणासुर के शूल की ताकत और राजा मान्धाता के वध की कथा सुनाई। जिसे सुनकर शत्रुघ्न के क्रोध का पारावार न

रहा। उन्होंने अपनी सेना के साथ लवणासुर पर धावा बोल दिया। लवणासुर ने क्रोधावेशित होकर एक पेड़ को उखाड़कर शत्रुघ्न पर दे मारा; परन्तु शत्रुघ्न भी बड़े तेजस्वी थे। वीर शत्रुघ्न ने ललकार कर उसे महल के अन्दर नहीं जाने दिया।

तब शत्रुघ्न ने उस अमोघ बाण को अपने हाथ में लिया। उस बाण के तेज से प्रलयकाल ही उपस्थित हो गया। देवता विचलित हो गए; फिर ब्रह्माजी ने उन्हें समझा दिया। तब धनुर्धरों में श्रेष्ठ शत्रुघ्न ने अपने धनुष को कान तक खींच उस अमोघ बाण से लवणासुर के विशाल वक्ष को निशाना बनाया। वह दिव्य बाण तुरंत ही राक्षस के हृदय को विदीर्ण कर रसातल में घुस गया और फिर शत्रुघ्न के पास लौट आया। लवणासुर के मरते ही वह दिव्य शूल भगवान रुद्र के पास लौट गया। देवताओं ने पुष्प वर्षा कर शत्रुघ्न की वीरता और शौर्य का गान किया। देवताओं से वरदान प्राप्त कर शत्रुघ्न ने वहाँ मधुरापुरी बसाई और ग्यारह वर्ष वहाँ रहकर बारहवें वर्ष में अयोध्यापुरी लौटने का विचार किया। अयोध्यापुरी की ओर चलते हुए उन्होंने पुनः वाल्मीकि-आश्रम में विश्राम किया। वाल्मीकि ऋषि से विदा लेकर शत्रुघ्न अयोध्या में श्रीराम आदि सब परिवार जनों से मिले। सात दिनों तक आनंदपूर्वक वहाँ रहकर पुनः मधुपुरी को लौट पड़े।

राजा राम का अश्वमेध यज्ञ

एक दिन लक्ष्मणजी ने बातों ही बातों में कहा, 'हे रघुनंदन! समस्त पापों को दूर करने वाला, परम पावन अश्वमेध यज्ञ करना चाहिए। सुना जाता है कि इंद्र को ब्रह्म हत्या का पाप लगा था तो वे अश्वमेध यज्ञ का अनुष्ठान करके ही पवित्र हुए थे।'

अपने अनुज की बात सुनकर श्रीरामचन्द्रजी बोले, 'हे लक्ष्मण! मैं अश्वमेध यज्ञ करने वाले ब्राह्मणों में अग्रणी एवं श्रेष्ठ वसिष्ठ, वामदेव, जाबाली और कश्यप आदि सभी ब्राह्मणों को बुलाकर, उनसे सलाह लेकर पूरी सावधानी के साथ अश्वमेध का घोड़ा छोड़ूँगा, क्योंकि यह यज्ञ सभी प्रकार से कल्याण करने वाला है।'

श्रीराम की अनुमति पा लक्ष्मण ने सभी ब्राह्मणों को बुलवा लिया। उन द्विजश्रेष्ठों ने यज्ञ के विषय में अद्भुत ज्ञान से युक्त वचन कहे। अश्वमेध यज्ञ की तैयारियाँ जोर-शोर से होने लगीं। जो श्रेष्ठ ब्राह्मण कार्यवशात् देश से बाहर गए हुए थे, उन्हें शीघ्र बुलावा भेजा। निमंत्रण पत्र लेकर दूत तथा तीनों भाई भिन्न-भिन्न दिशाओं में निकल पड़े। नट, नर्तक और सूत्रधार सब बुलाए गए। प्रभु श्रीराम इतना ही बोले-

तुष्टः पुष्टश्च सर्वोऽडसौ मानितश्च यथाविधि।
प्रतियास्यति धर्मज्ञ शीघ्रमामन्त्र्यतां जनः॥

अर्थात् धर्मज्ञ लक्ष्मण! शीघ्र ही सब लोगों को आमंत्रित करो, और जो लोग यज्ञ में आएँ, वे सब विधिपूर्वक तुष्ट, पुष्ट एवं संतुष्ट-सम्मानित होकर ही लौटें।

यज्ञ के लिए चावल, तिल, मूँग, चना, कुल्थी, उड़द और नमक तथा इसी के अनुरूप घी, तेल, दूध, दही तथा बिना घिसा चंदन, बिना पिसे सुगंधित पदार्थ भी जुटाए गए। भरत को सौ करोड़ से भी अधिक सोने-चाँदी के सिक्के साथ लेकर यात्रा करने को कहा गया। मार्ग में जरूरत की चीजों के लिए बाजार लगाने के आदेश दिए।

यज्ञ में सोने की सीता

चूँकि कोई भी शुभ कार्य और अनुष्ठान दंपती के बिना संपन्न नहीं होता। अतः गुरुओं के परामर्श पर सीताजी की स्वर्ण प्रतिमा बनवाई गई। राजा रामचन्द्र ने आदेश दिया कि यज्ञस्थल पर भरत के आगे-आगे सेनाएँ भी जाएँ। यशस्वी भरतजी शास्त्रवेत्ता विद्वानों, बालकों, वृद्धों, ब्राह्मणों, काम करने वाले नौकरों, वैदिकों, कोषाध्यक्षों, माताओं, अंतःपुर की स्त्रियों, स्वर्णमयी सीता, यज्ञ के जानकार ब्राह्मणों को लेकर वहाँ पहुँचे। आगंतुक राजाओं के ठहरने के लिए अलग-अलग खेमे लगा दिए गए। वहाँ सुग्रीव के साथ जितने भी महात्मा वानर व श्रेष्ठ ब्राह्मण थे, उन्हें रसोई परोसने का काम दिया गया। स्त्रियों तथा बहुत से राक्षसों के साथ विभीषण को उग्र तपस्वी महात्मा तथा मुनियों के स्वागत-सत्कार का काम दिया गया।

अश्वमेध यज्ञ में विपुल दान-मान

समस्त भूमंडल के राजा भाँति-भाँति के उपहार लेकर आए और प्रभु श्रीराम ने उनका खूब स्वागत-सत्कार किया। नैमिषारण्य में प्रभु स्वयं सब ओर ध्यान रख रहे थे। यज्ञ के लिए श्वेत वर्ण का घोड़ा, जिसके कान काले और जो कामदेव के समान सुन्दर था। उसके माथे पर मोरपंख और मणियों आदि सजाई गई थीं। उस अश्व को एक विशाल सेना के साथ लक्ष्मण की अगुआई में भू-मंडल की परिक्रमा करने के लिए प्रभु श्रीराम ने विदा किया।

यज्ञ के अश्व का पृथ्वी का भ्रमण करना

इस प्रकार बड़े व्यवस्थित ढंग से यज्ञ का कार्य चल रहा था। साधु, महात्माओं ने ऐसा यज्ञ पहले कभी नहीं देखा था, जिसमें इतना दान और सम्मान दिया गया हो। जिसे स्वर्ण की आवश्यकता थी, उसने स्वर्ण प्राप्त किया; जिसे धन की इच्छा थी, उसने यथेष्ठ धन प्राप्त किया। रत्न की इच्छा रखने वालों को रत्न लुटाए गए। सोने, चाँदी, रत्न, आभूषण, वस्त्रादि का दान किया जा रहा था। यज्ञ में आए तपस्वी बार-बार सराहना कर रहे थे कि ऐसा यज्ञ तो पहले कभी इन्द्र, चंद्रमा, यम और वरुण के यहाँ भी नहीं देखा गया। सब जगह और सब मार्गों पर वानर और राक्षस अपने हाथों में दान की सामग्री लिए खड़े रहते और याचकों को उनकी इच्छा से अधिक ही देते।

वीर लक्ष्मण के संरक्षण में अश्व-पशु ने भू-मंडल को नाप डाला। कहीं कोई अवरोध पैदा नहीं हुआ। इस भू-मंडल में भ्रमण का कार्य भलीभाँति संपन्न हो गया। अश्व के लौट आने पर विशाल यज्ञ की तैयारी होने लगी। विधि-विधान से राजा जनक और शतानंद के सान्निध्य में यज्ञ प्रारंभ हुआ।

महर्षि वाल्मीकि का लव-कुश के साथ यज्ञ में आना

गुरुओं और पुरोहितों तथा ब्राह्मणों की अगुआई में यज्ञ चल रहा था, उसी समय महर्षि वाल्मीकि अपने शिष्यों के साथ वहाँ पधारे। उन्होंने उस अद्‌भुत यज्ञ के दर्शन किए। ऋषियों के लिए बनवाई गई सर्व सुविधा संपन्न पर्ण शालाओं में आत्मज्ञानी वाल्मीकि ने बड़े सुख के साथ वहाँ विश्राम किया। फिर उन्होंने अपने दो चपल शिष्यों (लव-कुश) को उपदेश किया– 'जाओ, तुम दोनों एकाग्रचित्त होकर, यज्ञ भूमि में घूम-घूमकर आनन्द के साथ संपूर्ण रामायण का गान करो। ऋषियों, ब्राह्मणों के पवित्र स्थानों पर, गलियों, राजमार्गों तथा राजा के वास स्थान में भी इस काव्य का गान करो। इतना ही नहीं, श्रीरामचन्द्रजी के गृह के दरवाजे पर, जहाँ ब्राह्मण लोग यज्ञ कार्य कर रहे हैं, वहाँ तथा ऋत्वजों के आगे रामायण काव्य का गान विशेष रूप से करना।'

'यहाँ पर्वत के शिखरों पर नाना प्रकार के स्वादिष्ट एवं मीठे फल लगे हैं। भूख लगने पर उनका स्वाद ले-लेकर इस काव्य का गान करना और बच्चो! यदि महाराज श्रीराम तुम दोनों का गान सुनने के लिए बुलाएँ तो उनसे, वहाँ बैठे

हुए ऋषि-मुनियों से विनयपूर्वक बरताव करना। किसी प्रकार का लोभ-लालच मत करना।

'और हाँ बच्चो! यदि रघुनाथजी पूछें कि बच्चो! तुम दोनों किसके पुत्र हो? तो तुम दोनों महाराज से इतना ही कहना कि हम दोनों महर्षि वाल्मीकि के शिष्य हैं। ये वीणा के सात तार हैं, इनसे बड़ी मधुर आवाज निकलती है। इसमें अपूर्व स्वरों को झंकृत करने वाले ये स्थान बने हैं। इनके स्वरों को झंकृत करके, सुमधुर स्वर में तुम दोनों भाई काव्य का गान करना और पूर्णतः निश्चिंत रहना।'

'और हाँ, इसका गान प्रारंभ से ही करना। तुम दोनों ऐसा कोई बरताव मत करना, जिससे राजा का अपमान हो; क्योंकि राजा धर्म की दृष्टि से समस्त प्रजा और प्राणियों का पिता होता है। अतः तुम प्रातः से ही रामायण का गान प्रारंभ कर दो।'

इस प्रकार महामुनि वाल्मीकि के उपदेश सुनकर सीता के दोनों पुत्रों ने कहा कि गुरुवर! बहुत अच्छा, हम ऐसा ही करेंगे। आपको किसी प्रकार की शिकायत का अवसर नहीं देंगे। ऐसा कहकर दोनों वहाँ से प्रस्थान कर गए।

लव-कुश द्वारा रामायण काव्य का गान

प्रातः होते ही, स्नान-संध्या के पश्चात् समिधा-होम का कार्य पूरा करके दोनों भाई वाल्मीकि ऋषि के बताए अनुसार वहाँ रामायण-काव्य का गान करने लगे। सबके साथ रघुनाथजी ने भी यह गान सुना, जो आचार्यों के द्वारा बताये गये नियमों के अनुकूल था। दोनों बालकों के अलापने की शैली संगीत की विशेषताओं से युक्त थी। उन बालकों का वह मधुर गान सुनकर रामचन्द्रजी को बड़ा कौतूहल हुआ।

श्रीराम ने कर्मानुष्ठान से समय मिलते ही तमाम विद्वानों, संगीतचार्यों, विशेषज्ञों नीति-निपुण पुरुषों, शास्त्र के ज्ञाता, ब्रह्मवेत्ताओं को बुलवाया। मुनि कुमारों ने उनके समक्ष गाना आरंभ कर दिया। श्रोता मुग्ध होने लगे, परन्तु सुनकर तृप्ति नहीं हो रही थी। सब आपस में चर्चा करने लगे कि इन दोनों कुमारों की आकृति रामचन्द्रजी से मिलती-जुलती है। नगरवासी जब ये बातें कर रहे थे, तभी नारदजी ने वहाँ आकर आरंभ से ही रामायण का गान शुरू कर दिया। प्रसन्न होकर श्रीराम ने भरतजी से कहा, 'तुम इन ऋषि कुमारों को अठारह हजार स्वर्ण मुद्राएँ पुरस्कार स्वरूप शीघ्र दान करो। इनको और भी कोई जरूरत हो तो उसे भी पूरी करो।' परन्तु दोनों कुमारों ने धन लेने से मना कर दिया- 'हम तो वनवासी हैं, हमें धन से क्या प्रयोजन। सोना-चाँदी वन में ले जाकर हम क्या करेंगे?'

श्रीराम द्वारा पूछताछ करना

बालकों के गायन से समस्त श्रोता तथा स्वयं श्रीराम आश्चर्यचकित हो गए। तब राम उत्सुक हो पूछताछ करने लगे- 'हे मुनिकुमारो! इस महाकाव्य के रचयिता कौन हैं और यह किसको लक्ष्य करके लिखा गया है?'

दोनों मुनिकुमार बोले,'महाराज! इस काव्य के रचयिता भगवान वाल्मीकि हैं और यहाँ यज्ञशाला में पधारे हैं। यह काव्य आपको लक्ष्य करके लिखा गया है। और हे राजन! इस महाकाव्य में चौबीस हजार श्लोक तथा एक सौ उपाध्याय हैं। शुरू से अंत तक इसमें पाँच सौ सर्ग तथा छह कांड हैं। समय निकालकर आप भाइयों सहित इसका पूरा गान सुनिए।'

श्रीराम का सीता की शुद्धता की शपथ कराना

श्रीराम ने बड़े मनोयोगपूर्वक अपने भाइयों सहित पूरी राम कथा सुनी। यह गान कई दिनों तक निरंतर चला। समस्त ऋषि, राजा तथा वानरों ने भी इस कथा को सुना। अंततः इस रामकथा से ही उन्हें पता चला कि लव-कुश दोनों कुमार सीताजी के पुत्र हैं। तब उन्होंने अपने दूत वाल्मीकि ऋषि के पास भेजे और उनसे कहलवाया कि यदि सीताजी का चरित्र शुद्ध है और उनमें किसी तरह का पाप नहीं है, तो वे आपकी अनुमति लेकर यहाँ पधारें और इस जन समुदाय के समक्ष अपनी शुद्धता प्रमाणित करें।

इतना ही नहीं, कल मिथिलेशकुमारी भरी सभा में यहाँ आकर मेरा कलंक दूर करने की शपथ उठावें। वाल्मीकि ऋषि ने इस पर सहमति व्यक्त कर दी। तब श्रीराम ने प्रसन्न होकर वहाँ आए सब ऋषि-मुनियों से कहा कि कल आप सब अपने शिष्यों सहित सभा में अवश्य पधारें और भी जो लोग सीताजी की शपथ सुनना चाहें, तो सभा में जरूर आएँ। इस प्रकार दूसरे दिन सीता से शपथ लेने का निश्चय करके श्रीराम ने वहाँ पर उपस्थित सभी को विदा किया।

वाल्मीकि द्वारा सीताजी की शुद्धता का समर्थन

रात्रि व्यतीत हुई, सवेरा हुआ और फिर तैयार होकर राजा रामचन्द्रजी यज्ञशाला में पधारे। सभी ऋषि-मुनियों को बुलवाया। वसिष्ठ, वामदेव, जाबाली, काश्यप, विश्वामित्र, दीर्घतमा, दुर्वासा, पुलस्त्य, शक्ति, भार्गव, वामन, मार्कण्डेय, मौद्गल्य, गर्ग, च्यवन, शतानंद, भरद्वाज, अग्निपुत्र सुप्रभ, नारद, पर्वत, गौतम, कात्यायन, सुयज्ञ और अगस्त्य आदि सभी तपोनिधि वहाँ पधारे। महापराक्रमी राक्षस, महाबली वानर आदि भी पधारे। इतना ही नहीं, नाना देश-देशांतर से पधारे व्रतधारी ब्राह्मण, क्षत्रिय, वैश्य और शूद्र भी हजारों की संख्या में यज्ञशाला में पधारे।

ऋषि वाल्मीकि के पीछे-पीछे सीताजी यज्ञमंडप में पधारीं। महर्षि के पीछे वे सिर झुकाए हुए, दोनों हाथ जोड़े और नेत्रों से आँसू बरसाती हुई अपने हृदय मंदिर में बैठे श्रीराम का चिंतन कर रही थीं। उस समय सारी सभा शोकाकुल हो गई। कोई कहता- हे राम! तुम धन्य हो। कोई कहता- हे सीते! तुम धन्य हो!

तब ऋषि वाल्मीकि बोले-'हे दशरथनंदन! लोकापवाद से डरे हुए आपको सीताजी अपनी शुद्धता का विश्वास दिलाने को तैयार हैं। आप इन्हें आज्ञा दें।'

सीताजी की पवित्रता के लिए शपथ

हे रघुनंदन! मैं वाल्मीकि शपथपूर्वक कहता हूँ कि 'ये दोनों पुत्र सीताजी के गर्भ

से ही जन्मे हैं और आपके ही पुत्र हैं। मैंने कई हजार वर्ष तक भारी तपस्या की है। यदि जनकनंदिनी सीता में कोई दोष हो तो मुझे मेरी उस तपस्या का फल न मिले। इनका आचरण सर्वथा शुद्ध है, पाप इनको छू भी नहीं पाया है। यह पति को ही देवता मानती हैं। मैंने अपनी दिव्य दृष्टि से जान लिया था कि सीता का भाव परम पवित्र है। सीताजी सर्वथा शुद्ध हैं।'

अब सीताजी आगे बढ़ीं और समस्त जन-समुदाय पर एक दृष्टि डालकर मुख को नीचे किए हुए हाथ जोड़कर बोलीं–'मैं श्रीरघुनाथ के सिवा दूसरे किसी पुरुष का स्पर्श तो दूर, मन से चिन्तन भी नहीं करती, यदि यह सत्य है, तो माँ भगवती पृथ्वी मुझे गोद में स्थान दें।

'यदि मैं मन, वाणी और क्रिया के द्वारा केवल श्रीराम की ही आराधना करती हूँ तो भगवती पृथ्वी मुझे अपनी गोद में स्थान दें। भगवान श्रीराम को छोड़कर मैं दूसरे किसी पुरुष को नहीं जानती, मेरी यह बात यदि सत्य है, तो माता पृथ्वी मुझे अपनी गोद में स्थान दें।'

सीताजी के इतना कहते ही पृथ्वी जोर की आवाज के साथ फट गई और भू-तल से एक अद्भुत सिंहासन प्रकट हुआ; साथ में पृथ्वी माता स्वयं प्रकट हुईं और सीताजी को दोनों भुजाओं से उठाकर अपनी गोद में समेटकर सिंहासन पर बैठा लिया। फिर सिंहासन उनको लेकर रसातल को चला गया। आकाश से पुष्प वर्षा होने लगी। यह देखकर वहाँ उपस्थित सारा जन-समुदाय हक्का-बक्का रह गया।

श्रीराम द्वारा शोक और पश्चात्ताप

सीताजी को भू-तल में समाते देखकर सब लोग शोक में डूब गए। ऋषि-मुनि कहने लगे– सीते, तुम धन्य हो। श्रीराम दु:खी होकर आँसू बहाने लगे और कहने लगे- कोई मेरी सीता को लौटा लाओ, पाताल हो या स्वर्ग, मैं सीता के साथ ही रहूँगा। यदि पृथ्वी तुम मेरी उसी सीता को लौटा नहीं दोगी, तो मैं वन सहित तुम्हारी समस्त संपदा को नष्ट कर दूँगा। सारी पृथ्वी का विनाश कर डालूँगा। इस प्रकार विलाप करने लगे। ऋषि-मुनियों ने उन्हें बहुभाँति समझाया और सांत्वना दी कि जानकी सीता नागलोक के बहाने आपके परमधाम को चली गई हैं।

सभी के समझाने पर मन में धैर्य धारण कर रघुनाथजी ने समस्त जनसमुदाय को विदा किया। प्रभु राम विधिपूर्वक यज्ञ समाप्त करके दोनों पुत्रों को साथ लेकर अयोध्यापुरी चले गए और पुत्रों सहित निवास करने लगे। उन्होंने दूसरा विवाह नहीं किया। इस प्रकार श्रीराम ने सुखपूर्वक अयोध्या में ग्यारह हजार वर्षों तक मानव-लीला की।

माताओं का परलोक गमन

सीताजी के न रहने पर नगर भर में किसी को शांति न मिली। अयोध्या के महलों में शोक छाया रहा। राम के राज्य में किसी की अकाल मृत्यु नहीं होती थी,

न ही कोई रोग ही सताता था। दीर्घ काल व्यतीत होने पर पुत्र-पौत्रों से घिरी श्रीराम की माता कौसल्या मृत्यु को प्राप्त हुई। कुछ काल बाद रानी सुमित्रा और कैकेयी ने भी उन्हीं का अनुसरण किया। जीवन काल में उन्होंने नाना प्रकार के धर्म-अनुष्ठान कर स्वर्ग की अधिकारिणी बनीं। भगवान ने उनकी भरपूर सेवा कर उनकी सब इच्छाएँ पूर्ण कीं।

भरत का गंधर्व देश पर आक्रमण

एक बार कैकय देश के राजा के पुरोहित ब्रह्मर्षि गार्ग्य पधारे और उन्होंने उनके मामा युधाजित् का संदेश सुनाया– 'हे महावाहो! सिंधु नदी के तीर पर बसा गंधर्व देश है। आप इन गंधर्वों को जीतकर वहाँ पर सुन्दर गंधर्व नगर बसाइए। आप उसे अपने अधिकार में लेना स्वीकार करें।'

अपने मामा का संदेश सुनकर राजा राम ने भरत को अपने दोनों पुत्र कुमार तक्ष और पुष्कल को साथ लेकर उस देश पर आक्रमण करने को कहा। भरत ने राजा की आज्ञा शिरोधार्य करके अपने दोनों पुत्रों को आगे कर विशाल सेना के साथ गंधर्व देश पर चढ़ाई कर दी। दोनों ओर की सेनाओं में भयानक युद्ध हुआ, खून की नदियाँ बहने लगीं। अंततः गंधर्वों का विनाश कर भरतजी ने वहाँ दो सुन्दर नगर बसाए। एक तक्षशिला नगरी बसाकर कुमार तक्ष को वहाँ का राजा बनाया तथा पुष्कलावत नगर बसाकर कुमार पुष्कल को सौंप दिया। फिर भरतजी ने अयोध्या लौटकर सब समाचार राजा राम को सुनाया फिर भगवान राम ने महात्मा अंगद के लिए चंद्रकांत नगर बसाया। फिर अंगद को कारूपथ देश का राजा बना दिया।

काल का आगमन और ब्रह्माजी का संदेश सुनाना

भगवान राम धर्मपूर्वक अयोध्या का राज-काज सँभाल रहे थे। एक दिन महाकाल ब्रह्माजी के दूत बनकर राम के पास आए और एकान्त में जाकर बड़े गोपनीय ढंग से उन्हें ब्रह्माजी का संदेश सुनाया– 'हे सौम्य! अपने दीनों की रक्षा के लिए जो प्रतिज्ञा की थी, वह पूरी हो गई है। आपने स्वयं ग्यारह हजार वर्षों तक मृत्युलोक में निवास करने की अवधि तय की थी। सो अब आप अपने परम धाम में लौट आएँ।'

लक्ष्मण का त्याग और सशरीर स्वर्गगमन

जब प्रभु राम महाकाल से मंत्रणा कर रहे थे और लक्ष्मणजी द्वार पर निगरानी कर रहे थे, उसी समय श्रीराम से मिलने दुर्वासा ऋषि वहाँ पधारे। क्रोधी मुनि के शाप से बचने के लिए लक्ष्मण उनके आगमन की सूचना देने अन्दर गए, इससे नियम भंग हुआ। श्रीराम ने दुर्वासा की खूब आवभगत की, फिर लक्ष्मण के विषय में अत्यंत दुःखी हो गए। होनी बड़ी प्रबल है, ऐसा जानकर उन्होंने लक्ष्मण का परित्याग कर दिया, उन्होंने अपनी प्रतिज्ञा को झूठा नहीं पड़ने दिया। अपना परित्याग सुन लक्ष्मण आँखों में आँसू भरकर घर न जाकर सरयू की ओर चले गए। फिर इंद्रियों को वश में कर प्राणवायु को रोक लिया। फिर महाबली लक्ष्मण सशरीर ओझल हो गए।

कुश और लव का राज्याभिषेक

लक्ष्मण के त्याग से दु:खी श्रीराम ने राजपाट भरत को सौंपकर वन में जाने की इच्छा व्यक्त की; परन्तु भरत किसी प्रकार इसके तैयार न हुए। कोई भाई तथा प्रजा जन प्रभु छोड़ने को तैयार न था। अंतत गुरु वसिष्ठ के कहने पर सीतापुत्र कुमार लव-कुश का राज्याभिषेक कर दिया गया। श्रीराम सभी पुरवासियों को अपने साथ ले जाने के लिए तैयार हो गए। भगवान श्रीराम ने भाइयों, सुग्रीव आदि रीछ, वानर आदि के साथ परमधाम जाने का निश्चय कर लिया; परन्तु विभीषण, हनुमान, जाम्बवंत, मैंद तथा द्विविद को पृथ्वी पर ही वास करने का आदेश दिया।

श्रीराम का परमधाम को गमन

परमधाम को लौटने की वेला में भगवान राम अपने तेज से प्रज्वलित अग्नि के समान उद्दीप्त हो रहे थे। उनका शरीर महीन रेशमी वस्त्र में शोभा पा रहा था तथा वे अविनाशी ऋषियों के बीच विराजमान थे। शत्रुघ्न भी अपने दोनों पुत्रों को राज्य सौंपकर प्रभु के साथ जाने को तत्पर हो गए। प्रभु के साथ जाने के लिए वानर, रीछ और राक्षसों के समुदाय बड़ी संख्या में वहाँ आ पहुँचे। उनमें कितने ही तो देवताओं के पुत्र थे। कितने ही ऋषियों के बालक थे और कितने ही गंधर्वों की संतान थे। प्रभु की लीला का समापन निकट जानकर वे सब परमधाम जाने की इच्छा से वहाँ आए।

यह सब देखकर अयोध्या के नर-नारियों में से कोई वहाँ न रुका। सबके सब श्रीराम के पीछे-पीछे चल पड़े। अत:पुर की स्त्रियाँ भी बालकों, वृद्धों, दासियों, सेवकों के साथ निकलकर श्रीराम के पीछे-पीछे जा रही थीं। सब महामनस्वी श्रेष्ठ पुरुष एवं ब्राह्मण अग्निहोत्र की अग्नि तथा स्त्री-पुत्रों के साथ इस महायात्रा में सम्मिलित हो परम बुद्धिमान श्रीरघुनाथजी का अनुगमन कर रहे थे। समस्त मंत्री और भृत्य वर्ग भी अपने पुत्रों, पशुओं, बंधुओं तथा अनुचरों सहित हर्षपूर्वक मृत्य श्रीराम के पीछे-पीछे जा रहे थे।

श्रीराम का विष्णुस्वरूप तथा लोगों को बैकुंठ प्राप्ति

अयोध्या से डेढ़ योजन दूर पहुँच प्रभु ने सरयू नदी के दर्शन किए। उसी समय सब देवताओं सहित ब्रह्माजी वहाँ आए, उनके साथ करोड़ों दिव्य विमान उपस्थित थे। दिव्य पुष्पों की वर्षा होने लगी, प्रभु श्रीराम ने सरयू के पवित्र जल में प्रवेश किया। देव, गंधर्व, ऋषि, अप्सरा, गरुड़ नाग, यक्ष, दैत्य-दानव विष्णु भगवान की स्तुति करने लगे। प्रभुराम ने विष्णु रूप धारण किया। बाकी सब लोगों ने प्रभु के पीछे-पीछे सरयू में प्रवेश किया। जो जिस योनि के थे, उसे उनकी ही योनि मिल गई। सुग्रीव ने सूर्यमंडल में प्रवेश किया। इसी प्रकार वानर भी सब देवताओं के देखते-देखते अपने-अपने पिता के स्वरूप को प्राप्त हो गए।

देवेश्वर ब्रह्मा ने जब संतानक-लोकों की प्राप्ति की घोषणा की, तब सरयू के गोप्रतार घाट पर आए सब लोगों ने अश्रु बहाते हुए सरयू के जल में डुबकी लगाई और फिर वे बड़े हर्ष के साथ प्राण और मनुष्य शरीर को त्याग, दिव्य विमानों पर सवार हो दिव्य लोक में जा पहुँचे। इस प्रकार भगवान विष्णु हजारों-लाखों नाना रूप लोगों के साथ मानव-लीला करके अपने धाम को चले गए। लक्ष्मणजी व सीताजी वहाँ पहले ही पहुँच गए थे। श्रीराम का यह चरित्र सदा धर्म, अर्थ, काम और मोक्ष, चारों पुरुषार्थों को देने वाला है। इसलिए नियमतः प्रतिदिन इस सुन्दर काव्य का श्रवण-पठन करना अति लाभकारी है।

श्रीरामायणजी की आरती

आरति श्रीरामायणजी की ।
कीरति कलित ललित सिय पी की ।।
आरति श्रीरामायणजी की ।
गावत ब्रह्मादिक मुनि नारद ।
बालमीक बिग्यान बिसारद ।
सुक सनकादि सेष अरु सारद।
बरनि पवनसुत कीरति नीकी ।।
आरति श्रीरामायणजी की ।
गावत वेद पुरान अष्टदस ।
छओ सास्त्र सब ग्रंथन को रस ।।
मुनि जन धन संतन को सरबस ।
सार अंस सम्मत सबही की ।।
आरति श्रीरामायणजी की ।
गावत सतत संभु भवानी ।
अरु घटसंभव मुनि बिग्यानी ।।
ब्यास आदि कबिवर्ज बखानी ।
काकभुसुंडि गरुड़ के ही की ।।
आरति श्रीरामायणजी की ।
कलिमल हरनि विषय रस फीकी ।
सुभग सिंगार मुक्ति जुबती की ।।
दलन रोग भव मूरि अमी की ।
तात मात सब बिधि तुलसी की ।।
आरति श्रीरामायणजी की ।